A VERDADE POR TRÁS DO CÓDIGO DA BÍBLIA

A HISTÓRIA REAL DA SURPREENDENTE DESCOBERTA
CIENTÍFICA DE CONHECIMENTOS OCULTOS
NOS PRIMEIROS CINCO LIVROS DA BÍBLIA

Jeffrey Satinover

A VERDADE POR TRÁS DO CÓDIGO DA BÍBLIA

A HISTÓRIA REAL DA SURPREENDENTE DESCOBERTA CIENTÍFICA DE CONHECIMENTOS OCULTOS NOS PRIMEIROS CINCO LIVROS DA BÍBLIA

Tradução
MERLE SCOSS
MELANIA SCOSS

EDITORA PENSAMENTO

São Paulo

Título do original:
Cracking the Bible Code

Edição	Ano
1-2-3-4-5-6-7-8-9	98-99-00-01-02

Direitos de tradução para a língua portuguesa
adquiridos com exclusividade pela
EDITORA PENSAMENTO LTDA.
Rua Dr. Mário Vicente, 374 — 04270-000 — São Paulo, SP
Fone: 272-1399 — Fax: 272-4770
E-mail: pensamento@snet.com.br
http://www.pensamento-cultrix.com.br
que se reserva a propriedade literária desta tradução.

Impresso em nossas oficinas gráficas.

Para Julie, Sarah, Anne e Jenny:

ME SKB PB PS... meus quatro luminosos corações

AGRADECIMENTOS

Tenho um imenso débito de gratidão para com todas as muitas pessoas que me ajudaram a tornar este livro uma realidade. Jack e Esther Freedman não só abriram muitas portas na comunidade ortodoxa como também abriram sua casa para mim e minha mulher num Shabat que sempre relembramos com carinho. O Rabino Yoel Weissmandl teve a gentileza de me conceder seu tempo, dentro de uma agenda ocupadíssima, para falarmos longamente sobre seu ilustre avô, o Rabino Michael Ber Weissmandl, זצ״ל. Se eu conseguir honrar esse grande e esquecido sábio do século XX com uma mínima fração do que ele merece, já será um grande mérito. O casal Romi Cohn, do mesmo modo, abriu seu lar, cheio de encanto, espírito e beleza, e o Sr. Cohn também abriu seu coração para contar-me algumas de suas dolorosas experiências durante o Holocausto, quando era aluno do Rabino Weissmandl. De Sigmund Forst ouvi algumas das mais comoventes histórias sobre o grande sábio, tanto antes do Holocausto, quando viviam e trabalhavam na Eslováquia, quanto depois, nos Estados Unidos. Muito lhe devo por sua cortesia e assistência. Agradeço também a você, Yisroel Stern, por compartilhar comigo, em tantos detalhes comoventes, suas extraordinárias experiências com o Rabino Weissmandl durante o Holocausto.

O Rabino Pinchas Kasnett é um devotado professor da Torah com quem eu, minha esposa e minhas filhas muito aprendemos ao longo dos anos. Ele me prestou uma grande ajuda nas questões de interpretação. O Rabino Daniel Lapin e seu associado na Toward Tradition, Yarden Weidenfeld, foram uma consistente fonte de orientação e apoio. Especialmente aguçado é o faro do Rabino Lapin para algumas das "bombas" ocultas no tema deste livro. Ele foi um dos primeiros a apoiar a pesquisa científica aqui documentada. Também passei um maravilhoso Shabat com o Rabino Moshe Zeldman e sua encantadora família na comunidade de Neve Yaakov, nos arredores de Jerusalém. Muito apreciei todos os seus esforços para me ajudar. Devo um agradecimento similar ao Rabino Eric Coopersmith, também de Jerusalém. Ambos foram fundamentais para o merecido sucesso do vasto programa Discovery da Aish HaTorah. O Rabino Yehoshua Hecht, da Sinagoga Beth Israel de Norwalk, Connecticut, não só tem sido um maravilhoso professor para mim, minha mulher e minhas filhas, como também um extraordinário exemplo. Ele leu cuidadosamente todo o manuscrito e fez muitas sugestões e correções úteis. Meus calorosos agradecimentos a ele e à sua esposa, Freida, por estarem sempre à disposição e me apoiarem entusiasticamente.

O material dos Códigos, nos Estados Unidos, é apresentado ao público pela Aish HaTorah, uma escola judaica com sede em Jerusalém, dentro de seus Seminários Discovery. Devo a essa organização uma nota de gratidão pessoal pelo muito que me ensinaram sobre minha própria herança religiosa. Ao Rabino Daniel Mechanic, apresentador sênior dos Códigos no programa Discovery norte-americano: meus agradecimentos muito especiais. Suponho que há muitas pessoas no mundo que compreenderão, tão bem como eu agora, quanto do coração, alma e energia dele é devotado ao amor pela Torah – e ao bem-estar do povo judeu. Não só um extraordinário professor, você também possui o raro dom de dar vida a temas complexos e difíceis. Muitas seções deste livro beneficiaram-se enormemente de sua ajuda entusiástica.

Quero oferecer um agradecimento especialmente caloroso ao Prof. Joseph Rotman, do Departamento de Matemática da Universidade de Illinois, por ter sugerido inúmeras direções frutíferas; ao Prof. Robert Kass, do Departamento de Estatística da Universidade Carnegie-Mellon de Pittsburgh, por seus muitos comentários úteis – e por seu admirável grau de profissionalismo; ao Prof. Steven Portnoy, também da Universidade de Illinois, por seus aguçados lampejos intuitivos; e em particular a Eliyahu Rips, do Instituto Einstein de Matemática da Universidade Hebraica de Jerusalém, por sua abertura, eqüidade e coragem – e também por suas muitas explicações úteis. Profs. Bob Szcarba e Frank Firk, de Yale: seus ensinamentos foram para mim uma genuína inspiração e, de modo sutil, influenciaram este livro. Espero que vocês perdoem minhas abruptas chegadas e partidas, quando eu voava daqui para ali tentando completar este projeto num prazo apertado. Obrigado também a você, Yochanan Spielberg, por ajudar a esclarecer parte do material quando vi pela primeira vez os Códigos; a Matthew Berke, da First Things, por ter enviado um primeiro rascunho de um artigo sobre o Código da Bíblia à *Bible Review*; a Herschel Shanks e Molly Dewsnap, da Biblical Archaeology Society, por terem revisado e publicado aquele artigo. É claro que nem preciso mencionar – como será visto nas páginas que seguem – quanto devo a Doron Witztum.

Com esses cientistas e matemáticos que lutam – como eu – para unir as mais nobres metas das tradições judeu-cristãs ao rigor desapaixonado da ciência, muito aprendi e a eles ofereço minhas sinceras saudações. Tenho em mente, em particular, o Dr. John Taylor, do Departamento de Matemática da Universidade McGill – um preeminente matemático, um devoto cristão, um crítico severo e um amigo valioso. Embora Harold Gans, da Agência de Segurança Nacional (hoje aposentado), estivesse operando sob severas restrições devido à suscetibilidade de seu cargo, também lhe devo agradecimentos – e ofereço-lhe minha admiração. Ao longo de todo o processo de escrita deste livro, ele foi uma inestimável fonte de inspiração para mim e também para muitos outros. Harold não só é um admirável criptologista (na verdade, ele foi agraciado com a medalha do Serviço Civil Meritório da ASN), é um homem de grande calor humano, fé, integridade e patriotismo. O fato de abrir-me a possibilidade de fazer amizade com ele foi um grande e inesperado bônus pessoal deste livro.

Janis Vallely e Martha Kaplan têm sido soberbas agentes literárias. Aprendi mais com elas do que poderia jamais expressar. Obrigado a ambas por seu encorajamento, instruções, apoio e orientação. A Joyce Ashley, amiga de longa data, companheira de profissão, colega escritora e (nos últimos quinze anos) minha sogra e devotada avó das minhas filhas: um abraço sincero por ter colocado o processo em movimento. Minha assistente, Shirley Ciotti, nunca poderá saber quão grato lhe sou por sua imensa capacidade organizacional, dedicação e seu trato com as pessoas.

Trabalhar com minha editora na William Morrow, Toni Sciarra, foi um prazer absoluto. Sua clareza, coerência, apreensão do todo e sensibilidade às nuanças foram de vital importância para este livro – tal como sua disposição para lidar com um projeto tão complexo sob apertadas restrições de tempo. Katharine Cluverius, Sharyn Rosenblum, Karen Auerbach e Jennifer Brawer: seu entusiasmo foi contagiante, e eu o recebi com toda gratidão. Brad Foltz: um agradecimento especial pelo seu esforço extra – e meu prazer genuíno diante dos seus dons artísticos. Tom Nau: agradeço a você por ter gerenciado tão gentilmente o inusitado número de detalhes técnicos.

Parece ter virado rotina os escritores também agradecerem às suas famílias. Mas não há nada de rotineiro nisso e, depois deste livro em particular, passarei a ler todos os agradecimentos desse tipo com uma apreciação bem mais aguçada daquilo que está por trás de um trabalho dessa natureza. A verdade é que escrever este livro *exigiu* um imenso apoio – e sacrifício – da minha mulher, Julie, e das minhas três filhas maravilhosas, Sarah (10), Anne (9) e Jenny (6). (Jenny apresentou o problema diretamente: "Você ainda está trabalhando nesse livro bobo, papai?") Prometi a elas que as compensaria e estou aqui pondo a promessa por escrito, de público. Além de seu apoio em geral, todas as quatro me ofereceram ajuda explícita e extensa para revisar todos os rascunhos de cada capítulo e para reunir as "séries" – sim, até mesmo Jenny. Finalmente, declaro aqui que nunca mais vou transformar o quarto de brinquedo delas em escritório.

Há muitas outras pessoas – cientistas, pessoas de fé, tanto judias quanto cristãs, buscadores, céticos – que somente falaram comigo sob a condição de que seu anonimato fosse mantido. A essas pessoas, também ofereço meu sincero "muito obrigado". Espero apenas que chegue o dia em que possa oferecer-lhes minha gratidão abertamente.

O tema da história que se segue tem múltiplas camadas e cada camada representa uma disciplina diferente, complexa e sutil por si própria. Há muitas oportunidades para que o erro se infiltre. Fiz todo o possível para evitá-lo – muitas das pessoas acima mencionadas foram extraordinariamente úteis nesse sentido. Mas assumo plena e total responsabilidade por quaisquer erros que ainda possam estar ocultos nas páginas a seguir.

SUMÁRIO

Nossos avaliadores ficaram desconcertados: todas as suas crenças levavam-nos a pensar que o Livro do Gênesis não poderia conter referências significativas sobre indivíduos dos tempos modernos. Porém, quando os autores realizaram verificações adicionais, o efeito persistiu. O ensaio, portanto, é oferecido aos leitores de *Statistical Science* como um enigma desafiador.

– *Robert Kass, Ph.D., Editor*
Chefe do Departamento de Estatística
Universidade Carnegie-Mellon

PRÓLOGO

Abril de 1989, Washington, D.C.
Edifício da Agência de Segurança Nacional

Harold Gans caminhava de um lado para o outro no seu escritório, concentrado, coçando a barba bem-aparada. Levantou os olhos para o relógio de parede e cruzou as mãos na nuca. Mais cinco minutos, pensou, ou dez, e o processamento de dados no computador em sua casa estaria terminado. Os muitos projetos com os quais fazia malabarismos no escritório estavam cozinhando em banho-maria. Não importava que, como gostavam de dizer seus engravatados colegas de Foggy Bottom, "do nosso trabalho dependesse o destino de homens e nações". Ele só esperava que nenhuma das crises usuais surgisse dentro da próxima meia hora, afastando-o da conclusão de seu projeto particular – e, aos seus olhos, muito mais conseqüente.

Gans era um matemático criptologista sênior do Departamento de Defesa dos Estados Unidos, pertencente à longa tradição de técnicos brilhantes e discretos que começara com o Projeto Manhattan, em 1942. Hoje, contudo, ele não estava esperando uma análise produzida por algum dos muitos supercomputadores Cray interligados que abundavam na Agência. Esperava um telefonema de sua esposa, no qual ela iria simplesmente ler um número – possivelmente, mas não provavelmente, um número muito pequeno –, o produto final de um cálculo que já durava 19 dias, sem interrupção, no modesto computador de mesa 386 que ele tinha em casa. Se o número fosse de fato pequeno o bastante, confirmaria esta chocante alegação: de meados da década de 1980 até seu final, uma equipe de cientistas israelenses encontrara codificados no antigo texto hebraico do Gênesis detalhes da vida de pessoas dos dias de hoje. Em suma, ele, e os israelenses antes dele, teriam demonstrado – usando os mais severos e rigorosos métodos científicos – que houve realmente um Deus, e que foi Ele o autor da Bíblia. Simplesmente não haveria outra explicação possível. Mas estava claro que esse resultado não aconteceria; aquela alegação era, bem, um conto de fadas quando muito, mais provavelmente um simples erro, conforme sua duplicação, construída com o máximo cuidado, estava em vias de demonstrar.

As afirmações dos cientistas israelenses eram ridículas – "malucas", como ele próprio já dissera a um repórter de uma revista religiosa. Excepcionalmente qualificado para fazê-lo, ele projetara este experimento com o propósito expresso de confirmar, para si mesmo e para todos os demais, o absurdo dos resultados originais. Tais resultados pretendiam mostrar que informações altamente específicas sobre a era contemporânea – muitíssimo posteriores à composição da Bíblia, mesmo na opinião dos céticos – estavam codificadas no Gênesis. Apesar de serem ridículas, as "descobertas" agitaram as águas acadêmicas do mais elevado círculo de matemáticos e estatísticos do mundo, pois os métodos de pesquisa pareciam ser do mais alto gabarito. Depois de seis anos, Persi Diaconis, o proeminente e altamente respeitado estatístico do Departamento de Matemática de Harvard que revisara o trabalho, ainda se mostrava incapaz de encontrar a falha que, ele tinha certeza, devia estar lá. Na verdade, ele próprio concebera um método extraordinariamente elegante para reanalisar os dados dos israelenses, em lugar dos métodos mais convencionais. Mas a falha esperada continuava a não ser detectada.

Assim, aqui, no núcleo do aparato de informações mais intimidante já reunido por uma potência mundial, estava Gans: outro cético altamente qualificado, determinado a devolver às águas acadêmicas sua calma usual, provando em definitivo que aquela complexa pesquisa tinha falhas.

Gans construíra seu modelo de modo totalmente independente, usando seus próprios equipamentos e programas, e aplicando ao conjunto de dados uma série de métodos analíticos adicionais que fariam a verificação cruzada. Resultados negativos eram, no seu entender, uma conclusão inevitável, e o assunto iria morrer de uma vez por todas. Mas, à medida que os minutos passavam, sentia-se bem mais nervoso do que seria razoável.

O telefone tocou. Ele atendeu de imediato. "Gans falando." Era sua esposa. Gans não disse nada. O relógio batia os segundos, audível no silêncio enquanto ele escutava. Um observador não teria visto nenhuma reação específica, mas por dentro dele as engrenagens giravam com uma precisão que tinha se tornado uma segunda natureza em suas tarefas no serviço de informações. Após um momento, não tendo dito nada mais além de um terno "até logo" à esposa, ele colocou o fone no gancho. Caminhou até uma das janelas que se abria para a cidade de Washington, D.C. O brilhante mármore branco do Capitólio sempre lhe parecera incomumente sólido, um símbolo de sua reivindicação ao poder, à grandiosidade e à permanência. Como ocorrera antes com muitos outros homens – e agora com mulheres – jovens, brilhantes e ambiciosos, tais cenas invariavelmente o hipnotizavam e escarneciam dele; a promessa de importância crescente que elas ofereciam sempre parecia além do nível de conquista de cada um. O que ele viu, olhando para a cidade naquele momento, foi que ela tinha mudado; ou melhor, ele mudara. O implacavelmente palpável se escoara, deixava de ser real. Era como se uma cortina tivesse sido levantada, e agora ele via as cordas e roldanas que haviam mantido a deliciosa ilusão teatral. No lugar do palpável, o impalpável – o palco invisível, mas divinamente ordenado, que ele na verdade nunca notara antes – brilhava na sua resplendente realidade e permanência. Uma sensação – inesperada – também se erguia dentro dele; uma sensação há tanto tempo esquecida que só agora, com seu reaparecimento, ele lembrava a sua perda. Mas ainda não conseguia dar-lhe um nome.

O número era muito, muito menor do que ele jamais imaginara que pudesse ser. Era apenas uma insignificância, uma fração diminuta. E isso queria dizer que a probabilidade de as descobertas israelenses serem falsas – meras curiosidades do acaso – era mínima, irrisória. Em todos os seus anos de estudo, de pesquisa e esforço profissional, Gans *nunca vira* um "valor-p" tão pequeno, e ele sabia que tampouco o vira qualquer outro pesquisador sério. Uma certeza como esta em geral estava reservada para as predições desinteressantes e óbvias que não precisavam de confirmação sofisticada, que ninguém iria se incomodar em formalizar – tais como "é provável que o Sol nasça amanhã". Quanto às descobertas novas ou inesperadas da pesquisa científica, elas eram consideradas suficientemente "verdadeiras" se geravam valores-p de, digamos, um em vinte. Mas, *menos de um em sessenta e dois mil e quinhentos?* Sim; a sensação que se erguia dentro dele, surpreendendo-o, era pura *alegria*.

A VERDADE POR TRÁS DO CÓDIGO DA BÍBLIA

E em Teu nome, ó Deus Vivo,
inscreve-nos no Livro da Vida.

נכתבנו בספר החיים
למענך אלהים חיים

Capítulo 1

A ANTIGA LENDA

Este livro é a história daquilo que pode vir a ser a mais importante pesquisa científica já realizada. A pesquisa começou há muito tempo, como especulações de místicos, mas terminou como ciência do mais alto gabarito. A realidade que ela sugere envolve a ambas, religião e ciência.

A história começa com uma antiga e misteriosa tradição dos judeus a respeito da Torah – os cinco primeiros livros da Bíblia [o Pentateuco: Gênesis, Êxodo, Levítico, Números e Deuteronômio] que formam o cerne do judaísmo e também são sagrados para cristãos e muçulmanos. Essa tradição reza que, ao contrário dos outros livros das Escrituras – e ao contrário de qualquer outro texto sagrado de parte alguma do mundo, em todas as épocas – a Torah não foi apenas inspirada por Deus; ela foi ditada diretamente por Deus a Moisés numa *seqüência exata, letra a letra*.

Totalmente esquecida pelo mundo em geral, essa estranha tradição não é muito conhecida hoje em dia nem mesmo entre os judeus. Mas, para muitos estudiosos do judaísmo e fiéis aos seus princípios, a veracidade dessa alegação não é posta em dúvida. Eles sustentam, até hoje, que essa exata seqüência letra por letra da Torah teria sido passada oralmente ao longo dos milênios, desde o momento em que foi transmitida a Moisés, cinqüenta dias após o êxodo do Egito. Só muito mais tarde essa transmissão foi confiada à palavra escrita.

E ainda há mais. Diz-se também que nessa precisa seqüência de letras existem informações codificadas, de um tipo tal que somente uma mão divina poderia tê-las colocado ali. É por isso que um método tão incomum de transmissão era necessário.

Por mais exótica ou absurda que pareça, essa tradição tem uma "proveniência" ilustre e surpreendente. Um dos maiores líderes e pensadores de toda a história judaica era um eminente rabino lituano do século XVIII, Elijah Solomon (em hebraico, Eliyahu ben Shlomo), reverentemente conhecido como "o Grande de Vilna" – o *Vilna Gaon*. Como muitas vezes aconteceu com os grandes líderes judeus desde o exílio romano, o Gaon foi um menino-prodígio no Talmude, tendo memorizado cada uma de seus milhões de palavras. Mas ele era igualmente hábil na matemática. Além disso, era um racionalista por excelência e implacavelmente hostil a todo tipo de entusiasmo místico irrestrito.

No entanto, num críptico aparte em um de seus muitos livros brilhantes, ele fez esta afirmação surpreendente: "Tudo o que existiu, existe e existirá até o fim dos tempos está incluído na Torah, os cinco primeiros Livros da Bíblia." Com isso, o Gaon não estava apenas se permitindo uma hipérbole poética como tantas vezes encontramos nos escritos religiosos. Ele, o maior dos racionalistas judeus, fazia essa afirmação do modo mais literal possível – e deu-se ao trabalho de explicar a idéia de uma forma inequivocamente clara: "... e não apenas em um sentido geral, mas incluindo os detalhes de cada pessoa individualmente, e os mais minuciosos detalhes de tudo o que lhe aconteceu desde o dia de seu nascimento até sua morte; do mesmo modo, de todo tipo de animal e fera e coisas vivas que existem, e de plantas, e de tudo o que cresce ou é inerte." [1]

O fato de essas afirmações terem sido tomadas a sério na tradição judaica pode ser entendido a partir das lendas seguintes, provavelmente apócrifas. Certo dia, um estudioso que ouvira falar da asserção do Gaon estava visitando a cidade de Vilna. Pediu uma entrevista com o sábio, pretendendo testá-lo. Certo de que o Gaon não saberia com antecedência qual a pergunta que pretendia lhe fazer (ele apresentaria ao Gaon, por assim dizer, *um desafio a priori* – um importante conceito que discutiremos em detalhe mais tarde), o visitante lhe disse: "Se, como dizes, os detalhes da vida de *todos* estão codificados na Torah, então mostra-me onde posso encontrar o *Rambam*."

Rambam é o acrônimo de *R*abino *M*oisés *b*en *M*aimon – Maimônides – talvez o maior de todos os sábios judeus da era pós-bíblica. Além de ser o líder rabínico de sua geração, Maimônides foi, no século XII, astrônomo, matemático, filósofo aristotélico, codificador de toda a lei judaica e médico da corte do Egito. O rei Ricardo Coração de Leão buscou seus serviços quando lutou nas Cruzadas. Duas frases estão sempre ligadas ao seu nome, e apenas ao seu nome, no saber judaico: "De Moisés a Moisés, não há ninguém como Moisés" e "o prodígio de sua geração".

De imediato o Gaon pediu que seu visitante consultasse o Êxodo 11:9: "O Senhor tinha dito a Moisés: 'O Faraó não vos atenderá, para *que se multipliquem os Meus prodígios na terra do Egito*.'" Em hebraico, a primeira letra das palavras da parte grifada dessa frase se juntam para formar exatamente "Rambam": *R*abot (רבת = que se multipliquem) *M*oftai (מופתי = meus prodígios) *B'*eretz (בארץ = na terra de) *M*itzraim (מצרים = Egito), mostradas abaixo dentro de um círculo.* Moisés, Egito, prodígios: tanto no Egito bíblico quanto no Egito medieval!

---

* O hebraico é lido da direita para a esquerda [e as vogais geralmente não aparecem na letra de imprensa]. As citações bíblicas [do original inglês] foram extraídas da tradução de 1955 da Jewish Publication Society; eventuais exceções são indicadas.

ויאמר יהוה אל משה לא ישמע אליכם פרעה למען
רבת מופתי בארץ מצרים:

Uma lenda semelhante é contada a respeito do *Ramban* – *R*abino *M*oisés *b*en *N*achman, também chamado Nachmânides – outro notável sábio da mesma época. Certo dia, Nachmânides ensinava o "Cântico de Moisés", encontrado no Deuteronômio 32, e fez a surpreendente afirmação de que *toda* a história de Israel podia ser encontrada naquelas passagens. Um jovem estudioso, genial porém arrogante, chamado Rabino Abner, o desafiou, mas o Ramban recusou-se a retirar ou mesmo temperar sua extravagante afirmativa. O Rabino Abner retrucou: "A menos que possas me provar tua afirmação de que toda a história de Israel está no 'Cântico de Moisés', nunca mais ouvirei qualquer coisa que tenhas a dizer. Além disso, rejeitarei a Torah como absurda e, com ela, todo o judaísmo. Para provar minha seriedade, matarei um porco e o comerei no Dia do Perdão."

– Ainda sustento que toda a história está indicada no "Cântico de Moisés". Põe-me à prova, se quiseres – respondeu o Ramban.

– Muito bem, onde naquela passagem se fala do meu destino?

O Ramban voltou o rosto para a parede e rezou em silêncio por um momento. Depois virou-se e encarou Abner.

– Abre no Deuteronômio capítulo 32, versículo 26, e vê a terceira letra de cada palavra. Ali encontrarás a resposta.

Confiante, Abner pegou a Torah e seguiu as instruções do Ramban. Mas um arrepio percorreu-lhe a alma quando leu as palavras da profecia: "Já teria dito: vou exterminá-los de todo, vou riscar a sua memória dentre os homens." Pois descobriu que seu nome estava codificado na terceira letra [consoante] das palavras ama*R*ti af*A*yhem ash*B*ytah maye*N*osh zik*R*am: "R. Abner" (Transliterado do hebraico, seu nome se escreve como "R. ABNR". Lembremos que as vogais, no hebraico, não são impressas; o א (alef) é uma consoante muda que toma o som de qualquer vogal).

אמרתי אפאיהם אשביתה מאנוש זכרם:

Sua arrogância desmoronou e ele gritou:

– Não há cura para o meu estado?

– Por fim compreendeste! – disse o Ramban.

Numa versão da lenda, Abner tornou-se um devotado discípulo do Ramban e diligente estudioso da Torah; noutra, lançou-se ao mar sem remo ou remador e nunca mais foi visto.[2]

Nem é preciso dizer que esses simples exemplos dificilmente impressionam em termos estatísticos. Qualquer pessoa que tenha motivação suficiente, com certeza irá encontrar exemplos ocasionais de conexões aparentemente significativas entre um fragmento de texto e as primeiras (ou terceiras, ou enésimas) letras de um punhado de palavras desse texto – por mero acaso. Nossos exemplos oferecem apenas uma idéia inicial do método que está por trás da decifração dos Códigos – e de seu lugar no saber judaico.

Na verdade, os estudiosos da Bíblia há muito estão conscientes de que, ao longo dos milênios a Torah foi preservada com um número surpreendentemente pequeno de variações em suas letras. Embora não tenha sido 100% perfeita, a precisão da transmissão é de ordem tão elevada (especialmente quando comparada com outros textos antigos, incluindo alguns das Escrituras hebraicas) que vem sendo há muito tempo um enigma para os estudiosos.

O enigma não está no método que permite essa precisão – este é bem conhecido – mas no motivo dessa atenção. Até o dia de hoje, cada rolo da Torah, do tipo que pode ser encontrado em qualquer sinagoga no mundo todo, é copiado à mão do rolo predecessor, escrito segundo regras imutáveis, por escribas que passam por um rigoroso curso de treinamento e preparação. A cada um deles este aviso tem sido passado ao longo dos tempos – e devemos percebê-lo como sendo mais do que uma metáfora poética: "Se acaso omitires ou acrescentares uma única letra da Torah, estarás assim destruindo todo o Universo."

Sob essa luz, mesmo uma das mais citadas passagens das Escrituras cristãs ganha um novo significado: "Em verdade vos digo, até desaparecerem o céu e a terra, não desaparecerá a menor letra nem o menor traço de pena da Lei de Moisés [a Torah] até que tudo se cumpra."*

Logo depois que o Vilna Gaon fez sua surpreendente afirmação em meados do século XVIII, irrompeu a revolução científica. Nunca amplamente conhecida, de todo modo, a tradição dos Códigos quase desapareceu do saber judaico.

Mas não de todo. Nos primeiros anos do século XX, apareceu outra grande mente judaica, na Eslovênia, num dos grandes centros de cultura judaica fadados à destruição no Holocausto que viria poucos anos mais tarde. Como o Vilna Gaon, Michael Ber Weissmandl foi uma criança-prodígio no Talmude. Também como o Gaon, um prodígio na matemática. Ainda jovem, Weissmandl encontrou uma referência aos Códigos num comentário feito por outro sábio, Rabenu Bachya, que viveu e morreu no século XIII. Seguindo as pistas deixadas por Bachya, Weissmandl realizou sua própria investigação do fenômeno e convenceu-se de que era genuíno. Tornando-se ele próprio um preeminente rabino, conservou durante toda a vida o interesse pelos Códigos e escreveu toda a seqüência de

* Mateus 5:18 [New International Version].

304.805 letras da Torah em grades de 10 por 10. (Desse modo, as palavras que ocorrem em intervalos alfabéticos com igual espaçamento se destacam com mais facilidade.)

O Rabino Weissmandl também pôs em movimento um processo que acabaria por colocar os Códigos em plena luz, sessenta anos mais tarde. No final da década de 1980, pesquisadores de Israel descobriram codificações que iam bem mais longe do que as descobertas do Rabino Weissmandl ou de quaisquer de seus predecessores: referências aos acontecimentos e circunstâncias envolvendo a revolta dos macabeus celebrada no feriado judaico do Chanucah; detalhes do ataque à Bastilha durante a Revolução Francesa; características fundamentais da descoberta, fisiopatologia, conseqüências e tratamento do diabete; uma descrição também detalhada da AIDS; e mesmo detalhes específicos da história atual à medida que ela se desdobra.

Por exemplo, em 6 de outubro de 1981, o presidente do Egito, Anuar Sadat, foi assassinado numa conspiração dos oficiais do seu exército. Mostrou-se a platéias selecionadas, no mundo todo, uma série de decodificações do Gênesis com detalhes do assassinato: o nome do alvo, a data, o local, os meios e muito mais. Até mesmo o nome e sobrenome do assassino, "Chaled Islambooli", estava escrito no Gênesis, com a grafia exata, num trecho surpreendentemente pequeno do texto bíblico:

"Chaled"

"Islambooli"

Séries semelhantes do Gênesis com detalhes da Guerra do Golfo surgiram em Israel logo após a deflagração das hostilidades. Detalhes comparáveis também podem ser encontrados no Livro do Êxodo. Chegou a circular a história de que a data do primeiro ataque iraquiano com mísseis Scud tinha sido encontrada *antes* que acontecesse – e discutida nos altos escalões do governo israelense.

Os pesquisadores israelenses sofriam crescente pressão para colocarem suas descobertas em sólidas bases científicas. Eles assim o fizeram, submetendo uma amostra ampla e rigorosamente controlada à apreciação de avaliadores do mais alto nível das publicações estatísticas. Seu ensaio bem poderia ter sido descartado de imediato, uma vez que suas implicações eram tão chocantes. Mas diversos respeitados professores de matemática de Harvard, Yale e de outros centros já haviam se manifestado de público contra uma rejeição precipitada. Como resultado, o trabalho foi submetido a um minucioso exame, excepcional para esse tipo de tema – a maioria das descobertas "extraordinárias" nunca vai além dos tablóides sensacionalistas e da mídia televisiva de baixa qualidade. Cientistas, estatísticos e matemáticos das universidades de Harvard, Yale e Carnegie-Mellon tentaram encontrar suas falhas; nenhum deles conseguiu. Um desses críticos, Persi Diaconis, eminente estatístico de Harvard, opunha-se tão vigorosamente aos Códigos que desenvolveu um brilhante e inventivo método matemático para refutá-los. Também ele fracassou; na verdade, a equipe israelense acabou usando o método de Diaconis para substanciar suas descobertas. O que eles alegavam ter descoberto – e pareciam ter demonstrado através de padrões rigorosos – era isto: que detalhes precisos não só de acontecimentos em grande escala, mas das vidas *de todo um conjunto de pessoas* poderiam ser encontrados codificados no Livro do Gênesis. Todas aquelas pessoas tinham vivido e morrido entre os séculos IX e XVIII da Era Cristã – mais de mil e quatrocentos anos depois da época em que mesmo os céticos alegam que a Torah foi escrita. Seria concebível, mesmo remotamente, que a afirmação feita pelo Gaon, e pelo Ramban antes dele, pudesse estar certa?

A história que está por trás dos Códigos é também a história das notáveis pessoas que trouxeram à luz essa pesquisa. A principal delas é o Rabino Weissmandl, famoso, não pelo seu pouco conhecido trabalho com os Códigos, mas por suas ações dramáticas durante o Holocausto. Seus esforços para salvar o povo judeu estão imortalizados no aclamado filme de Steven Spielberg, *A Lista de Schindler* – pois foi Weissmandl o grande gênio que estava por trás dos secretos esquemas de pagamento de resgate naqueles anos terríveis.*

Quando a guerra terminou, Weissmandl emigrou para os Estados Unidos e voltou à sua paixão original – os misteriosos códigos contidos na Torah. Cercou-se de um pequeno grupo de devotados alunos, trabalhando para reconstruir o maior número possível de suas descobertas e também para encontrar novas. Mas para Weissmandl, tal como para seus predecessores, pesquisar as informações codificadas era trabalhoso demais. Além disso, mesmo quando encontravam algo que parecia importante, como poderiam provar que isso não havia aparecido por mero acaso? Foi então que, numa reviravolta dramática, os mesmos acontecimentos que tinham feito surgir o Holocausto produziram uma tecnologia matemática que lançou a pesquisa dos Códigos a um nível totalmente novo.

* O Rabino Weissmandl não organizou pessoalmente o trabalho de salvação relacionado com Schindler, mas foi ele quem iniciou o processo em outro lugar da Europa. Sua idéia acabou por se desenvolver e tornar-se o "Plano Europa", que pretendia resgatar todos os judeus europeus. Embora os nazistas parecessem dispostos a aceitar esse plano, os fundos necessários nunca chegaram às mãos do grupo organizador de Weissmandl na Eslováquia ocupada.

Um projeto altamente secreto em Londres, conhecido pelo codinome Ultra, havia decifrado o "Enigma", o código de guerra nazista que se supunha invulnerável. De uma inteligência diabólica, o Enigma tinha se furtado completamente a todas as tentativas anteriores de decifrá-lo. Ao incorporar avanços matemáticos, estatísticos e de computação eletrônica que surgiam do projeto da bomba atômica em Los Alamos [o Projeto Manhattan], os britânicos e seus aliados conseguiram manter-se um passo à frente das constantes mudanças do esquema Enigma. Dois dos discretos heróis dessa façanha foram Alan Turing, em Londres, e John von Neumann, em Los Alamos, ambos matemáticos brilhantes e de renome mundial. Nosso mundo foi incomensuravelmente alterado pelo seu trabalho, pois a partir dele Turing viria a ser conhecido como o "pai do *software* de computação" e von Neumann, como o próprio "pai do computador".

Trabalhando sob pressão inimaginável, as equipes de von Neumann e Turing desenvolveram – praticamente a partir do nada – duas coisas que se mostrariam fundamentais para o sucesso do projeto Ultra e, em última análise, para a própria vitória dos Aliados: computadores de alta velocidade e um conjunto de técnicas estatísticas altamente sofisticadas que podiam ser aplicadas na decifração de códigos complexos. Ironicamente, nosso desenvolvimento moderno desses três domínios – criptologia, estatística e computação – começou com as antigas técnicas de codificação dos místicos judeus que, já no primeiro século da Era Cristã, mencionaram os códigos da Torah.

Trinta anos após a morte de Weissmandl, quando os computadores de mesa se tornaram milhares de vezes mais rápidos que a imensa máquina inventada por von Neumann e utilizada por Turing, os códigos da Torah produziram estratégias semelhantes aos esforços criptológicos dos Aliados. Por mais chocante que possa parecer – como ainda a vêem os críticos frustrados – a prova assim descoberta deveria permanecer irrefutada e os resultados se explicariam de uma única maneira: há três mil anos, os homens não teriam podido escrever a Torah; nem o poderiam fazer os homens de qualquer época, incluindo a nossa. Mas quem quer que a escreveu aparentemente o fez do modo exato como a antiga tradição judaica há muito insiste que Deus o fez: com a mais minuciosa atenção à sua exata seqüência letra a letra.

O que significaria uma descoberta espantosa como esta? Em última análise, cada pessoa terá de decidir por si mesma. Como o Prof. David Kazhdan, chefe do Departamento de Matemática de Harvard, que foi citado numa entrevista a um jornal em 1996: "O fenômeno é real; o que ele quer dizer é um problema de cada indivíduo." São muitas as histórias de pessoas que foram levadas de volta à crença religiosa depois de terem sido expostas aos Códigos. (Na verdade, esse é um dos métodos utilizados para alcançar os judeus modernos com mente cética que se alienaram da tradicional fé ortodoxa de seus ancestrais. É um método que está sendo calorosamente debatido no seio da própria comunidade judaica.) Um dilúvio de livros, discutindo uma variante simplificada dos Códigos a partir de uma perspectiva cristã, tornou-se *best-seller* instantâneo na comunidade evangélica (uma abordagem que tem seus próprios céticos, e não só judeus). Dois desses livros deixam o leitor com a impressão de que a pesquisa israelense confirma que Jesus é o Messias, e venderam mais de cem mil exemplares em três meses.[3,4] Só nos cabe imaginar a consternação causada por esse fato, principalmente em Israel. (Os Códigos não podem ser utilizados legitimamente para fazer esse tipo de afirmação, ou outras semelhantes, como veremos adiante. E os mais qualificados pesquisadores enfatizam que os Códigos nunca deveriam ser usados para influenciar a crença dos outros.)

Mas será que a prova *permanecerá* incontestada? O Prof. Kazhdan, na verdade, é bem menos taxativo do que sugere sua citação acima – embora continue com a mente aberta. No momento em que escrevo, com efeito, está em andamento nos principais centros acadêmicos mundiais um projeto semi-secreto que examina os códigos da Bíblia. Envolvidos nele estão alguns dos mais eminentes nomes mundiais da matemática, da ciência da computação e da estatística. A maioria dos participantes desse projeto é composta de céticos que se irritaram – alguns até se enfureceram – com o interesse crescente que os Códigos estão atraindo com rapidez em todo o mundo. O objetivo deles é destruir de uma vez por todas essas proposições absurdas, demonstrando uma falha no núcleo da pesquisa. Para eles, o fato de essa falha ainda não ter sido encontrada não é prova de coisa alguma: a irrealidade dos Códigos é evidente em princípio para muitos deles, mesmo que ainda não tenha sido provada. Mas alguns dos notáveis intelectos que estão por trás do projeto não são céticos; e um pequeno número dos mais eminentes cientistas convenceu-se, depois de longo estudo, de que os códigos da Bíblia talvez sejam exatamente aquilo que parecem ser.

A Verdade por trás do Código da Bíblia é a história dos Códigos e das pessoas por trás deles – tanto quanto é conhecido até agora. E é também a história das extraordinárias implicações dos códigos da Bíblia.

Capítulo 2

JORNADA AO CENTRO

Pois, como aprendemos, Jerusalém é o centro da Terra e um lugar celeste chamado Sion está acima dela, e desse lugar ela é abençoada, e os dois estão indissoluvelmente ligados.
– *Zohar*, Vayikra 3

Quinta-feira, 7 de novembro de 1996
Jerusalém, Israel

A chamada que recebi para vir a Jerusalém fora inesperadamente urgente: as notícias sobre o Código pareciam estar fervendo em toda parte ao mesmo tempo, e a tensão crescia rápida ante as reações que ele provocava. Depois de anos de profundo envolvimento com aquilo que, fui percebendo, bem poderia tornar-se a mais significativa descoberta do século XX, eu estava a caminho para conversar com as pessoas encarregadas de apresentá-lo ao mundo. Se a pesquisa que eu estava investigando continuasse a mostrar-se válida, as conseqüências seriam quase inimagináveis. E ao longo dos meus últimos quatro anos de exames minuciosos e investigações, ela tinha se mostrado válida: aparentemente, estavam codificadas dentro do texto hebraico da Torah – os cinco primeiros Livros da Bíblia – informações sobre os tempos modernos que simplesmente não deveriam – e talvez nem poderiam – estar ali. Poucas coisas na minha vida tinham me excitado mais do que a descoberta desse fenômeno emergente. Foi por isso que, conforme me pediram, larguei tudo, rearranjei os horários dos meus pacientes e marquei a passagem para Tel-Aviv.

Em nenhum outro lugar do mundo o chocante contraste entre o moderno e o arcaico é tão agudo quanto em Jerusalém. Como foi que essa antiga cidade do Oriente Médio, atrasada e coberta de pó, sem nenhuma razão natural para alcançar proeminência, havia se tornado o foco de tanta atenção – e *tensão* – internacional, exatamente como predisseram os antigos manuscritos judaicos? Lá, os homens envolvidos no processo de trazer à luz os Códigos também representavam uma incomum confluência do antigo e do moderno, do religioso e do tecnocrático. Entre eles estão:

- Doron Witztum, o famoso pesquisador de códigos, um judeu misterioso, recluso e ultra-ortodoxo, estudioso da Torah e descrito como "quase-santo". Contudo, formou-se em física e se especializou no estudo da relatividade geral – uma matéria extraordinariamente obscura e difícil. Onze anos antes, tendo sido apresentado à base matemática que estava escondida na Torah, ele abandonou a física para devotar-se em tempo integral aos estudos religiosos – e aos Códigos.
- Eliyahu Rips, um emigrado lituano e matemático de primeira linha que, ao chegar a Israel, era um ateu convicto (tal como a grande maioria dos matemáticos). Ele tem envergadura internacional como teórico de grupo – um campo de especial importância para a física – mas depois de encontrar várias estruturas matemáticas na Torah, entre as quais os códigos, tornou-se religioso e, por fim, ortodoxo. Continua a ser um matemático em tempo integral, cuja devoção e envolvimento na pesquisa dos Códigos são uma fonte de consternação para seus colegas mais convencionais no mundo todo.
- Gerald Schroeder, outro físico com uma impressionante carreira atrás de si. Após muito tempo no MIT (Massachusetts Institute of Technology), Schroeder trabalhou para o Departamento de Defesa dos Estados Unidos, para a Comissão de Energia Atômica e para a ONU. Fez parte da equipe que desenvolveu os meios para detectar explosões nucleares clandestinas no subsolo, e pessoalmente detém a patente do equipamento utilizado para detectar e mensurar a intensidade da radioatividade aerotransportada. Depois de publicar mais de setenta artigos científicos, também ele abandonou tudo e foi para Jerusalém, onde dá palestras para pessoas de todo o mundo sobre a interface entre ciência e religião.
- Prof. Daniel Michaelson, outro matemático do círculo dos pesquisadores de códigos (na verdade, ele ajudou a desenvolver esse campo). Michaelson ocupou cargos no Departamento de Matemática da Universidade da Califórnia, em Los Angeles, e na Universidade Hebraica, em Jerusalém. Também ele começou como cético rigoroso, mas acabou se convencendo de que os Códigos eram reais. Como Rips, abandonou a vida laica para assumir os caminhos da antiga tradição.

E havia também os rabinos. Muitos deles eram israelenses nativos – mas um número incomumente grande viera dos Estados Unidos havia dez, quinze ou vinte anos, pretendendo apenas absorver um pouco de cultura em Jerusalém. Surpreendidos pelos prodígios que nem suspeitavam existissem, hoje formam uma parte substancial do "Haredi", ou comunidade ultra-ortodoxa em Jerusalém:

- Eric Coopersmith, o jovem e carismático "número dois" de um dos maiores e mais influentes colégios rabínicos de Jerusalém, visitava Israel há mais ou menos uma década e parou para ouvir uma palestra nessa mesma *ieshivah* [universidade rabínica]. Com vinte e poucos anos, esse jogador de hóquei que usava os cabelos longos e as roupas desleixadas bem à moda norte-americana sentara-se ao sol quente de Jerusalém, contemplara o Rabino Noah Weinberg – cuja barba branca, chapéu de feltro preto e longo casaco de lã o faziam parecer um rabino ortodoxo saído de um filme de época – e ficara deslumbrado, contra sua vontade, com o que ouvira. O momento decisivo chegara quando, sem transpirar uma gota apesar do traje, Weinberg afirmara que estudar a Torah é principalmente *divertir-se*. Coopersmith percebeu, como ele o diz, que "um de nós dois está errado".

Por fim, Coopersmith também foi ordenado e tornou-se um dos principais responsáveis pela apresentação dos detalhes dos códigos da Bíblia, entre outras coisas, para mais de quarenta mil pessoas tão afastadas da religião quanto ele o fora. O impacto dos Códigos sobre a vida dessas pessoas de todo o mundo tem sido imenso. Muitas vezes tem sido um portal – o único portal possível aos indivíduos obstinados dos dias de hoje – para que comecem a levar a sério a fé de seus pais.

- Outro rabino com quem eu já havia trocado correspondência era Moshe Zeldman, canadense e estudante de matemática. Talvez mais do que qualquer outro, ele estava intimamente familiarizado com os Códigos e com as pessoas que os desenvolveram e trouxeram ao atual foco de interesse mundial. Também ele chegou a Jerusalém há uns dez anos, com a nova esposa, pensando numa rápida visita. Voltaram ao Canadá apenas para acertar seus negócios e dar adeus aos familiares. Nunca olharam para trás. Sua história é semelhante à de outros que mudaram abruptamente o curso de suas vidas para seguir a Torah. Como a mãe que, perturbada com a decisão do filho de abandonar os estudos superiores de ciências exatas para seguir os estudos religiosos, viajou até Israel para queixar-se pessoalmente ao chefe do colégio rabínico onde o rapaz agora estudava. "Não se preocupe", tranqüilizou-a, "se seu filho achar os estudos difíceis demais, ele sempre pode voltar à física nuclear!" Também Zeldman tinha sido um estudante de matemática.
- Em Nova York, eu já tinha conhecido o Rabino Daniel Mechanic, nascido e criado num típico lar judeu ortodoxo (*frum* de nascença, na gíria judaica). Danny era o principal responsável pela apresentação dos Códigos aos norte-americanos. Na ponta da língua, ele tinha mais informações sobre o assunto do que qualquer outra pessoa, e se mostrava orgulhoso das descobertas e as protegia com vigor. Sempre em movimento frenético, Danny poderia ter feito uma segunda – ou terceira – carreira como humorista.

Essa admirável confluência de ciência e religião não me era estranha. Havia muito eu me dedicava exatamente a essa intersecção – embora tivesse, e ainda tenha, uma profunda antipatia pelas versões "popularizantes" do assunto. Desde criança, eu me sentia fascinado pelos mistérios de Deus e do mundo. Na verdade, também eu comecei pela física, depois me voltei para as ciências mais "humanas" e para a psiquiatria, e passei anos investigando a religião. Sempre que pude, deixei-me imergir em comunidades de fé genuína – não só as judaicas. Eu estava certo de que a ligação com Deus, que o coração humano busca com tanto ardor, é real – e tem valor inestimável. Recentemente voltei ao estudo da matemática e da física, acreditando, por razões apenas minhas, que os mistérios de Deus estão profundamente ligados aos mistérios de Sua criação. Com efeito, atrasei minha viagem a Israel por um dia – tempo suficiente para prestar um importante exame de matemática em Yale. (O motivo pelo qual um psiquiatra está estudando matemática e física nesta altura da vida é parte da história, e falaremos disso mais adiante.)

Meu objetivo nessa viagem era aprender todo o possível sobre a aplicação das ultramodernas técnicas estatísticas e de computação à decifração virtuosística dos códigos ocultos dentro de um manuscrito com três mil e trezentos anos de idade, decifração esta realizada por um grupo de rabinos e devotos do qual fazia parte um número extraordinário de matemáticos e físicos.

Nos Estados Unidos, os Códigos estavam tendo um impacto cada vez mais poderoso sobre um número sempre crescente de pessoas. Surgiam acesas controvérsias que começavam a atrair o exame atento do público. Eu estava certo de que no ano seguinte esse impacto seria ampliado muitas vezes – mas também as controvérsias. Eu fora informado havia pouco tempo, em segredo, de que um grupo de grandes matemáticos, talvez de Harvard, organizava-se para destruir a credibilidade dos códigos da Bíblia. Meus sentimentos a respeito eram contraditórios. Por um lado, eu pessoalmente *queria* muito que os Códigos fossem genuínos: em parte por puro e infantil maravilhamento e assombro, mas em parte também por uma ardente crença de que nesta nossa época o mundo precisa desesperadamente de um aceno inconfundível da única mão inconfundivelmente Real. Contudo, às vezes a idéia de que informações modernas pudessem realmente ter sido codificadas nas Escrituras hebraicas também me parecia absurda, por uma centena de razões diferentes.

Mas havia uma preocupação ainda mais premente por trás do meu interesse pelos códigos da Bíblia. A necessidade de um exame sério e imediato surgiu diretamente do impacto atordoante que os Códigos já tinham causado, mudando a vida de muitas pessoas. Seria uma tragédia se esse efeito estivesse baseado em algo falso: primeiro, porque a falsa crença sempre gera a tragédia; segundo, por causa da desilusão que se seguiria a isso.

Inadvertidamente, os Códigos criaram uma espécie de crise: anos de esforços conjuntos, por parte de críticos dotados da mais extraordinária capacidade, não conseguiram encontrar uma única falha na melhor das pesquisas sobre os Códigos, recentemente publicada por Witztum, Rips e um brilhante jovem cientista da computação, Yoav Rosenberg, em *Statistical Science*, um rigoroso e respeitadíssimo boletim científico. Na mente de muitas pessoas, esse tipo de sucesso diante de críticas de alto nível significa apenas duas possibilidades: uma inadvertida manipulação dos dados por baixo do pano, para adaptá-los ao método (ou o inverso, ou ambos); ou uma manipulação deliberada. O assunto tornou-se bastante perturbador – não só para os cientistas como também para as pessoas religiosas – devido ao fato de que milhares de vidas foram profundamente afetadas quando as pessoas aprenderam sobre os Códigos com instrutores da mais alta reputação. Harold Gans, o matemático criptologista com alto cargo no Departamento de Defesa dos Estados Unidos, foi um dos casos mais amplamente conhecidos. Os códigos da Bíblia desempenharam um papel fundamental no seu retorno ao judaísmo ortodoxo, e seus respeitados ensinamentos sobre eles afetaram muitas outras pessoas.

Para o mundo atual, fora das comunidades científicas e religiosas, um teste rigoroso dos Códigos era essencial. Pois, se os Códigos fossem genuínos, então essa pesquisa seria, sem exagero, a mais surpreendente descoberta científica *de todos os tempos* – parece ridículo dizê-lo desse modo, mas não há outro. Se a ciência, rigorosa e operando de acordo com os mais rígidos padrões de prova nas mãos dos mais eminentes cientistas, tivesse realmente demonstrado que fatos da história *atual* estão codificados na Torah, segundo um esquema que poderia ser descrito e decifrado – tal como sustenta uma antiga tradição judaica –, então as mais básicas afirmações sobre a natureza do mundo, como está descrito na Torah, teriam certamente de ser levadas muito a sério, por mais absurdas que parecessem. Era o equivalente a provar que existe um Deus, que Ele é o Deus descrito na Torah e que o povo judeu recebeu a missão exata que ali está detalhada (quer nós judeus gostemos disso ou não, quer os outros gostem disso ou não).

E quais eram as implicações para as outras religiões? (A resposta tradicional do judaísmo a essa pergunta é bem mais generosa do que se poderia pensar, mas seria perfeitamente natural que as outras religiões se preocupassem.) Quais seriam as implicações para a moderna fé na tolerância e igualdade com relação a sistemas de crença diferentes, e para a crença na equivalência moral de todos os pontos de vista? O que aconteceria à convicção, compartilhada por muitos, de que não *existe* nada além do universo físico; e de que nosso destino somos apenas nós quem moldamos à nossa vontade? A maioria dos judeus havia muito deixara de lado todo entendimento literal das Escrituras. Para muitos deles, a Bíblia, quando muito, proporcionava uma variedade de metáforas para descrever os conflitos da vida; por certo não oferecia soluções utilizáveis no mundo atual. Será que os Códigos forçariam essas pessoas a reconsiderar? A história mostra que qualquer uma dessas preocupações é explosiva o suficiente para causar derramamento de sangue, mesmo na ausência de provas num ou noutro lado.

Somente nos últimos três meses, uma verdadeira enxurrada de livros populares, escritos às pressas, apareceu nas margens do mundo editorial, todos eles alegando mostrar como os códigos da Bíblia provavam que Jesus era o Messias. Os métodos usados para demonstrá-lo, porém, guardavam apenas uma semelhança superficial com o método rigoroso que acionara essa enxurrada. Mas a própria existência desses livros era um sintoma do desconforto criado à medida que se difundiam as notícias sobre os Códigos. As pessoas mais intimamente envolvidas com os Códigos discutiram se não era o caso de responder a esses livros, tentando usar os Códigos para provar que Jesus *não* é o Messias. Essa proposta – cuja possibilidade é duvidosa em vista da natureza dos Códigos, como veremos – foi rejeitada com o devido horror pelas autoridades rabínicas consultadas.

Houve muitas pessoas sábias de todas as crenças, ou de nenhuma, que acharam discutível o próprio fato de se pensar na existência de provas científicas desse tipo. Meu sogro, Joseph Leff, respeitado líder da comunidade judaica de Nova York e atual presidente da influente Ninety-second Street Y, ficou estarrecido diante da pretensão de que pudessem haver provas matemáticas rigorosas da existência de Deus. "O que significa a *fé*, então?", perguntou-me durante uma conversa no Sky Club, no alto do antigo prédio da Pan Am, depois que voltei de Israel.

Num momento em que o fenômeno universal da sangrenta intolerância religiosa mal começou a se reduzir – e só em parte –, o que significaria se essa proposição, que parece ser a mais radicalmente fundamentalista de todas e ligada com mais força a *uma* única fé, tivesse sua validade provada através dos mais rigorosos meios da ciência? Já ouvi vários rabinos opinarem que se os Códigos fossem válidos – e *especialmente* se o fossem – seria melhor escondê-los. Mas já é tarde demais para isso.

Não que os judeus em geral estejam sendo mais objetivos que os escritores popularescos cristãos: um fluxo menor de livros com temas exclusivamente judaicos e israelitas também foi armado às pressas por pessoas pouco familiarizadas com a pesquisa séria. Alguns deles, na verdade, fazem mal-uso dos Códigos para "provar" que Jesus não é o Messias. Essas "provas negativas" foram tão malfeitas quanto as "provas positivas" cristãs. É legítima a preocupação com a possibilidade de que uma maré de falsos livros sobre os códigos da Bíblia venha a contaminar todo o assunto, passando-o para o domínio da "picaretagem".

Para ser sincero, eu mesmo não consigo ter 100% de certeza sobre os resultados. Admito que *quero* que os Códigos sejam o que parecem ser. Acontece que quero que exista um Deus, porque a alternativa não me deixa lá muito otimista. Estou menos preocupado em saber se Ele Se adapta às minhas expectativas – ou às dos outros – a Seu respeito, do que com a possibilidade de que Ele simplesmente não exista. É a verdade que conta, qualquer que seja ela. Certa vez ouvi um cristão devoto e influente afirmar que sua fé em Jesus Cristo lhe dava a força para querer conhecer a verdade acima de tudo, mesmo se essa verdade acabasse por tornar falso o cristianismo. Por dentro, louvei sua coragem, que é bastante rara. Foi dentro desse espírito que me convenci de que, se os Códigos fossem falsos, esse fato deveria ser exposto de imediato. Foi por isso que num artigo para *Bible Review*, famoso boletim acadêmico e multirreligioso de estudos bíblicos, escrevi: "Se o trabalho contém erro, seria melhor que isso fosse demonstrado não só de imediato como do melhor modo possível."

Na verdade, parecia estar surgindo um consenso de que chegara a hora de resolver o assunto de uma vez por todas, de um modo ou de outro. Durante longo tempo, David Kazhdan, professor no Departamento de Matemática da Universidade de Harvard, tinha apoiado Witztum e os Códigos. Junto com vários outros matemáticos eminentes, Kazhdan assinara o prefácio de uma das publicações em hebraico de Witztum, atestando a seriedade da pesquisa. Apenas um ano antes, Kazhdan observara, para um repórter de um jornal da Costa Oeste, que considerava "real" o fenômeno dos Códigos. Mas Kazhdan também me dissera diretamente, havia mais de um ano, que desejava organizar uma equipe para investigar os Códigos com mais rigor do que fora feito até então. Em época mais recente, contou-me que o artigo daquele repórter não tinha sido exato: seus comentários abrangiam apenas a qualidade da pesquisa, não suas conclusões. E agora ele fazia parte do esforço crescente de especialistas interessados em checar a fundo o assunto.

O fenômeno tinha vindo à tona aos poucos e até então teria sido difícil para qualquer um perceber todas as suas partes. O trabalho sério havia começado oito anos antes, quando a equipe israelense publicara uma pequena parte dele no eminente *Journal of the Royal Statistical Society*. Estava na forma de resposta a um longo ensaio, assinado por um dos grandes nomes da comunidade estatística, que debatia o incomum tema de estatística e teologia. O artigo era breve – um relatório de andamento, mais que qualquer outra coisa – e teria sido difícil avaliar o método baseado apenas nele. Mas os Códigos despertaram tamanha excitação e fascínio que inevitavelmente a reação a eles foi muito além do que a fria evidência poderia sustentar. Uma preocupação adicional foi o fato de que, embora o campo de estudo tivesse sido desenvolvido por muitos pesquisadores, estava sendo então dirigido por praticamente uma só pessoa – Doron Witztum – e Witztum estava convencido de que ninguém mais compreendia plenamente sua variação do método de decodificação.

O próprio Rabino Coopersmith pediu a minha opinião sobre a alegação de Witztum de que somente ele próprio poderia conduzir de modo adequado as pesquisas do Código. Não é que ele fosse cético – pelo contrário, depois de testá-lo à exaustão, Coopersmith tornou-se um sólido admirador de Witztum, tanto de sua pessoa como de seu trabalho. Mas a posição de Coopersmith era de liderança e suas responsabilidades incluíam o bem-estar espiritual de muitas almas que tinham sido afetadas pelo vasto programa da Aish HaTorah que ele dirigia. (Aish HaTorah é um colégio rabínico na Cidade Velha de Jerusalém; também promove um respeitado programa internacional de educação que se destina a informar aos judeus leigos sobre o judaísmo tradicional.) Embora nunca falasse diretamente do assunto, Coopersmith sempre me deixava impressionado com seu forte senso de dever diante dessas altas responsabilidades. Lembrei-me de uma famosa passagem do Livro de Jeremias: "O coração é falso como ninguém." Sábio é o homem que friamente observa essas palavras, em especial quando suas preferências são fortes.

Com efeito, percebi certos aspectos do processo de decodificação que explicariam a pretensão de Witztum à exclusividade, sem que isso desse a entender que algo estava errado. Também pensei que eu poderia fazer um bom trabalho explicando o como e o porquê dos Códigos àquelas pessoas que compreensivelmente se mostravam suspeitosas e céticas. Por certo que há algumas sutilezas nos Códigos que tornariam difícil para qualquer pessoa reproduzi-los, mesmo conhecendo muito bem o aspecto técnico. Essa intangibilidade é parte do que será desenvolvido neste livro; deveria servir como alerta aos apressados, tanto céticos quanto entusiastas. Os Códigos têm grande força, mas também são sutis, e sua verificação não é fácil.

Cheguei a Jerusalém tarde da noite, depois de um vôo longo e cansativo. Os rabinos da Aish HaTorah receberam-me calorosamente e me instalaram num simpático apartamento privativo no coração do bairro judeu, dentro dos muros da Cidade Velha. Em Connecticut, o tempo estivera frio e triste; em Jerusalém, apesar do adiantado da hora, havia um frescor agradável e o ar ainda trazia o perfume dos ensolarados dias de novembro em Israel.

Sexta-feira, 8 de novembro de 1996

A última vez em que eu estivera em Jerusalém fora quase três décadas atrás, pouco depois da Guerra dos Seis Dias, quando eu tinha dezenove anos. Lembrei-me com ternura daqueles dias e também de Hava, minha namorada israelense.

Aquele verão foi mágico para mim. Israel parecia um lugar imenso e misterioso, e eu me encontrava numa situação maravilhosa – terminava um trabalho de pesquisa em física no laboratório de aceleração nuclear do Instituto Weizmann, em Rehovoth. Nos fins de semana e após o expediente, Hava me mostrava seu país e também fazia dele o meu país. Lembrei-me das ruas sinuosas e caóticas de Jerusalém, da sensação de perigo e da percepção de que as coisas eram tão chocantemente seculares na cidade mais sagrada do mundo.

Muita coisa havia mudado: Jerusalém era agora muito mais moderna e desenvolvida do que três décadas antes – e muito mais ortodoxa. Espetaculares e luxuosas comunidades residenciais tinham sido construídas ao redor do antigo centro de Jerusalém e suas janelas se abriam para os imensos muros de pedra da Cidade Velha. As áreas circundantes agora estavam adornadas com belas árvores e plantas, e eram iluminadas durante toda a noite. A beleza era extraordinária.

Os "haredim" ultra-ortodoxos estavam por toda parte, não só nos quarteirões confinados do famoso Mea Shearim. Povoações inteiras de modernos prédios de apartamentos, suas fachadas recobertas com a onipresente pedra acinzentada que caracteriza Jerusalém, tinham se erguido por toda parte sobre a rocha nua das colinas da Judéia. Nesses prédios moravam milhares de animadas famílias ultra-ortodoxas, levando uma vida de intensa fé e devoção, cheias de filhos, os garotinhos com os longos *peot* junto às orelhas, os homens metidos em compridos casacos pretos e chapéus também pretos, as mulheres em vestidos longos e perucas da moda, as garotinhas fazendo alarido em seu agudo hebraico com sotaque israelita.

E, tal como ocorrera geração após geração, o centro absoluto da vida deles é o estudo da Torah. "Onde está Fulano?" "Ah, ele está *aprendendo*." Eu ainda ouviria essa frase muitas e muitas vezes, sempre com o destacado *aprendendo* significando uma única coisa: total e fascinada absorção nos mistérios dos Cinco Livros de Moisés e no verdadeiro oceano de comentários hebraicos que os grandes sábios de Israel produziram ao longo de três e meio milênios de devoção religiosa.

O apelo hipnótico desses estudos da Torah pode parecer misterioso a quem não está absorvido neles, judeu ou não. Ainda assim, muitas das pessoas que conheci tinham deixado para trás, na América do Norte, uma vida de privilégios e riqueza para viver em estado de quase-pobreza nos apartamentos modestos das comunidades, cercadas apenas por um terreno rochoso e pela onipresente ameaça da guerra. Na verdade, muitos pagaram com a vida por essas convicções. E nem todos os que conheci eram judeus antes secularizados. Muitos tinham sido gentios. A mudança que eles abraçaram foi inacreditavelmente radical. Eis uma analogia comparável: se eu fechasse minha casa na bela e suburbana Connecticut e, com minha família a reboque, me unisse a um grupo Amish que tivesse se estabelecido, digamos, no deserto afegão, onde não só lhes faltava a luxuriante terra arável da Pensilvânia como também tinham de enfrentar bandos de saqueadores e combatentes. A seriedade da crescente ortodoxia de Jerusalém é impressionante.

Foi nesse ambiente que comecei uma série de encontros.

Muito do que se seguiu foi uma surpresa para mim: sem o perceber, eu tinha entrado numa arena com dimensões bem além das que eu já conhecera. As questões relativas à exatidão científica dos Códigos, e suas implicações religiosas, assentavam-se sobre um volátil depósito subterrâneo de preocupações e interesses altamente fluidos, totalmente diferentes, agora de súbito misturados: uma importante intriga financeira internacional, reputações pessoais em risco e mesmo, de modo indireto, terrorismo e antiterrorismo no Oriente Médio – sem mencionar grandes somas de dinheiro. O único elemento que faltava do *thriller* clássico era um escândalo sexual. Lembrei-me de ter sido alertado – entre risos – por Yehoshua Hecht, um amigo de Connecticut que é um rabino ortodoxo com laços íntimos nos círculos israelitas, de que em Israel, como em qualquer outro lugar do Oriente Médio, *tudo* assume uma qualidade bizantina: há sempre assuntos intrincados, "rodas dentro de rodas". Ele não poderia estar mais certo.

É provável que certos detalhes nunca cheguem a ver a luz do dia, em vista das pessoas envolvidas. Mas outros detalhes certamente serão apresentados quando chegar a hora certa. Muito do que não posso dizer agora, e deixei de fora deste livro, provavelmente será publicado dentro em breve. Mas o que eu posso discutir agora é suficientemente espantoso.

Parte do quadro que pode ser discutido é o simples fato de que o alcance das batalhas iminentes era bem maior e crescera com mais rapidez do que se poderia esperar. Ninguém conseguia acompanhar a pressão dos acontecimentos, e havia um amplo desacordo sobre o melhor modo de proceder. A tensão era imensa. (Essa foi parte da urgência com que me chamaram a Israel.) Embora eu próprio viesse polidamente insistindo, já havia quase dois anos, que uma erupção como essa estava à espreita no horizonte, sua velocidade me pegou de surpresa. A comunidade que estudava os Códigos, quase completamente enclausurada numa vida de estudos da Torah, estava de todo despreparada e vivia agora numa comoção.

Um importante artigo sobre os Códigos estava em vias de aparecer no *The Wall Street Journal*. Ninguém sabia se seria hostil, numa tentativa de desmascaramento. O jornal chegou às bancas no dia em que retornei de Israel e o artigo era ameno e insubstancial. Todo mundo soltou um suspiro de alívio. Mas sua publicação salientou o risco genuíno de um ataque seriamente negativo partindo de alguma fonte influente mas mal-informada. Eu também sabia que uma das mais respeitadas escritoras de ciências do *The New York Times* tinha sido pressionada pelo editor – apesar da grande relutância dessa profissional – a fazer um artigo sobre os Códigos. Em vista de sua capacidade e profissionalismo, bem como de sua orientação para a análise da ciência convencional, esperava-se que seu artigo fosse fulminante e tivesse um impacto bem maior que o do jornal concorrente. (Além disso, ela já tinha escrito um artigo elogioso sobre o principal crítico dos códigos da Bíblia, Persi Diaconis, de Harvard.) O lado irônico de tudo isso é que ela acabou desistindo, por influência de um famoso matemático, também crítico dos Códigos. Seria uma total perda de tempo, sugeriu ele, dada a cética visão do mundo que ambos compartilhavam.

E havia a ameaça de um outro problema mais significativo. Corria o boato de que, após um intervalo de quatro anos, um homem aparentemente hostil a Witztum e à Aish HaTorah reaparecera no cenário israelita três semanas antes e batalhara para conseguir um encontro particular com o pai de Benjamin Netanyahu – e estava tentando obter uma audiência com o próprio primeiro-ministro do Likud – para dizer-lhe o que já tinha sido autorizado a informar ao Mossad: *que os Códigos profetizavam uma iminente conflagração nuclear no Oriente Médio.*

A simples idéia de que o Mossad tivesse dado ouvidos a tamanho absurdo estaria além de toda credibilidade se não fosse pelo fato de correrem grandes rumores de que, durante a Guerra do Golfo, o Mossad tinha feito uso supersecreto dos Códigos. Não é de surpreender que esse homem fosse visto como uma bomba-relógio tiquetaqueando nos bastidores e, com isso, deixasse todo mundo nervoso.

De interesse mais imediato, porém, era o recém-organizado esforço de um grupo crescente de críticos acadêmicos, com seu soberbo armamento intelectual, para destruir a credibilidade dos Códigos – e, por decorrência inevitável, a reputação dos pesquisadores. Com efeito, um grupo ou um indivíduo anônimo tinha colocado uma grande soma de dinheiro à disposição dessa equipe de matemáticos e estatísticos com o único propósito de provar de uma vez por todas que não só os Códigos eram desprovidos de sentido, mas também que todo o esquema fora maquinado, apresentando ao público apenas conjuntos de dados escolhidos com cuidado e perícia dentre uma montanha de fracassos ocultados no decorrer de muitos anos.

As pessoas contrárias aos Códigos com quem falei (muitas delas querem permanecer anônimas até completarem e publicarem suas próprias investigações) reconhecem que é possível que esses fracassos ocultos tenham se acumulado não intencionalmente – sendo mais o resultado da vontade de ver seus desejos concretizados e da atenção seletiva do que um ocultamento deliberado. Mas, sob a prudência profissional, pode-se às vezes detectar uma ponta de suspeita.

Depois de completar minha rodada de reuniões durante um par de dias, sentindo-me um pouco aturdido com essas complexidades, fui até a *ieshivah* Aish HaTorah, enviei alguns faxes – para saber os resultados do meu recente e difícil exame de álgebra linear e cálculo vetorial em Yale – e saí para caminhar ao sol. Fiquei espantado ao ver que a *ieshivah* ocupava um dos pontos mais cobiçados do mundo: abria-se diretamente para o muro ocidental do Monte do Templo.

A praça abaixo fervilhava de pessoas de todas as cores e nacionalidades imagináveis. Judeus e não-judeus postavam-se diante do Muro das Lamentações, oferecendo preces: "Ela será uma casa de adoração para todas as nações", nas palavras das Escrituras hebraicas. Ouvi a voz, nitidamente judia, de um homem falando alto em inglês para o grupo de turistas que guiava: "Vamos descer até o Muro, onde vocês poderão oferecer suas preces a Deus. Este é o lugar de oração de vocês, tanto quanto nosso", enfatizou ele. Voltei-me para olhá-los. O homem estava se dirigindo a um grupo de cristãos negros, a maioria deles em trajes africanos. Meu coração deu um pequeno salto e decidi seguir, também eu, as instruções do guia.

Caminhei até a ampla praça diante do Muro, passando pelas numerosas barreiras guardadas pelos tranqüilos rapazes e moças do exército de Israel, todos carregando rifles de assalto Uzi, e parei a um metro ou dois do Muro. Ele estava diante de mim, antigo e maciço, com suas imensas pedras cúbicas gastas ao nível dos olhos pelas gerações do meu povo que também se postaram diante dele, abrindo seus corações, tocando e beijando a pedra com ternura – primeiro pela horrenda destruição da nossa nação ocorrida há quase dois mil anos, sob os romanos; e depois, continuamente, ao longo dos séculos, por todo tipo de sofrimento, pessoal e nacional, que desde então se seguiu. Caminhei até ele e estendi a mão, consolando-o tal como ele me consolava: *Consolai-vos, consolai-vos, povo meu.*

Enquanto fiquei de pé diante do Muro, pensando, as lágrimas fluíram livremente dos meus olhos, misturando-se ao imenso rio da História. Em voz baixa, recitei as dezoito antigas bênçãos do *Shimoneh Esrai*, ou *Amidah*, a longa prece, sempre dita de pé, que forma o núcleo de quase todos os serviços de adoração. Diante dos meus olhos, eu podia literalmente ver milhares de pedacinhos de papel nos quais tinham sido escritas as esperanças, sonhos e pesares de pessoas do mundo todo. Eu também preparara o meu papelzinho para colocar entre as pedras, mas esperei até o fim da prece para fazê-lo. E então também eu beijei suavemente a pedra à minha frente, encontrei um lugar para o meu papel dobrado e voltei-me para ir embora.

Pensei nas muitas semelhanças que existem entre as pessoas cujas vidas tinham sido tocadas pelos Códigos, inclusive a minha. Também eu há muito buscava uma intersecção de ciência e religião que fosse límpida, sem fantasias nem excentricidades. Agradeci a Deus pelas estranhas voltas e reviravoltas dadas pela minha vida, por mais dolorosas e desapontadoras que tenham parecido na época. Pois, tal como Witztum e muitos outros que penetraram nesse estranho domínio, também eu tinha sido profundamente atraído pela física, especialmente pela relatividade, desde a infância. Quando eu tinha uns quatro anos, acreditava que o meu destino era ser um físico. Einstein se tornara meu herói já na terceira série e, mesmo então, eu sabia que um dia iria para o MIT (e fui). Na quarta e quinta séries, meus professores me faziam dar aulas sobre o átomo para a minha classe, além de compor e avaliar exames sobre o material. (Com sua gentileza, Mrs. Cassiopéia queria fazer alguma coisa para compensar a rejeição que eu sofria por ser um típico *nerd* sem habilidades atléticas e que nunca chegava a parte alguma com suas eternas paixonites pelas garotas. Preparar exames para os meus colegas de classe não chegou a me tornar querido aos seus corações – ou a me ajudar com as garotas – mas definitivamente atraía a atenção deles.) Lá pela sétima série, eu costumava desconcertar e irritar meus amigos discutindo a teoria da relatividade em cada esquina. Meus pais não sabiam o que fazer e por fim, quando eu tinha quatorze anos, conseguiram que minha interpretação da física fosse avaliada pelo grande Richard Feynman, físico da Cal Tech.

Lembro-me tudo sobre o dia em que meus pais me levaram de San Fernando Valley a Pasadena, e especialmente da minha conversa com Feynman enquanto eles esperavam do lado de fora. Discutimos a dinâmica relativística dos corpos em rotação (sobre a qual eu lhe escrevera uma carta preliminar), e ele explicou os pontos que eu entendera errado, mas de modo que fazia eco às especulações do físico Ernst Mach. Discutimos também algumas das extraordinárias implicações da relatividade – as "molduras de referência" em especial. Como é estranho que esses mesmos temas venham a ser o centro, mais de três décadas depois, da minha investigação dos códigos contidos na Torah.

Feynman disse a meus pais que estava certo de que eu, dentre todos os adolescentes que já avaliara, realmente iria me tornar um físico. Guardei na memória essa predição e ainda conservo a nossa correspondência. Mais tarde, quando os anos 60 chegaram e se foram, e eu, muito afetado por eles, fui estudar psicanálise, medicina e psiquiatria – e religião, o que Feynman achava incompreensível – reconheci que ele nem sempre tinha razão. Ou talvez tivesse: pois hoje, na verdade, depois de um longo intervalo, estou finalmente mergulhado no estudo formal da física, tendo retornado ao caminho que abandonei há tanto tempo. Ele por certo iria achar graça se descobrisse como a decisão, e a liberdade de tomar tal decisão, finalmente chegaram até mim: por um período muito intenso de preces.

Agradeci a Deus por tudo o que ganhei, embora minhas longas peregrinações, bem distantes da mais exata das ciências, muito me tenham custado em termos do que eu poderia ter contribuído para ela nesta fase tão tardia da minha vida (tardia para a física, considerada "um jogo para jovens"). Eu certamente teria permanecido unidimensional demais se tivesse seguido aquele caminho tão estreito e convencional. (Acho inconcebível que a extraordinária mulher que é a minha esposa tivesse um dia se interessado pela mera versão adulta do garoto que eu era naquela época.)

Também tive o consolo de sentir profundamente, durante minhas preces, a verdade sempre renovada de que o que contava não eram os pecadilhos e fragilidades de uma pessoa: na verdade, essas são as dimensões menos interessantes do ser humano. O que contava aqui e agora, o que me levara a Israel, era a extraordinária possibilidade de que uma longa linhagem de sábios e cientistas, remontando até a história antiga, tivesse descoberto o segredo de que nosso mundo agonizante hoje necessitava mais desesperadamente do que nunca. Se assim fosse, eu o apresentaria da maneira mais sensível e acurada possível. Senão, eu também queria muito saber – e depressa.

Quanto às partes que ainda precisam continuar secretas: que assim seja. O que pode ser dito hoje, os trechos que já foram divulgados aqui e ali, em tranqüilas reuniões privadas e públicas, em *ieshivahs* e universidades de todo o mundo, é suficientemente extraordinário.

Passei um maravilhoso e tranqüilo Shabat com Moshe Zeldman, sua esposa e suas duas filhinhas, e depois deixei Israel para voltar à minha esposa e às minhas três garotinhas. Agradecendo *HaShem* – o Nome – preparei-me para contar a espantosa história do código da Bíblia.

Tal como o lendário rio Eretusa, que surge num lugar e depois mergulha na terra para reaparecer mais adiante, também o misterioso código da Bíblia aparece e desaparece ao longo de mais de três mil anos de história. Ele nasce no deserto ao pé do Monte Sinai há muito tempo, depois desaparece de vista. Não volta a aparecer por mil e trezentos anos, e então reaparece, mas rapidamente, em veladas alusões à era misteriosa em que os judeus começavam seu exílio de dois mil anos e o cristianismo nascia. Mil anos mais tarde, na Idade Média européia, nós o vemos reaparecer em tantalizantes vislumbres quando os poderosos da Europa procuram os cabalistas judeus para com eles aprender a "arte secreta" da criptologia – a criação e decifração de códigos. E depois desaparece por quase outro milênio – até o Holocausto, quando, como em nenhuma outra época anterior, o destino da civilização dependeu de um equilíbrio mantido pela arte de decifrar códigos. Depois do Holocausto, o código da Bíblia não voltaria a desaparecer, pelo menos não de todo. Sua reentrada na era atual – um instigante vislumbre do que estava por vir – ocorreu em Israel no início da década de 1980, entre a surpreendentemente religiosa comunidade científica de Jerusalém. A renascida nação judaica ainda não tinha quarenta anos. É para essa reentrada que nos voltaremos em primeiro lugar.

Capítulo 3

ROMPENDO O VÉU

Se as letras das Dez Elocuções pelas quais a Terra foi criada durante os Seis Dias da Criação se afastassem dela mesmo que por um instante, não o permita D'us, ela reverteria ao vazio e ao nada absoluto, exatamente como antes dos Seis Dias da Criação.

– Rabino Shneur Zalman de Liadi (1745-1812), o "Velho Rebbe", *The Gate to the Understanding of G-d's Unity*

Israel, início da década de 1980

Os efeitos indiretos da ciência que surgiu dos anos do Holocausto, na Segunda Guerra Mundial, são impossíveis de ser plenamente compreendidos. A transformação da matéria em energia – a bomba atômica – foi gigantesca e visível. Não é de admirar que tenha dado seu nome aos nossos tempos. Mas "era atômica" é um nome equivocado. *A transformação do próprio conhecimento* alcançada naqueles anos, mais sutil e invisível, que tornou possível a bomba, foi muito mais potente. Ao criar o computador, aqueles esforços relacionados com a guerra transformaram não apenas um campo específico do conhecimento ou da especialização, ou alguns campos, mas os próprios alicerces do processo humano de aquisição de conhecimentos: portanto, todos os campos possíveis. O avanço foi universal. O fato de que a *criptologia* – a ciência de criar e decifrar códigos – foi o princípio unificador dessa transformação não é bastante conhecido apenas devido à sua natureza intrinsecamente secreta e ao segredo no qual ela foi cada vez mais envolta à medida que aumentava sua importância e poder. Mas a simples verdade é que foi dessa "arte secreta" que a era moderna surgiu, em todo seu horror e maravilha.

Aquilo que foi desenvolvido para concretizar a derrota nazista e que preservou os judeus da destruição que estava planejada para eles, também tornou possível, providencialmente, a revelação de alguns dos mais profundos mistérios contidos no principal presente que esse povo deu ao mundo: a Torah. Eis como aconteceu.

Depois da fundação do Estado de Israel, os estudiosos da Torah começaram a reunir-se ali em quantidade cada vez maior. Também a própria ortodoxia de súbito começou a crescer, recuperando-se depressa de sua quase extinção nos anos precedentes. Mas esses ortodoxos eram de um gênero incomum. Embora alguns deles vivessem isolados em mundos que os leigos evitavam por considerá-los "medievais", um número surpreendentemente grande era bem diferente. Eram químicos, físicos, matemáticos, médicos. De tudo o que os judeus tinham absorvido nos anos de exílio, estavam mais intimamente familiarizados com o método científico. Apesar disso, um número surpreendentemente grande deles se mantinha fiel à Torah e considerava como seu mais alto empreendimento a busca de suas misteriosas profundezas.

Foi apenas uma questão de tempo até que alguém tentasse aplicar a técnica científica aos antigos Códigos cuja memória tinha sido preservada pelo grande herói do Holocausto, Rabino Weissmandl. O processo começou em 1982 com um certo Abraham Oren, professor de programação de computadores que residia no kibutz Sde Eliyahu. Como o Rabino Weissmandl antes dele, anos de mergulho na Torah e em suas tradições deixaram Oren com um senso intuitivo de seus padrões. O não aparecimento de algo esperado destacava-se tanto quanto o aparecimento de algo inesperado. Devido à sua formação científica, e também por ser esse um antigo princípio na interpretação judaica das Escrituras, Oren estava preparado para prestar atenção a essas aparentes anomalias – assumindo de início que elas eram sugestões, e não erros ou flutuações "literárias" sem sentido.

Com base em sua experiência anterior, Oren prognosticou (chamemos esse pensamento de hipótese a priori, uma suposição feita *antes* de se verificar as evidências) que as passagens de abertura do Levítico – relativas às regras do sacerdócio e do sistema sacrificial (a passagem em questão é uma chamada *parsha* aberta, que forma uma divisão natural não exatamente idêntica às divisões das passagens nas traduções) – mencionariam "Aarão", o irmão de Moisés, de alguma maneira significativa ou, talvez, um número significativo de vezes, destacando sua importância. Aarão, afinal de contas, foi o progenitor da linhagem sacerdotal; os sacerdotes – *cohanim* – devem ser seus descendentes diretos patrilineares.*

Oren, portanto, ficou surpreso quando descobriu que o próprio Aarão *não* era mencionado uma única vez naquelas passagens. Seu *nome* era mencionado, por certo, mas o estranho é que sempre era usado em referência a alguma outra pessoa: os "filhos de Aarão", por exemplo – embora Aarão estivesse vivo e ativo durante os acontecimentos descritos. Seria possível que uma variação tão sutil do

* Em número recente de *Nature* (vol. 385, nº 6611 [janeiro de 1997]), uma das maiores publicações de pesquisas científicas do mundo, cientistas demonstraram uma persistente diferença genética entre os *cohanim* e todos os outros judeus. Os resultados sugerem que todos os *cohanim* de hoje descendem realmente de um só indivíduo.

esperado pudesse ser um *remez* [indício] de algo mais profundo, e não só um acidente ou uma variação estatística? Oren seguiu essa linha de raciocínio como se dissesse a si mesmo: "Eis aqui uma passagem na qual Aarão teria de ser mencionado inúmeras vezes, de modo incomum. Mas ele não é mencionado nem uma vez no texto aberto. Portanto, há razões para pensar que ele pode ter sido mencionado de uma maneira *oculta*. Sua completa ausência é uma indicação dessa possibilidade." O Rabino Weissmandl, e outros antes dele, acreditavam ter visto estruturas ocultas semelhantes em outras partes da Torah.

Como deveria Oren procurar aquilo que estava oculto? Vejamos um pequeno exemplo encontrado no Gênesis pelo Rabino Weissmandl.

O Nome de Abraão e o Nome de Deus no Gênesis 1:22-26

O Gênesis 1:22-26 descreve a criação do homem e dos animais, e contém a bênção aos peixes e às aves: "Sede fecundos e multiplicai-vos." Os sábios tradicionalmente viam a bênção recebida por Abraão como sendo idêntica a esse primeiro mandamento da Torah – daí o primeiro mandamento dado especificamente ao povo judeu como um todo, e às outras nações do Oriente Médio dele descendentes. Por essa razão em particular, Abraão é descrito como "o pai de muitas nações".[1]

Antes de receber a missão de "ser fecundo e multiplicar-se", Abraão era conhecido como Abrão. É no momento em que Abrão recebe a bênção de Deus (o que ocorre quando ele, já adulto, é circuncidado) que Deus muda "Abram" para "Abra*ha*m" – inserindo o nome divino no nome humano. Deus insere a letra ה (H), a segunda letra do tetragrama יהוה (YHWH, ou "Yahweh" [Javé ou Jeová], o nome de Deus) entre as letras do nome de Abrão. (Observe o significado "criador", ou o poder, das *letras*.) "Tu serás pai de muitas nações", ordena Deus. "Já não te chamarás Abrão, mas teu nome será *Abraão*" (Gênesis 17:5). Assim אברם (ABRM) torna-se אברהם (ABRHM).

Muitos textos antigos desenvolvem o assunto e, devido à sua prodigiosa erudição, o Rabino Weissmandl estava intimamente familiarizado com todos eles. Um exemplo simples é encontrado no *Midrash Rabbah* sobre o Gênesis (um comentário sobre os livros da Torah, em forma de parábolas). Ali se lê, "R. Nehemiah disse: 'O Divino, abençoado seja Ele, uniu Seu nome ao de Abraham.'" (O *Zohar* – livro que deu origem à Cabala e cujas raízes remontam ao primeiro século da era cristã – traz uma explicação muito mais detalhada do modo exato como Deus fez isso, explicando a seqüência de complexas permutações de letras através de um antigo método chamado Atbash. Deixamos alguns desses detalhes para mais tarde.) Com base nessa antiga pista transmitida pela tradição oral (e em suas elaborações mais detalhadas), o Rabino Weissmandl esperava que houvesse alguma indicação dessa inserção oculta no texto escrito do Gênesis. (Outra regra diz que tudo o que existe na tradição oral genuína está indicado na Torah escrita.)*

Eis o que o Rabino Weissmandl encontrou: naquela mesma seção do Gênesis, o nome de Abraão era soletrado com 49 letras intervenientes (um intervalo ao qual se faz menção específica nas descrições mais elaboradas das tradições dos nomes).** E entre cada letra do nome de Abraão, havia uma ocorrência de *"Elohim"*, um dos nomes de Deus. Através desse arranjo, o nome de Deus foi literalmente inserido no nome de Abraão. Assim a Torah oferece uma indicação que confirma a tradição oral.

Colocando o texto hebraico numa grade regular, e eliminando os espaços ou a pontuação, aquilo que o Rabino Weissmandl descobriu no Gênesis 1:22-26 tinha este aspecto:

ו י ב ר כ א ת מ א ל ה י מ ל א מ ר פ ר ו ו ר ב ו ו
מ ל א ו א ת ה מ י מ ב י מ י מ ו ה ע ו פ י ר ב ב א
ר צ ו י ה י ע ר ב ו י ה י ב ק ר י ו מ ח מ י ש י ו
י א מ ר א ל ה י מ ת ו צ א ה א ר צ נ פ ש ח י ה ל מ
י נ ה ב ה מ ה ו ר מ ש ו ח י ת ו א ר צ ל מ י נ ה ו
י ה י כ נ ו י ע ש א ל ה י מ א ת ח י ת ה א ר צ ל מ
י נ ה ו א ת ה ב ה מ ה ל מ י נ ה ו א ת כ ל ר מ ש ה
א ד מ ה ל מ י נ ה ו ו י ר א א ל ה י מ כ י ט ו ב ו
י א מ ר א ל ק י מ נ ע ש ה א ד מ ב צ ל מ נ ו כ ד מ
ו ת נ ו ו י ר ד ו ב ד ג ת ה י מ ו ב ע ו פ ה ש מ י

Transliterando as palavras hebraicas para "Abraham" e "Deus" ("Elohim"), e lembrando que o hebraico é lido da direita para a esquerda e só inclui consoantes (e letras mudas), temos:

* O judaísmo tradicional sustenta que quando Moisés recebeu a Torah, ela chegou em duas partes: uma "Torah escrita" (os Cinco Livros de Moisés) e uma "Torah oral" que deveria ser transmitida somente de boca a boca. A Torah oral só poderia ser posta em escrito *in extremis*: se algum dia o povo judeu se encontrasse tão fragmentado a ponto de correr o perigo iminente de perder um conhecimento abrangente e unificado de seu conteúdo. Considera-se que foi esse o caso em 190 d.C., quarenta e cinco anos após a destruição final de Jerusalém pelos romanos.

** Isso produz um intervalo eqüidistante entre as letras, igual a 50.

□ אברהמ = ABRaHaM = "Abraham"*

■ אלהימ = AeLoHYM = "Elohim" (Deus)

Mas, Serão Reais essas "Estruturas Ocultas"?

O Rabino Weissmandl não foi o único a encontrar várias espécies de estruturas ocultas na Bíblia, especialmente padrões numéricos. Na maioria dos casos, a busca se fez com a intenção de refutar a chamada hipótese documental, a alegação dos "grandes críticos da Bíblia" de que os textos bíblicos não são criações unificadas, mas pastiches de textos de vários autores, editados e anexados uns aos outros ao longo dos séculos por comissões especiais. Tal como a marca-d'água no papel-moeda, um padrão numericamente consistente permeando o texto sugeriria a intenção deliberada do autor. Seria um forte indício de que o texto, qualquer que seja, contendo esse padrão, provém de uma única fonte – por mais descontínuo que o texto possa parecer quando analisado à superfície. Quanto mais improvável for o aparecimento casual do padrão – isto é, quanto mais complexamente o desenho estiver ordenado –, tanto mais provável é que a "marca" seja deliberada.

Muitos eruditos do século XIX, cristãos e judeus, defenderam a unidade da Bíblia buscando – e encontrando – esses padrões numéricos, geralmente no ní-

---

* Por uma questão de coerência, as formas finais das letras hebraicas não são aqui utilizadas. Essas formas não têm nenhuma influência no sentido de um texto; elas simplesmente ajudam na leitura das quebras de palavras quando o texto é lido da maneira usual. Por exemplo, o *m* (a letra *mem*) no final das palavras, como em Abraham e Elohim, seria escrito ם em vez de מ. Para transliterar as palavras hebraicas, estamos usando as letras maiúsculas (caixa-alta) para indicar as consoantes impressas, e as letras minúsculas (caixa-baixa) para indicar os sons das vogais, que não aparecem no texto impresso.

vel das palavras (por exemplo, uma palavra-chave usada sete vezes ao longo de seções de diferentes textos supostamente editados e anexados uns aos outros). Em época mais recente, os computadores têm sido usados para demonstrar a consistência no nível das *letras*. Mas até hoje nenhuma "marca-d'água", por mais complexa que fosse, impressionou os críticos conhecedores da matemática como sendo mais do que uma mancha acidental.

Quando perguntamos se alguma estrutura oculta é "real", a questão mais profunda é se "Abraão" e "Elohim" foram *deliberadamente colocados ali* ou se são meras ocorrências casuais, mesmo que ordenadas. (Não faz muito tempo uma batata cresceu, tornou-se parecida com uma amada figura religiosa e foi venerada como um milagre; mas é difícil acreditar que Deus quisesse que isso acontecesse.) Como podemos dizer se uma estrutura aparentemente oculta é um código genuíno, ou seja, deliberado? Essa é a pergunta crucial em toda a criptologia; ela deve ser feita e respondida a cada passo de todo processo de decodificação. Se você deixa de fazê-la, sua "reconstrução" da mensagem oculta será apenas uma nova "construção", inventada a partir dos seus próprios desejos e projeções. Como veremos quando analisarmos rapidamente a fascinante história da criptologia, cujas raízes mergulham fundo na Cabala, a única maneira de responder à pergunta é em termos de probabilidades; ou seja, através da *estatística*. Assim, antes de voltarmos à investigação de Abraham Oren sobre Aarão no Levítico, vamos estabelecer alguns simples princípios estatísticos que poderão ser úteis.

A Abordagem Estatística aos Códigos

Se você consegue determinar quão *improvável* é que um dado padrão surja por acaso, você tem a resposta para a pergunta: quão provável é que a estrutura seja deliberada?

Eis aqui um exemplo simples: suponha que você encontra uma moeda de 25 centavos na rua. Sem parar para pensar, você supõe que alguém a derrubou acidentalmente – que a moeda está ali "por acaso". Você assume isso porque essa é uma ocorrência muito comum. Afinal de contas, considere a alternativa: *alguém a colocou ali deliberadamente*. Embora seja possível em teoria, sua experiência pessoal lhe diz que isso é bem improvável. Quantas vezes na vida você já pegou uma moeda, largou-a no meio da rua e foi embora? Por outro lado, quantas vezes você não foi pegar uma moeda no bolso e a derrubou acidentalmente – e percebeu que a derrubara? Provavelmente, também houve casos em que você não o percebeu.

Por isso, com base em muitos casos anteriores, você acha que são muito baixas as probabilidades de que aquela moeda na rua reflita uma intenção deliberada. É mais provável que se trate de um acidente.

Bem, e se você encontrar três moedas de 25 centavos, todas perto umas das outras? Continua a parecer mais provável que alguém tenha derrubado um grupo de moedas por acidente do que as tenha colocado ali de propósito. (Mas talvez você fique com uma ponta de dúvida.) Uma parte desse cálculo (que é menos certo do que o anterior) também envolve algo mais: um palpite razoável sobre as razões das pessoas para fazerem as coisas. É difícil pensar numa boa razão para alguém colocar deliberadamente três moedas no meio da rua.

Vamos dar mais um passo. Suponha que você ache outras três moedas de 25 centavos, mas desta vez elas estão unidas, formando um arranjo triangular. Isso foi deliberado ou por acaso? O acaso certamente não pode ser descartado, mas parece "suspeito". Agora é provável que você mude de idéia e ache que alguém colocou as moedas "de propósito" – mesmo que esse propósito seja difícil de imaginar.

Por fim, e se você encontrar dez moedas de 25 centavos empilhadas direitinho uma em cima da outra? Embora você ainda não possa provar que "isso não aconteceu por acaso", as probabilidades contra o acaso parecerão tão grandes ("é tão improvável", pensa você) que você estará certo de que essa pilha foi colocada ali por alguma razão desconhecida.*

Eis aqui algumas estimativas inventadas por mim para exemplificar as probabilidades de cada um desses quatro eventos. (Os números reais não são importantes; é em seus valores relativos que devemos nos concentrar. Fique à vontade para substituí-los pelas estimativas de sua preferência.)

Evento	*Probabilidades do acaso*	*Probabilidades de uma ação deliberada*	*p*
Achar 1 moeda	9.999/10.000	1/10.000	<0,9999
Achar 3 moedas	9.950/10.000	50/10.000	<0,9950
Achar 3 moedas formando um triângulo	5.000/10.000	5.000/10.000	<0,5000
Achar 10 moedas formando uma pilha perfeita	1/1.000.000	999.999/1.000.000	<0,000001

Observe a última coluna. Ela representa as probabilidades de o evento ocorrer por acaso, chamando-o de "p" ("probabilidade da hipótese nula", sendo que hipótese nula, no jargão estatístico, quer dizer "não é significativo") e explicando-o com estas palavras: "As probabilidades de que este evento aconteça por acaso são menores do que... (o símbolo p<0 significa 'p é menor que zero')." Para

* Agradeço ao Rabino Yehoshua Hecht por ter me mostrado que este mesmo exemplo pode ser encontrado no Talmude, esclarecendo o princípio da propriedade das coisas encontradas (*Baba Mezia* 21a).

eventos que são muito *prováveis* de ter acontecido por acaso, a frase vai parecer pomposa: "As probabilidades de que a moeda que você encontrou tenha caído ali por acaso são menores do que 0,9999 (ou seja, são 9.999 chances em 10.000)."

Quando são pequenas as probabilidades de um evento ter acontecido por acaso, a fraseologia é mais fácil de ser compreendida: "As probabilidades de que dez moedas tenham se empilhado direitinho por acaso são menores do que 0,000001 (ou seja, isso só aconteceria uma vez em 1.000.000)."

Há um outro ponto que devemos enfatizar. O fato de um evento não ter acontecido por acaso nem *sempre* significa que ele foi deliberado. Outra possibilidade é a de algum tipo de ordem mecânica impessoal. O fato de haver tantas letras "E" neste parágrafo não foi deliberado da minha parte: simplesmente reflete as "impessoais" regras ortográficas do meu idioma. [No parágrafo original em inglês] há 63 letras "E" dentre um total de 446 letras (de A a Z), uma freqüência de mais ou menos 15%. A freqüência esperada da letra "E" no inglês moderno é cerca de 13%. O "desvio" de 2% está dentro da faixa esperada pelo acaso. Mas, o que você me diz do trecho abaixo?

> Agora vou mostrar a todos como um grupo composto por ditosos moços achou um paladino: um cidadão com família; um cidadão com individualismo tão dominador, tão afortunado, atraindo a si os moços como o açúcar à mosca. Uma história da vida no campo, numa vila. Não vou contar uma história fantasiosa, uma narrativa árida, monótona, vazada nas usuais "lingüiças" do tipo "um luar romântico lançava sombras caliginosas no longo, sinuoso caminhozinho rural".

Não há um só "E" nesse trecho. A probabilidade de que isso tenha acontecido "por acaso" é na verdade muito tênue. Tente compor você mesmo um parágrafo do tamanho desse, sem nenhuma letra "E", com as frases fazendo um certo sentido e num estilo decente. Você verá que isso exige um esforço tremendo.

Bem, e se você descobrisse que esse trecho foi extraído de um *romance de 267 páginas que não contém nenhuma letra "E"*? Quais são as probabilidades de que tal coisa "só aconteceu por acaso"? Na verdade, podemos confirmar nossa hipótese de que isso por certo foi deliberado: o trecho citado provém de um livro intitulado "Gadsby, um romance com mais de cinqüenta mil palavras sem usar a letra 'E'" (*Gadsby, A Story of Over Fifty Thousand Words Without Using the Letter E*), publicado em 1939 por Ernest Vincent Wright.[2]

E se esse trecho tivesse algumas letras "E", digamos 0,01%? Quão confiante você estaria de que a coisa foi deliberada? E se ele tivesse 2%? Ou 7%? Essas são as perguntas que precisam ser feitas quando você examina um texto que contém estranhos padrões estatísticos – e quando a autoria dele está em questão.

Eliyahu Rips: Da intuição religiosa à análise estatística

Seguindo nas pegadas do Rabino Weissmandl, Oren começou a pesquisar aquela passagem do Levítico buscando aparecimentos ocultos da palavra "Aarão", escritos do mesmo modo que "Abraão" no exemplo acima. Ele tentava ver se – e com que freqüência – poderia encontrá-la soletrada em vários *intervalos eqüidistantes de letras*, em comparação com outras palavras. Por certo ele notou algo interessante. Não só encontrou "Aarão" soletrado desse modo dentro da passagem, mas também o encontrou dez vezes. Seu método era simples: ele escreveu o texto em linhas de vários comprimentos e depois varreu o texto visualmente buscando palavras com igual intervalo vertical. Embora não fosse um estatístico, Oren adotou uma abordagem científica ao pensar *estatisticamente* sobre aquilo que encontrara. Ele sabia que *uma* ocorrência de "Aarão" não significaria coisa alguma; estava fadada a ocorrer por acaso, em muitas passagens. Mas, *dez* vezes? Não seria esse um número inesperadamente grande de ocorrências?

Oren não conseguiu responder a essa pergunta, mas sabia que ela era fundamental. Na verdade, o próprio fato de formulá-la marca o divisor de águas entre as abordagens científica e pré-científica em toda investigação. Ele levou sua dúvida a um amigo, o Prof. Eliyahu Rips, do Departamento de Matemática da Universidade Hebraica.

No mundo da matemática, Rips é uma figura tão estimada quanto respeitada. Goza de fama internacional como teórico de grupo (um campo esotérico muito avançado tanto da matemática pura quanto da física teórica); e é universalmente descrito como simpático, gentil e caloroso. Rips fugiu da Lituânia dominada pelos soviéticos, nos anos anteriores à expulsão dos russos, e chegou a Israel como um ateu convicto. Alguns dos mais eminentes matemáticos do mundo (por exemplo, o Prof. Joseph Rotman, da Universidade de Illinois em Champagne-Urbana, e o Prof. Ilya Piateski-Shapiro, de Yale) têm na mais alta estima a capacidade de Rips. "Se Rips estava envolvido, você pode ter certeza de que não há nenhum problema com a matemática", diz o Prof. Rotman, autor de inúmeros textos renomados sobre teoria de grupo e topologia algébrica.

Rips pegou a passagem do Levítico em questão e pediu a um colega para inseri-la no computador junto com um programa de busca que procuraria todas as grafias de "Aarão" em intervalos eqüidistantes, dentro daquela passagem, garantindo assim que todas as descobertas de Oren estariam corretas e que outras que lhe tivessem escapado também seriam encontradas. Em hebraico, "Aarão" se escreve com *alef-hei-reish-nun* – só que da direita para a esquerda, ou seja, AHRN (אהרן = NRHA ou, ignorando a forma final do *nun* hebraico, אהרנ). Começando na abertura do Livro do Levítico, nas passagens onde faltavam referências diretas a Aarão, Rips fez seu programa buscar as letras AHRN pulando uma letra, pulando três letras, pulando quatro letras e assim por diante, tanto para a frente como para trás, partindo do primeiro A (א) do texto. (Um intervalo para a frente é um número positivo e um intervalo para trás, um número negativo.) Quando identificou todos os AHRNs que começavam com o primeiro A (א), caso houvesse, partiu para o segundo A (א), depois para o terceiro e assim por diante, até esgotar todas as possibilidades. Desse modo, descobriu todos os aparecimentos de AHRN soletrados numa seqüência alfabética eqüidistante, ou SAE.

O Prof. Daniel Michaelson, professor adjunto de matemática na Universidade Hebraica e na Universidade da Califórnia em Los Angeles, descreve o resultado da investigação de Rips:

> Quando Rips recebeu os resultados, ficou atônito diante do grande número de aparecimentos [de "Aarão"]: 25 ocorrências.* No capítulo de 716 letras, há 55 א (A), 91 ה (H), 55 ר (R) e 47 נ ou ן (N). No caso de uma distribuição aleatória dessas letras num capítulo, um estatístico esperaria apenas oito aparecimentos de Aarão [...] a probabilidade de encontrar 25 é de cerca de 1/400.000.[3]

O número exato esperado de ocorrências de AHRN era 8,3. Poucos anos mais tarde, um criptologista, revisando esse primeiro resultado, recalculou as probabilidades de 25 ocorrências como sendo da ordem de 1/2.166.818.**

O meio mais fácil para representarmos aquilo que Rips encontrou é alinhar as letras numa grade retangular, convertendo todas as formas finais à forma regular e eliminar os espaços, segundo o método do Rabino Weissmandl. (Este é também um procedimento típico na criptografia e vemos que é consistente com o modo como a tradição diz que Moisés recebeu a Torah, o que analisaremos no próximo capítulo. Quando jovem, o Rabino Weissmandl escrevera toda a Torah em grades de 10×10, desse mesmo tipo.)

Dependendo do comprimento da grade (o número de colunas), o "Aarão" embutido pode ou não surgir na horizontal, na diagonal ou na vertical. Dois exemplos são mostrados nas páginas 55 e 56.

---

* Esse número exclui, é claro, todos os aparecimentos de Aarão grafados no texto da maneira usual, como quando há referência aos "filhos de Aarão", por exemplo. O intervalo eqüidistante mais curto entre as letras foi de -4 e o mais longo, de +180.

** O estatístico australiano Brendan McKay, crítico do fenômeno, acusou publicamente a investigação de ter feito uma busca deliberada do comprimento ideal de texto, sem relatar esse fato: "O segmento 1-13 [do Levítico, capítulo 1] destaca-se como o melhor para Michaelson e por essa razão, é claro, ele (ou Avraham Owen [sic], a quem Michaelson deu o crédito dessa descoberta) o escolheu." (Correio eletrônico de domingo, 27 de abril de 1997). A acusação de manipulação dos dados antes de ser realizada a experiência tornou-se a explicação favorita dos críticos incapazes de explicar de outro modo as descobertas, como veremos mais adiante. Rips responde: "Afirmo categoricamente que nenhuma otimização do tipo descrito foi realizada por mim ou por pessoas minhas conhecidas." (Comunicação pessoal ao autor.)

De súbito, a antiga idéia de códigos ocultos na Torah adquiria uma dimensão totalmente nova. Nunca antes descobertas como essas tinham chegado tão perto de parecerem estatisticamente significativas. Rips e alguns associados começaram a fazer investigações mais profundas do estranho fenômeno, tomando cuidado para excluir "variáveis perturbadoras", acidentais ou mecânicas, que pudessem explicar os surpreendentes resultados.

Nas palavras de Michaelson:

> Um lingüista poderia argumentar que as letras do hebraico bíblico são correlacionadas, de modo que a linguagem "gosta" de אהרן (AHRN) mais do que poderia ser esperado. Mas 12 אהרן estão indo para trás, e não está claro por que a linguagem "para a frente" deveria gostar *deles*. E se assim for, então a linguagem também deveria igualmente gostar das outras combinações de ן, ר, ה e א.

אהרן (AHRN) num intervalo eqüidistante de - 64 letras, no Levítico 1:1-13

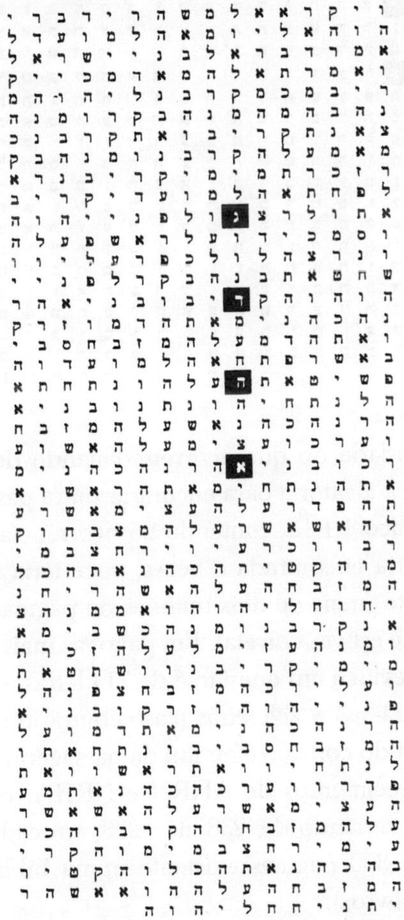

Essa preocupação levou a outro experimento, no qual todas as 24 permutações possíveis das quatro letras, como uma SAE, foram identificadas e contadas (AHRN, ARHN, ANRH ...). Mais uma vez os resultados foram inesperados: enquanto o nome de Aarão aparecia corretamente soletrado 25 vezes, as permutações "incorretas" surgiram entre 5 e 11 vezes – bem dentro daquilo que era esperado por obra do acaso.

אהרנ (AHRN) num intervalo eqüidistante de +78 letras, no Levítico 1:1-13

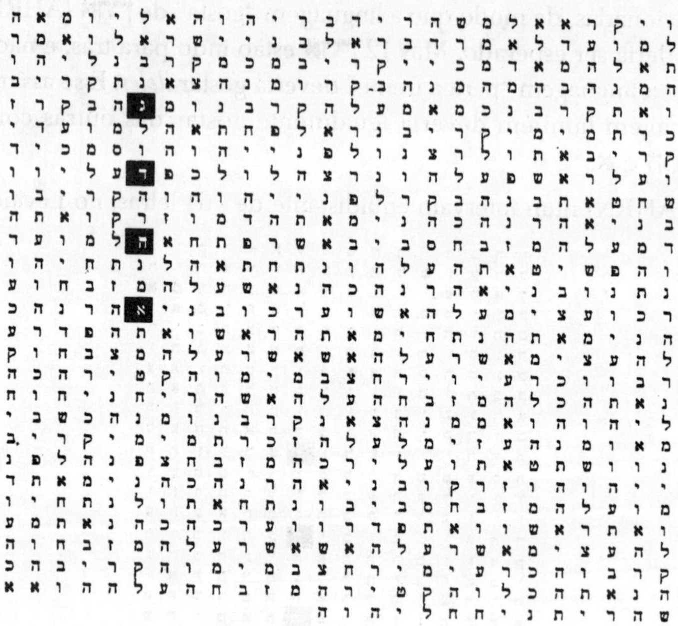

Qual a improbabilidade do que ocorreu? Falando de modo geral, se você quisesse fazer uma busca aleatória para encontrar outra passagem de comprimento comparável ao Levítico 1:1-13, contendo 25 ocorrências de uma palavra que (estatisticamente) só seria encontrada 8 vezes, você teria de pesquisar cerca de 400.000 páginas de texto (mais de dois milhões de páginas, se a mais baixa estimativa de probabilidade estiver correta). Em palavras mais exatas: uma vez que o tamanho do texto do Levítico em questão é de 714 letras, e a maior SAE possível teria um intervalo de 714 ÷ 3 = 238 letras (caso contrário uma palavra de quatro letras se estenderia além do começo e/ou fim da passagem), você teria de verificar todos os possíveis aparecimentos de AHRN e NRHA, em todos os intervalos eqüidistantes possíveis, variando de -238 até +238, em cada uma das páginas de cada um dos livros de 300 páginas existente numa biblioteca com 800 livros típicos (ou talvez 4.000 livros).

Mas Oren não precisou pesquisar 400.000 páginas esperando encontrar essa raridade. Sua familiaridade intuitiva com a Torah lhe sugeriu onde encontrá-la – numa passagem que, para um estudioso da Torah, parecia sutilmente anômala (por não fazer menção direta a "Aarão").

Rips e Michaelson puseram-se então a elaborar um conjunto de testes que eram ainda mais sutis, mais complicados, mais aprimorados e ainda mais impressionantes. Pegaram todas as 22 letras do alfabeto hebraico e *as* permutaram de todas as maneiras possíveis para formar "palavras" de 4 letras. Isso gerou 117.128 dessas séries, tratando do mesmo modo as versões "para a frente" e "para trás". (A maioria delas, é claro, não eram genuínas palavras hebraicas de quatro letras. Por exemplo, nossas quatro letras O, P, A, T podem ser permutadas para formar umas poucas palavras genuínas em português, e muitas não-palavras. As palavras genuínas são PATO, TOPA, APTO, OPTA e TAPO. As não-palavras incluem OPAT, OAPT, OATP, OTPA, OTAP, PAOT, PTOA, PTAO, etc.) Rips então procurou no mesmo texto do Levítico todos os aparecimentos de cada uma dessas permutações, quer formassem ou não uma genuína palavra hebraica.

É evidente que Rips usou um computador para encontrar todos esses aparecimentos. Nessa altura, ele e outros estavam mergulhados na pesquisa e desenvolvimento dos programas de computador necessários para dar-lhes apoio. À mão, essa tarefa estaria quase além da resistência humana, exceto pelas mais extraordinárias razões: o tamanho da tarefa é comparável aos primeiros cálculos "numéricos" feitos pelas equipes de assistentes em Los Alamos para a construção da bomba atômica, antes de John von Neumann – de quem ainda falaremos mais adiante – conseguir automatizar o procedimento inventando, em essência, o computador. Rips então computou uma lista da freqüência com que cada permutação *provavelmente* apareceria sob a forma de uma SAE, e comparou-a com uma lista da freqüência com que ela *realmente* aparecia.

Pode-se esperar que "palavras" diferentes (permutações de quatro letras, formando ou não palavras reais) sejam encontradas nessa passagem do Levítico em números muito variáveis, por mero acaso. Algumas é provável que surjam muitas vezes, devido a considerações de freqüência alfabética, por exemplo. (Tal como no inglês, você espera mais palavras de quatro letras com a letra "E" do que com a letra "X".) Outras letras não é provável que surjam muitas vezes.

A medida crítica, no entanto, não é nem com que freqüência uma permutação *realmente* ocorre nem com que freqüência você *espera* que ela ocorra em termos teóricos (o "valor esperado" de sua ocorrência, como é chamado). O importante é *a combinação dessas duas coisas*. (Essa é a mesma idéia que está por trás das apostas em corridas de cavalos; o que importa não é apenas *qual* cavalo vence, mas também quão improvável era o fato de ele ser o vencedor.) Usando essa mesma lógica, uma palavra que se espera ocorra com freqüência, e ocorre, não é particularmente impressionante. Nem o é uma palavra que se espera ocorra raramente – e raramente ocorre.

Não causou surpresa que houvesse muitas permutações com um "valor esperado" menor que o de AHRN; e muitas permutações que realmente surgiram com maior freqüência do que AHRN. A impressionante descoberta de Rips foi que *nem uma única permutação, dentre as 117.128, sequer chegou perto de ocorrer com tanta freqüência quanto AHRN ajustada para a probabilidade de seu aparecimento.*

AHRN não só venceu a competição, como teve uma vitória esmagadora – tal como um golfista médio que de repente começasse a dar tacadas certeiras e infalíveis, levando a taça. Ou em outras palavras: A probabilidade de um golfista típico (nem profissional nem inábil) atingir um buraco com uma só tacada a partir do *tee* é de 1 em 8.000 (uma vez em cada 444 rodadas de dezoito buracos). Se esse golfista médio fosse sortudo o bastante para conseguir jogar 40 rodadas de dezoito buracos por ano, ele faria a média de um buraco numa só tacada a cada 11 anos. Se o fato de conseguir atingir um buraco numa só tacada fosse tão difícil como aquilo que Rips e Michaelson encontraram, o golfista faria a média de 1 em cada cinco séculos e meio, ou seja, nem sequer quatro nos últimos dois mil anos.

Depois, Rips realizou o mesmo experimento com todas as 117.128 permutações usando não o Levítico, mas outro texto hebraico escolhido arbitrariamente. O resultado com esse "texto de controle", em duas partes, foi igualmente chocante:

- A distribuição de permutações "vencedoras" e "perdedoras", nesse texto de controle, foi essencialmente idêntica à do Levítico. Ou seja, as permutações que se esperava ocorressem com freqüência ocorreram com freqüência; as permutações que não se esperava ocorressem com freqüência não ocorreram com freqüência. No texto de controle, a única permutação que aconteceu de soletrar "Aarão" apareceu nem mais nem menos freqüentemente do que o esperado. Os resultados foram exatamente aqueles que se podia esperar apenas por obra do acaso – como encontrar 15% de letras "E" num parágrafo de inglês típico.
- Nenhuma outra permutação de quatro letras, fosse uma "palavra" genuína ou não, sequer chegou perto de alcançar o destaque que "Aarão" alcançou naquela passagem do Levítico.

Por fim, Rips inseriu no computador a versão *samaritana* dessa parte do Levítico e repetiu o experimento. A Torah samaritana (escrita por uma seita há muito separada do corpo principal do judaísmo) *diz* as mesmas coisas que a Torah judaica, mas utiliza muitas variações ortográficas (tal como ocorre entre o inglês britânico e o norte-americano).* Os resultados mais uma vez foram surpreendentes: 22 dos 25 "Aarão" encontrados na Torah judaica desapareceram; sete novos tomaram o lugar deles, num total de dez. Esse número está dentro de um "desvio padrão" do número médio esperado. Isso é o mesmo que dizer: ocorrência aleatória. Na Torah samaritana, o "código" havia desaparecido.

A Pesquisa Levanta Vôo

Rips cada vez mais se convencia de que algo estava em marcha. O Prof. Joseph Rotman, da Universidade de Illinois, é um amigo íntimo que visita Rips todo ano quando está em Israel com sua esposa. Mesmo sendo amigos íntimos, Rips não estava lhe impondo o assunto, só fazia algumas alusões aqui e ali – com um sorriso, sem parecer levar o caso muito a sério, em vista da existência de muitos "espinhosos" usos equivocados da estatística, especialmente quanto a assuntos religiosos. Ele apenas mencionou a Rotman o fato de que "certas palavras parecem surgir com mais freqüência do que deveriam".[4] Mas ele começara silenciosamente a perseguir o fenômeno de maneira sistemática, tal como deve fazer um cientista.

Ao contrário do Rabino Weissmandl e de seus antigos predecessores, Rips tinha à sua disposição métodos estatísticos de alto poder e fáceis de usar, computadores velozes e, por fim, inúmeros textos eletrônicos livres de erros: a culminância de gerações de avanço científico – e dos anos do Holocausto. Estava evidente que se o fenômeno fosse tão real quanto parecia ser – e Rips começava a apostar nele sua reputação internacional –, só poderia ter sido intuído nos anos anteriores por gênios dotados da mais assombrosa capacidade mental; e nunca poderia ter sido provado. Mas agora essa possibilidade estava ao seu alcance. A busca do Código da Bíblia começava a sério.

E as antigas lendas, que a maioria dos cientistas nunca teria levado a sério, começavam de súbito a fazer sentido. Entre elas estava a crença imemorial de que Deus ditara a Torah a Moisés de uma maneira que começava a se parecer com uma série criptográfica: letra a letra, e sem espaços.

* Na verdade, essa seção da Torah samaritana contém uma frase a mais; esta, porém, foi apagada para efeitos desse teste.

Capítulo 4

UMA MATRIZ DESCIDA DOS CÉUS

A primeira confirmação da estrutura consonantal do Texto Massorético [...] na caverna de Qumrã [...] é datada de cerca de 250 a.C. Sua semelhança com a forma medieval do Texto Massorético é espantosa, mostrando quão acurada foi sua transmissão [...] através dos tempos. [... Mas] presume-se que nos antigos rolos de pergaminhos bíblicos as palavras não eram separadas por espaços.

– Eldon Jay Epp, "Textual Criticism"[1]

Este é um trabalho demasiado difícil para as engrenagens do tempo, e não pode perecer.

– Thomas Browne, *Religio Medici*

Os judeus sempre sentiram que sua existência e sobrevivência dependiam, do modo mais absoluto, de sua devoção à Torah. "A Torah é a nossa vida e a duração dos nossos dias", escreveu o Rabino Akiva durante a ocupação romana da Judéia. "Embora corramos grande perigo ao estudar a Torah, por certo desapareceríamos e deixaríamos de existir se abandonássemos seu estudo."[2]

Durante quase mil anos, os judeus tinham sido uma grande potência mundial, tendo consolidado um dos grandes impérios clássicos sob os reis Davi e Salomão. E então, nos sete séculos anteriores ao nascimento do cristianismo, primeiro o Reino do Norte (Samaria) e depois o Reino do Sul (Judéia) foram conquistados e suas tribos mandadas para o exílio: Israel na Assíria, Judá na Babilônia. Na segunda conquista, em 586 a.C., pela Babilônia, o grande Templo de Jerusalém foi destruído. Sem Templo nem pátria, a continuidade da coesão do modo de vida judaico iria exigir um ancoramento muito mais forte em sua literatura e em suas idéias. Como todas as religiões antigas, o judaísmo se enraizara em seu solo nativo; agora via-se transplantado, não tanto para um solo estrangeiro, mas para o transcendente solo mental. Mais do que nunca, os judeus eram "o povo do Livro".

Mas não são apenas as *palavras* da Torah que contêm esse poder de preservar: as próprias letras também parecem ter conservado um estranho fascínio para aqueles que mergulham em sua contemplação.

Seiscentos anos mais tarde, depois de retornarem do exílio na Babilônia e se reerguerem a uma situação proeminente – desta vez, contudo, como uma entidade dentro de um império maior, o romano – os judeus foram novamente mandados para o exílio. Foi quando ocorreu outra singularidade histórica: ao contrário de qualquer outra nação que tenha sofrido essa dispersão e destruição em massa – e apesar da enorme pressão para que o fizessem – os judeus não se deixaram assimilar pelas culturas vizinhas. Através de quase dois mil anos de exílio, perseguição, adulações, ataques e expulsões, os judeus conservaram um surpreendente grau de autoconsciência, de autodomínio e senso de missão.

Durante esse tempo, o que manteve os judeus unidos foi a Torah – os cinco primeiros livros da Bíblia –, na qual eles verteram toda a sua energia e concentração, concedendo as mais elevadas honrarias não aos que galgavam os postos mais altos segundo os padrões mundanos, mas aos que penetravam mais profundamente nos mistérios do Livro.

Muitos estudiosos, gentios e judeus, comentaram o espantoso fenômeno da existência judaica. Mas eis uma pergunta que não é feita com tanta freqüência: "O que poderia haver na própria Torah – meros cinco livros de texto, nem meio milhão de letras, em grande parte históricos, com uma profusão de recenseamentos e genealogias implausíveis, e em sua maior parte consistindo de leis que, na sua maioria, nem sequer podem ser observadas na ausência do Templo – que fosse capaz de gerar todo esse surpreendente compromisso, milênio após milênio?"

Consideremos também as muitas histórias do Holocausto sobre encarquilhados rabinos atirando-se sobre a Torah como se quisessem proteger seus rolos de pergaminho contra o desprezo e o vandalismo dos nazistas – e pagando por isso com a vida. Relatos dessa devoção já podem ser encontrados na época em que os destruidores eram os romanos:

> Os centuriões arrombaram a porta da casa do Rabino Hanina ben Teradion e o encontraram, como sempre, estudando a Torah. Agarraram os rolos proibidos e prenderam também a ele. Quando o levavam, sua filha começou a chorar e ele lhe perguntou por que chorava. Ela respondeu: "Choro porque certamente vais ser queimado junto com a Torah!" Ele respondeu: "A Torah é o fogo, e nenhum fogo pode queimar o fogo." Quando chegaram à pira, os centuriões o amarraram brutalmente, empilharam gravetos à sua volta, envolveram-no com os rolos da Torah e acenderam a pira – tendo colocado chumaços de algodão embebidos em água sobre seu coração, para garantir que ele não morreria depressa demais. No meio de sua agonia, seus discípulos viram-no levantar os olhos para o alto. Perguntaram-lhe, aos brados: "Rabino, Rabino, o que vês?" E ele respondeu, *"Vejo o pergaminho sendo consumi-*

do pelo fogo, mas as letras das Escrituras sagradas estão se elevando aos Céus!" [grifo meu][3]

O que há na Torah que pudesse inspirar tão extraordinária devoção? Suspenda sua descrença racional por um momento e ouça as afirmações sobre a Torah que têm ecoado ao longo dos séculos. Mais adiante, vamos retomá-las de maneira mais concreta:

A Torah é a matriz preexistente da criação.[4]

A Torah foi criada antes do mundo, como está escrito, *"O Senhor me fez como o começo de Seu caminho"*. [grifo meu][5]

A Torah foi dada a Moisés no Sinai, mas não foi ela criada antes da criação do mundo?[6]

Quando o Divino, abençoado seja Ele, criou o mundo, criou-o por meio das letras da Torah, tendo todas as letras do alfabeto se apresentado diante dEle até finalmente a letra Bet ser escolhida para ponto de partida. Além do mais, *as várias combinações das letras em todas as suas permutações* se apresentaram para participar da Criação. [grifo meu][7]

Quando o Divino, abençoado seja Ele, criou o mundo, fê-lo por meio do poder secreto das letras.[8]

Está escrito: "Eu vi que toda perfeição tem limite, mas teu mandamento é muitíssimo amplo." Essa asserção foi feita por Davi, mas ele não a explicou;* Jó fez uma asserção semelhante, que não explicou, a saber, "sua medida é mais longa que a terra e mais larga que o mar"; Ezequiel também fez uma asserção parecida e não a explicou. Na verdade, a amplitude exata dos mandamentos permaneceu desconhecida até Zacarias, filho de Ado, surgir e explicar que *o universo inteiro é igual a uma terceira milésima ducentésima parte da Torah.* [grifo meu][9]

A Torah sempre foi vista pelos judeus como um mapa de toda existência através do espaço e tempo, permanecendo fora e acima dela. O mundo físico é derivado da Torah, não o contrário. E são as *letras* da Torah, em particular, que de algum modo misterioso formam o instrumento de Deus para a criação do mundo. Desse modo, em sua missão de conservar a Torah com toda a exatidão possível, protegendo e preservando cada letra, o propósito histórico de Israel é também preservar e cuidar da matriz de toda existência.

---

* Salmo 119.

Mesmo Filo, o filósofo judeu helenizado que viveu entre 20 a.C. e 50 d.C., identificou a Torah com o Logos e com a "Palavra [Verbo] de Deus". Os cristãos por certo reconhecerão esse conceito, aceitando portanto, de modo mais concreto que os judeus, o antigo *midrash* (ensinamento) de que o Messias *encarnaria* do modo mais perfeito os mandamentos da Torah. Por isso, nas palavras de abertura do Evangelho de João, no Novo Testamento, talvez ouçamos ecos dessa matriz do misticismo judaico da qual surgiu essa filha tão afastada do judaísmo, a fé cristã: "No princípio era o Verbo [o Logos] e o Verbo estava com Deus, e o Verbo era Deus. No princípio, estava ele com Deus. Todas as coisas foram feitas por intermédio dele e sem ele nada se fez de tudo o que foi feito." (João 1:1)

Mas não será isso tudo simples metáforas poéticas que expressam uma intensidade de devoção e admiração? Na verdade, a tradição vai bem além da metáfora, alcançando uma especificidade rigorosa. No Capítulo 1, citei a afirmação do Vilna Gaon, o grande racionalista judeu do século XVIII: "Tudo o que existiu, existe e existirá até o fim dos tempos está incluído na Torah, os cinco primeiros Livros da Bíblia."

Duzentos anos antes do Gaon, viveu outro dos grandes nomes da história judaica, o Rabino Moses Cordevaro, então líder da mais alta corte rabínica do mundo, e até os dias de hoje um homem de imensa reputação. Também ele fez uma afirmação semelhante, com um interessante detalhe adicional a que os místicos já aludiram:

> Pois o número de coisas que uma pessoa pode descobrir na Torah através de certos métodos é ilimitado – infinito. Esses assuntos são de imenso poder, e estão ocultos muito profundamente. Devido ao modo como são ocultos, não é possível compreendê-los plenamente, mas só em parte. Com efeito, as Sagradas Escrituras proclamam a respeito dessa capacidade: *"Sua medida é mais longa que a terra e mais larga que o mar."** Os segredos da Torah são revelados [...] *nos saltos de letras*." [grifo meu]

Os códigos com saltos de letras são bem conhecidos na arte da criptografia. E são uma forma de codificação que exige que um texto preserve, tão intactas quanto possível, não só sua "superfície", a estrutura de letra a letra, mas também a seqüência exata das letras subjacentes. Se trocarmos "contato" por "contacto", tudo o que segue pula um lugar adiante na seqüência.

* Jó, citado acima, e a quem se faz alusão no Talmude e em outros textos.

A Tradição dos Escribas: Amor pela Perfeição

Na nossa era moderna de prensas e impressoras, cópias xerográficas, máquinas de fax, *tape drives* e armazenagem em CDs magnetoópticos, é fácil perder de vista as imensas dificuldades enfrentadas pelos povos antigos na confecção e preservação de cópias acuradas de manuscritos. Um povo permitir que sua própria existência e propósito dependam da conservação de um livro – como fizeram os judeus – significa colocar tudo o que tem valor à mercê de meros erros de cópia: vem daí o honroso papel do "escriba" na história judaica.

Causa surpresa ver quão pouco mudou nessa profissão antiga e espiritualista. Em toda parte do mundo onde há judeus piedosos, há escribas. Mesmo nas pequenas comunidades rurais – por exemplo, nas colinas e montanhas ao norte da cidade de Nova York, entre fazendeiros e pastores – pode-se ainda hoje encontrar um punhado de homens que ganham o sustento de suas famílias, tipicamente numerosas, não em uma das atividades comerciais ainda comuns nas cidadezinhas dos Estados Unidos, mas numa sagrada atividade religiosa que remonta ao Sinai, há uns três mil e trezentos anos.

Como os Amish, esses homens e seus filhos geralmente não aparam a barba, vestem ternos escuros mesmo no calor do verão e mantêm a cabeça coberta o tempo todo – até dentro de casa, quando então usam o *iarmulke* [solidéu]; vestem-se e vivem modestamente, devotando-se acima de tudo à Palavra de Deus. Seis dias por semana, podem ser encontrados dentro de casa, em suas banquetas e escrivaninhas, fazendo seu trabalho com concentração e infinita paciência. No sétimo dia, é claro, repousam ao lado da família, exultantes com a bondade do Senhor, pois para eles o Shabat é inviolável.

Os rolos da Torah que eles copiam à mão podem ser encontrados dentro da Arca que existe em todas as sinagogas do mundo. Esses rolos são mais do que meras cópias das Escrituras, como as que vemos em toda casa e sala de estudo; são, de algum modo misterioso, documentos vivos. Na verdade, todas as partes de um rolo da Torah devem provir de criaturas vivas: desde o pergaminho de pele de cordeiro* de cada página, aos tendões ritualmente prescritos e santificados que mantêm as páginas unidas e às plantas das quais provém a tinta. A transmissão de um rolo para outro – sempre copiado letra a letra por esses escribas – é em si um ritual sagrado, muito semelhante à transmissão de autoridade que ocorre quando um homem é ordenado rabino. Do mesmo modo que uma ininterrupta cadeia de liderança espiritual remonta de homem para homem até

* O couro de alguns outros animais *kosher* também é aceitável.

chegar a Moisés, cada rolo da Torah é o filho espiritual de um antepassado específico – também remontando a Moisés. (A sucessão apostólica no Catolicismo Romano e nas Igrejas Ortodoxa russa e Anglicana também se baseia nesse antigo modelo.)

Há mais de vinte condições rigorosas às quais o escriba deve manter-se fiel em seu trabalho, para assegurar que um novo rolo da Torah seja idêntico, em cada detalhe, a todos os predecessores. Um escriba pode levar anos para completar um único rolo. Se uma só letra for malcolocada ou desenhada de maneira imperfeita, a camada de tinta terá de ser cuidadosamente raspada da superfície do pergaminho. Se ela não puder ser removida ou corrigida, toda a seção do pergaminho na qual foi escrita perde a validade e deve ser descosturada e substituída.

Eis algumas outras regras: somente certas peles de animais não curtidas podem ser usadas como pergaminho, e apenas em um lado; a tinta precisa ser indelével; e nenhuma letra pode tocar outra ou ficar borrada. Mesmo o estado mental do escriba é rigorosamente delineado: se ele se desviar, por um fio de cabelo que fosse, da *kavanah* (intenção) correta, a porção do rolo passa a ser imprópria e não é considerada válida. Ela precisa ser descosturada e uma nova será inserida em seu lugar. (Como se pode afirmar que a intenção de um escriba era correta? Não se pode. Mas são abundantes as histórias de escribas que, lembrando mais tarde que houve um lapso na concentração correta, foram incapazes de localizar a passagem "afetada" – e recomeçaram todo o trabalho, embora ninguém fosse capaz de apontar a diferença.)

Nas palavras do Rabino Yishmael, o escriba, ao seu filho: "Sê cuidadoso no teu trabalho como escriba, pois é uma tarefa sagrada. Se acaso pulares uma simples letra ou acrescentares uma simples letra, destruirás o mundo todo."[10]

O Rabino Shlomo Yitzhaki (Rashi ou Solomon ben Isaac), o grande comentador do século XIII, alertou: "O Senhor teu Deus é *Emet*, a 'verdadeira realidade'. Se escreveres *Emet* sem a primeira letra, destruirás o mundo."* Rashi também afirmou: "'E Deus אמר [AMaR, *disse*]'. Se escreveres, 'E Deus אמר [OMeR, *diz*]', destruirás o mundo."

Serão esses cuidados uma mera hipérbole poética, destinada a impressionar o escriba quanto à seriedade com que deve fazer seu trabalho?

A resposta é que no judaísmo os Cinco Livros de Moisés são considerados diferentes dos outros livros das Escrituras hebraicas. Isso ocorre não só por serem fundamentais à Bíblia (como é bem conhecido e aceito pelos fiéis judeus e cristãos), mas *especialmente em termos da precisão de sua inspiração profética.* A posição

* אמת (EMeT) = verdade; מת (MeT) = morto. (N.T.)

única da revelação de Deus a Moisés (e assim a todo Israel) reflete o fato de que nunca houve em todo Israel um profeta tão grande como Moisés. Em parte, essa singularidade se reflete na alegação de que somente a Moisés Deus falou com tanta precisão, a ponto de especificar as próprias letras de Sua mensagem.

É fácil para nós, nos dias de hoje, deixar de ver o significado da tradição dos escribas. Para nós, trata-se de uma simples questão de copiar literalmente um texto, milhões de vezes, sem um único erro; preservar esse texto indefinidamente nos diversos meios eletrônicos; assegurar que as futuras gerações, talvez daqui a milhares de anos, tenham acesso exatamente às mesmas palavras e letras. Enterramos cápsulas do tempo que preservarão esses documentos por algo como dez mil anos; as placas de ouro, lançadas no espaço há alguns anos, que descrevem os seres humanos para hipotéticos habitantes de remotas civilizações de outros planetas, permanecerão legíveis por uns quinze milhões de anos.

Mas foi só recentemente que isso ocorreu na história da nossa raça. Na maior parte da nossa história, os registros escritos – a própria essência de uma civilização – eram altamente perecíveis, a menos que fossem entalhados na pedra com o maior cuidado. (Um dos grandes milagres da arqueologia do século XX foi a descoberta dos Pergaminhos do Mar Morto: escritos em pergaminhos feitos de pele animal, permaneceram desconhecidos por quase dois mil anos. O ambiente singular das cavernas do deserto da Judéia, sua localização quase inacessível e o virtual abandono daquela região após o exílio imposto pelos romanos aos judeus, foram os fatores que permitiram que esses manuscritos sobrevivessem intactos.)

Antes do advento das técnicas modernas, se um texto importante precisava ser preservado de uma geração a outra, tinha de ser recopiado muitas vezes. Se ele era necessário em algum outro lugar, também tinha de ser copiado à mão. Essa prática só mudou quando Gutenberg inventou os tipos móveis, no século XVI, e tão poucas de suas Bíblias sobreviveram que hoje praticamente não têm preço. Esse fato nos permite avaliar a extraordinária importância das bibliotecas no mundo antigo, especialmente aquelas poucas que conseguiram reunir centenas de milhares de textos. Podemos também avaliar a amplitude do desastre quando a biblioteca de Alexandria foi destruída pelo fogo em fins do século III d.C.

Durante o apogeu do Império Romano, várias academias de escribas romanos copiaram os livros populares na época, às vezes aos milhares. Considere por um momento quantos erros não teriam ocorrido inevitavelmente no corpo dos textos, em vista da dificuldade da tarefa de cópia e por não se tomarem cuidados especiais para assegurar a mais perfeita exatidão.

Antigos documentos profanos existem em centenas de variações. Está claro que era comum o escriba ver seu trabalho principalmente como uma transmissão do significado do texto – qualquer variação na forma de expressão era considerada de menor importância. As transcrições mais exatas repetiam a ordem literal das palavras, mas eram flexíveis quanto às variações na ortografia. (Como mencionamos antes, "contato" e "contacto" são exemplos modernos dessa variação.) Até mesmo cópias de Shakespeare que eram produzidas usando o processo de impressão mostram rotineiramente esses tipos de variações. Todas essas imprecisões eram aceitas sem questionamento no mundo antigo e tornavam praticável uma tarefa que de outro modo seria quase impossível.

Mas não entre os judeus. Para eles, os antigos livros daquilo que viria a ser admitido nos cânones como "a Bíblia" eram, sem sombra de dúvida, os textos mais importantes. Tornar disponíveis os textos das Escrituras de uma forma absolutamente exata era, portanto, um empreendimento imenso – e de imensa importância. Além disso, os judeus entendiam que a Torah não só tinha a inspiração divina em seu significado pretendido, *mas que as próprias letras foram ditadas por Deus por uma razão determinada.* Todas as obrigações que limitavam as atividades dos escribas judeus podem ser vistas como um conjunto de técnicas "à prova de erro", destinadas a assegurar exatidão absoluta no nível das letras. A tradição judaica quanto à exatidão letra a letra é tão antiga que suas origens remontam a um tempo anterior às primeiras evidências acadêmicas.

Há dois exemplos históricos que ilustram o grau dessa precisão na tradição dos escribas. A primeira é um contra-exemplo que desempenhará um papel ainda mais importante no decorrer da nossa análise.

A Torah Samaritana

Era prática típica dos conquistadores no antigo Oriente Médio dispersar em regiões remotas o inimigo subjugado (de onde ele não mais pudesse representar uma ameaça) e repovoar a terra conquistada com seu próprio povo ou com outros povos conquistados. Os assírios conquistaram o Reino do Norte cerca de setecentos anos antes de Jesus e enviaram a maioria das tribos para um exílio do qual poucas delas parecem ter retornado (dando origem à famosa lenda das "Dez Tribos Perdidas de Israel").

No lugar dos israelitas, os assírios estabeleceram ali um grupo misto de povos oriundos mais do leste. A maioria destes era devota da antiga "religião do mistério" babilônica, com conotações sexuais, e ao longo dos séculos também aprendera o sincretismo – ou seja, unir suas próprias práticas e crenças às das outras religiões. (É por essa razão que as alusões bíblicas aos ritos sexuais dos cananeus, as práticas gnósticas condenadas por Irineu por volta de 190 d.C. e os procedimentos das seitas praticantes do tantra-ioga, existentes na Índia até os dias de hoje, parecem surpreendentemente semelhantes, todos eles usando a "magia sexual" para alcançar aquilo que um indivíduo moderno chamaria de "estado alterado de consciência".)

Ao longo dos anos que viveram em Israel, esses recém-chegados foram se casando com os poucos israelitas remanescentes e adotando certos aspectos da prática judaica.* Embora insistissem em dizer-se judeus, conservaram suas várias formas babilônicas de adoração, simplesmente sincretizando-as com aqueles aspectos secundários do judaísmo que não restringisse suas práticas costumeiras. Na verdade, seus rituais eram em grande parte derivados do culto de Baal e Astarté, contra os quais os profetas se voltavam com tanta violência. Ao judeu observante que tentava permanecer fiel à Torah, nada poderia ser pior do que um pagão à moda babilônica fazendo-se passar por judeu.[11]

Contudo, os samaritanos aceitaram a Torah. Até o dia de hoje, existem samaritanos em Israel (na Samaria, na margem oeste do rio Jordão) e eles conservaram sua própria Torah. (A maioria deles há muito se converteu a uma variante do cristianismo.)

Mas no hebraico da Torah samaritana há inúmeras diferenças – palavras extras aqui e ali, palavras faltando, alternativas ortográficas – poucas das quais afetam o sentido do texto. Desse modo, a Torah samaritana traduzida para a nossa língua seria quase idêntica à Torah de Moisés. Essas diferenças se inseriram no texto porque faltava aos samaritanos uma tradição de escribas tão rigorosa quanto a dos judeus. Separados que estavam do cerne do judaísmo, eles logo adotaram a idéia, bastante razoável, de que as exatas "letras da Lei (a Torah)" eram de pouca importância comparadas com seu "espírito", ou significado. Eis aqui um pequeno exemplo:

ויקרא אל משה וידבר יהוה אליו מאהל מועד לאמר: דבר אל בני ישראל
ואמרת אליהם אדם כי יקריב מכם קרבן ליהוה מן הבהמה מן הבקר ומן
הצאן תקריבו את קרבניכם: אם עלה קרבנו מן הבקר זכר תמים יקריבנו
אל פתח אהל מועד יקריב אתו לרצונו לפני יהוה: וסמך את ידו על ראש
העלה ונרצה לו לכפר עליו: ושחט את בן הבקר לפני יהוה והקריבו בני
אהרן הכהנים את הדם וזרקו את הדם על המזבח סביב אשר פתח אהל
מועד: והפשיטו את העלה ונתחו אתה לנתחיה:

– Levítico 1:1- 8 na Torah samaritana

* Por conveniência, refiro-me a todos os antigos israelitas como "judeus". Tecnicamente, o termo "judeu" é derivado de Judéia ou Judá, a tribo que compreendia a ampla maioria dos remanescentes do Reino do Sul, mais tarde mandados para o exílio pelos romanos.

ויקרא אל משה וידבר יהוה אליו מאהל מועד לאמר: דבר אל בני ישראל
ואמרת אל○הם אדם כי יקריב מכם קרבן ליהוה מן הבהמה מן הבקר ומן
הצאן תקריבו את קרבנ○כם: אם עלה קרבנו מן הבקר זכר תמים יקריבנו
אל פתח אהל מועד יקריב אתו לרצ○נו לפני יהוה: וסמך ○ ידו על ראש
העלה ונרצה לו לכפר עליו: ושחט את בן הבקר לפני יהוה והקריבו בני
אהרן הכהנים את הדם וזרקו את הדם על המזבח סביב אשר פתח אהל
מועד: והפשיט○ את העלה ונתח○ אתה לנתחיה:

– Levítico 1:1- 8 na Torah judaica

O quadro abaixo apresenta um resumo das diferenças:

Torah samaritana		Torah judaica		Letras ausentes
אלהים	ALYHM	אלהם	AL○HM	Y
קרבניכם	KRBNYHM	קרבנכם	KRBN○HM	Y
לרצונו	LRTZONO	לרצנו	LRTZ○NO	O
את	(ET)	–	○	(ET)
והפשיטו	VHFSHTO	והפשיט	VHFSHT○	O
ונתחו	VNTHO	ונתח	VNTH○	O

Os seguintes pontos são dignos de nota:

1. Há 244 caracteres nesse fragmento de texto. Entre as versões judaica e samaritana, há sete variações no que diz respeito às letras, envolvendo seis palavras. Todas essas variações representam alternativas ortográficas que não têm efeito sobre o sentido. (A palavra de duas letras ET (את) *não tem*, em si, nenhum significado; ela é uma partícula que em certos casos se coloca antes do objeto direto.) Nessa passagem, pouco menos de 3% das letras são diferentes. No todo, há cerca de 6.000 letras diferentes entre toda a Torah samaritana e a Torah judaica. (Sabe-se que, grosso modo, nos livros do Novo Testamento há de 15.000 a 20.000 variações em termos de letras.)

2. O texto contém 85 palavras. Seis delas têm ortografia diferente. Ou seja, 7% das palavras são escritas de maneiras diferentes sem que isso altere seu significado.

3. O terceiro ponto não é diretamente pertinente no momento, mas será mais adiante. Vamos reservar a seguinte informação para analisá-la mais tarde:

Entre as três versões da Torah utilizadas pelos judeus do mundo todo –

asquenaze (dos países no norte e leste da Europa), sefardita (da Península Ibérica e alguns países do norte da África) e iemenita (dos países muçulmanos) – há somente um *total* de 9 variações no tocante às letras em *todo* o texto de 300.000 letras – em outras palavras, uma variação de 0,002%. As dispersões desses três grupos remontam pelo menos ao tempo do Império Romano e, provavelmente, até um passado mais distante, pois mesmo antes da destruição de Jerusalém já havia comunidades judaicas ao redor de toda a Bacia do Mediterrâneo.

O pequeno fragmento desse contra-exemplo da Bíblia samaritana oferece uma surpreendente indicação de como é fácil alterar as letras de um texto, e salienta o grande cuidado tomado com os rolos da Torah ao longo dos tempos. Passemos agora ao nosso segundo exemplo.

O Livro de Isaías

Os outros livros canônicos judaicos, além da Torah propriamente dita, também são copiados por escribas, mas o processo, embora rigoroso, é menos rigoroso do que quando se trata dos rolos da Torah. Um feliz incidente histórico oferece um vislumbre da exatidão desse processo – e, portanto, uma idéia de como tem de ser mais exata a transmissão da Torah.

Até tempos recentes, a mais antiga cópia manuscrita física do Livro de Isaías em hebraico datava de cerca de 600 d.C. Mas entre as descobertas do Mar Morto estavam dois rolos completos de Isaías. Eles datam de aproximadamente 100 a.C., ou seja, uns setecentos anos antes. (Alguns estudiosos diriam até mil anos antes.) Com os métodos usuais de cópia predominantes no mundo antigo, poderíamos esperar que houvesse inúmeras diferenças entre os dois rolos, incluindo um grande número de passagens totalmente variáveis ou ausentes de um para o outro.

Por que isso seria de esperar? Mais uma vez, para fins de comparação, consideremos o Novo Testamento (do qual nunca se alegou que sua natureza inspirada estivesse evidente no que diz respeito às letras; tampouco o judaísmo alega essa inspiração para textos das Escrituras hebraicas fora da Torah). Só nos antigos textos dos Evangelhos, há cerca de 2.000 diferenças *significativas*, e um número muito maior de variações insignificantes que não alteram o sentido. Algumas das passagens preferidas dos Evangelhos são hoje reconhecidas, mesmo pelos cristãos devotos, como inserções posteriores: por exemplo, a famosa narrativa de João em que Jesus enfrenta uma multidão ansiosa para apedrejar a mulher adúltera ("Aquele de vós que estiver sem pecado, atire a primeira pedra").

Mas entre os textos de Isaías de 100 a.C. e o texto de 600 d.C. foi encontrado um número reduzido de pequenas diferenças em letras ou pontuações! E lembre-se de que isso envolvia um processo de cópia menos rigoroso do que o utilizado para os rolos da Torah, num período de quase setecentos anos – ou talvez um milênio.

A Bíblia do Rei James

Por fim, consideremos uma das mais famosas e apreciadas traduções da Bíblia [para o inglês]: a Versão do Rei James. Ela permaneceu imutável – no tocante às palavras – por quase quinhentos anos. (Está surgindo uma grande quantidade de traduções alternativas, baseadas na do Rei James, mas esse é um fenômeno muito recente.) Observe como muitas diferenças no tocante às letras surgiram durante esse tempo, em apenas uma passagem típica (Isaías 40:1-2)*:

> Comfort ye, comfort ye my people, sayth your God. Speake ye comfortably to Ierusalem, and cry vnto her, that her warrfare is accomplished, that her iniquitie is pardoned: for shee hath receiued of the LORDs hand double for all her sinnes. *[Versão do Rei James, primeira edição, 1611]*

> Comfort ye, comfort ye my people, saith your God. Speak ye comfortably to Jerusalem, and cry unto her, that her warfare is accomplished, that her iniquity is pardoned: for she hath received of the LORD's hand double for all her sins. *[Versão do Rei James, 1912]*

As estatísticas sobre essa passagem são dignas de nota. Ambas as versões contêm precisamente 41 palavras. Mas a original contém 199 letras e a mais recente, 195: um decréscimo de 2% no número de letras. Entre as duas versões, há 12 variações de letras (acréscimos e substituições), que representam 6% das letras. Há variações na ortografia de 10 palavras, ou seja, 25% da passagem. Um número surpreendentemente grande de mudanças no nível das letras tem sido permitido – mas nenhuma delas altera o significado da passagem. Os dois textos são tratados como "idênticos", em qualquer análise razoável. O motivo para essa flexibilidade é fácil de entender: se as palavras "contato" e "contacto" transmitem *exatamente o mesmo significado*, não há na realidade nenhum motivo sério e rígido para insistirmos numa ou na outra.

---

* "Consolai-vos, consolai-vos, povo meu, diz o vosso Deus. Falai ao coração de Jerusalém e dizei-lhe que os seus males terminaram e que sua iniqüidade está perdoada, pois ela recebeu da mão do Senhor o pagamento dobrado por todos os seus pecados."

Sendo assim, podemos fazer novamente a nossa pergunta sobre a Torah: *por que* essa obsessão com a perfeição no que diz respeito às letras? Não basta dizer que a Torah não é um livro qualquer e, sim, a palavra de Deus, pois, como vimos, uma mensagem religiosa não precisa ser fixada em termos de letras para conservar sua exatidão. Como ilustra o exemplo da Torah samaritana, essa precisão também representa uma grande exceção aos padrões predominantes para a transmissão dos textos religiosos daquela época e mesmo de épocas posteriores (como testemunho disso temos as muitas variações dentro dos Evangelhos).

O falecido Rabino Aryeh Kaplan, físico que abandonou o mundo dos estudos seculares para tornar-se um dos mais respeitados dentre os rabinos modernos, resumiu assim a abordagem judaica à Torah:

> Uma vez que a Torah revela a vontade de Deus ao homem, ela foi passada letra a letra. [...] Mesmo as variações aparentemente mais triviais [...] podem ensinar muitas lições à pessoa que deseja explorar suas profundezas. [...]
>
> Deus escreveu a Torah de uma maneira complexa para que ela fosse uma fonte inesgotável de inspiração e estudo. Assim como novos conceitos científicos derivam de aparentes contradições da natureza, também o conhecimento do propósito de Deus e sua lei podem derivar das aparentes [...] contradições que existem na Torah. [...]
>
> Ensina-se que quando o Rei Salomão, o maior sábio de todos os tempos, considerou irrelevantes certos mandamentos, Deus disse: "Mil homens como Salomão passarão, mas nem uma mínima coisa da Torah será mudada."[12]

Em vista do acima exposto, podemos agora avaliar melhor quanta atenção era dada à precisão e à acurácia quando se copiavam os rolos da Torah – e como realmente é incomum e inexplicável essa atenção.

Finalmente, temos de mencionar um dos aspectos mais intrigantes de certos antiqüíssimos fragmentos de textos hebraicos: o uso da chamada *scripta continua* – uma seqüência contínua de letras, sem quaisquer pausas de pontuação ou espaços entre as palavras.[13] A antiga tradição sustenta que essa foi a forma na qual Moisés recebeu a Torah, e os arqueólogos descobriram pergaminhos escritos dessa maneira. (A importância disso se tornará clara mais adiante.) As corretas quebras de palavras, que num idioma sem vogais não são nem um pouco evidentes,[14] faziam parte da transmissão oral. Um fato estranho é que um conjunto de 64 plaquetas de mármore e granito, com todo o Livro de Ezequiel esculpido em letras em *alto-relevo*, disposto numa grade quadrada e também escrito em *scripta continua*, foi descoberto no Iraque durante a Guerra da Independência de Israel.

Essas plaquetas ficaram em poder de Izhak ben Zvi, o segundo presidente do Estado de Israel, até pouco antes de sua morte. Hoje, elas estão expostas num local pouco conhecido de Jerusalém. Ninguém tem certeza de quem foi que se deu ao extraordinário trabalho de escrevê-las desse modo, ou por quê. Mas um investigador, desconhecendo o código da Bíblia, comentou que o curador dessas plaquetas lhe dissera que havia "mensagens ocultas dentro das pedras, pela maneira na qual as letras estão dispostas sobre essas pedras".

Podemos dizer que o texto da Torah usado universalmente na prática judaica é *o* texto original? Não, não podemos. O que quer que a tradição possa alegar, a prova é que variações se introduziram no texto ao longo dos anos. Nenhum processo de transmissão feito por seres humanos pode ser perfeito. Mas a insignificância dos erros que sabemos terem se introduzido no texto é surpreendente. De todos os textos, a Torah é sem dúvida o melhor candidato a conter informações que vão além do simples significado das palavras, encaixadas em sua seqüência letra a letra. Mas, seria possível ter acesso a essas informações?

O Rabino Michael Ber Weissmandl, da pequena cidade de Nitra, na Eslováquia, não longe de Bratislava, convencera-se de que isso *era* possível e devotou todo o seu tempo disponível para conceber como fazê-lo. Mas então os nazistas chegaram.

Capítulo 5

O FOGO NEGRO DO HOLOCAUSTO

Quem já ouviu falar dessa tragédia? Quem já viu esses acontecimentos? Uma vez, o mundo todo foi convulsionado pelo sacrifício único de Isaac; aqui, em um dia, foi ele sacrificado um milhar de vezes. Os anjos bradaram, então, e as sagradas hostes celestiais se lamentaram. Mas agora o céu ainda resplandece de dia e as estrelas iluminam a noite. Não irá a luz enfraquecer agora, quando bebês e crianças inocentes – sim, milhares de um só golpe –, os pobres e os mansos são injustificadamente destruídos? Mesmo agora, ó Deus, manténs a Tua paz?

– Rabino Eleazar ben Nosson, de Ravan (1090-1170),
Elegia à Primeira Cruzada

Outubro de 1944
Em algum lugar perto de Zlate Moravcé, Eslováquia

A maior parte dos mil e oitocentos homens, mulheres e crianças apinhados dentro do trem de gado carregava pesados pacotes e malas – o máximo de suas posses que pudessem carregar, já prevendo seu "reassentamento" longe da terra natal. Muitos falavam, cheios de medo, dos diversos exílios já sofridos pelo povo judeu, começando com a dispersão das tribos do norte, o Reino de Israel, há tantos séculos passados. Mas o Rabino Michael Ber Weissmandl não carregava quase nada; apenas um pão e três livros: um precioso comentário da Torah por um sábio do século XIII, que lhe fora dado em seu *bar mitzvah*, e dois volumes selecionados do Talmude.

O comentário da Torah continha uma misteriosa passagem que acendera em sua alma uma paixão abrasadora: falava de misteriosos códigos ocultos entre as letras dos Livros de Moisés; antigos códigos da mais extraordinária importância, que ele próprio confirmara; novos códigos que ele mesmo tinha descoberto. Mas a invasão nazista o arrancara de seus amados estudos: sua vida se tornara um único e longo esforço agonizante para salvar o maior número possível de indivíduos do seu povo. Também esse esforço estava agora sendo sistematicamente destruído. Se os nazistas tivessem êxito, sua bem-amada Torah e todos os segredos nela ocultos – os códigos eram apenas uma face da ofuscante jóia multifacetada, com profundezas além da compreensão humana – se perderiam para sempre junto com o próprio povo judeu. Weissmandl e alguns outros sabiam, em dolorosos detalhes, que não haveria "reassentamento" algum e nenhuma necessidade de levar bagagens; que o trem de gado corria para o Reino da Morte; que, se os monstros nazistas tivessem êxito, nem mesmo uma lenda permaneceria.

Ninguém que observasse o Rabino Weissmandl pela primeira vez poderia formar uma impressão exata dele. Um seu companheiro que sobreviveu àqueles dias terríveis assim o recordava:

> Seu rosto não era bonito, a barba preta não era aparada e suas roupas não eram elegantes nem bem cuidadas. [...] Sua óbvia aparência judia, por si só, agia como um ímã sobre os instintos brutais. [...] Ele foi fisicamente atacado e insultado muitas vezes, mas nem assim se persuadia a mudar sua aparência ou a fugir do perigo. Nada em seu aspecto indicava sua genuína humildade e timidez, sua alma ardente, seu intelecto aguçado, a sabedoria e a filosofia prática de sua mente brilhante, e seu temperamento basicamente sereno e alegre.[1]

Ele era, na verdade, a própria personificação do sofredor servo de Deus descrito no Livro de Isaías: "E a quem o braço do Senhor foi revelado? Ele não tinha beleza nem formosura que atraísse os nossos olhares; não tinha boa apresentação para que desejássemos vê-lo. Era desprezado, era o refugo da humanidade. [...] Maltratado, ele se humilhava e não abria a boca." (Isaías 53:1-7)

Mas Weissmandl tinha um coração de leão: durante os terríveis anos do Holocausto, foi ele o gênio por trás de um audacioso esquema de "resgates" que salvou milhares de vidas – e chegou perto de salvar quase outros dois milhões. Durante mais de dois anos, com inimaginável autocontrole, ele negociara com os próprios carniceiros, face a face e através de intermediários. Em busca de qualquer vantagem que pudesse detectar, fizera malabarismos contrabalançando os interesses sempre competitivos e invariavelmente egoístas de Dieter Wisliceny e Alois Brunner, os dois supervisores da "Questão Judaica" no Leste Europeu, e seus superiores: Adolf Eichmann, chefe de operações do plano de extermínio; Heinrich Himmler, criador e diretor da rede de campos de concentração e extermínio; e o próprio Hitler. Durante dois anos, esse humilde rabino eslovaco conseguiu impedir a deportação dos judeus da Eslovênia para os campos da morte; outros logo seguiram sua liderança, pondo em andamento uma série de resgates que mantiveram os judeus poloneses sobreviventes trabalhando nas fábricas de gentios simpatizantes, entre eles um certo Oskar Schindler.

Vendo que os nazistas de toda parte eram subornáveis, até mesmo Himmler, Weissmandl lançou então um plano de empolgante audácia para salvar a totalidade dos judeus europeus – o Plano Europa. Mas no fim, seu grande esquema de resgates falhou por falta de fundos: ninguém queria fornecer os dólares norte-americanos que poderiam ter salvo dois milhões de vidas – meros dois dólares por cabeça, contra os trilhões despejados numa década inteira de guerra. Quanto dessa recusa deveu-se ao ceticismo de que esse plano pudesse dar certo, e quanto se deveu à simples indiferença, é um debate que continua aceso até os dias de hoje. Quaisquer que sejam os motivos da recusa, as assustadoras mandíbulas nazistas que se escancaravam ao redor de Weissmandl acabaram por se fechar de vez – em volta dele, de sua esposa, de seu filho e de suas quatro jovens filhas. Toda a família agora se comprimia, em desespero, enquanto o trem corria na direção da obra máxima de Himmler e Eichmann: o campo de extermínio de Auschwitz.

O Rabino Weissmandl estava agoniado. A situação na Eslováquia chegara a um ponto crítico logo depois de terminada a pausa de dois anos criada pelas suas negociações com os alemães. Na velocidade do raio, a maioria dos judeus estava sendo deportada para os campos de concentração – os nazistas mostravam-se determinados a compensar a desaceleração causada pelos subornos de Weissmandl. Os judeus remanescentes viviam no terror, com a espada de Dâmocles sempre prestes a cair-lhes sobre a cabeça a qualquer momento. Entre suas outras atividades naquela pausa de dois anos, o Rabino Weissmandl continuamente pressionara todos aqueles com quem entrara em contato para que se preparassem para fugir. Ele conhecia o destino que os aguardava a todos. Encorajava as pessoas a aprenderem a pular de bondes em movimento, tornando-se assim capazes de saltar dos trens nos quais logo seriam amontoadas. Os nazistas, pretendendo dar às suas vítimas falsas esperanças e ganhar seu consentimento, encorajavam os aterrorizados judeus deportados a levar alimentos e roupas – afinal de contas, diziam eles, iriam apenas ser "reassentados" em comunidades de trabalho; mas o Rabino Weissmandl os encorajava a enfiar serras para metal na *chalah* [o pão trançado do Shabat] e no pão comum, para limar os cadeados dos vagões dos trens de gado. Quando sua rede subterrânea de informantes descobriu o destino final das linhas ferroviárias, Weissmandl distribuiu mapas da rota para quem os quisesse.[2] Ele sabia que, para alcançar a liberdade, o mais frágil dos planos era melhor do que deixar-se prender na implacável armadilha nazista.

Alguns poucos tiveram a coragem de seguir seu conselho. Romi Cohn, hoje vivendo em Borough Park, Brooklyn, era então um jovem aluno da *ieshivah* de Nitra, cujo bem-amado diretor era o Rabino Samuel David Ungar, sogro de Weissmandl. A mãe de Cohn foi uma das pessoas que compreenderam perfeitamente o que estava por vir e o encararam com clareza. "E agora todos nós vamos morrer", disse ela ao filho, "mas um de nós precisa sobreviver para dizer o *Kadish*."* Romi Cohn era o primogênito e foi o escolhido para carregar a chama.

"Eu pratiquei muito saltar de bondes em Pressburg [Bratislava, a maior cidade daquela região da Eslováquia]", relembra Cohn, "como o Rabino Weissmandl nos instruía a fazer. Há uma técnica específica. Quando saltamos, devemos ao mesmo tempo cair completamente para trás, mas correndo para a frente a toda velocidade no instante em que tocarmos o solo. Caso contrário, a gente cai estatelado, com o rosto no chão."

"Certa vez, em Pressburg, um homem da Gestapo estava me seguindo. Fugi dele e ele correu atrás de mim. Aí eu saltei para dentro de um bonde e o nazista também. Quando o bonde se pôs em movimento, pulei fora e ele não conseguiu me seguir. Mas de outra vez não tive tanta sorte..."[3]

Cohn é um homem de grande vigor. Cinqüenta anos após o fim da guerra, ele vive nos Estados Unidos com sua encantadora esposa, numa casa bonita e calorosa, cercado de amigos e admiradores. Tornou-se um bem-sucedido homem de negócios, altamente respeitado pela comunidade por sua gentileza e filantropia. Voa para todas as partes do mundo, por sua própria conta, para realizar o *brit milah*, o rito da circuncisão. Apesar de suas terríveis experiências, é um homem hospitaleiro e dotado de enorme senso de humor; não é só um escritor e estudioso, mas também um aficionado esquiador e esportista, com aquela franca jovialidade e bonomia típicas do atleta. Ainda assim, quando relembra aquela vez em que não teve "tanta sorte", seus olhos se enchem de lágrimas. Com exceção do pai, perdeu toda a família.

Como parte do plano de fuga montado pela família Cohn, Romi recebeu documentos falsos que o identificavam como um cristão. Mas ele não conseguia convencer-se a pôr de lado seu *talit catan* [o xale "pequeno" de orações] – a roupa de baixo com as *tsitsiot* [franjas] especialmente trançadas que a Torah ordena que os homens judeus usem nos quatro ângulos das peças do vestuário. Até os dias de hoje, os homens judeus ortodoxos os usam, em geral como simples roupa de baixo e às vezes permitindo que as franjas fiquem penduradas para fora. A razão de ser das *tsitsiot* é fazer lembrar os mandamentos que produzem uma vida santa: uma vida comprometida com algo mais do que simplesmente os caprichosos "desejos do coração".

---

* O *Kadish* é a grande oração pelos mortos, uma das mais sagradas tradições do judaísmo. Expressa não só a fé inquebrantável na Divina Providência, por mais misteriosa que seja ao nosso falível coração humano e à nossa mente, mas também a ininterrupta continuidade da família através das gerações. Para um judeu, morrer sem alguém que diga o *Kadish* por ele é sofrer a torturante agonia de saber que pereceu o *seu* ramo da árvore viva que é o seu povo. Se há alguém para dizer o *Kadish*, então, embora a pessoa tenha morrido, seu ramo permanece vivo.

Certo dia, o Rabino Weissmandl pensou ter percebido que o jovem aluno ainda usava seu *talit catan*, embora as *tsitsiot* não estivessem visíveis. Correu até ele e abriu-lhe a camisa. Lá estava o *talit catan*. "Você está louco?", gritou o rabino, arrancando-o. Pois é claro que não existe mandamento maior do que salvar a vida.

Cohn seguiu o conselho do Rabino Weissmandl e de sua mãe, e sobreviveu. Mas a maioria não. A realidade que Weissmandl conhecia, e que a mãe de Romi Cohn aceitou, estava além da capacidade emocional de apreensão da maioria dos judeus. Quem poderia compreender idéias como aquelas? Câmaras de gás disfarçadas em chuveiros, para as quais alguns dos mais cultos cidadãos da Europa arrebanhariam sem escrúpulos mulheres e crianças, nuas, não-combatentes, para perecerem em massa numa agonia coletiva causada pelo cianureto? Um trem lotado após outro, noite e dia, mês após mês? Essas coisas por certo seriam meras fantasias de uma mente atormentada pela tensão da guerra. A maioria das pessoas simplesmente não acreditava nessas histórias, ignorava os mapas e não levava consigo serras para limar cadeados. Houve quem o fizesse, mas a esses faltava a audácia de um Cohn ou um Weissmandl; alguns tiveram essa ousadia, mas faltou-lhes a aptidão física: muitos dos que saltaram dos trens morreram na queda ou quebraram as pernas, tornando-se presas fáceis das patrulhas que passavam o "pente-fino" ao longo das vias férreas.

Mas a realidade era exatamente como o Rabino Weissmandl a mostrara. Nos trens da morte havia companheiros seus que tinham visto os documentos originais de dois judeus que conseguiram fugir de Auschwitz e entraram em contato com o "grupo de trabalho" de Weissmandl, em sua sede na *ieshivah* de seu sogro em Nitra. Uma vez que o verdadeiro propósito de Auschwitz tornou-se conhecido – não era de modo algum um campo de trabalhos forçados; era um campo de extermínio – o Rabino Weissmandl e seus companheiros começaram a batalhar incessantemente a fim de alertar o Ocidente. Milhares de cartas e telegramas eram enviados de Nitra dia após dia. (Todas as pessoas que trabalhavam com Weissmandl naqueles dias podiam ler, nas poucas respostas evasivas que acabaram por chegar até eles, os sinais de conhecimento – mesmo de conhecimento prévio: não havia dúvidas de que os Aliados sabiam exatamente o que estava acontecendo em Auschwitz. Seus ulteriores protestos de ignorância eram mentiras, como acabou por ficar confirmado em 1996.) Esses companheiros estavam agora no trem com o rabino e sua família, encorajando-o a fazer o que ele próprio sabia que precisava fazer, o que seria impelido a fazer. De todas as pessoas naquele trem, era ele, repetiam seus companheiros, especialmente ele quem devia escapar. Ninguém mais poderia ser tão útil ao povo judeu como ele.

Mas Weissmandl não via como escapar levando consigo sua família. Se fugisse do trem, sua esposa e os cinco filhos seguiriam sem ele para Auschwitz. Sua agonia era quase mortal. Ele já tinha sofrido um ataque cardíaco; podia sentir o aperto no peito, o coração ameaçando parar de bater. Como poderia abandonar a família tão amada? Mas Weissmandl sabia demais para dar ouvidos aos gritos desesperados de seu coração partido. Sabia que logo após a chegada ao campo, os homens seriam separados das mulheres e crianças; ele e os outros seriam mantidos vivos para trabalhar até morrer, ou torturados até a morte por Josef Mengele – o "Anjo da Morte"; ou senão seriam selecionados por Mengele para execução nas câmaras de gás em poucas horas, assim como certamente aconteceria com seus filhos. Ele nunca mais os veria.

Alois Brunner era um dos chefes nazistas mais sádicos e brutais. Para ele, a "Solução Final" era uma imensa fonte de prazer pessoal, tendo sido informado dos detalhes por seu superior imediato, Adolf Eichmann. Brunner era relativamente recém-chegado ao teatro de operações eslovaco, chamado para substituir Dieter Wisliceny, um homem "fraco" na perspectiva nazista e que tinha sido manobrado com sucesso por Weissmandl durante anos. Os resultados foram desastrosos para os nazistas: o escândalo diplomático que irrompera naquele verão na Hungria tornaria bem mais difícil a fuga dos nazistas quando a guerra terminasse; e bem pouco do prometido dinheiro do "resgate" chegou a entrar nos bolsos de qualquer um deles.

E pior ainda, um levante popular irrompera na Eslováquia: a população eslovaca nativa viu-se estimulada a reagir em vista do fracasso nazista em erradicar da região os judeus, por quem os eslovacos pareciam nutrir quase tanto ódio quanto os alemães. Esse fracasso nazista era o resultado direto das ações do Rabino Weissmandl sobre Wisliceny. Himmler e Eichmann se enfureceram quando souberam da revolta dos eslovacos. Não poderia mais haver negociações, deveriam acabar os esquemas de resgate. As deportações de Bratislava e dos territórios vizinhos – que o Rabino Weissmandl conseguira suspender durante quase dois anos – deveriam ser recomeçadas de imediato, e toda a população judaica precisaria ser prontamente exterminada.

Chegou o dia em que Romi Cohn soube que a deportação era iminente:

> O grupo [de assistentes] do Rabino Weissmandl iria se encontrar naquela mesma tarde na casa do meu pai. Como sempre, nós nos reuníamos e esperávamos até as três horas, quando o Rabino Weissmandl retornava de suas negociações com os nazistas e nos dizia: "Não, não será hoje à noite." Sabíamos então que poderíamos passar mais uma noite em nossas casas. Mas nesse dia bateram as três horas e o Rabino Weissmandl não apareceu. Soubemos que a hora tinha chegado.

Em 7 de setembro de 1944, junto com milhares de outros, o Rabino Weissmandl e sua família foram enviados a um campo de internação provisória, em Sered, onde ficava o quartel-general de Brunner. Dali seriam transportados para Auschwitz.

Enquanto estava no campo de Sered, o Rabino Weissmandl tivera a temeridade de tentar negociar também com Brunner. Argumentou que a guerra logo terminaria, com a derrota alemã, como o próprio Brunner certamente era capaz de prever; que Brunner poderia preparar uma defesa para si mesmo, uma "cobertura" humanitária, opondo-se ao envio dos judeus eslovacos para a morte; que "Ferdinand Roth" (o personagem fictício criado pelo Rabino Weissmandl, um "milionário que representava os judeus do mundo todo" e supostamente vivia num luxuoso hotel na Suíça) faria com que grandes somas de dinheiro fossem colocadas à disposição de Brunner numa conta numerada na Suíça. O Rabino Weissmandl tornara-se tão apaixonado em seus esforços para salvar seus companheiros a qualquer custo que chegou a dar um soco na escrivaninha de Brunner.[5]

Brunner não manifestou nenhuma reação visível. Mas não tinha a mais remota intenção de ser enganado pelos mesmos argumentos que aquele judeu tinha usado com sucesso para fazer Wisliceny "dançar conforme a sua música" – mesmo se o judeu fosse sincero na sua vontade de pagar pelas vidas judias.* Este era um negócio que Eichmann, e mesmo o próprio Himmler, não viam razão para não fazer: se a guerra terminasse com a derrota nazista, eles poderiam alegar que tinham mostrado "misericórdia"; se terminasse com uma vitória nazista, sempre poderiam exterminar as "pragas" remanescentes em outra parte. Mas a situação agora estava clara além de qualquer dúvida: o Rabino Weissmandl obviamente não estava conseguindo levantar os fundos para pagar o resgate dos judeus, mesmo somas insignificantes. Quem quer que fosse aquele "Ferdinand Roth", estava evidente que não era o porta-voz dos judeus. Ninguém queria pagar nada pelas vidas judias.

E assim a oportunidade de negociar estava acabada, *schluß*. Brunner imediatamente ordenou que o rabino e sua família seguissem no trem diário para Auschwitz. Antes de embarcarem, mandou tirar fotografias daquele "miserável judeu", em 22 poses diferentes, para que pudesse ser identificado na hipótese remota de conseguir fugir. Brunner também deu instruções especiais quanto ao modo como o Rabino Weissmandl deveria ser tratado quando chegasse ao campo de extermínio – deixem, sim, deixem que esse tolo arrogante tente esmurrar a escrivaninha de Eichmann!

---

* Himmler foi informado desses acontecimentos e parece ter concordado com a avaliação de Weissmandl. Logo depois Himmler declarou que a "Questão Judaica" estava resolvida e começou a desmontar as câmaras de gás, numa tentativa de esconder o Holocausto – e seu próprio papel nele – aos olhos do mundo.

O trem da morte seguia para o leste, passando pelo lar de Weissmandl em Nitra, rumo à linha ferroviária que corria de Budapeste, ao sul, para Zvolen e Zilina, no centro da Eslováquia, e dali para a Polônia e Auschwitz, não muito distante de Cracóvia. Bratislava, o grande centro da vida judaica na Europa Central, ficava cada vez mais longe. Com uma incrível eficiência, e apesar do custo elevadíssimo que causava aos seus agora cambaleantes esforços de guerra, os nazistas estavam compensando os anos em que deixaram em paz os judeus de Bratislava. Ganhar a guerra era de importância secundária; para a sombria e insana espiritualidade de Adolf Hitler, tão antiga quanto quase todos os cultos gnósticos que surgiram na bacia ariana da Mesopotâmia, a completa eliminação dos judeus continuava a ter a mesma prioridade de sempre.

O Rabino Weissmandl era acima de tudo um sábio, um homem de extrema erudição e profundidade espiritual. Ele percebia com agudeza a terrível profecia que agora se desenrolava. Em 1931, seu professor e futuro sogro, o Rabino Samuel David Ungar, contara-lhe um fato estranho. Ungar tinha sido convidado a assumir a liderança da *ieshivah* de Nitra e Weissmandl tentara convencê-lo a não aceitar, já que o professor por certo receberia ofertas para dirigir uma escola mais prestigiosa em algum outro lugar. Mas o Rabino Ungar insistiu em aceitar o posto em Nitra. E explicou as razões: "Meu coração me diz que chegará um tempo em que não haverá nenhuma *ieshivah*, em lugar algum, a não ser em Nitra – e eu quero estar lá."[6]

Essa explicação poderia facilmente parecer absurda. Por menos conhecida que fosse ao mundo em geral, a rede de erudição judaica na Europa Central e Oriental era imensa e antiga, remontando a centenas de anos antes de instituições tais como Oxford. Pensar que as escolas judaicas pudessem desaparecer de repente – e todas elas durante o tempo da vida de um homem, como sugeria o comentário do Rabino Ungar – era inconcebível. Mas à medida que a década de 1930 ia passando, a visão do Rabino Ungar logo se avultou como a mais pura realidade. Ele e Weissmandl, agora seu genro, compreenderam que nas rápidas e implausíveis redisposições dos acontecimentos históricos que produziram o Holocausto – tão implausíveis que até hoje muitas pessoas duvidam de sua realidade – havia uma camada mais profunda de significado. A visão que fora concedida ao velho professor era mais do que uma premonição. Durante dois anos, a *ieshivah* de Nitra *seria* a única luz remanescente no grande e antigo oceano de vida e cultura judaicas no Leste Europeu, nascido quando os romanos se instalaram às margens do Danúbio. E então essa luz também se extinguiu.

No meio da noite, naquele escuro vagão de gado, Weissmandl tomou sua decisão. Com uma tristeza que perfurava o próprio céu, ele retirou a serra de dentro do pão que trazia consigo. Limou o cadeado de uma das janelinhas do vagão de gado, enquanto o barulho era suplantado pelo fragor das rodas nos trilhos e pelo choro incessante de seus filhos. Numa agonia da qual pessoa alguma jamais poderia recuperar-se plenamente, o Rabino Weissmandl despediu-se de sua família para sempre. Quando o trem reduziu a marcha, ele saltou, caindo para trás, como sempre instruíra os outros a fazerem.

Mas o Rabino Weissmandl não era tão ágil como o jovem Romi Cohn. Ele tropeçou, bateu a cabeça no chão e perdeu os sentidos. Ficou inconsciente ao lado dos trilhos, ninguém sabe por quanto tempo.

Os acontecimentos que se seguiram permanecem um mistério. Parece que ele foi encontrado por um gentio que cuidou dele e o ocultou das autoridades. Milagrosamente, apesar dos esforços concentrados de Alois Brunner, Weissmandl conseguiu voltar a uma aldeia perto de Bratislava sem ser identificado. Ali, usando senhas previamente combinadas, fez contato com outro gentio respeitável, chamado Natali, que estivera ajudando os judeus durante toda a guerra, escondendo-os em sua tipografia. De origem alemã, Natali tinha um filho que servia na Gestapo e cujo desumano fanatismo era a maior fonte de perigo – para o próprio Natali e para os judeus a quem ele socorria.[7] De todo modo, tão logo confirmou que o homem que fizera contato com ele era realmente o Rabino Weissmandl – e que a mensagem codificada que recebera não era um ardil –, Natali correu ao encontro do rabino e levou-o a um esconderijo subterrâneo em Bratislava.

Aqueles que recordam a chegada do Rabino Weissmandl no diminuto esconderijo em Bratislava não têm palavras para descrever a dor que ele sofria. Chorou sem cessar dia e noite, dias sem fim. Sua esposa, seus filhos, seus amigos, professores, alunos e vizinhos – todos tinham sido consumidos nas chamas. Além de sua tragédia pessoal, a idéia de abandonar seus esforços de resgatar seu povo era talvez o pior para ele. "Sua alma atormentada não lhe dava repouso, pois ele não agüentava permanecer inativo enquanto os judeus eram enviados para a morte."[8]

Enquanto estava no subterrâneo, Weissmandl tentou persuadir Natali a ajudá-lo a cruzar toda a extensão da Áustria até a Suíça, onde poderia retomar seus esforços de resgate. Mas aquela jornada teria sido loucamente perigosa e ele, por fim, se convenceu de sua impossibilidade. Foi somente a chegada no esconderijo, logo antes do Iom Kipur, de um renomado rabino chassídico, Menachem Mendel Halberstam, o *Rebbe* de Stropkov, que salvou o Rabino Weissmandl de cair no mais completo desespero:

> Quando [as pessoas que estavam escondidas no subterrâneo] testemunharam o santo comportamento do *Rebbe*, foram tomadas por um sentimento de segurança e fervor e aceitaram de boa vontade tudo o que ele disse. O Rabino Halberstam nunca se queixou, aceitando todo aquele sofrimento por causa de seu intenso amor a Deus e sua confiança nEle. Devotou todo o seu tempo

> ao serviço Divino e a encorajar os outros. No Iom Kipur, ele fez um sermão no esconderijo com tanto entusiasmo como se estivesse se dirigindo a uma congregação de milhares. [...] A presença do *Rebbe* no esconderijo e suas palavras diárias de conforto inspiraram seus companheiros a ter esperança na libertação e salvação. Weissmandl tratava o *Rebbe* com imenso respeito; prontamente aceitou os conselhos por ele oferecidos e comportou-se como um aluno na presença de seu mestre.[9]

O Rabino Weissmandl foi forçado a retornar toda a sua atenção à única coisa que transcendia o horror e o desamparo: a eterna Torah e seus segredos misteriosos.

Capítulo 6

O FOGO BRANCO DO DESTINO

Eis que vos ensinei leis e decretos, conforme ordenou-me o Senhor meu Deus, para que pratiqueis na terra em que ides entrar. [...] Guardai-os e ponde-os em prática, pois neles está vossa sabedoria e vossa compreensão aos olhos dos povos que, ao conhecerem todas essas leis, dirão consigo: "Sábia e inteligente é, na verdade, esta grande nação." [Deuteronômio 4:5-6]

As únicas posses que o Rabino Weissmandl tinha consigo no esconderijo subterrâneo eram seus três livros: dois volumes do Talmude e um comentário sobre a Torah. Um dos volumes talmúdicos – intitulado *Makoth* – refletia muito bem o estado da alma atormentada de Weissmandl: era um livro dedicado à discussão, com sutis nuanças, das punições impostas aos vários crimes. Weissmandl estudava esse volume com toda a atenção, chorando, pois se considerava pessoalmente culpado por não ter feito mais para salvar seu povo – e sua família. Embora fosse um homem honesto e íntegro, ele se dedicara de corpo e alma a negociar com ladrões e assassinos, mentindo-lhes sem escrúpulos desde que pudesse salvar nem que fosse mais uma só vida.

E no fim, seus grandes esquemas de resgate se desintegraram. Ele fora incapaz até mesmo de salvar sua mulher e seus filhos. Quando se atrasara, uma única vez, a um compromisso assumido com um oficial nazista, este buscara o cunhado do rabino, enrolara-o no xale de orações e o abatera a tiros.

Havia, contudo, um resquício de alegria a ser encontrado na única coisa que o Rabino Weissmandl sabia ser eterna: a Torah – o "Prazer da Torah", como ele mais tarde intitularia uma coleção de seus próprios comentários, reunidos por seus devotados alunos após sua morte. Talvez sua outra posse – a única outra que ele decidira trazer consigo no exílio –, uma análise da Torah escrita em 1291, diga ainda mais sobre ele e sobre o fogo que iluminava sua alma.

Como a maioria dos meninos judeus, o jovem Michael Ber Weissmandl participou de sua primeira leitura da Torah na sinagoga aos treze anos de idade, em seu *bar mitzvah*. Preparando-se para essa cerimônia, ele escrevera um ensaio que seria lido diante da congregação, como ainda é costumeiro. Mas logo antes desse acontecimento, seu avô de Bratislava, o Rabino Menachem Meir Berthauer, deteve-o com uma oferta surpreendente: se o menino desistisse de ler o ensaio, o avô lhe daria dez moedas de ouro.

Quando jovem, Weissmandl já tinha estabelecido sua reputação de prodígio, não só nos estudos sacros mas também na matemática e na astronomia. Seu avô tivera a oportunidade de ler o ensaio para o *bar mitzvah*, o que o levara a fazer aquela estranha oferta. Não havia nada de errado com o ensaio. Na verdade, era brilhante. O Rabino Berthauer receava que a adulação que certamente se seguiria à leitura teria um efeito pernicioso sobre o caráter do neto. (Trinta e seis anos mais tarde, o Rabino Weissmandl, então com quase cinqüenta anos, iria ler o mesmo ensaio em público, pela primeira vez, para os alunos da *ieshivah* que ele fundara nos Estados Unidos depois da guerra. Mesmo então, "a platéia ficou profundamente impressionada com seu brilho e erudição".[1])

O menino aceitou a oferta do avô e com o dinheiro comprou o volume de comentários da Torah que permaneceria com ele por toda a vida.[2] Esse livro exerceria um efeito profundo sobre ele, especialmente em vista do amor do garoto pela matemática e pela astronomia. O livro fora escrito por um sábio do século XIII, o Rabbenu* Bachya ben Asher, da cidade espanhola de Saragoça.

Os escritos mais genéricos do Rabbenu Bachya são amplamente ensinados nos dias de hoje, em especial devido à clareza e simplicidade de seu estilo. Seus ensinamentos sobre a Cabala – a tradição mística judaica que combina preces contemplativas com uma variedade de métodos matemáticos para o estudo da Torah – eram muito respeitados na época, e continuam a ser respeitados até hoje. Mas seus comentários também contêm alguns apartes incomuns e crípticos.

Por exemplo, no início de sua principal obra (aquela que Weissmandl compraria com as moedas de ouro dadas pelo avô), Bachya faz uma observação que certamente deve ter entusiasmado o jovem Weissmandl no momento em que se deparou com ela. Na verdade, ele retornou muitas e muitas vezes aos princípios ali sugeridos, ao longo de toda a sua vida, e em especial durante aqueles dias terríveis no esconderijo subterrâneo. Bachya apresentava o assunto como segue:

> Deves saber que uma decifração [literalmente, *kabalah*] dessa segunda seção do Gênesis foi-nos transmitida, começando do versículo "No princípio..." até a letra ב [*bet*, a quadragésima segunda letra do Gênesis], que contém um nome de 42 letras que dá indícios das atividades de Deus antes da criação – mas só por meio de "muitas permutações".

* Esse termo, que significa "nosso rabino", costuma ser reservado para um professor especialmente amado por seus alunos.

Bachya referia-se à pouco conhecida observação feita dois séculos antes por outro sábio, o Rabbenu Tam (e, mesmo antes, por um certo Nechunya ben HaKanah, comentada mais adiante). Tam observara que, codificado nas passagens de abertura do Gênesis, havia um nome de Deus com 42 letras.[3] Mas além disso, afirmava Bachya, dentro desse trecho estavam as informações necessárias para se calcular o desenrolar dos "dias e estações", começando com o momento da criação do Sol e da Lua e *depois para todo o sempre*, segundo a antiga tradição de que "os astros foram criados no quarto dia, e por eles contamos os anos do mundo".[4] No entanto, Tam não registrou por escrito os detalhes desse cálculo.

Dois séculos depois, o Rabbenu Bachya o fez, descrevendo num de seus livros aquilo que chamou de "a data que é o verdadeiro ponto de partida para todos os cálculos dos astrônomos" (daí a data a ser usada também para os cálculos "proféticos"). Ele explicou:

> Se os olhos de teu coração se iluminarem, encontrarás essa data codificada no texto, de tal modo que *entre cada um de seus números** repousam 42 letras. O sábio compreenderá que isso não ocorre por acaso, mas é um claro sinal que envolve o próprio nascimento do mundo. [grifo meu]

Os cálculos de que falava Bachya são extremamente complicados. Mas Weissmandl, mesmo quando ainda criança, assimilou-os e confirmou por si mesmo que o número crítico estava codificado exatamente como Bachya dissera. Mais tarde, quando ainda estudante, Weissmandl tornou-se um especialista nas regras igualmente complicadas que governam a construção do *mikveh*, ou banho ritual (de onde, por sinal, evoluiu a tradição do batismo). E em 1931 ele publicou seu primeiro livro, um volume que trazia suas primeiras descobertas no texto de Bachya: *Hilchot HaChodesh* (As Leis para Determinar a Lua Nova).

Ao longo de toda a sua vida, o Rabino Weissmandl conservou a certeza de que estavam inseridas dentro da Torah, *através da descrição de Bachya do salto de iguais intervalos de letras*, informações divinamente ordenadas. Bachya não foi o primeiro a apontar para a existência de informações codificadas na Torah. Os indícios se difundiam por todo o imenso repertório da literatura judaica. Com efeito, a antiga crença de que Deus criara o mundo através de combinações de letras estava diretamente ligada às misteriosas idéias referentes aos vários "nomes de Deus". Dizia-se, por exemplo, que a Torah consistia *inteiramente* de permutações dos nomes de Deus.[5] E de Bezalel, o artesão que, após a fuga do Egito,

* Na Torah, os números são escritos com as letras a eles equivalentes:

א	ב	ג	ד	ה	ו	ז	ח	ט	י	כ	ל	מ	נ	ס	ע	פ	צ	ק	ר	ש	ת
1	2	3	4	5	6	7	8	9	10	20	30	40	50	60	70	80	90	100	200	300	400

construiu no deserto o Tabernáculo transportável que abrigou a Arca – contendo dentro dela as Tábuas da Lei e os rolos originais da Torah – dizia-se: "Ele sabia como combinar as letras dos Nomes Divinos com as quais céu e terra foram criados."[6]

Com a imaginação acesa, Weissmandl deu um passo extraordinário para um jovem: escreveu em cartões brancos, em fileiras de 10 por 10, todas as 304.805 letras do texto da Torah. Isso formalizou o método sugerido pela afirmação de Bachya, facilitando a descoberta dos códigos criptografados em intervalos e múltiplos de dez letras, pelo menos, dos quais Weissmandl acreditava haver muitos. Assim começou a busca de Weissmandl, que duraria toda a sua vida, para recuperar das profundezas da História e da dispersão de seu povo uma outra corrente, há muito perdida, do conhecimento judaico.[7]

Weissmandl sabia que certos luminares mais recentes – os rabinos Moses Cordevaro e Elijah Solomon (o Vilna Gaon, mencionado nos capítulos anteriores) – conheciam os Códigos e tinham feito alusões a eles. Mas o auge dessas especulações parecia ter ocorrido durante o grande florescer da Cabala espanhola na Idade Média, numa época de crescente perseguição. O principal professor do Rabbenu Bachya, o Rabino Solomon ben Abraham Adret (1235-1310), foi um desses rabinos espanhóis. Gozava da reputação de ter em seu poder manuscritos que datavam até mesmo da época do cativeiro na Babilônia, centenas de anos antes da Era Cristã. Devido à grande erudição de Adret e à sua imensa biblioteca, os alunos afluíam de toda a Europa para estudar com ele na Espanha.

No entanto, os mais misteriosos desses lampejos de intuição foram escritos deliberadamente apenas como indícios, devido à relutância por parte dos autores em discutir os assuntos cabalísticos. Redescobri-los tornou-se ainda mais difícil porque aqueles tesouros manuscritos eram periodicamente destruídos durante as hostilidades e ataques abertos que as comunidades judaicas sofriam com freqüência, e devido ao onipresente perigo de expulsão. (Entre 1182 e 1495, houve dezesseis grandes expulsões de judeus de seus principais centros de assentamento em solo europeu.) A biblioteca de Adret não existe mais. Porém o jovem Weissmandl estava determinado a pesquisar, tanto quanto possível, os misteriosos elos entre esses indícios tantalizantes.

A Linhagem Dourada dos Sábios

Os códigos da Torah têm uma longa e misteriosa procedência. Os indícios revelando que eles foram procurados – e encontrados – remontam até os tempos dos primeiros registros escritos. O Rabino Weissmandl teria sido uma das pouquíssimas pessoas da época moderna que viram esses manuscritos e os indícios (ou algo mais) que eles continham, porque a maior coleção deles chegara até a famosa Biblioteca Bodleian na Universidade de Oxford. Antes da guerra, Weissmandl fez várias viagens até lá com o fim específico de pesquisá-los. Vários deles existiam apenas em uma única cópia manuscrita; muitos estavam perdidos há séculos. Embora a maior parte da história dos Códigos associada a esses manuscritos permaneça oculta (seja por uma razão deliberada ou porque se perderam), as lendas de alguns dos grandes nomes associados aos Códigos são contadas a seguir. Num surpreendente exemplo do padrão recorrente da espiral da História, os predecessores de Weissmandl também parecem ter sido forçados a realizar seus estudos nas garras de incessantes perseguições.

Rabino Eleazar ben Judah

O sábio Eleazar ben Judah, de Worms, que viveu entre 1165 e 1230, foi um dos primeiros rabinos da Idade Média cujos trabalhos apontavam na direção que o Rabino Weissmandl seguiria mais tarde. Sua principal obra ainda existente, *Sodei Razaya* (Segredos dos Segredos), discute a criação do mundo, em particular dos astros celestes, através da ação das 22 letras do alfabeto hebraico. Sua análise reflete um entendimento bem diferente das típicas afirmações sobre a criação do mundo encontradas em culturas de todo o mundo.

Primeiro, de uma maneira bastante moderna, os sábios judeus há muito sustentam que somente as crianças, e outras pessoas capazes de apenas uma compreensão muito simples, deveriam ser encorajadas a aceitar em sentido literal o relato da criação no Gênesis: dias de 24 horas e assim por diante. As pessoas mais informadas, em vez disso, poderiam chegar a compreender que esse relato expressa a estrutura profunda de um *processo* misterioso e divinamente ordenado. Esse processo, com efeito, reflete-se em padrões na realidade física, mas não de modo tão simples como os literalistas o vêem.

Por exemplo, a criação, por obra divina, do "homem" (em hebraico *adam*;* cujo princípio vital é encontrado no sangue – em hebraico, *dam*, de "pó da terra", *adamah*) há muito tem sido entendida na tradição judaica como refletindo um agente que exerce sua influência *dentro* ou *através dos* processos da Natureza (o pó da terra) e não por alguma abrupta e mágica transformação de uma certa quantidade de partículas de sílica num indivíduo específico. Para aqueles de nós que buscam uma compreensão mais profunda, o desafio é compreender – mesmo se apenas através da intuição ou de metáforas – algo da natureza de um intrincado

* Em hebraico, אדם = ADaM, que significa ao mesmo tempo "ser humano", "humanidade", "o indivíduo do sexo masculino" e o nome próprio de Adão, o primeiro homem (ou, mais precisamente, o homem primordial).

processo físico. Se tivermos sucesso, poderemos talvez descobrir uma surpreendente correspondência entre os padrões assumidos pelo mundo físico e as idéias que animam a criação.[8] Ao perceber essas formas, começamos a entender (em pequena parte) a natureza da própria mente divina. Esse entendimento inspira-nos a adequar, cada vez mais, nossa mente efêmera e limitada pelo tempo, nossa personalidade e nossas ações, aos padrões da fonte imortal delas.[9] Nessa visão, a profecia e a educação moral – o "entendimento" profundo, nesse sentido distinto e divinamente animado, e a moldagem do caráter segundo o padrão de divindade de Deus – estão indissoluvelmente entrelaçados. Não há verdadeira sabedoria fora da santidade.

Além disso – e é neste ponto que os relatos dos místicos judeus se afastam radicalmente dos entendimentos tanto literais quanto simbólicos – a criação do mundo e de tudo o que nele existe ocorreu realmente *através das* ações específicas das palavras do próprio relato da criação, em particular através das próprias letras desse relato. O Gênesis, em suma, não é apenas uma *descrição*; é o instrumento mesmo do próprio ato da criação, uma matriz na mente de Deus,[10] manifestada na forma física.

Variações helenizadas desse tema chegariam até a teologia cristã, na qual, unidas a certas concepções do Messias, acabariam por expressar-se na noção da Trindade: Deus Pai que se fez carne no Filho (o Messias) pelo poder do Espírito Santo (o Verbo Encarnado).

No judaísmo, "o Verbo se faz carne" principalmente no efeito transformador que a palavra de Deus – a Torah – exerce sobre o caráter humano. Onde esse efeito está ausente, devido à resistência, Deus não está presente. Não há significado maior; não precisa haver e não pode haver nenhuma compreensão mais elevada ou mais importante de "encarnação" do que esta. Embora o desenho formal das letras na Torah possa ter mudado (e mudou), o que elas representam e sua seqüência exata não podem mudar – é essa seqüência que lhes dá significado. Daí a antiga *midrash* (interpretação homilética) de que toda pessoa presente na entrega da Torah foi uma de suas letras.

Parte da razão pela qual o Rabino Eleazar e outros escreveram com certa hesitação, e muitas vezes em segredo, sobre esses "mistérios" cabalísticos, foi o medo de que fossem tomados por missionários zelosos e usados contra os judeus devido às analogias que podiam ser feitas, e freqüentemente o foram, com a teologia cristã. (Os judeus não estavam em posição de forçar, sobre seus perseguidores, a interpretação oposta.) Como veremos no próximo capítulo, a Idade Média e o início da Renascença produziram naturalmente um fenômeno curioso: o chamado "cabalista cristão". Em sua maioria, eram pessoas apenas interessadas em aprender todo o possível do misticismo judaico; mas de vez em quando o objetivo não era assim tão inocente.

Nas Profundezas

No final do século XII e início do XIII, os Cruzados iniciaram uma nova onda de perseguições contra as comunidades judaicas da Europa Central. O Rabino Eleazar ben Judah foi seriamente ferido, e sua mulher, filha e filho foram assassinados diante dos seus olhos. Em poemas e contos ele verteu seu pesar, tanto por sua perda pessoal como pela dizimação da comunidade judaica na Alemanha e na Europa Central. Lamentou-se também por aquilo que sentia ser a iminente perda da própria Torah naquelas terras de exílio, convencido de que a morte de tantos sábios logo extinguiria a tradição oral naquela região. Foi por isso que ele colocou por escrito muitos de seus segredos, na esperança de que alguns deles, ao menos, sobrevivessem.

Na verdade, a maior parte dos trabalhos do Rabino Eleazar se perdeu; os poucos remanescentes existem apenas na forma manuscrita e estão guardados nas bibliotecas de Viena e Oxford. Cerca de 650 anos depois, antes que os nazistas exterminassem a comunidade judaica da Europa, o Rabino Weissmandl viajou até Oxford para ler essas e outras raridades semelhantes. O alcance de sua erudição era impressionante:

> Certa ocasião, um antigo manuscrito chegou à biblioteca enquanto ele lá estava, e os doutos bibliotecários se equivocaram na identificação de seu autor. O Rabino Weissmandl revelou o verdadeiro autor ao bibliotecário-chefe e desde então foi tratado com a mais alta consideração. Concederam-lhe o raro privilégio de acesso à biblioteca mesmo quando fechada ao público.[11]

E a história ainda continuava. O bibliotecário-chefe ficou envergonhado pelo erro que cometera, sendo um eminente historiador e erudito. Weissmandl apiedou-se dele e lhe assegurou que não pretendera causar-lhe embaraço; disse ainda que não tinha a menor necessidade de exigir para si o crédito dessa identificação. Como estava interessado apenas na verdade, disse ao homem que ficaria perfeitamente satisfeito se a atribuição correta fosse creditada aos bibliotecários, sem nenhuma menção ao seu nome. Foi essa humildade, mais do que qualquer outra coisa, que levou o bibliotecário a tratar o Rabino Weissmandl com o mais alto respeito.

A partir daí, quando a biblioteca fechava no fim do expediente, o rabino tinha permissão para permanecer em seu interior, onde passava a noite estudando. Sua capacidade de absorver material era extraordinária. Ele memorizava muitos dos manuscritos em sua totalidade, e copiou à mão pelo menos um dos mais importantes – tal como faziam os antigos escribas (isso foi nos dias anteriores à xerografia, é claro). Era parte de um projeto que ele concebera: recuperar do exílio todos os tesouros perdidos. O projeto findou com a eclosão do Holocausto; e também o rabino viu-se vítima dos esforços determinados para acabar com o judaísmo e a tradição oral na Europa de uma vez por todas.

Abulafia: O Modelo

Uma geração depois do Rabino Eleazar, de Worms, surgiu um dos maiores e mais misteriosos místicos judeus medievais, o Rabino Abraham ben Samuel Abulafia, nascido em 1240. O Rabino Abulafia expandiu os ensinamentos do Rabino Eleazar, focalizando em especial as combinações e permutações de letras, e o relacionamento entre as letras que compõem as palavras e as primeiras letras de cada palavra numa sentença correlata (tal como no exemplo de RMBM – o Rambam – citado no Capítulo 1). Ele via esse método como um portal profético que permitia ao homem comungar com Deus, tendo acesso à divina e imortal inteligência do Criador e curvando-se a ela. Chamou essa abordagem de "caminho do nome divino" e "ciência da permutação". Um de seus tratados explica principalmente o nome de Deus com 72 letras. Por mais obscuras que tais formulações possam parecer à mente cética de hoje, Abulafia na verdade opunha-se com tenacidade aos desenfreados arroubos de imaginação e aos abusos que a Cabala inevitavelmente permitia. Sua meta não era a simples "iluminação", mas a descoberta do mistério inefável do *caráter* – para que pudesse ser ensinado.

No verão de 1280, angustiado diante do sofrimento incessante de seu povo, Abulafia viajou para Roma. Pretendia enfrentar o Papa Nicolau III e "pedir-lhe contas"[12] da perseguição aos judeus. É um mistério que Abulafia tenha imaginado ser viável essa missão. Apenas dois anos antes, Nicolau III emitira uma bula ordenando que sermões regulares para promover a conversão ao cristianismo fossem pronunciados em todas as sinagogas. O comparecimento dos judeus era obrigatório e designavam-se "estimuladores" para inspecionar as orelhas dos ouvintes em busca de algodão que as tapassem e também para "mantê-los despertos durante as exposições, que às vezes duravam até duas horas, sobre a verdade do cristianismo e a falsidade do judaísmo".[13]

O papa imediatamente lançou Abulafia na prisão e condenou-o a ser queimado vivo. Mas a Providência decretara que isso não aconteceria. Em 22 de agosto de 1280, o Papa Nicolau III teve morte súbita, antes que a sentença fosse executada. Seu sucessor, Martinho IV, era de índole diferente e tinha sido alçado ao papado através dos esforços do rei Carlos da Sicília, da Casa d'Anjou, inimiga mortal do patrono de Nicolau, Rodolfo, da Casa de Habsburgo. Depois de um mês no cárcere, Abulafia foi libertado. Mas as perseguições a que ele intentara pôr fim iriam se intensificar ao longo das três décadas seguintes.

Mais tarde, a própria História se moldaria num padrão semelhante. Em 1942, quando os nazistas expulsavam os judeus da Eslováquia, Weissmandl e seu sogro, o Rabino Ungar, fizeram contato com o bispo Karl Kmetko, então residindo em Nitra, para ver se ele estaria disposto a interceder pelos atormentados judeus. Sabia-se que Kmetko pelo menos já tinha escrito a Berlim protestando contra *algumas* expulsões – dos judeus que aceitaram o batismo numa tentativa desesperada de proteger a si mesmos e a suas famílias.

Mas o apelo de Weissmandl à racionalidade do século XX foi tão fútil quanto o apelo de Abulafia em meio à superstição medieval. A resposta do Bispo Kmetko foi inequívoca:

> Isto não é uma expulsão! Lá [nos campos de concentração alemães] vocês não morrerão de fome ou de peste; lá eles os abaterão a todos, homens, velhos, mulheres e crianças, num só dia! E vocês merecem essa punição. O único conselho que tenho a lhes dar é que renunciem à sua religião, e então farei o possível para anular o decreto.[14]

Dois anos mais tarde, durante o internamento de Weissmandl no campo provisório de Sered, Alois Brunner concedeu-lhe uma breve licença. (Foi o dia de atraso em retornar dessa licença que levou Brunner a executar o cunhado.) Durante essa licença, Weissmandl suplicou ao Monsenhor Giuseppe Burzio, núncio papal em Bratislava, para interceder pelos vinte mil judeus já concentrados em Sered à espera de transporte para os campos de extermínio.

A primeira resposta de Burzio foi lacônica: por ser domingo, era evidente que ele não podia lidar com assuntos seculares. Perplexo, Weissmandl ainda argumentou que o "sangue inocente de milhares de crianças" estava em jogo. O núncio indignou-se:

> Não existe "sangue inocente" quando se trata de crianças judias! Todo sangue judeu é culpado, e os judeus têm de morrer porque esta é a sua punição por aquele pecado.[15]

Ouvindo falar dessas histórias alguns anos mais tarde, por certo não causa espanto que homens melhores se manifestassem. Karol Wojtyla, arcebispo de Cracóvia e mais tarde Papa João Paulo II, por exemplo, iria referir-se humildemente aos judeus, num livro que vendeu mais de dois milhões de exemplares, como "nossos irmãos mais velhos *na* fé". O núncio papal em Istambul durante os anos da guerra, Angelo Roncalli, mais tarde Papa João XXIII, que transmitia fielmente ao Vaticano todo e qualquer apelo judaico que chegasse até ele durante aqueles anos, escreveria angustiado:

Percebemos agora que muitos, muitos séculos de cegueira toldaram nossos olhos, de modo que não conseguimos mais contemplar a beleza de Teu povo eleito e não reconhecemos mais em seus rostos as feições de nosso Irmão primogênito. Percebemos que nossa fronte está marcada com o estigma de Caim. Há séculos jaz Abel em sangue e lágrimas, porque nós esquecemos o Teu amor. Perdoa-nos a maldição que injustamente lançamos sobre o nome dos judeus. Perdoa-nos por termos, com a nossa maldição, Te crucificado uma segunda vez.

A crescente selvageria dirigida contra os judeus durante esses séculos era como uma chama purificadora, impelindo o estudo e o espírito judaicos sempre mais para dentro, longe das escabrosas realidades físicas que eles eram forçados a suportar, concentrando-os em volta do cerne da própria verdade absoluta.

Rabino Gikatilla: *Versos Sobre o Nome Divino com 42 Letras*

A linhagem de sábios, que iria finalmente levar a Weissmandl, continuou com o mais eminente aluno de Abulafia: Joseph ben Abraham Gikatilla, de Castilha e Segóvia. Muito embora Abulafia o tenha honrado como seu mais bem-sucedido aluno, o temperamento de Gikatilla inclinava-se menos para o extático, como o de seu mentor, e mais para o racional. Em 1274, aos 26 anos de idade, ele publicou seu primeiro livro, uma compilação de métodos para a busca das percepções ocultas na Torah através da "gematria" (o valor numérico das letras), do "notaricon" (as letras iniciais das frases, como mencionamos acima) e da "temurah" (as permutações de letras). Outro livro seu – *Versos sobre o Nome Divino com 42 Letras* – aponta para as informações em código, antes comentadas por Bachya. Como fizera Abulafia antes dele, Gikatilla afirmou que muitos dos seus métodos derivavam de um aspecto mais oculto dos ensinamentos do próprio Maimônides (o Rambam). Junto com os de Eleazar de Worms, vários dos manuscritos originais de Gikatilla estiveram à disposição do Rabino Weissmandl em Oxford.

Rabino Moisés ben Nachman: O Grande Defensor

Pairando acima de todos eles, contudo, estava um dos maiores sábios judeus de todos os tempos, talvez menor apenas que Maimônides: o Rabino Moisés ben Nachman (Nachmânides), de Gerona, na Catalunha. Nascido em 1194, o Ram*ban*, como é conhecido (RMBN), foi filósofo, poeta, estudioso da Bíblia, médico e cabalista. Durante séculos, sua obra foi tida em tão alta estima, ou até mais, quanto o próprio *Zohar*, a compilação do pensamento místico judaico, cujas raízes se aprofundam na mesma matriz que alimentou o cristianismo primitivo.

Mas também o Ramban envolvia suas interpretações místicas em ambigüidade. Para uma primeira versão de seu respeitadíssimo *Comentário* da Torah, Nachmânides parece ter se preparado para discutir em todos os detalhes suas intuições cabalísticas. Mas "ele adoeceu e foi informado, num sonho, de que devia desistir".[16] Entretanto, pelo menos algumas das idéias que transmitiu oralmente foram anotadas por seus alunos e delas resultou, entre outros, o trabalho de Bachya sobre o salto de letras na Torah.

Com uma visão elevada da Torah, Nachmânides é amado pela grande clareza e beleza com que a expressou. Para o Ramban, a Torah é a expressão quintessencial do imensurável conhecimento de Deus. Os relatos históricos nela contidos não são meros registros de acontecimentos passados, mas retratos das formas às quais toda a História teria de se amoldar. As narrativas dos Patriarcas prefigurariam todo o futuro do povo judeu; o relato da criação no Gênesis estabeleceria o desenrolar em grande escala dos seis mil anos seguintes, e estes se aproximariam do fim na alvorada do sétimo milênio – o *Shabat*, Dia do Senhor – cerca de mil anos após o próprio tempo do Ramban.

A Hélice do Tempo

Nachmânides disse-o do modo mais direto: se as narrativas da Torah são de fato modelos pelos quais a História se repete incessantemente, então o avanço do tempo não é como o vôo reto e linear de uma flecha, mas uma série de pontos que se repetem numa hélice ascendente. Sempre e sempre, os mesmos acontecimentos voltam a ocorrer. A casca muda, mas o miolo permanece o mesmo. Os detalhes variam: uma configuração exata jamais se repete. Não existe uma realidade fixa – todos os fenômenos e experiências são impredizíveis, "imprecisos", sujeitos a... o quê? Vontade? Destino? Acaso? Contudo, as formas são eternas. Um falcão circula lentamente, subindo sempre, impelido pelas cálidas correntes ascendentes do ar do deserto e, ainda assim, nunca se move; seus olhos estão sempre fixos no centro imutável. Aprender o modelo é tornar presente tanto o passado quanto o futuro; estudar a história sagrada é ver o eterno no mundano. O que aconteceu antes ainda acontecerá novamente, mas você precisa *olhar* para poder vê-lo. O que Weissmandl enfrentou acontecera muitas vezes antes. O que aconteceu há muito tempo, no fim de uma era, estabeleceria os fundamentos para o próximo giro da hélice.

Por isso, também Nachmânides era o alvo da perseguição, embora não da violência física. Em 1263, mais de trinta anos depois de ter aceito o Ramban como confidente, o rei Jaime I de Aragão ordenou que Nachmânides participasse de um debate público sobre os contrastes entre judaísmo e cristianismo. Esse debate fora proposto ao rei por um judeu convertido ao cristianismo, agora monge dominicano, que assumira o nome de Pablo Christiani (Paulo, o Cristão). Nachmânides relutou em aceitar, pois esses debates representavam sempre uma derrota preparada de antemão para os judeus. Acedeu sob pressão do rei, mas somente depois de ter obtido a garantia real de que lhe seria permitida plena liberdade de palavra.

A disputa teve lugar em Barcelona, nos dias 20, 23, 26 e 27 de julho de 1263. O próprio rei presidiu a maioria das sessões e também participou, em geral do lado cristão. Junto de Pablo Christiani, o cristianismo estava oficialmente representado pelo geral da Ordem Franciscana de Aragão, Pedro de Janua, e pelos preeminentes dominicanos Arnoldo de Segarra, Raimundo de Penaforte e Raimundo Martini. Nachmânides era o único representante dos judeus.

Um historiador da Igreja resumiu mais tarde o resultado:

> Nachman foi considerado, por alguns, como tendo vencido o debate e, na verdade, recebeu um prêmio do rei. Mais tarde sofreu exílio de dois anos por ter publicado um relato da disputa. Mas Christiani denunciou o Talmude a Clemente IV (1265-68) e conseguiu que todos os livros judaicos fossem pesquisados em busca de passagens anticristãs.[18]

Jaime I declarou depois a Nachmânides, "Nunca vi um homem defender tão bem uma causa errada". O próprio rei compareceu à sinagoga de Barcelona no Shabat seguinte, em trajes de gala, e dirigiu pessoalmente à congregação o sermão estabelecido para aquele dia – um ato inaudito na época. Além disso, ele permitiu que Nachmânides lhe respondesse: outra liberdade nunca vista em tais ocasiões. Nachmânides voltou ao lar no dia seguinte com trezentas moedas de ouro que lhe tinham sido dadas pelo rei para sua *ieshivah* em Gerona.

Mas os efeitos do debate não foram assim tão cavalheirescos. Raimundo Martini e o bispo de Gerona iniciaram um processo contra Nachmânides no tribunal da Inquisição em 1265. Temendo pela vida do amigo, o rei Jaime propôs banir Nachmânides por dois anos e queimar seu relato da disputa, junto com o *Mishne Torah*, o mais notável trabalho de Maimônides (já que o capítulo sobre as leis judaicas da monarquia incluem um aparte crítico quanto às qualificações de Jesus a esse respeito).

Os dominicanos, porém, não ficaram satisfeitos. O rei Jaime insistiu em julgar pessoalmente o caso, pretendendo suspendê-lo "até que o fanatismo se extinguisse". Mas antes que o pudesse fazer, os dominicanos e franciscanos pressionaram Clemente IV a publicar a bula papal *Turbato Corde*. Essa bula formou a base para a subseqüente perseguição em massa dos judeus por parte da Inquisição e a queima dos "marranos" (os judeus espanhóis convertidos ao cristianismo que eram suspeitos de lealdade secreta ao judaísmo); em outras palavras, essa bula foi uma conseqüência direta do debate de Barcelona. Ao tomar conhecimento da bula papal, em 1267, Nachmânides e sua família fugiram para Israel, onde ele viria a falecer.

A fúria contra os judeus continuaria a crescer durante os duzentos anos seguintes, culminando em 31 de março de 1492. Nessa data, o rei Fernando de Espanha proclamou que, depois do dia 2 de agosto, o sol da Espanha não se ergueria sobre nenhum judeu, sob pena de morte. Até esse prazo fatal toda a comunidade judaica da Espanha, algo entre 150.000 e 800.000 pessoas, já fugira para o exílio.*

Segundo o calendário hebraico, esse último dia (2 de agosto de 1492) era o Tishah B'Av, o nono dia do mês de Av: ou seja, o mesmo dia da primeira destruição do Templo de Jerusalém em 586 a.C. (dando início ao exílio na Babilônia) e, mais de cinco séculos depois, da segunda destruição do Templo em 70 d.C. (dando início ao exílio romano). Foi provavelmente a data da expulsão em massa dos judeus da Inglaterra, em 1290 (18 de julho). A hélice girara mais uma vez; o destino se deslocara mais uma linha para cima, uma linha diferente e ainda assim a mesma.

Para o Rabino Weissmandl, era quase como se o 9 de Av fosse permanente. Yisroel Stern estava no comboio seguinte para Auschwitz, depois do trem de Weissmandl. Ele sobreviveu ao campo de extermínio e conversou com o grande homem depois da guerra, quando este lhe descreveu seu salto do vagão de gado:

"'Por que eu não tentei levar pelo menos *um* dos meus filhos comigo?' Ele sabia que seriam todos mortos; não havia nada a perder. 'Mesmo se eu simplesmente *jogasse* um dos meus filhos para fora do trem em movimento e ele morresse – ainda assim, não seria pior do que aquilo que eu sabia que de todo modo iria acontecer. E talvez, talvez um dos meus filhos vivesse! Ó meu Deus, por que eu não fiz isso? Por quê?'"

O tormento de Weissmandl, o tormento dos vivos, ao contrário do tormento dos mortos, nunca tem fim. Siegmund Forst, um amigo daqueles dias que também sobreviveu às chamas e que, como Weissmandl, foi para os Estados Unidos depois da guerra, descreve um telefonema que recebeu de Weissmandl num certo dia de 1952:

* Tendo a bordo Luis Torres, seu secretário judeu, Cristóvão Colombo lançou velas para o Novo Mundo meia hora antes de vencer-se o prazo fatal. Em todos os seus escritos, ele assinava "Colón", um nome típico entre os marranos de Gênova, sua cidade natal. Estes e outros detalhes fizeram surgir especulações de que Colombo teria sido um judeu marrano. Os escritos de Colombo incluem especulações proféticas ligando o fim do exílio dos judeus à descoberta de um novo mundo.

"O Rabino Weissmandl estava em Nova York. Tinha se instalado num pequeno quarto de hotel e lá estava há dias. Eu mal conseguia entender o que ele dizia através dos gritos angustiados. Por isso fui até ele. Durante todo um dia, da manhã à noite, ele gritou e soluçou, lançou-se ao chão e socou as paredes e os móveis. Pensei que ele realmente ia morrer, porque já tinha sofrido vários ataques cardíacos. Sua agonia era inacreditável, e havia uma coisa em particular que ele gritava sem cessar, 'Por que eu não tentei salvar pelo menos um dos meus filhos?' Fiz tudo o que podia para não desmoronar, eu também. Até hoje, a infinita dor da alma dele me persegue. Ele insistia que ninguém, a não ser os que passaram pelo Holocausto, poderiam compreender esse horror, ou aprender suas lições, pois era, no fundo, um acontecimento *espiritual*. O que ele aprendera sobre a alma humana – e a espantosa magnitude da ignorância humana sobre sua própria natureza – criou um abismo intransponível entre ele e quase todos os demais. Eu mesmo não consigo suportar ver o que ele viu." Forst tem hoje 96 anos de idade.[19]

A palavra hebraica para inferno é *Gehinom*, cuja forma aportuguesada é Geena. No judaísmo, a Geena não é um lugar para onde uma alma imortal vai por toda a eternidade depois desta vida; é o lugar para onde a alma vai *nesta* vida: uma eternidade aprisionada no tempo. No esconderijo subterrâneo, Weissmandl afundou na sua Geena. Mas, depois de muitos meses nesse inferno em vida, ele se forçou a pôr de lado o livro das punições e mais uma vez retomou o comentário de Bachya. Ele prosseguiria, embora dali em diante céu e inferno fossem para sempre coexistir um ao lado do outro, por todo o resto da sua vida. Seus companheiros no esconderijo o descrevem:

> A maior parte do tempo, o Rabino Weissmandl ficava sentado sozinho, mergulhado em pensamentos, com a Bíblia nas mãos. Ele passava grande parte do tempo fazendo cálculos complicados, baseados nas letras de vários capítulos e versos bíblicos, procurando significados ocultos. E fazia anotações nas margens.[20]

A inspiração original no comentário de Bachya foi a referência à datação da Lua Nova, sobre a qual Weissmandl escrevera seu primeiro livro vinte e três anos antes. A codificação comentada por Bachya parecia bastante simples à superfície, mas tinha extraordinárias implicações quanto ao tipo de detalhes que poderiam ser encontrados na Torah através do "salto de letras". O código descrito por Bachya era composto de quatro letras, separadas por um intervalo de 42 letras, começando com a primeira letra da passagem de abertura do Gênesis: "No princípio, Deus criou o céu e a terra..." A antiga tradição cabalística sustentava que essas passagens não só descreviam a criação em geral, mas, quando adequadamente "decodificadas", revelavam detalhes explícitos da criação, em particular a exata duração dos acontecimentos e ciclos astronômicos críticos.

Dizia-se que essa passagem continha "o nome de Deus com 42 letras" em código, e a tradição afirmava que esse nome se referia especificamente à atividade de Deus durante a criação – e mesmo antes dela – estabelecendo "as épocas e as estações".

O código específico citado por Bachya tinha assim quatro letras: ב (B), ה (H), ר (R) e ד (D), cada uma delas em intervalos de 42 letras. (Além disso, as primeiras 42 letras do Gênesis poderiam ser convertidas no próprio nome formado por 42 letras através de "permutações múltiplas", um processo de codificação que analisaremos em capítulo posterior.)

▨ בהרד = BHRD, num salto de 42 letras produz o ciclo lunar.

□ as primeiras 42 letras do Gênesis, permutáveis no nome com 42 letras.

Essas quatro letras representavam um número e a partir desse número podia-se calcular a duração do mês lunar, fundamental para os antiqüíssimos ritos religiosos mensais ainda hoje celebrados pelos judeus ortodoxos. A duração do mês lunar que é compatível com essa decifração, e tem sido usada há milênios pelos judeus, difere um pouco dos cálculos de culturas vizinhas, baseados na astronomia, que remontam à época do exílio na Babilônia (como mostra o quadro abaixo). E tampouco existem evidências de métodos astronômicos concorrentes na história judaica. Assim sendo, onde os judeus obtiveram seu número e por que se mantiveram fiéis a ele?*

* "No século IV, porém, quando a opressão e a perseguição ameaçaram a continuidade da existência do Sinédrio, o patriarca Hillel II deu um passo extraordinário para preservar a unidade de Israel. Para impedir que os judeus espalhados por toda a superfície da Terra celebrassem suas Luas Novas, festivais e feriados em datas diferentes, Hillel tornou público o sistema de cálculo do calendário, que até então fora mantido no mais denso sigilo. No passado, ele tinha sido usado apenas para verificar as observações e declarações de testemunhas e para determinar o começo da primavera." (Arthur Spier, *The Comprehensive Hebrew Calendar, Twentieth to Twenty-second Century, 5660-5860, 1900-2100*, 3ª ed. revisada, Jerusalém; Nova York: Feldheim, 1989.)

DURAÇÃO DOS MESES LUNARES[21]						
Fonte	*Século*	*Dias*	*Horas*	*Minutos*	*Segundos*	*Total em dias*
Meton (Grécia)	V a.C.	29	12	42	45,22	29,52969
Kidinnu (Babilônia)	IV a.C.	29	12	44	05,05	29,53061 (14)
Hiparco (Grécia)	II a.C.	29	12	43	56,06	29,53051
Al-buruni (Arábia)	XI d.C.	29	12	44	02,29	29,53058 (82)
Rambam (judeu)	XII d.C.	29	12	44	02,69	29,53059 (86)
Copérnico (Europa)	XVI d.C.	29	12	44	03,17	29,53059 (92)

A tradição judaica sustenta que quando Deus deu a Torah escrita, Ele também deu a Moisés informações adicionais, que não deveriam ser escritas e que seriam necessárias para o adequado cumprimento dos mandamentos. Essas informações adicionais formam o núcleo da tradição oral. Deus também teria explicado que dentro da Torah escrita sempre poderiam ser encontradas pistas para todas as coisas reveladas oralmente. A duração do ciclo lunar era parte dessas informações adicionais:

> O Senhor disse a Moisés e Aarão: "... este mês será para vós o começo dos meses..." E no momento em que Moisés, nosso mestre, recebeu esta ordem, o Divino, abençoado seja Ele, transmitiu-lhe as regras exatas para a intercalação da Lua Nova. Assim Ele deu a conhecer a Moisés o método para estabelecer as épocas e as estações. [*Midrash Sod HaIbbur*: O Mistério da Lua Nova]

A codificação de "BHRD" que produzia a antiga duração do ciclo lunar era, para o cabalista, a prometida confirmação criptografada.

É claro que o fato de esse número "confirmatório" estar codificado no Gênesis bem naquele ponto, bem naquele intervalo, poderia facilmente ser uma coincidência. O que o torna misterioso é que, embora essa duração do ciclo lunar seja ligeiramente diferente de outros cálculos antigos, *ele é idêntico às modernas estimativas científicas e apresenta uma diferença de dois milionésimos em relação aos valores somente possíveis de ser obtidos pelos satélites:*

Mês lunar: Método	*Duração de um mês (dias)*	*Diferença em dias do número da NASA*
Satélite (de 1996)	29,530588	—
Numérico, pré-satélite (de 1968)	29,53059	0,000000 - 0,000002
Mês judaico	29,53059	0,000000 - 0,000002

Assim como Weissmandl foi inspirado por Bachya, o próprio Bachya atribuiu muito do que tinha aprendido a um cabalista ainda anterior, Nechunya ben HaKanah, que viveu na Judéia do século I, logo após a destruição de Israel pelos romanos. Além de ser um especialista em diversos assuntos, Nechunya (seu nome reaparecerá em nosso estudo da criptologia no próximo capítulo) afirmava especificamente que, se uma pessoa compreende de modo correto como usar o nome com 42 letras como uma chave para "as épocas e as estações", o Gênesis também revela um longo período de tempo entre a origem do Universo e a criação do homem.[22] Em sua visão, portanto, o Universo não teria apenas os poucos milhares de anos que o texto parece afirmar à superfície, mas sim *a idade de 15,3 bilhões de anos* – a idade exata a que chegaram, só recentemente, as estimativas das modernas teorias astrofísicas do "Big-bang".

Assim como a duração do ciclo lunar insinuada no Gênesis, esse resultado alcançado há quase dois mil anos, totalmente oposto às crenças de cientistas e estudiosos da religião até os nossos dias, levanta uma questão: teria Nechunya obtido esse número de alguma outra fonte e depois encaixado as informações no Gênesis, com complicadas "permutações"? Uma vez que ele viveu no século I, de onde poderiam ter vindo essas informações? E poderiam elas realmente ter sido, de algum modo, inseridas no Gênesis por um autor que a elas tivesse acesso?

Saindo das Chamas

Com os mistérios da tradição a fortalecer-lhe a alma angustiada, Weissmandl agarrou-se à vida enquanto os dias no esconderijo subterrâneo iam se transformando em semanas. Ele começou o laborioso processo de reconstruir os muitos códigos – "caixas e caixas" dos quais, segundo um amigo daqueles dias,[23] se perderam na grande conflagração que consumia os remanescentes dos judeus da Europa.

Quando a guerra acabou, o espírito de Weissmandl estava quase arrasado. Ele perdera toda a família; a Europa fora quase totalmente desnudada de suas imensas e antigas profundezas de cultura judaica; um terço da população mundial de judeus tinha sido massacrada – uma catástrofe nunca antes vista. Com uns poucos amigos íntimos, Weissmandl partiu para a América do Norte tentando reunir os pedaços fragmentados de sua vida. A *ieshivah* de Nitra se fora para sempre na destruição – tal como seu sogro profetizara. A Europa era um gigantesco cemitério judaico; a tarefa mais importante seria iniciar uma nova escola mais a oeste, nos Estados Unidos, para substituir a que tinha sido destruída em Nitra. Seu grande sonho de resgatar do exílio os antigos manuscritos teria de esperar, ou talvez ser realizado por outras pessoas.

Pouco a pouco, reunindo à sua volta um núcleo de alunos dedicados, Weissmandl retomou a sagrada tarefa de estudar e ensinar a Torah. Ele tinha pouco tempo a perder e teria poucos anos de vida à frente. A maior parte do seu tempo livre, nesses primeiros anos do pós-guerra, ele a passou estabelecendo a nova *ieshivah* – e lutando com a cidade-dormitório de Mount Kisco, a noroeste da cidade de Nova York.

Alguém que percebia plenamente a estatura do rabino comprara o terreno de um importante industrial do condado de Westchester, legando-o a Weissmandl para sua *ieshivah*. Apesar da recente revelação do Holocausto, muitos dos ricos residentes da região – gentios e judeus – enfureceram-se com o fato de ter sido instalada no coração de sua comunidade uma *ieshivah*, cheia de órfãos judeus empobrecidos do Leste Europeu – chapéus pretos, barbas, costeletas trançadas, sotaques e tudo o mais. O homem que negociara face a face com os senhores nazistas da Europa agora era forçado a defender a si mesmo e aos seus alunos – quase todos eles únicos sobreviventes de grandes famílias exterminadas, como o próprio Weissmandl – dos senhores das associações de zoneamento e planejamento urbano, cujas objeções vinham sempre encobertas por um verniz de polidez. A *ieshivah* foi salva por um aliado inesperado: uma abastada senhora da alta sociedade. "Ela não conseguia entender a profundidade do ódio mostrado contra judeus piedosos", explicaria Weissmandl mais tarde para seu melhor amigo nos Estados Unidos. "Claro que ela não conseguia entender – é um fenômeno espiritual, não psicológico ou social."[24]

A reconstrução dos códigos perdidos não poderia ser mais do que uma ocupação secundária. De tempos em tempos, ele falava de um ou dois códigos, fazendo alusão a eles no contexto de suas aulas. Certa ocasião, o Rabino Weissmandl mostrou calmamente uma de suas descobertas a um dos mais ilustres eruditos rabínicos. O homem ficou atônito e começou a chorar. Muitos outros prestigiados rabinos suplicaram a Weissmandl que pusesse suas descobertas por escrito e as publicasse. Mas ele sempre recusava, por modéstia, e também porque, não importa quão surpreendentes parecessem os códigos que descobrira, não podia pô-los à frente das necessidades de sua *ieshivah*. Deixou a redação deles para seus alunos, se o desejassem. Uns poucos seriam mais tarde coligidos num livro publicado postumamente; mas nenhum em inglês. Algumas das versões dos alunos contêm erros e a maior parte das descobertas originais do Rabino Weissmandl se perdeu.

Dentre as poucas que sobreviveram estava um acréscimo à antiga descoberta localizada pelo Vilna Gaon (ver Capítulo 1) a respeito de Maimônides (o Rambam). O Gaon descobrira o nome "Rambam" codificado sob a forma da primeira letra de cada uma das palavras de uma frase do Gênesis que parecia estar diretamente relacionada com os pontos altos da vida de Maimônides e com sua reputação. Weissmandl descobriu mais: numa codificação com saltos eqüidistantes de letras (o tipo descrito por Bachya no Gênesis) naquela mesma passagem, estava codificado o título da obra mais significativa do Rambam, a *Mishne Torah.* Como já mencionamos antes, esse foi o trabalho que codificou e estabeleceu firmemente na lei judaica a lista exata dos 613 mandamentos que governam a vida dos judeus observantes até os dias de hoje. A passagem em questão também coincidia de ser a que começa com "a primeira ordem dada a todo Israel" na véspera da Páscoa, para marcar o início dos meses. Com 613 letras entre o começo das duas palavras, tanto "Mishne" quanto "Torah" estavam codificadas em intervalos de 50 letras. (Entre a entrega desse primeiro mandamento no Egito e o 613º entregue no Sinai, transcorreram exatamente cinqüenta dias, um intervalo que é comemorado por judeus e cristãos na Festa de Pentecostes.)[25]

Muitos dos outros códigos que Weissmandl encontrou e analisou com seus alunos (alguns dos quais eles tentaram registrar) eram mais sutis e complexos, e muito mais dependentes das nuanças e detalhes do saber judaico do que este. Os elos que os tornavam significativos eram obscuros e intrincados, e muitas vezes matemáticos – como as conexões que Bachya presumia que seriam familiares a seus leitores. Mesmo com códigos simples já é difícil dizer se não passam de meras coincidências – lugares-comuns que você encontra em toda parte, se dedica tempo suficiente à busca; muito mais difícil é avaliar as "estatísticas" desses outros códigos. Mas, como disse Weissmandl a um amigo, entre as caixas destruídas pelos nazistas, estava sua coleção de códigos relativamente fáceis de compreender, semelhantes ao do Rambam e ao da *Mishne Torah* do Rambam. Essa coleção continha códigos para literalmente *centenas dos grandes sábios da história de Israel.* Surpreendentemente, Weissmandl fora capaz de encontrar codificações para *todos* os sábios mais importantes. Embora esses códigos agora estivessem perdidos, sua própria afirmação era uma pista que, com o passar do tempo, se mostraria da mais extraordinária importância.

Mas essa pista não poderia ser perseguida até que três correntes da história intelectual se unissem para criar um conjunto inteiramente novo de instrumentos que ampliariam de modo extraordinário o poder do intelecto humano: a Cabala teria de fundir-se com a criptologia matemática, e a criptologia teria de fundir-se com a computação. Foi o Holocausto que produziu a consolidação final, mas os resultados dessa fusão não apareceriam antes que os últimos anos da vida de Weissmandl tivessem se escoado – ele morreu em 1957. Levaria ainda trinta anos para que seus bem-amados códigos ressurgissem, dramaticamente transformados. Quando o fizeram, traziam atrás de si uma força intelectual que levara pelo menos dois milênios para se construir, começando no século I d.C. – ou ainda antes. Somente indícios dela ocorrem na Bíblia, nas passagens que discutem a luta de Israel com seu primeiro – talvez fosse mais exato dizer *primordial* – adversário: a Babilônia.

Capítulo 7

DO ENIGMA AO ATBASH E DE VOLTA

É triste observar que uma guerra parece ser essencial para encorajar e estimular desenvolvimentos tais como o computador. O caso não é único – a energia nuclear é outro exemplo; além disso, houve uma relação de sinergismo entre essas duas disciplinas. Tentaremos descrever esse desenvolvimento tal como visto a partir de Los Alamos.

– Norman Metropolis, "discípulo" de Richard Feynman e John von Neumann no Projeto Manhattan e no Projeto de Computação Diferencial, em Los Alamos. Atualmente instrutor sênior nesse local.

A guerra é a Mãe de todas as coisas.

– Heráclito, por volta de 500 a.C.

1946: A vitória secreta

Nos meses seguintes à rendição final do Eixo, os Aliados apressaram-se a repor seus orçamentos dentro dos níveis dos tempos de paz. Milhares de projetos ultra-secretos vieram a público de uma só vez, pois o Congresso dos Estados Unidos não via neles mais nenhum valor. Um projeto em especial, cuja tecnologia era extraordinariamente avançada, parecia prestes a ter suas verbas canceladas: a decifração de códigos através de uma coisa chamada computador. O comitê avaliador previa para esse projeto um fim rápido e rotineiro.

Isso, porém, não iria ocorrer. Para os legisladores que só conheciam as formas mais tradicionais dos feitos militares, a afirmação do senador Clarence B. Hancock caiu como uma surpresa: "Os criptoanalistas fizeram tanto para conduzir esta guerra a uma conclusão satisfatória e rápida quanto qualquer outro grupo de homens." O relatório final do Congresso afirmava:

> O sucesso alcançado [...] merece os mais altos louvores e todas as pessoas familiarizadas [com a criptologia] testemunharam que ela contribuiu imensamente para a derrota do inimigo, antecipando o fim da guerra e salvando muitos milhares de vidas.[1]

Intimamente familiarizado com muitos dos detalhes ainda secretos, o vice-almirante Walter S. Anderson usou palavras ainda mais francas: "Ela [a criptologia] ganhou a guerra." Seu testemunho foi reforçado, por escrito, por ninguém menos que o grande general George C. Marshall.[2]

O imenso valor da criptologia nunca esteve tão dramaticamente em evidência quanto no que se refere ao marechal-de-campo alemão Erwin Rommel. Dotado de uma fantástica capacidade de antecipar todos os movimentos dos Aliados, o gênio estratégico de Rommel tornou-se lendário. Na verdade, ele devia seu sucesso quase que inteiramente ao fato de que os códigos de guerra britânicos tinham sido decifrados pelos criptologistas alemães. Rommel era informado antecipadamente dos movimentos aliados – até o outono de 1942, quando esse fato foi descoberto.

Sob o árido deserto enluarado de 23 de outubro daquele ano, todo o seu brilho – e metade do poderio de seu orgulhoso Afrika Korps – desvaneceu-se num ataque britânico de surpresa a El Alamein. Nos três meses seguintes, Rommel foi obrigado a recuar mais de 2.500 quilômetros, numa retirada ininterrupta. Em meados de 1943, o Afrika Korps estava pronto para se render.

A abrupta derrota dos submarinos nazistas no Atlântico Norte; a surpreendente interceptação em pleno ar e abate do almirante japonês Yamamoto – que projetara o ataque a Pearl Harbor – em abril de 1943; a destruição da frota de porta-aviões japonesa e da nata de seus aviadores na Batalha de Midway, em junho; todos esses milagres tinham sido forjados pela criptologia. Até mesmo o estratagema para encobrir o local da invasão no Dia-D foi realizado através da criação e decifração de códigos – e da ocultação desse fato. "Antes de El Alamein", disse Winston Churchill, "nunca tivemos uma vitória; depois de El Alamein, nunca tivemos uma derrota." O que Churchill realmente queria dizer quando chamou 1942 de "o ano da virada do destino" só ficaria claro muitos anos depois do suicídio forçado de Rommel e da rendição final do Eixo.

Em vista dessas avaliações, o projeto criptológico recuperou seu caráter confidencial e foi imediatamente retomado – mais forte do que nunca. Quando da deflagração da Segunda Guerra Mundial, o órgão então chamado de SIS (Signal Intelligence Service) empregava 231 pessoas, militares e civis, em seu quartel-general em Washington, D.C., e em campo. Seu diretor havia alertado os Estados Unidos quanto aos planos japoneses para Pearl Harbor – até dia e hora do ataque –, mas seus avisos foram ignorados. O Congresso cuidaria para que o erro não se repetisse com os russos.[3] Durante a Segunda Guerra, o SIS cresceu e chegou a ter 10.609 empregados. Em 1968, seu sucessor em tempos de paz, a ASN (Agência de Segurança Nacional) empregava mais de 20.000 pessoas, o dobro da CIA. (O número exato é confidencial, e esse último dado está trinta anos desatualizado.) A "Guerra Fria" não foi tanto fria quanto *calculada* e encoberta.

Com o véu do segredo fechando-se cada vez mais sobre as operações criptológicas, uma imensa explosão no conhecimento estava sendo ocultada das vistas do mundo. Decifrar códigos deixara de ser o domínio de cavalheiros e generais: reuniu os mais brilhantes matemáticos, estatísticos, lingüistas e especialistas em processamento de dados – na verdade, criou o campo da ciência da computação que hoje domina o nosso mundo. A própria ASN logo se tornou a maior empregadora de matemáticos do mundo. Mas o público em geral – e mesmo o mundo acadêmico – só teve permissão para ver, e até para utilizar, apenas uma fração daquilo que a ASN realizava a portas fechadas.

A Antiga Fonte

O encadeamento de conhecimentos secretos que culminaria com a vitória dos Aliados na Segunda Guerra Mundial começou há muito tempo na história do povo judeu, intimamente ligado a uma abordagem característica e aparentemente enigmática das Escrituras. Pois desde que há registro, as "decifrações" e os múltiplos significados interpenetrantes no nível das letras eram ensinamentos básicos da tradição oral. Entre os judeus observantes, os mesmos métodos são ensinados hoje, começando na infância, e seguindo, em quatro passos, dos mais fáceis para os mais difíceis.

A escalada desses quatro passos é comparável à entrada em um *pomar* secreto. A palavra hebraica para "pomar" é *pardes* (פרדס, PaRDeS), e cada uma de suas letras representa um dos quatro passos: **P** para *pshat* [פשט, sentido literal], o simples significado superficial do texto; **R** para *remez* [רמז, indício, alusão, sinal], os indícios proporcionados por variações na vogalização ou na quebra entre palavras; **D** para *drashah* [דרשה, comentário, interpretação], parábolas que são verdadeiras, mas, ao mesmo tempo, não devem ser tomadas literalmente (como no relato textual do Gênesis sobre a idade do mundo, de acordo com Nechunya); e **S** para *sod* [סוד, mistério, segredo], a camada oculta, a mais misteriosa de todas as camadas.

Sod, o quarto nível de interpretação, foi desenvolvido em seu mais alto grau pelos cabalistas. Para eles, as antigas artes de codificar e decodificar desenvolviam-se de modo orgânico. Por fim, a criptologia assumiu vida própria como uma das artes da estadística [política ou arte de governar], distanciando-se cada vez mais de suas origens religiosas. Mas a mesma conflagração que produziu o Holocausto também produziria os métodos sofisticados necessários para se examinar – rigorosamente, pela primeira vez – os códigos da Torah, dos quais a criptologia, ao crescer, há muito se separara.

A Linguagem dos Segredos

O mais remoto uso explícito de uma *segunda* camada de significado (conhecida na criptologia como "texto-direto") deliberadamente embutida num texto que é lido de modo normal, às claras (chamado de "texto-cifrado"), parece ter ocorrido entre os antigos israelitas. Pelo menos foi entre eles que se encontraram as primeiras evidências escritas. Elas ocorrem, por exemplo, em Jeremias 25:26 e 51:42, onde a peculiar palavra "Sheshach" [Sesac] é abertamente substituída por "Babilônia": "Como Sesac foi tomada! Como foi conquistada a glória de toda a terra! Como se tornou a Babilônia um lugar desolado entre as nações!"

Esse é um exemplo de um código de substituição de letras chamado *Atbash* (אתבש = ATBaSH), no qual a primeira letra do alfabeto hebraico, *alef* (A = א), é substituída pela última, *tav* (T = ת); a segunda, *bet* (B = ב), é substituída pela penúltima, *shin* (Sh = ש); e assim por diante. Os sábios cabalistas da Idade Média referiam-se a essa substituição como "permutação" das letras.*

Os Mensageiros da Arte Secreta na Europa

Escrevendo sobre as primeiras escritas cifradas hebraicas, o famoso criptologista David Kahn observa:

> Três substitutos são usados aqui e ali em toda a escrita hebraica, particularmente o Atbash, que é o mais comum. Sua importância, porém, está no fato de que o uso do Atbash na Bíblia sensibilizou os monges e escribas da Idade Média à idéia da substituição de letras. E deles provém o uso moderno da escrita cifrada [...] como meio de comunicação secreta.[4]

Uma variedade de códigos foi usada por muitas nações nos tempos antigos e a maioria deles era relativamente simples: a substituição de uma letra por outra, num só passo. Essas "escritas cifradas de substituição" eram relativamente fáceis de decodificar, como teria sido a permutação Atbash – se ela fosse apenas isso. Não foi senão no início da Renascença que a criptologia começou a passar por um desenvolvimento vertical que faria dela uma arte complexa e uma ciência. Isso aconteceu porque, naquela época, os monges começaram a investigar em

* Um eco dessa prática criptográfica judaica pode ser encontrado nos Evangelhos sinóticos, aplicados em forma de parábolas aos indivíduos: p.ex., "Há últimos que serão primeiros e há primeiros que serão últimos" (Lucas 13:30).

segredo as antigas idéias cabalísticas – parte da tradição oral rejeitada pela teologia da Igreja oficial – que se escondiam por trás dos códigos simples, em Atbash, cifrados nas próprias Escrituras. A influência do Atbash na criptologia foi muito mais profunda do que Kahn chegou a perceber, porque o conhecimento e o uso da criptologia que os cabalistas fizeram às ocultas eram bem mais amplos do que sugere o exemplo de Jeremias.

Um primeiro exemplo da antiga sofisticação criptológica – e de sua íntima conexão com a Cabala – é o trabalho de Nechunya ben HaKanah, de Emaús, na Judéia, comentado no capítulo anterior. Ele foi um dos mais notáveis alunos de Simeon ben Yochai, o misterioso criador do *Zohar*, a fonte mesma da Cabala.[5] Nechunya viveu na segunda metade do século I d.C., logo depois da destruição do segundo Templo pelos romanos. Foi ele, lembremos, quem encontrou a duração do ciclo lunar e a idade do Universo no nome de Deus com 42 letras. Ele afirma tê-lo feito especificamente através do Atbash (sugerindo que esse método há de ser mais complexo do que uma simples escrita cifrada com substituições de letras num único passo), embora só revele em parte como o fez.

O livro de Nechunya, *Sefer HaBahir*, foi uma das principais fontes dos cabalistas medievais, e muitos escreveram comentários sobre ele. O Rabbenu Bachya citou Nechunya extensivamente. Em teoria, qualquer pessoa poderia ter aprendido os métodos de Nechunya na época em que ele viveu, e mesmo antes, já que é improvável que ele os tenha inventado. Mas ele viveu no início do grande exílio de dois mil anos do povo judeu. Soterrados no cerne místico de uma tradição religiosa condenada como fatalmente imperfeita pela emergente cultura dominante, e escritos numa língua que logo seria considerada "morta", seus métodos permaneceram tão invisíveis ao mundo em geral como os pergaminhos que foram escondidos nas cavernas às margens do Mar Morto mais ou menos na mesma época. Embora de tempos em tempos os eruditos homens de igreja da Idade Média consultassem os rabinos seus contemporâneos (e textos hebraicos extrabíblicos), não foi senão na Renascença que o tesouro do saber judaico, e sua linha independente de erudição, começaram a ser levados a sério pelos não-judeus. Somente então começou a surgir nas cortes das potências ocidentais uma criptologia com sofisticação comparável à dos antigos cabalistas.*

À medida que a Renascença ficava cada vez mais fascinada pelas antigas idéias "clássicas" da Europa pré-cristã (e também de outros lugares), o fio d'água

* Talvez haja indícios de que um processo semelhante tenha ocorrido durante o exílio na Babilônia, quando Daniel foi chamado para decifrar a misteriosa "escrita na parede" que surgira de repente na corte real. A antiga tradição sustenta que a razão pela qual a inscrição precisava ser decifrada é porque aparecia em Atbash. O texto literal da Bíblia também é enigmático, pois conforme relatado não parece necessitar de decifração (Daniel 5:25-28).

das idéias cabalísticas aos poucos tornava-se uma importante corrente de influência. Por ser raramente bem traduzida, e com freqüência mal-utilizada, essa influência não era algo que a maioria dos rabinos tivesse interesse em cultivar. O sistema contemplativo e teológico dos "Dez Sefiroth" (um conjunto de idéias diferente e complementar aos sistemas de codificação cabalísticos), por exemplo, logo se corrompeu tornando-se um método ocultista de cartas do tarô. Na matriz judaica da qual surgiram essas idéias, toda tentativa de "predizer o futuro" por esses meios era e continua a ser estritamente proibida.

A influência da Cabala na cultura ocidental foi transmitida principalmente através dos misteriosos e deliberadamente desorientadores conceitos da *alquimia*, que servia como repositório para um amplo espectro de especulações semi-heréticas sobre espírito e matéria. Mas um fato sempre esquecido pelos historiadores é que, com admirável freqüência, *os grandes criptologistas da Renascença também foram notáveis alquimistas*. Esta é a questão: a Renascença recebeu dos antigos cabalistas não o segredo de transformar o chumbo em ouro no mundo da matéria, mas o segredo de transformar o absurdo em coisa significativa, no mundo da mente.

Rodas Dentro de Rodas

As escritas cifradas simples, com substituição de letras em um único passo, predominaram na criptologia européia desde a era romana até o século XV. E então surgiu rapidamente na Europa uma série de avanços que não só transformaram a criptologia, mas lançaram as bases para o desenvolvimento da estatística e dos computadores. Todos esses avanços fundamentaram-se no súbito aparecimento do "disco cifrador" atribuído ao primeiro dos grandes "homens da Renascença", Leon Battista Alberti (1404-1472), conhecido por esse motivo como "o pai da criptologia". "Com essa invenção", escreve Kahn, "o Ocidente, que até este ponto tinha igualado mas nunca superado o Oriente na criptologia, tomou uma dianteira que nunca mais perderia."[6]

Arquiteto, atleta, matemático, moralista, músico, poeta, pintor, escultor, satirista e muitas outras coisas, Alberti foi um monge cujos escritos eram notavelmente vazios de conteúdo teológico. "Construí dois discos de placas de cobre", escreveu ele. "Um, o maior, é fixo; o menor é móvel." Sobre cada disco, Alberti inscreveu uma seqüência circular de 24 letras e números, uma diferente da outra. Essas seqüências podem ser alinhadas, uma com a outra, de 24 maneiras diferentes. Um par de letras opostas (um "índice") é transmitido ao destinatário da mensagem, que então pode alinhar adequadamente seu próprio disco cifrador, idêntico ao do remetente. O resultado, nesta altura, nada mais é que uma simples escrita cifrada de *substituição*, um meio conveniente de embaralhar ("permutar") a seqüência alfabética, por assim dizer, e criar uma mensagem cifrada ao atribuir a cada letra o significado de sua nova posição. O disco cifrador era mecanicamente inteligente, mas ainda assim criava uma simples substituição num único passo. Alberti criou um avanço fundamental: "Depois de escrever três ou quatro palavras, eu mudo a posição do índice na nossa fórmula, virando o círculo [...] e todas as outras letras fixas [...] ganharão novo significado."[7]

Permutando as letras do alfabeto não uma só vez, mas várias, o resultado era uma moderna escrita cifrada "polialfabética", muito mais complexa do que aquelas então em uso. Por exemplo, a palavra "the" poderia ser "yjr" na primeira ocorrência, "ukt" na segunda, "ily" na terceira e assim por diante.*

A "roda dentro de uma roda" de Alberti tinha este aspecto:

Um ponto interessante é que Alberti explicou com toda clareza como tinha chegado a muitas das suas outras invenções. Mas sobre o processo mental que está por trás do disco cifrador e das substituições múltiplas, ele fez silêncio.

Os Homens da Renascença

Alberti foi apenas o primeiro de uma rápida sucessão de brilhantes e polímatas estudiosos renascentistas que moldaram o avanço abrupto da criptologia. Um dos mais prodigiosos que vieram a seguir foi o alemão Tritêmio, de Spannheim, que

* As letras T, H e E foram primeiro permutadas um passo para a direita no teclado padrão, depois dois passos e então três.

Q W *E* R *T* Y U I O P

A S D F G *H* J K L

viveu entre o final do século XV e o início do XVI. Tritêmio ingressou na Abadia Beneditina de Saint Martin e quase imediatamente foi eleito abade – aos 22 anos de idade. Escreveu extensamente sobre todo e qualquer assunto imaginável, tanto os respeitáveis quanto os de conteúdo duvidoso. Embora influente homem da Igreja, foi professor de dois dos mais notáveis ocultistas e alquimistas heréticos: Cornélio Agripa e Paracelso. Reuchlin, o criador da "cabala cristã", começou sua carreira na renomada biblioteca de Tritêmio. Por fim, as obras de Tritêmio acabaram sendo colocadas no Índex, o catálogo dos livros proibidos pela Igreja Católica.

Em 1499, Tritêmio começou a publicar seus tratados criptográficos. Como Alberti, mostrou-se evasivo quanto às suas fontes, alegando que tinha aprendido a arte dos códigos num sonho. Seguindo métodos cabalísticos, com os quais seus escritos demonstram que ele estava familiarizado, Tritêmio descreveu métodos envolvendo o salto de letras – por exemplo, destacando a segunda letra de cada segunda palavra a partir da segunda palavra, para criar (ou decodificar) uma escrita cifrada. Adaptou o método cabalístico de calcular os valores numéricos dos nomes (gematria) para compor uma hierarquia dos anjos. Assim como outros alquimistas e ocultistas, ele via Moisés não tanto como um profeta, mas como um grande mago. Essa idéia era uma característica peculiar dos "cabalistas cristãos" e, tal como o tarô, totalmente alheia às fontes judaicas.

O trabalho mais conhecido de Tritêmio é sua variação da Ave-Maria, à qual ele deu nova redação e inteligentemente "modularizou" de maneira que, variando suas frases, essa conhecida prece servisse como um código. Segundo Kahn:

> Cada palavra representa a letra do texto-direto que está oposta a ela. Tritêmio selecionou as palavras de tal modo que, à medida que os equivalentes das letras vão sendo tirados de tabelas consecutivas, formam um sentido conexo e parecem ser uma prece inocente.[8]

O método de Tritêmio baseia-se diretamente numa prece composta por ninguém menos que Nechunya ben HaKanah, intitulada Ana BeKoach (אנא בכח) e encontrada no livro de preces ortodoxas até os dias de hoje. Composta de 42 palavras, a primeira letra de cada palavra forma o sagrado "nome de Deus com 42 letras". Como já mencionamos antes, esse nome é extraído das primeiras 42 letras do Gênesis através do Atbash – mas requer aquilo que é chamado de "muitas permutações". Como veremos, as "muitas permutações" nada mais são do que a escrita cifrada "polialfabética" de Alberti – inclusive as rodas dentro de rodas.

Outra brilhante figura do século XVI foi Girolamo Cardano, de Pavia. Como Tritêmio antes dele, a exposição de Cardano às idéias cabalísticas parece ter ocorrido através da adoção delas por círculos não-judeus, mais provavelmente na escola de cientistas-ocultistas próxima a Leonardo da Vinci. (Fazio, pai de Cardano, foi amigo íntimo de Leonardo.) Cardano era um impetuoso iconoclasta e um médico brilhante. Em 1522, viajou para a Escócia a fim de tratar a asma do arcebispo John Hamilton, um empreendimento arriscado e que colocaria o médico em evidência numa época em que os bons resultados eram poucos e bem espaçados. Seu êxito trouxe-lhe fortuna e fama mundial. Ele também foi o primeiro médico a dar uma detalhada descrição clínica do tifo; delineou tratamentos mais ou menos eficazes para a sífilis; e inventou um sistema, semelhante ao braile, para ensinar os cegos a ler através do toque.

Cardano destacou-se ainda mais como matemático, publicando as primeiras soluções para as equações de terceiro e quarto graus. Um século antes de Pascal e Fermat, ele publicou os primeiros cálculos sistemáticos (embora muitas vezes inexatos) das probabilidades e delineou uma teoria integrada de resultados estatísticos sob a forma de um tratado sobre os jogos de azar.

Mas Cardano alcançou a imortalidade graças às suas notáveis contribuições para a criptologia. Trabalhando sobre os "discos cifradores" de Alberti, sua primeira invenção foi a chamada "autochave", na qual algumas das primeiras letras do próprio texto-direto (a mensagem oculta que se pretendia enviar) ofereciam a regra que diria ao destinatário de uma escrita cifrada polialfabética até onde e com que freqüência a roda interna deveria ser girada sobre a roda externa.

Dos "discos cifradores" de Alberti e da "autochave" de Cardano nasceram todas as sofisticadas máquinas de codificação usadas pelo Eixo na Segunda Guerra Mundial. Em vez de dois discos para permutar uma letra em outra, poderiam ser usados três ou mais discos encaixados. Mecanicamente, a única modificação adicional foi colocar os discos lado a lado em vez de um dentro do outro. (Com o acréscimo de motores elétricos, nasciam os protótipos das futuras máquinas Enigma usadas pelos nazistas.)

Aqueles aparelhos também faziam algo mais: "mapeavam" mecanicamente múltiplos dados de entrada aritméticos, produzindo uma única saída. Mas levou quase um século, depois de Cardano, para os criptologistas perceberem que os discos mecânicos realmente *computavam*.

A segunda contribuição de Cardano à criptologia reflete outra forma de codificação e decodificação cabalística: o salto de letras dentro de um texto-cifrado, o que é perfeitamente plausível. Mais tarde, seu método formaria um componente-chave no processamento de instruções e de dados mecânicos e eletrônicos. Consiste num cartão, ou numa folha de papel encorpado, no qual se recortou um conjunto de furos. Podem ser de tamanho e espaçamento uniforme, ou um ou outro variarem. O codificador escreve a mensagem pretendida nas aberturas, remove a grade e completa o espaço restante com um texto qualquer que de preferência aparente ser significativo.

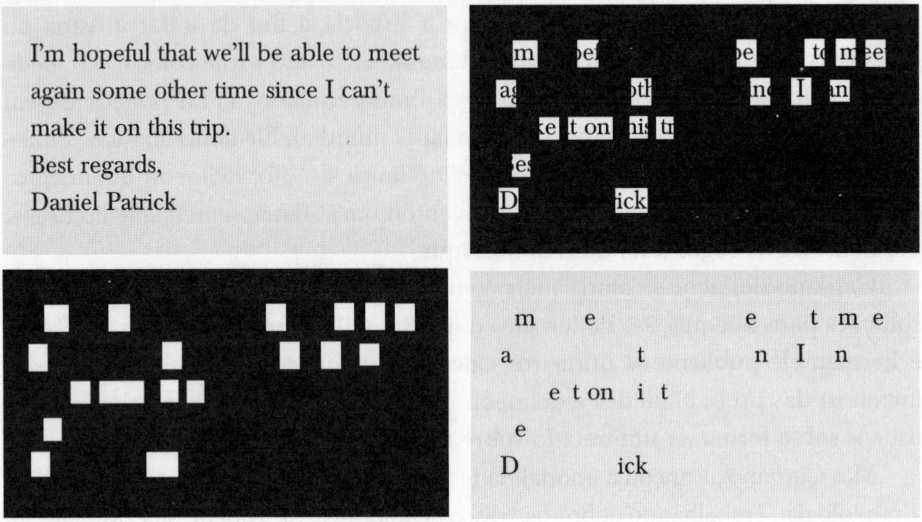

A grade de Cardano: *"Meet me at nine tonite. Dick"* (Encontre-me às nove esta noite. Dick), uma mensagem oculta dentro de um texto de aparência inocente ("Espero que possamos nos encontrar em alguma outra ocasião, já que isso não me é possível nesta viagem. Saudações. Daniel Patrick")

Para decifrar a mensagem, o destinatário deve ter uma grade idêntica à do remetente, ou senão conhecer a regra de espaçamento que a criou, caso ela observe alguma regra. Uma escrita cifrada com letras eqüidistantes, como o código da Bíblia, é o equivalente à grade "simples" de Cardano. Observe que embora a *regra* seja simples, o processo de codificação é muito difícil, pois o codificador precisa imaginar uma mensagem aceitável que acomode as letras codificadas em posições fixas: para uma mensagem complexa, esse é um problema de "combinatória" extremamente desafiador.

Kahn observa com muita justeza que "o principal defeito do método, é claro, está no fato de que qualquer estranheza no fraseado poderá trair o próprio segredo que esse fraseado deveria guardar: a existência de uma mensagem oculta".[9] Para os cabalistas, essas "estranhezas no fraseado" e outros aparentes "defeitos" ou inconsistências podem ser indícios de que há mais coisas no texto do que aquilo que salta aos olhos. Com muita freqüência, "a pedra que os construtores rejeitaram tornou-se a pedra angular" (Salmos 118:22).*

* Tradução livre [no original em inglês].

Mesmo nos dias de hoje, o aprendizado da criptologia começa com o estudo de discos cifradores em forma de tabela e as codificações deles resultantes só são decifradas através de métodos estatísticos. Estes são universalmente conhecidos como as tabelas de Vigenère, em homenagem ao diplomata francês que as projetou. Mas Blaise Vigenère (1523-1596) foi também um alquimista profundamente influenciado pela Cabala. Em seus tratados alquímicos, ele apresenta citações diretas do *Zohar*, fazendo ressoar o antigo conhecimento da Torah como a "matriz" usada por Deus para criar o mundo: "O mundo é feito à semelhança de seu arquétipo", escreveu ele (*"Ad archetypi sui similitudinem factus"*),[10] sendo o "arquétipo" a configuração de letras – a "chave" ou, em linguagem alquímica, a "pedra filosofal" que, em última análise, tem origem nos próprios nomes de Deus – que dá a cada elemento do mundo sua natureza essencial.

Fechando o Círculo

Depois que Alberti introduziu o método da substituição polialfabética e os discos cifradores, mecanizando o processo, a criptologia nunca mais os abandonou, como mostra a ilustração abaixo:

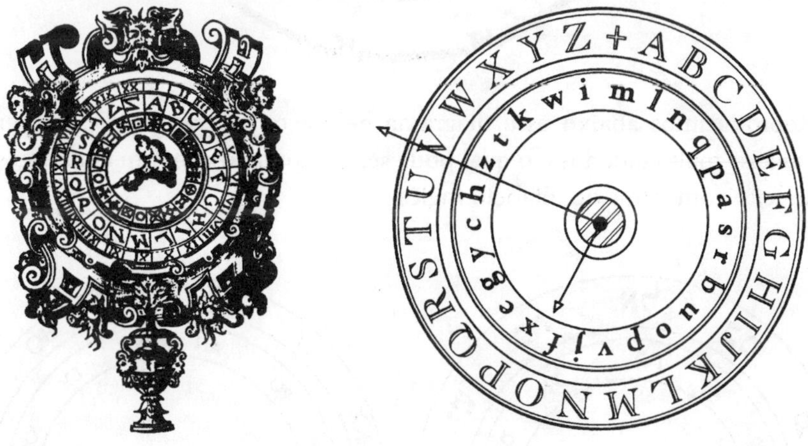

Rodas criptográficas codificadoras à maneira de Alberti:
(*esq.*) Giovanni Battista Porta, século XVI; (*dir.*) Charles Wheatstone, século XIX, usada pelos Confederados na Guerra Civil norte-americana.

Era raro os cabalistas desenharem diagramas explícitos dessas idéias. Mas no século XVIII, um cabalista pouco conhecido, o Rabino Abraham ben Jechiel Michal HaKohen, publicou um tratado em hebraico descrevendo detalhadamente o antigo método do Atbash. Ele também apresentou um diagrama daquilo que Nechunya entendia por “muitas permutações”. O original tinha este aspecto:[11]

Reproduzimos abaixo esse diagrama hebraico, redesenhado para permitir uma análise mais cuidadosa, o qual pode ser comparado com um aparelho semelhante feito com letras do alfabeto inglês:

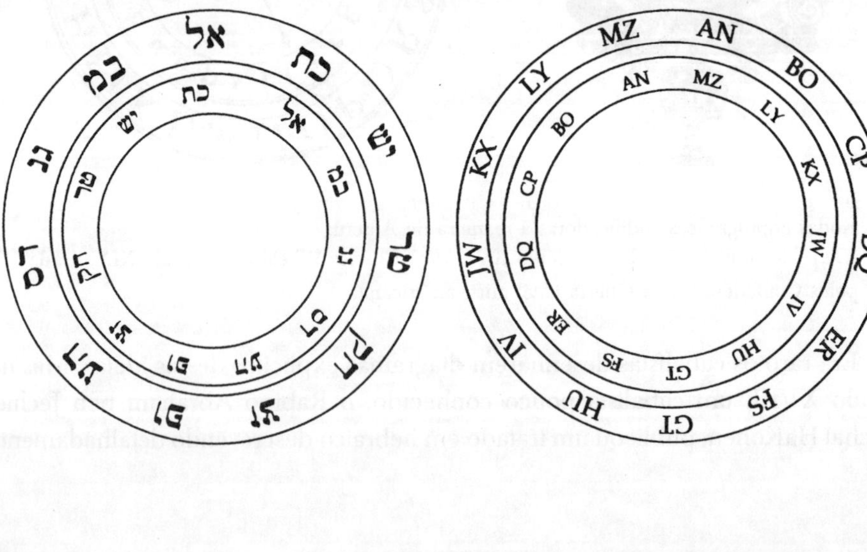

Se você seguir a seqüência das primeiras letras de cada par em volta do disco externo (a partir do "A"), verá que basta metade das letras do alfabeto para completar uma volta; a outra metade forma então o segundo membro de cada par. Embora os pares da roda interna sejam idênticos aos da roda externa, a seqüência deles em volta da roda é inversa. O resultado é um aparelho muito mais complexo, que oferece dois "índices" possíveis para cada permutação: de pares diretamente opostos ou de pares entrecruzados.

As rodas hebraicas são mostradas alinhadas na posição inicial do Atbash, que dá nome ao método, com o א (A), ת (T), ב (B) e ש (Sh) externos na parte superior. O א (A) externo (grande) "cruza" com o ת (T) interno (pequeno); o ב (B) externo "cruza" com o ש (Sh) interno; o ל (L) externo "cruza" com o כ (Ch) interno, e assim por diante. Dependendo do modo como as rodas são alinhadas, as letras são permutadas diferentemente; a presença das rodas ilustra que a antiga referência a "muitas permutações" é idêntica ao método polialfabético de Alberti.

Ao se usar o Atbash na transformação das primeiras 42 letras do Gênesis, as três primeiras letras da decifração tornam-se as três primeiras letras do alfabeto hebraico: uma forte indicação de que as "muitas permutações" usam as três primeiras letras do nome de Deus com 42 letras como uma autochave (ou pelo menos como parte dela), o método mais tarde reinventado por Cardano.

Relembremos que o sistema do Atbash é "sugerido" – um pequeno exemplo é realmente dado – na própria Bíblia, no Livro de Jeremias. Mesmos os mais céticos dos "críticos superiores", que negam toda e qualquer transmissão ou inspiração divina das Escrituras, colocam a autoria do Livro de Jeremias centenas de anos antes do primeiro século da Era Cristã. Outro indício quanto à natureza dos textos antigos pode ser encontrado no fato de que há *dois* textos bíblicos que servem como alicerces para a Cabala. Um é a passagem de abertura do Gênesis. O outro é do profeta Ezequiel: "Olhei para os seres vivos e vi [...] quanto à forma e ao feitio, eram como se *uma roda estivesse encaixada na outra*" (Ezequiel 1:15-16; grifo meu).

Em suma, os métodos que deram impulso à criptologia na Renascença não só remontam a mil e quatrocentos anos antes da misteriosa tradição oral judaica do primeiro século; eles também parecem remontar a pelo menos mais quatrocentos ou quinhentos anos antes – representando um corpo de conhecimentos ininterrupto que, ocasionalmente, se alimenta do mundo à sua volta, mas em geral oculto dele.[*, 12]

---

* A estreita conexão entre os discos cabalísticos do Atbash e o calendário hebraico, uma das maiores preocupações de Nechunya, está evidente neste antigo auxiliar mnemônico para os dias da semana nos quais caem as festas de qualquer ano dado: *alef, beit, guimel, dalet, hei, vav* (ו ה ד ג ב א) representam os seis primeiros dias do Pessach [Páscoa judaica] daquele ano, quaisquer que possam ser. Através

A Matematização da Criptologia

Depois que os métodos de "rodas dentro de rodas" do Atbash conseguiram sair do mundo bem guardado da Cabala e alcançar a cultura circunjacente, seguiu-se uma linha rápida e direta de desenvolvimento até o computador moderno. Aos poucos, a criptologia foi perdendo sua dimensão mística e adquirindo um caráter profundamente matemático.

Sir John Wallis foi um notável criptologista e, até o surgimento de Isaac Newton, o maior matemático da Inglaterra. Como muitos dos grandes criptoanalistas, tanto religiosos quanto laicos, Wallis era um homem com amplos interesses e um talento prodigioso. Perito logicista e músico, dominava o francês, o latim, o grego e o hebraico. Foi ordenado na Igreja Anglicana em 1642 e alcançou fama, nesse mesmo ano, ao decodificar uma escrita cifrada crucial durante o conflito entre Cromwell e os realistas. Em sua *Arithmetica Infinitorum*, Wallis lançou as bases do cálculo e do teorema binomial, um elemento básico da estatística. Foi levado a isso porque, com o advento das escritas cifradas polialfabéticas, a decifração de códigos havia se tornado um processo puramente *estatístico*, exigindo uma sofisticada aplicação de teorias do acaso, probabilidade e análise combinatória. (Também Cardano fora levado a desenvolver métodos estatísticos rudimentares em conseqüência de suas pesquisas criptológicas.)

Embora a matemática e a estatística estejam intimamente relacionadas, o talento para uma delas não implica necessariamente um talento comparável para a outra, e há mais pessoas que preferem a matemática do que a estatística. Por essa razão, o desenvolvimento de teorias e métodos estatísticos sólidos aconteceu bem depois que a matemática já se tornara muito sofisticada. O maior responsável por colocar a estatística em bases sólidas foi um francês contemporâneo de Wallis, o "gigante" religioso e matemático Blaise Pascal – também conhecido como o pai do computador.

Noite de Fogo

Pascal nasceu ao entardecer de 19 de junho de 1623, em Clermont, França. Sua inteligência universal ficou evidente desde seus primeiros anos de vida. Por

do Atbash, *alef* = *tav* (**T**ishah beAv); *bet* = *shin* (**Sh**avuot); *guimel* = *resh* (**R**osh Hashanah); *dalet* = *kaf* (**K**eri'at haTorah); *hei* = *tzadik* (**Tz**om, ou seja, o Dia da Expiação); *vav* = *pei* (**P**urim do ano anterior). A lista termina com *vav*. Estranhamente a letra seguinte, o *zain*, a sétima letra do alfabeto hebraico, permuta para *ain*, e o sétimo dia do Pessach sempre cai no mesmo dia da semana que o Dia da Independência de Israel.

volta dos doze anos, ele já tinha completado o equivalente a um grau de doutorado em humanidades, artes e ciências. Ao mesmo tempo, conseguira penetrar pouco a pouco em todas as análises geométricas de Euclides. Aos dezesseis anos, iniciou-se no cálculo, inventando métodos para a computação das chamadas seções cônicas que abarcaram – e ultrapassaram – os trabalhos de Apolônio de Perga, já com mil e novecentos anos e até então considerados definitivos.[13] Seus métodos de cálculo ainda estão em uso nos dias de hoje.

Pascal desenvolveu as primeiras análises ordenadas dos fluidos dinâmicos (os incrivelmente complexos desdobramentos de correntes e vórtices em líquidos e gases), e suas equações quase não apresentaram nenhum avanço desde então. Os problemas que ele resolveu apenas parcialmente estão, desde muito tempo, dentre os mais intratáveis da física. O grande avanço seguinte só seria feito na Segunda Guerra Mundial, em Los Alamos, por John von Neumann, que se tornou conhecido como o pai do computador *moderno*.

No entanto, como matemático, Pascal é mais conhecido hoje por ter realizado a primeira investigação sistemática e cuidadosa das probabilidades, lançando os alicerces para o método científico que surgiria com o Iluminismo europeu que desabrochou logo depois da sua morte. Em sua época, ele alcançou renome mundial por ter inventado uma máquina capaz de calcular: o primeiro computador.

Com saúde frágil desde seu nascimento, Pascal morreu aos 39 anos. A causa de sua morte revela aquilo que esse grande gênio científico e matemático considerava de maior valor em sua curta e brilhante existência. Não era nem a matemática nem a computação mecânica, mas o relacionamento do homem com seu Criador e, portanto, com seus semelhantes.

Nascido nas camadas superiores da sociedade francesa, louvado pela realeza e pela nata da *intelligentsia*, Pascal, à medida que sua saúde enfraquecia, cada vez mais doava seus bens aos pobres. Em junho de 1662, acolheu uma família empobrecida da qual todos os membros logo contraíram varíola – doença temida naquele tempo por aleijar e muitas vezes matar. Em vez de expulsar essa família de sua casa, Pascal mudou-se para um local que se mostrou inadequado. E ali sua fragilidade física o traiu e ele morreu dois meses depois, em 19 de agosto de 1662.

Na verdade, apesar de todas as suas profundas contribuições para a matemática e as ciências, Pascal talvez seja mais conhecido por seus escritos religiosos, especialmente seus *Pensées* (Pensamentos). Trata-se de esboços preliminares para uma defesa abrangente da fé cristã contra aquilo que ele considerava um pensamento superficial e pobre decorrente do materialismo e determinismo gerados pelo Iluminismo emergente – os quais produziram também o hedonismo. Pascal sacrificou a conclusão de seu monumental trabalho de teologia – os esboços, por si sós, tornaram-se um clássico – para poder dar conforto aos últimos dias de uma desconhecida família camponesa e, ao fazê-lo, voluntariamente, encurtou sua própria vida.

A "aposta de Pascal" é a sua aplicação da matemática estatística – não exatamente rigorosa, porém mais do que metafórica – à questão da existência de Deus: na ausência da certeza, as probabilidades a favor de Sua existência, e dos benefícios de Sua existência, pesam muito mais do que as probabilidades contra ela – e do que o preço da descrença. Essa foi, na verdade, a primeira análise custo/benefício, aplicada ao mais importante tipo de cura: a da alma. Para o homem escrupulosamente racional, concluiu Pascal, a fé é a escolha mais racional, não a menos racional. "O coração tem razões que a própria razão desconhece." Esse famoso aforismo vem de um homem cuja mente funcionava no auge da clareza, precisão e brilho racionais.

Na noite de 23 de novembro de 1654, oito anos antes de sua morte, Pascal passou por uma experiência mística que durou duas horas e cujos detalhes ele registrou num pergaminho. Até o fim de seus dias, Pascal guardou esse pergaminho costurado no forro da túnica que vestia e quando ela se gastava, transferia-o para outra. O pergaminho começa com estas palavras:

Fogo
Deus de Abraão, Deus de Isaac, Deus de Jacó, não
dos filósofos e eruditos;
Certeza, certeza, profundamente sentida, alegria, paz...

Como é que Pascal foi capaz de reconciliar a aparente contradição entre fé e razão, e manter ambas em tão alto nível? Uma leitura cuidadosa de seus escritos sobre os *milagres* proporciona a resposta: Pascal compreendeu intuitivamente que o mundo material era intrinsecamente *probabilístico*; que não era, como a emergente filosofia iluminista implicitamente presumia, um mundo determinístico, ou seja, uma máquina gigantesca na qual cada estado subseqüente era totalmente determinado pelos estados precedentes. Por essa razão Pascal foi capaz de fazer tão aguçadas descobertas na estatística, antes de tantos outros.

A filosofia do determinismo faz parte do nosso mundo cotidiano de tal modo que mal percebemos a sua ação. Tampouco temos consciência da extensão em que ela é meramente presumida, em vez de demonstrada. Quando René Descartes separou a mente da matéria, a implicação prática foi esta: tudo o que acontece no mundo material – toda e qualquer coisa, seja ela qual for – acontece apenas *devido a alguma outra causa material anterior*. A mente ou o espírito nada acrescentam, nem podem acrescentar, ao resultado. Daí decorre que a mente ou o espírito não são *relevantes*, porque nem uma nem outro podem causar qualquer efeito (exceto talvez sobre si mesmos ou um sobre o outro). Essa premissa produz a afirmação explícita (por alguns) ou a crença implícita (de muitos) de que o mundo é vazio de significado porque é apenas uma máquina. Num mundo mecânico totalmente determinado, o órgão da fé religiosa é o apêndice vermiforme da mente: universal, atávico, inútil, tóxico quando inflamado, e melhor quando extirpado o mais cedo possível.

Por certo parece plausível que "havendo conhecimento suficiente", as razões para *qualquer* coisa possam ser conhecidas. Afinal de contas, é verdade que *muitas e muitas coisas ocorrem com suficiente razão*. E que o número de coisas que assim podem ser conhecidas aumenta inexoravelmente. Certa vez, há muito tempo, pensava-se que o Sol girava em torno da Terra porque um deus o pusera no lugar que queria. Se esse deus mudasse de idéia, ele poria o Sol noutro lugar. Mais tarde, compreendeu-se que a Terra simplesmente gira em volta do Sol e que não há mais intencionalidade em sua órbita do que na queda de uma maçã madura. Assim, os deístas – quem acredita num Deus pessoal – recuaram e foram defender áreas onde a ignorância ainda predominava: "O mundo inanimado é uma máquina", admitiram, "mas a vida é outra questão."

E então demonstrou-se que também a matéria viva consistia em muitas máquinas, do tamanho de moléculas. Mais uma vez os deístas recuaram: "Bem, nós estávamos enganados. A vida, isto é, o corpo, é uma máquina. Mas a mente, a mente humana, a *psique*, o âmago do homem; isso é outra questão." Então o Prozac foi desenvolvido, e ainda esperamos outras drogas para reduzir nossa agressividade, aumentar nossos impulsos nutridores e elevar nosso QI.[14] A alma, então, é simplesmente uma coleção de neurotransmissores?

Já que o estado atual de qualquer coisa material é totalmente determinado por seu estado precedente, o fluxo de toda a existência é, do mesmo modo, determinado. Se não se consegue provar a não-existência do Deus de Abraão, Isaac e Jacó, então, de acordo com os deterministas, Ele é absolutamente impotente.

Pascal, o gênio, o criador da estatística moderna, o pai da ciência do computador, viveu quando todas essas noções estavam germinando. Ele viu claramente o fruto amargo que elas um dia dariam e disse: "Não, essas brilhantes noções provavelmente não são verdadeiras." E ele não estava blefando; quando uma família de estranhos empobrecidos bateu à sua porta e, em seu mudo sofrimento, pediu-lhe para arriscar a própria vida em sua "aposta", ele a sacrificou sem hesitação. Qual vantagem mundana transitória poderia ser digna de um permanente lugar de honra no mundo vindouro? Ai de nós, é principalmente por suas conquistas científicas, computacionais e estatísticas que hoje o honramos; não por seus escritos religiosos, desprezados pelo homem moderno como o último estertor de um primitivismo agonizante. De onde então veio sua nobreza de caráter? Antes de morrer, ele deixou uma indicação críptica: "O Antigo Testamento é uma escrita cifrada." Mas nós, homens modernos, não conseguimos mais descobrir-lhe a chave.

A Aurora da Era Moderna

Do início a meados do século XIX, um dos professores de matemática da Universidade de Cambridge era Charles Babbage. Hoje em dia, ele é conhecido sobretudo por ter formalizado os princípios do cálculo mecânico e criado um protótipo funcional significativamente mais avançado que o de Pascal, a "máquina da diferença".

Porém, como seus trabalhos "surpreendentemente avançados"[15] sobre o assunto nunca foram publicados, a imensa estatura de Babbage como criptologista é quase desconhecida fora dos círculos profissionais. Na verdade, os estudos criptológicos de Babbage foram o cordão que entrelaçou a matemática, a estatística e a maquinaria, para produzir a máquina da diferença. O uso de discos cifradores mecânicos e das tabelas de Vigenère levou-o naturalmente a tentar desenvolver máquinas que pudessem gerar tabelas matemáticas; essas tabelas, por sua vez, eram o produto de seu fascínio pelas *tendências*, ou seja, as probabilidades e a estatística. Foi ele quem descobriu que as "rodas dentro de rodas" dos discos cifradores podiam ser convertidas em máquinas calculadoras genéricas. Por que então o trabalho de criptologia de Babbage nunca foi publicado? Pela mesma razão que sustou a publicação de muitos outros trabalhos desse tipo: segurança nacional.

A criptoanálise tinha, de repente, se tornado um negócio muito sério, do qual realmente dependia "o destino de homens e nações". "A arte secreta" tornou-se uma província organizada dos governos, e mais secreta do que nunca. Enquanto isso, os métodos de estatística e computação mecânica começaram a se desenvolver com a mesma rapidez, os três domínios alimentando e realimentando uns aos outros e caminhando para uma convergência. Quando esta ocorreu durante a Segunda Guerra Mundial, o resultado foi a tecnologia da *ciência da computação*, que transformou o mundo: *software* e *hardware* cristalizando-se em volta de uma oculta semente da criptologia. O choque que estimulou a corrida dos últimos 60 anos para essa convergência veio sob a forma daquilo que muitos historiadores avaliariam depois como *o* acontecimento crítico: a Segunda Guerra Mundial.

O Telegrama de Zimmerman

"Quase que sozinha, a decifração do telegrama de Zimmerman [...] fez os Estados Unidos entrarem na Primeira Guerra Mundial." Assim escreve um ex-oficial superior do Serviço Secreto Britânico.[16] Não há dúvida de que, se os Estados Unidos *não* tivessem entrado na Primeira Guerra, ela teria sido perdida para as Potências Centrais [Alemanha e Império Austro-Húngaro]. Mas os norte-americanos estavam profundamente relutantes em entrar no conflito. O que os fez mudar de idéia foi a decodificação de um criptograma enviado pelo Ministro das Relações Exteriores alemão ao seu embaixador nos Estados Unidos, "decodificação essa que mudou o curso da História como nenhuma outra façanha da criptoanálise o fizera antes". Eis o que estava codificado no telegrama de Zimmerman:

> Propomos iniciar em 1º de fevereiro uma guerra submarina irrestrita. Devemos, porém, tentar manter a neutralidade dos Estados Unidos. Caso isso não aconteça, faremos ao México uma proposta nos seguintes termos: [...] generoso apoio financeiro e um compromisso de nossa parte de que o México reconquistará os territórios perdidos do Texas, Novo México e Arizona. Detalhes desse acordo ficam a critério de Vossa Excelência.[17]

Menos de três meses depois [em abril de 1917], os Estados Unidos declararam guerra às Potências Centrais. O diretor do Serviço Secreto alemão escreveu em suas memórias que a decodificação daquele telegrama "foi um grande golpe de inteligência militar e nos causou danos irreparáveis".[18]

Um pequeno serviço de criptologia foi criado nos Estados Unidos, com a devida alocação de verbas. Mas uma feroz resistência à eficácia da decifração de códigos ainda persistia em certos círculos: "Cavalheiros não lêem a correspondência dos outros", disse em 1929 Henry L. Stimson, então Secretário de Estado. E a maioria das pessoas mal conseguia entender os métodos da criptoanálise. Foi preciso o desastre dos serviços de informações em relação a Pearl Harbor para que a criptoanálise passasse a ser levada a sério.

A Segunda Guerra Mundial

> A batalha de Midway foi essencialmente uma vitória dos serviços de informações", escreveu o Almirante Nimitz. [...] O general Marshall foi ainda mais específico. [...] Os decodificadores da Unidade de Informações Militares traçaram o destino de uma nação. Determinaram a sorte de homens e navios. Reverteram o curso de uma guerra.[19]

Assim escreveu Kahn a respeito da guerra no Pacífico. No outro lado do globo, a situação não era menos dramática:

> Os Aliados viraram o feitiço contra o feiticeiro Dönitz [almirante alemão] quando dominaram o código dos submarinos alemães. Tão logo Dönitz radiografava ordens para seus submarinos, radiogoniômetros permitiam que suas posições fossem determinadas, e eles eram então perseguidos, caçados e postos a pique. As perdas alemãs durante esse período envolveram a maior parte de sua frota de submarinos.[20]

Mas havia um segredo ainda maior, "o segredo mais bem guardado da Segunda Guerra Mundial", que só foi revelado em 1974 quando o Congresso decidiu que o sigilo já não era assim tão importante para o sucesso da criptologia. (A ASN também foi pressionada nessa época a revelar a história de suas origens.) O grande segredo é que em 1934, os poloneses (que deram ao mundo um número espantosamente grande dos mais brilhantes matemáticos) tinham decifrado o "Enigma", o alardeado código alemão que se pretendia indecifrável; britânicos e norte-americanos tinham continuado, sem interrupção, a decifrar toda atualização e aperfeiçoamento do Enigma, por mais avançados que fossem, sem que os alemães jamais tenham suspeitado disso. Mesmo em 1974, eles acharam difícil acreditar que isso era verdade. Mas era.

Depois de Pearl Harbor, as *forças armadas* norte-americanas reconheceram plenamente o valor da criptologia. Mais de dois milhões de palavras codificadas foram transmitidas, por dia, do quartel-general dos Aliados; milhares de pessoas trabalharam dia e noite decifrando as transmissões inimigas. Dentre esses milhares, três indivíduos se destacam em especial. Pois, além de sua imensa contribuição para a vitória aliada, o trabalho deles produziu a convergência final de *software*, *hardware* e criptologia. Os resultados transformariam o mundo – e, à medida que essa transformação ocorria, ela proporcionava os instrumentos necessários para lançar os antigos códigos da Torah sob as potentes luzes dos holofotes da ciência moderna.

William Friedman e o 97-Shiki O-bun In-ji-ki: a.k.a. *Púrpura*

> O imenso sistema criptológico norte-americano de hoje, com seus milhares de empregados, seus postos avançados, suas bases espalhadas por toda parte – esse gigantesco empreendimento [...] é um descendente em linha direta do pequeno escritório no Departamento da Guerra instalado por Friedman, praticamente sozinho. O trabalho de sua vida, tão extensivo

quanto intensivo, confere a William Frederick Friedman a aura dos grandes criptologistas.[21]

Friedman nasceu Wolfe Friedman em Kishinev, Rússia, em 1891. Depois que sua família emigrou para os Estados Unidos e mudou seu nome para William, Friedman direcionou seus estudos para a genética. Mas então ele e sua noiva se deixaram fascinar pelas narrativas, populares na época, dos códigos secretos encontrados na obra de Shakespeare. Esses códigos, afirmava-se então, revelavam que o Bardo teria sido na verdade Roger Bacon. Em 1920, aos 28 anos, Friedman publicou uma obra que tem sido considerada a mais importante contribuição individual na área da criptologia, *The Index of Coincidence and Its Applications in Cryptography*, a qual "conduziu a criptologia [...] ao amplo e rico campo da estatística".[22] (Aliás, num trabalho à parte, o casal Friedman desmascarou os pretensos códigos Bacon/Shakespeare.)

Em 1938, Friedman era chefe de uma equipe de brilhantes criptoanalistas, escolhidos a dedo, no renomado SIS (depois ASN). Embora os serviços secretos britânico e norte-americano tivessem decifrado sigilosamente todos os mais importantes códigos de guerra alemães, incluindo o Enigma, os japoneses recentemente haviam adotado um novo sistema de código – com o codinome "Púrpura" – que de fato *era* assustadoramente seguro.

Friedman e seus homens levaram quase 20 meses para conseguir a primeira decifração bem-sucedida da escrita cifrada Púrpura. Tão intenso foi o esforço mental que, ao completar o trabalho, Friedman sofreu um colapso nervoso e passou quatro meses hospitalizado. Teve alta logo depois do ataque a Pearl Harbor, quando soube que notícias da decifração do Púrpura haviam vazado para um oficial alemão e este passara a informação a Tóquio. Todo mundo deu um suspiro de alívio quando os japoneses simplesmente se recusaram a acreditar.

Mas os japoneses não eram os únicos céticos. Os próprios militares dos Estados Unidos não acreditaram quando, como resultado dos esforços de Friedman, o SIS alertou que o almirante Yamamoto convencera o Gabinete de Guerra japonês a atacar a frota norte-americana em Pearl Harbor no dia 7 de dezembro.*

* Vinte anos depois da guerra, os americanos mostraram aos japoneses uma versão da máquina codificadora Púrpura que eles tinham "projetado ao inverso" com base nas decifrações de Friedman. Os japoneses ficaram aturdidos, insistindo que os americanos deviam ter visto um aparelho Púrpura genuíno em algum lugar. Mas acabaram engolindo a amarga verdade – e logo depois puseram sua nascente indústria de computação numa rota de desenvolvimento de alta prioridade. Os resultados falam por si mesmos. (E os japoneses nem pensaram duas vezes sobre a importância de manter esses desenvolvimentos no maior sigilo.)

A guerra é realmente "a mãe de todas as coisas". Em 1942, os Aliados – americanos e britânicos em particular – já podiam avaliar plenamente o poder que tinham nas mãos. No pós-guerra, esses governos deram prioridade máxima ao desenvolvimento imediato e integrado de técnicas cada vez mais sofisticadas de criptologia, computação e estatística matemática: nascia o Projeto Ultra. As técnicas teóricas tornavam-se cada vez mais complexas, forçando o desenvolvimento de máquinas calculadoras cada vez mais rápidas. Os gênios matemáticos eram agressivamente cortejados e apoiados; os custos subiam às alturas. Mas os resultados eram atordoantes.

Turing e von Neumann: Ultra e Manhattan

Na mente do público, o nome Los Alamos está permanentemente ligado ao Projeto Manhattan e ao desenvolvimento da bomba atômica. Mas foram as técnicas de cálculos numéricos computadorizados – um rebento direto da decodificação computadorizada – que tornaram possível a bomba. Foi uma explosão de mentes, mais do que de matéria, que permitiu o sucesso do Projeto Manhattan e mudou para sempre a face do nosso mundo.

Uma figura-chave no esforço da computação de dados numéricos, e uma das pessoas mais importantes no desenvolvimento paralelo da bomba atômica, foi John von Neumann. Assim como um número crescente de jovens matemáticos do início do nosso século, von Neumann sentia-se atraído tanto para os mais obscuros domínios das altas matemáticas quanto para o mundo estarrecedor da mecânica quântica.

Os resultados da física quântica sugeriam um mundo que funcionava de acordo com princípios misteriosos e totalmente contrários ao modelo mecanicista que a ciência há muito tinha adotado. O mistério fascinava o espírito questionador de von Neumann. Seguindo os passos de Pascal, ele foi o primeiro a tentar uma rigorosa prova matemática, baseada na mecânica quântica, de que o determinismo é impossível em princípio e de que o mundo, portanto, precisa desdobrar-se conforme "causas" absolutamente incognoscíveis que não fazem "parte" de modo algum desse mesmo mundo.

Essa união de alta matemática e alta física (e perturbadora estranheza) está mais em evidência hoje em dia do que na época de von Neumann. E de novo a criptologia desempenha um papel inesperadamente grande. No momento em que escrevo, início de 1997, um relato dramático foi publicado na conhecida revista científica *Nature*, descrevendo uma implementação tecnológica direta – a primeira em qualquer campo – dos absolutamente misteriosos princípios fundamentais da mecânica quântica. Seu campo de aplicação é – e nesta altura já não deveria causar surpresa – a criptologia.[23] Pesquisadores britânicos construíram um aparelho para *codificação e decodificação de chaves quânticas*. O aparelho permite que uma chave seja distribuída secretamente de tal modo que, se ela vier a ser *conhecida* por um ouvinte desautorizado, tanto o transmissor da chave quanto todos os seus destinatários autorizados *saberão instantaneamente que surgiu um conhecimento ilícito*, e assim poderão de imediato evitar usar essa chave. Os princípios envolvidos são tais que essa percepção de um conhecimento ilícito ocorre em toda parte ao mesmo tempo – em princípio, no Universo todo. As limitações da tecnologia atual restringem seriamente as distâncias entre as quais essa "transmissão" hoje é praticável, mas com base no protótipo funcional deles, o editor de *Nature*, comentando a pesquisa, sugere que a codificação entre agências já é alcançável dentro, digamos, da área metropolitana da cidade de Washington, D.C.[*, 24]

Depois de fugir da Alemanha nazista, von Neumann estabeleceu-se no Instituto de Estudos Avançados de Princeton junto com Albert Einstein e outros refugiados. Ali, voltou suas imensas capacidades para questões fundamentais da matemática, retomando trilhas seguidas por Pascal. Concentrou-se, em especial, num tema que havia muito mostrava-se intratável: a solução *numérica* das equações complexas da dinâmica dos fluidos. Seu sucesso se mostraria fundamental para o esforço de guerra, tanto em relação à criptologia *quanto* à liberação da energia atômica.

Acontece que muitos dos mais importantes processos da natureza são governados por equações que não podem ser perfeitamente resolvidas. Um exemplo é o chamado problema dos três corpos. As equações que descrevem o movimento de objetos que giram ao redor dos campos gravitacionais uns dos outros podem ser resolvidas com exatidão para dois objetos (digamos, o Sol e um planeta). Mas elas não podem ser resolvidas para três ou mais objetos. Todavia, que essas equações *têm* respostas fica evidente no fato de que a natureza age; mas só podemos aproximá-las "numericamente". A dificuldade, é claro, está em obter aproximações suficientemente precisas para serem úteis.

O método para fazê-lo é simples em princípio e complexo na prática: arrisque um palpite, meça o quanto você parece estar errado, ajuste o seu palpite inicial de acordo com a medida encontrada, meça de novo, ajuste, meça, e assim por diante – iterando continuamente até o grau de exatidão que você precisa ou é capaz de alcançar.

* O surpreendente anúncio da criptografia quântica deveria ter excitado bastante a mídia mundial – mas foi encoberto por uma outra reportagem daquela mesma edição de *Nature*. Os cientistas mostraram uma diferença genética, nos judeus de hoje, entre os "cohanim" (os antigos "sacerdotes" bíblicos da tribo de Levi) e os "israelitas" (os leigos das outras onze tribos), a qual é coerente com a lendária afirmação das Escrituras de que todos os cohanim são descendentes de uma única pessoa: Aarão, o irmão de Moisés. Parece que a tradição oral de uma única origem tribal era surpreendentemente exata.

Pode acontecer de você precisar de milhares, milhões ou mesmo bilhões de iterações para alcançar a exatidão necessária. Mesmo problemas relativamente simples podem exigir equipes trabalhando durante meses em máquinas de somar e tabuladores mecânicos para chegar a uma única resposta adequada. Esse, na verdade, era o "estado das coisas" em 1941. Há fotografias que mostram equipes de funcionários preenchendo, selecionando, conferindo e repreenchendo pilhas de cartões (como as grades de Cardano), durante horas a fio, segundo regras mecânicas que, embora "bobas", representavam passos imensos. O processo era deselegante, intelectualmente insatisfatório e tedioso quase além do que se possa imaginar. Mas os resultados eram, literalmente, explosivos. O caminho para o aprimoramento, é claro, consistia em encontrar melhores maneiras para automatizar os cálculos brutos: daí que os métodos numéricos forçaram o rápido desenvolvimento dos computadores.

E tão logo uma pessoa tenta ganhar conhecimento através do uso de aproximações, ela entra de fato no domínio da *estatística*, já que a estatística é precisamente a ciência de palpitar *e, mais importante, de compreender como estimar o erro provável de um palpite* (essa é a parte científica; todo mundo pode palpitar) com base num grande número de itens semelhantes.

Já que, sem uma chave, a decifração de uma mensagem desconhecida envolve todos esses princípios, a convergência deles era inevitável – e assim também a pronta ação de John von Neumann. A direção que seu trabalho iria tomar também era evidente. Uma vez que os métodos teóricos tivessem sido desenvolvidos, o maquinário para realizar as iterações necessárias para ficar à altura das sempre mutáveis codificações dos nazistas e do Eixo era essencial.

Mas isso é atenuar o assunto. Era de vital importância que a análise numérica avançasse com a mais absoluta rapidez: quem "chegasse lá" primeiro teria a bomba atômica. "Chegar lá" acarretava a capacidade de resolver problemas matemáticos até então completamente insolúveis, de um modo nunca antes tentado. Esse era o *único* meio de atacar as equações diferenciais que tornariam possível a extração de urânio e polônio em quantidade e grau de pureza suficientes para explodir. Assim, von Neumann foi forçado pela guerra a ser o pai do computador moderno.

Ainda faltava uma peça para a completa convergência de estatística, criptologia e computação. Os aparelhos de codificação e decodificação disponíveis eram, na verdade, calculadoras estatísticas automatizadas, especializadas exclusivamente em propósitos criptológicos. Para desenvolver uma "máquina genérica de resolver equações", seria necessário ter um tipo de aparelho universalmente aplicável que *não* fosse especializado num único uso – um tipo de máquina "cérebro". Assim como Charles Babbage tinha "convertido" as máquinas criptológicas de seu tempo gerando as primeiras "calculadoras", agora seria necessário "converter" as modernas máquinas criptológicas para produzir um aparelho de computação com múltiplos propósitos.

Hoje aceitamos como fato normal a existência de *hardware* "programável", mas os princípios subjacentes a esse aparelho estão longe de ser óbvios: seu desenho deve refletir os princípios universais que estão envolvidos em *todas* as formas de conhecimento.

Esses princípios existem. Eles têm estado escondidos no âmago da matemática pura há séculos. Foram extraídos por um inglês brilhante, muito agitado mas impetuosamente patriótico chamado Alan Turing. Turing também foi para Princeton, onde conheceu von Neumann e recebeu uma oferta para tornar-se seu assistente. Com a ajuda de um logicista chamado Alonzo Church, nasceu o conceito de "números computáveis" e, logo depois, a "máquina de Turing". Não era um aparelho físico, mas sim o protótipo conceitual de um "aparelho de computação universal" que tornaria possível o aparelho real montado por von Neumann.

Teve início um projeto ultra-secreto visando a construção de um computador do tipo visualizado por Turing. (Sua existência só foi revelada em 1976.) Mas as nuvens da guerra cresciam no horizonte, ameaçadoras demais para que Turing pudesse permanecer nos Estados Unidos. Ele voltou à Inglaterra e aceitou um alto cargo no ultra-secreto quartel-general estabelecido em Bletchley Park, nos arredores de Londres. Do mesmo modo, também von Neumann abandonou seu conforto acadêmico para unir-se à equipe que estava sendo montada em Los Alamos.

Mas o entrelaçamento do trabalho dos dois continuou, e a decifração de códigos era a atividade diretora e a meta de seus esforços. Já em 1936 Turing observara: "Estamos enfrentando o problema de encontrar ramificações adequadas de pensamento para a máquina [de Turing] exercer seus poderes no [...] campo da criptografia será talvez o mais gratificante."[25] Intimamente ligadas às aplicações na criptologia estão grandes questões filosóficas sobre a própria natureza do acaso e da realidade. Nem von Neumann nem Turing jamais perderam de vista essas grandes questões, apesar da pressão que sofriam para desenvolver aplicações militares de uso imediato. Cada vez que surgia um obstáculo prático, suas equipes desenvolviam um método totalmente novo, o qual, após a guerra, iria tornar-se um campo de estudo independente.

Von Neumann dedicou-se com afinco à teoria dos jogos (antes explorada por Cardano) e desenvolveu os métodos estatísticos, hoje universalmente utilizados, da chamada "simulação de Monte Carlo" (vitais para o debate sobre os códigos da Torah), nos quais as probabilidades de um evento podem ser calculadas prontamente não pela teoria, mas simulando o sistema em miniatura. O método refletia sua antiga convicção de que um mistério profundo e *irredutível* estava escondido dentro da natureza fundamentalmente estatística da mecânica quântica.

Turing, enquanto isso, continuava avançando rumo às fronteiras do conhecimento e do próprio significado, embora assegurasse, quase que sozinho, as grandes vitórias navais sobre os nazistas que ajudaram a selar o destino da guerra. Ele focalizava o aspecto "subjetivo" das probabilidades: a probabilidade de "conhecer" algo, dadas uma informação imperfeita e múltiplas influências. (Quais são as probabilidades de que a moeda na minha mão esteja com o lado "cara" para cima? Cinqüenta por cento? Só será 50% se você ainda não souber, como eu já sei, que ela está com o lado "coroa" para cima, porque eu a coloquei assim. Talvez então as probabilidades sejam zero por cento.) Ele também provou uma coisa bastante espantosa: que não poderia existir fisicamente nenhuma máquina [de Turing] genérica que fosse capaz, mesmo em teoria, de resolver *todo e qualquer* problema matemático que lhe fosse proposto. Ele mostrou que existem "problemas não-computáveis". Apesar disso, o ser humano simplesmente parece capaz de "ver" suas soluções. Essas não são equações com soluções numéricas apenas, mas "verdades" gerais que podemos intuir e às vezes provar logicamente depois do fato ocorrido. Turing mostrou que nenhuma máquina pode chegar a essa solução. (Então, perguntaríamos, o que exatamente *é* o cérebro humano? E como ele existe fisicamente?)

Turing conseguiu mostrar que há uma classe de problemas (ele demonstrou alguns dos mais sutis) para os quais é infinito o número de passos mecânicos envolvidos numa prova. Mas o ser humano consegue intuir, com relativa facilidade, a presença desses tipos de "padrões". Elaborando sobre os trabalhos de Turing e certas características que eles têm em comum com a mecânica quântica, Roger Penrose está à testa de um rigoroso e controvertido grupo de cientistas altamente preparados que acreditam que o mistério da consciência humana depende de princípios mecânicos quânticos que parecem, de um modo misterioso, imitar as características do mundo do espírito.* Entre outros projetos, eles estão hoje avançando rumo ao desenvolvimento do "computador quântico", que na verdade pode chegar a soluções "não-computáveis" – tal como a mente parece fazer. Implementações práticas (também no mundo da criptologia) já estão em andamento.[26]

Turing também era fascinado pela mecânica quântica – precisamente porque ela parece oferecer um meio de escapar às limitações da cosmovisão mecânica. Embora circunspectos em suas publicações profissionais, tanto von Neumann

* Embora esse tema invariavelmente corra o risco de atrair entusiastas periféricos, Penrose dividiu o Prêmio Wolf de física com Stephen Hawking por suas contribuições à cosmologia. Além de ser um grande matemático, fez notáveis contribuições à relatividade geral e à mecânica quântica fundamental.

quanto Turing eram sem dúvida dirigidos por um fervor que só poderia ser chamado de “espiritual”. Quando jovem, Turing escrevera:

> Nós temos uma vontade que é capaz de determinar a ação dos átomos, provavelmente numa pequena porção do cérebro, ou possivelmente nele todo. O resto do corpo age de modo a amplificar isso. Existe agora a pergunta que deve ser respondida, sobre como a ação dos outros átomos do Universo são regulados. Provavelmente pela mesma lei e simplesmente pelos efeitos remotos do espírito, mas, como eles não têm nenhum mecanismo amplificador, parecem ser regulados pelo puro acaso. *A aparente não-predestinação da física é quase uma combinação de acasos.* [grifo meu][27]

O comentário grifado deve ser reservado para referência mais adiante.

Em março de 1954, Turing enviou alguns cartões postais para um amigo íntimo, que conservou três deles, onde se lê:

> Mensagens do Mundo Invisível.
>
> O Universo é o interior do cone de luz da Criação.
>
> A ciência é a Equação Diferencial. A religião é uma condição fronteiriça.
>
> *Hiperbolóides em maravilhosa Luz*
> *rolando por eras através do Espaço e Tempo*
> *guardam essas Ondas que de algum modo poderão*
> *representar a divina pantomima de Deus.*[28]

Livros inteiros poderiam ser escritos sobre essas concisas especulações físico-espirituais. Basta dizer que Turing estava se referindo à séria tentativa do físico David Bohm que, aturdido com as implicações da mecânica quântica, buscava compreender – e expressar em termos matemáticos – como a mecânica quântica derrotara o determinismo ao apelar para as ondas de “informação ativa” que permeiam o Universo, coordenando todas as coisas numa realidade misteriosa e intencional. Rearranjos de átomos – mesmo daqueles que compõem a base biológica da mente –, rearranjos que geram ou influenciam o pensamento, que produzem o *insight* ou a ilusão, poderiam ocorrer não só porque outros átomos próximos exercem sua influência mecânica, mas porque existe a *vontade*. Invisíveis, será que talvez essas “ondas” não chegam mesmo a guiar a mão que escreve – com a mais exata “transcrição” da silenciosa pantomima produzida por aquele cuja mente está mais harmonizada com essa vontade?

Mas a vontade de quem exatamente, se é que há um "quem", é um assunto totalmente diferente. Três meses depois, Turing morria.

Weissmandl e o Projeto Ultra

Todo o esforço dedicado à decifração de um código se perde no momento em que o inimigo percebe que esse código foi "quebrado", "invadido", decifrado. (Daí as tremendas implicações relacionadas com a segurança das chaves criptográficas quânticas mencionadas acima.) Decodificar uma escrita cifrada realmente difícil é, portanto, apenas metade do trabalho; a outra metade é manter o fato em segredo. Infelizmente, um dos meios mais rápidos e fáceis de deixar esse segredo "vazar" é dar provas de que sabemos algo que só poderíamos ter sabido decodificando a escrita cifrada. Uma das mais terríveis decisões enfrentadas por qualquer estrategista militar é deixar de agir com base numa descoberta – e assim, talvez, permitir que um preço altíssimo seja pago por outras pessoas – temendo que mais tarde essa ação resulte num preço bem mais alto.

Certa vez, uma das decifrações que Turing fizera de uma mensagem no código Enigma *tinha levado* a uma ação demasiado direta e, tal como ocorrera antes com o quase desastre americano com o código japonês, por pouco não revertera o curso da vitória britânica no mar. Assumindo que os alemães ignoravam que o Enigma fora decifrado, os Aliados conseguiram enganar grande parte (mas não a totalidade) do alto-comando nazista e fazê-los crer que um ataque simulado no Dia-D era a invasão real. O sucesso desse plano dependia quase que totalmente de os Aliados terem conhecimento do que os alemães sabiam (e pensavam); e de os alemães não terem conhecimento do que o Aliados sabiam, nem que os Aliados sabiam. No momento em que Berlim percebeu o que estava acontecendo, já era tarde demais. (Rommel, conhecendo o extraordinário valor da decodificação, já percebera havia muito tempo – mas Hitler simplesmente não lhe dava ouvidos.)

Sentado no esconderijo subterrâneo, mergulhado nos antigos códigos descobertos pelos cabalistas, o Rabino Weissmandl se angustiava diante da falta de resposta dos Aliados aos seus apelos para salvar seu povo da destruição. Por que não bombardeavam as ferrovias que levavam a Auschwitz? Não era porque os Aliados não acreditassem nas informações clandestinas de Weissmandl; ele recebera cartas de confirmação. Nos anos do pós-guerra, os Aliados afirmaram repetidas vezes que não o fizeram simplesmente porque bombardear as ferrovias para Auschwitz não teria causado nenhum efeito positivo no esquema maior da estratégia de guerra; os alemães as teriam reconstruído de imediato.

Mas Weissmandl sabia que a maior parte dos altos oficiais nazistas estava profundamente consciente do preço que teriam de pagar se o mundo tomasse conhecimento de seus crimes secretos. Se as ferrovias para Auschwitz – sem nenhuma importância militar – *fossem* bombardeadas, a mensagem dos Aliados para Berlim teria sido inequívoca: Nós sabemos, e vocês pagarão. As deportações e o extermínio teriam cessado imediatamente. E Weissmandl sabia que os Aliados também tinham conhecimento disso. Então, por que eles não agiam?

Somente em 1996 foi enfim revelado que, mesmo antes de o Rabino Weissmandl ter-lhes encaminhado seus mapas clandestinos de Auschwitz, os serviços secretos britânico e norte-americano já sabiam do Holocausto – em seus mínimos detalhes burocráticos – através do Projeto Ultra, transmissões em código Enigma interceptadas e decodificadas pelos Aliados em Londres. Em junho de 1941 britânicos e norte-americanos souberam da "Solução Final", sete meses antes do começo de sua implementação; souberam do projetado ataque a Pearl Harbor com seis meses de antecedência, mas os americanos se recusaram a acreditar. Fizeram-se cálculos e chegou-se a um acordo com o próprio Churchill, havia muito um amigo do povo judeu: salvar os judeus não valia o preço de revelar aos nazistas que seu vangloriado código de guerra tinha sido invadido. Os Aliados temiam que os nazistas chegassem à conclusão de que seu horrendo segredo só poderia ter sido descoberto através da "quebra" do Enigma. Para eles, seria inconcebível que a revelação tivesse sido feita por um patético rabino eslovaco.

Mas o que deixou Weissmandl alquebrado foi o que lhe parecia, e talvez fosse mesmo, uma covarde falta de resposta dos Aliados ao seu apelo em prol do seu bem-amado povo judeu. Se fosse verdadeiro o princípio, pelo qual ele pautava sua existência, de que "salvar uma vida é salvar o mundo", o que se poderia dizer de um cálculo que deliberadamente exigia o preço de um ou dois milhões de vidas? O fato de que esse cálculo foi cuidadosamente oculto da opinião pública até novembro de 1996, e mesmo então forçado a revelar-se, contra a vontade, sugere uma resposta.[29]

A "articulação do destino" que ganhou a guerra também fechou o círculo: os cabalistas judeus tinham dado ao mundo a criptologia e todos os seus frutos; para manter essa aquisição em segredo, Auschwitz teria de ter permissão para funcionar até o fim. O que pensaria Weissmandl se tivesse vivido tempo suficiente para ver surgir um movimento poderoso que nega a existência do Holocausto? Que mostra a ausência de ação dos Aliados como prova de que o Holocausto nunca aconteceu? Que afirma que o Holocausto foi *inventado* por um homem: o Rabino Michael Ber Weissmandl?[30] O movimento de negação do Holocausto, ou qualquer outro movimento que, mesmo vagamente, pretenda provar que o Holocausto nunca aconteceu, jamais teria tido oportunidade de surgir se não fosse pela decisão dos Aliados de manter em segredo, por mais de 50 anos, todo o conhecimento que tinham do extermínio do povo judeu.

A antiga corrente subterrânea fechara o círculo; a serpente primordial mordera sua própria cauda: haveria imagem mais adequada do que a da mordida da serpente para essa cruel intersecção de tempo e eternidade na qual o Rabino Weissmandl teve de viver? Poderia o antídoto para a toxina da suprema falta de sentido ser extraído da própria mordida?

Capítulo 8

O CÓDIGO DA BÍBLIA EMERGE

> Nunca deixaremos de investigar
> e no fim de toda nossa investigação
> chegaremos ao lugar de onde partimos
> e pela primeira vez o conheceremos.
> – T. S. Eliot, *"Little Gidding"*

Durante milênios, os códigos contidos na Torah não poderiam ter sido mais do que uma informação incidental – encontrá-los era uma tarefa demasiado difícil; confirmá-los, um empreendimento quase impossível. Na verdade, a própria idéia de confirmação *estatística* é relativamente nova (e ainda desconcertante para a maioria das pessoas). Quando, no século XIII, o Rabbenu Bachya observou que "se os olhos de teu coração se abrissem, verias que [os dados codificados sobre a Lua Nova primordial] não são obra do acaso", ele estava conceitualmente muito à frente de seu tempo ao indicar a possibilidade de que pudesse ser assim. Mas ele não dispunha de ferramentas matemáticas para justificar sua afirmação. Só lhe *parecia* ser verdade. Os céticos iriam – e deveriam – tentar mostrar a realidade nua e crua: os olhos do coração sempre vêem aquilo que querem ver. Ora, o próprio Jeremias afirmou que "o coração é falso como ninguém" (Jeremias 17:9).

O que precipitou um novo e dramático período na antiga história dos Códigos não foi simplesmente a descoberta, no Levítico, do código "Aarão", nunca antes identificado (discutido no Capítulo 3); na verdade, foi a aplicação da análise estatística formal aos Códigos – e os seus inesperados resultados. Ali estava a confluência de gerações de esforços intelectuais, espirituais e científicos. A afirmação de que os códigos existiam na Torah está no próprio cerne da Cabala, a antiga tradição judaica. Dessa tradição, como vimos, desenvolveu-se a arte da criptologia e, como elemento básico para um maior desenvolvimento da criptologia, surgiu a estatística matemática. Com o passar do tempo, o sucesso da arte de criar e decifrar códigos tornou-se uma questão de vida ou morte para cada país – e, no século XX, para o mundo todo. Essas pressões forçaram o desenvolvimento dos computadores. Com todos esses elementos no seu devido lugar, tornou-se possível, pela primeira vez, reexaminar o antigo mistério. Antes do trabalho de Eliyahu Rips com o fenômeno "Aarão", nenhum código da Torah havia sido abordado dessa maneira – e nem poderia ter sido.

Mais ou menos nessa mesma época, outros cientistas israelenses se deram conta do fenômeno e começaram suas próprias investigações. Em sua maioria, eram investigações feitas em colaboração mas, como em todo esforço científico, a concorrência também começou a surgir – o que é ótimo, pois um debate estruturado entre adversários devidamente qualificados não só é o combustível emocional para o avanço científico, mas também a melhor garantia de rigor intelectual. (É bom que o trabalho que você apresentou seja de excelente qualidade, porque seu concorrente, altamente qualificado, fará um grande investimento para provar o contrário.)

Mas isso precipitou um outro tipo de debate: entre religião e ciência. Mesmo naquele estágio inicial, algumas vozes religiosas começaram a expressar a preocupação de que a ciência, ao abordar a sagrada Torah, estava pisando onde não devia. Essa foi uma reação que surgiria repetidas vezes, tanto entre pessoas de fé quanto entre os céticos. Essa dicotomia é a forma moderna da dualidade cartesiana, uma espécie de "manter-se *kosher*" [isto é, manter-se *puro*] no nível mental e psicológico – não com vasilhas separadas para a carne e o leite [como manda a ortodoxia judaica], mas com compartimentos mentais separados para ciência e fé, matéria e espírito, cabeça e coração. Mas, manter a ciência apartada da religião significa impedir que a esperança e o desejo sejam contagiados por provas sólidas. De todo modo, o primeiro dos treze princípios de Maimônides para a fé judaica afirma, "*Saiba* que existe Deus...", não apenas acredite nele. Bem, como é que se faz isso sem provas?

No final da década de 1980, o desafio de definir se a pesquisa dos Códigos era "kosher" foi apresentado a respeitadas autoridades rabínicas: teria um antigo portal, até então lacrado, sido aberto para um outro nível de significado da Torah, ou seria ele uma ilusão? Deveria esse portal ser aberto por uma chave tão fria e profana como a estatística, em princípio uma "chave mestra" que qualquer pessoa podia usar em qualquer coisa? Deveria ele, afinal, ser aberto? Assumindo que o trabalho se mostrasse cientificamente válido, quais *seriam* suas implicações religiosas? E se a pesquisa fracassasse? O que provaria, ou pareceria provar esse fracasso? Qual efeito se poderia esperar sobre o bem-estar espiritual das pessoas envolvidas na pesquisa, sem mencionar as pessoas não intimamente envolvidas – e incapazes de formar uma opinião independente?

Essas eram sérias preocupações com conseqüências potencialmente graves. Não faz muito tempo, um jovem casal judeu que pensava em retornar à ortodoxia adiou o *brit* do filho recém-nascido – a circuncisão ritual, no oitavo dia de vida, que introduz o menino na Aliança de Abraão – até a publicação de um artigo científico autorizado e comentado sobre os Códigos. Quando o artigo enfim foi publicado (ver Capítulo 12), realizaram o *brit*. Esse cenário, por uma dúzia de razões, deve ter sido o mais amargo pesadelo para algum rabino sério. A mais óbvia dessas razões é a pergunta: O que faria esse casal se mais tarde o artigo viesse a ser refutado?

Mas, nos anos 80, essas tempestades ainda não eram mais do que suaves contracorrentes do cuidadoso e desapaixonado processo de Eliyahu Rips, que testava e sondava a solidez do crescente número de descobertas. À medida que a mente passou a discernir os contornos daquilo que o coração havia muito visualizara, começaram a tomar forma os parâmetros específicos do fenômeno dos Códigos – parâmetros esses que poderiam ser claramente definidos e mensurados. Assim, o processo de busca foi aprimorado. A pesquisa começou a se tornar mais focalizada e, portanto, cada vez mais sujeita a rigoroso escrutínio e avaliação quantitativa. A investigação desestruturada pouco a pouco deu lugar à formação de hipóteses *a priori*, aos testes de controle e à análise estatística. O fenômeno começou a parecer genuíno, até mesmo para pessoas com formação científica – não só religiosa. Agora era digno de exame, mesmo ainda sendo impreciso demais para uma publicação formal e avaliação por parte de outros cientistas. Um dos parâmetros mais fundamentais que surgiram desde o início foi o do *agrupamento*.

O Agrupamento

Rips (entre outros) notara, no fenômeno "Aarão", algo que imaginou pudesse representar uma outra pista para o local onde talvez houvesse codificações significativas. Abraham Oren observara a *ausência* de referências explícitas a Aarão numa passagem específica do Levítico, mas seria muito difícil quantificar a ausência de algo (especialmente em terreno tão sutil). Mas, embora o texto não fizesse referência específica ao próprio Aarão, a *palavra* "Aarão" (em frases como "os filhos de Aarão") *estava* presente numa pequena "perturbação" encontrada no texto aberto – "texto-cifrado", no jargão criptológico – da Torah.

Assim, Rips reformulou a "hipótese" em termos mais objetivos. Era como se ele dissesse: "Talvez as palavras *codificadas* que são significativas tenham uma tendência a se agrupar na proximidade de perturbações do seu aparecimento *aberto* no texto." (Ou seja, talvez as palavras significativas do *texto-direto* [o texto oculto, a mensagem em código] se agrupem em volta de suas equivalentes no *texto-cifrado* [o texto aberto, de superfície]. Mais tarde, Rips iria concluir que o fenômeno parecia se sustentar mesmo quando a palavra do texto-cifrado não estava numa perturbação.) Ele então moldou um procedimento cuja aparência era menos a de uma simples investigação e mais a de um protocolo de pesquisa:

1. Suponha que a hipótese é verdadeira. Decida previamente (ou seja, antes da verificação) em quais locais da Torah é provável que haja palavras ocultas relacionadas com a própria passagem.
2. Selecione palavras a serem procuradas. O fato de que, no início, certas palavras serão selecionadas e outras não, está baseado nas nuanças, na história e na significação religiosa de certas palavras hebraicas encontradas na Torah e na tradição oral. A seleção pode parecer arbitrária para alguém que nunca ouviu esses "silenciosos meios-tons" de certas palavras. Mas, de um ponto de vista científico, isso na verdade não importa. O importante é que, uma vez escolhida uma passagem e uma palavra para investigação — quaisquer que sejam as premissas dessa escolha — tanto a busca das ocorrências ocultas quanto o teste estatístico devem ocorrer *depois* da seleção. Não é que Rips apenas procurasse aparecimentos coincidentes de palavras, utilizasse a estatística para identificar os aparecimentos realmente impressivos e depois jogasse fora todos os fracassos. Na verdade, era no fim do processo todo, e só então, que ele realizava uma rigorosa análise computadorizada de *todas* as palavras do Gênesis e fazia uma análise estatística do conjunto (discutido abaixo).
3. Execute as análises estatísticas das palavras selecionadas (semelhantes àquelas descritas no Capítulo 3) e também as verificações adicionais.

Mais uma vez os resultados foram surpreendentes. Rips descobriu um número, e uma proporção, extremamente grande de casos nos quais, como ele tinha suposto, *o tema corrente de uma dada passagem, representado por uma única palavra no texto de superfície* (por exemplo, a palavra "Éden" nas passagens que descrevem o Jardim do Éden), *se repetia num agrupamento incomumente grande de aparecimentos codificados daquela mesma palavra naquela mesma passagem* — com maior freqüência do que seria razoável esperar apenas por obra do acaso. Era como se *este* parágrafo tivesse sido deliberadamente escrito de modo a assegurar que a palavra "agrupamento" pudesse ser extraída dele muitas vezes, em muitos diferentes saltos eqüidistantes de letras. Temos a seguir dois exemplos mais simples, que ilustram o fenômeno:

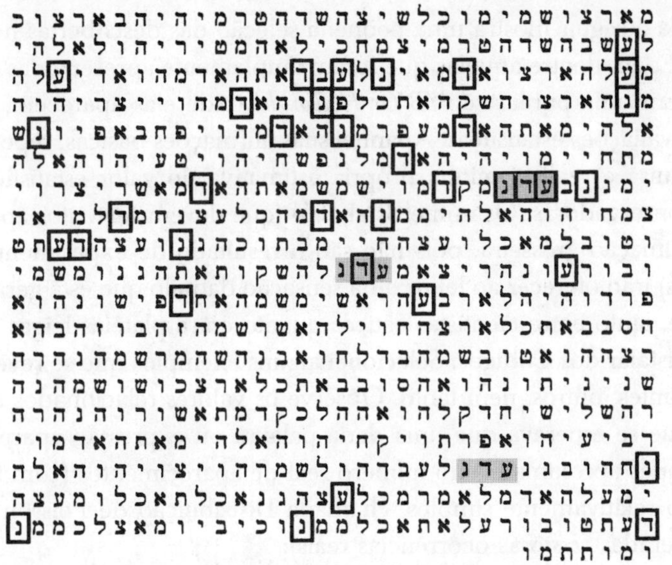

Gênesis 2:4-17 – Mostrando os três aparecimentos de "Éden" no texto de superfície (em sombreado, עדנ = EDeN), e mais dezenove "Éden"s ocultos, soletrados com vários intervalos eqüidistantes.
Muitas letras são usadas mais de uma vez.

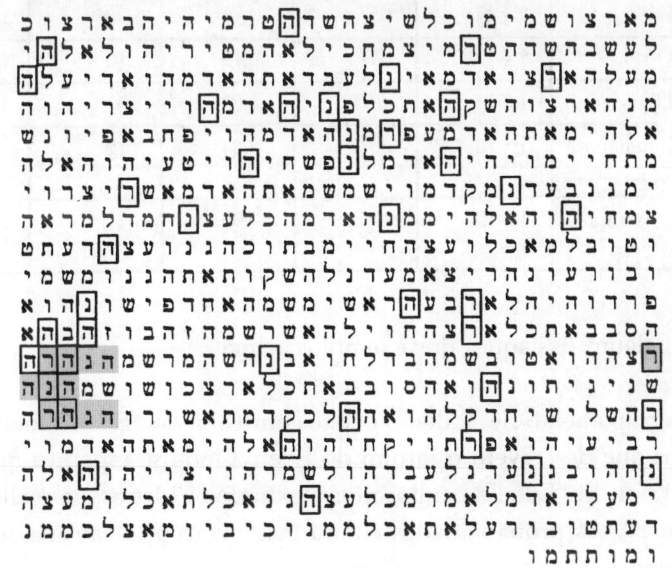

Gênesis 2:4-17 – Mostrando os três aparecimentos de "o rio" no texto de superfície (em sombreado, הנהר = HaNaHoR), e mais treze "o rio" ocultos, soletrados com vários intervalos eqüidistantes.
Muitas letras são usadas mais de uma vez.

A tabela a seguir mostra uma pequena seleção das descobertas no relato do Jardim do Éden, dentre aquelas que foram amplamente apresentadas em inúmeros foros. Em uma publicação *(B'Or HaTorah)* onde elas aparecem, os autores oferecem avaliações estatísticas. Apanhei suas afirmações básicas, repeti o processo de pesquisa e realizei minha própria estimativa do valor estatístico, usando medidas conservadoras. Os números abaixo (que devem ser vistos apenas como uma aproximação grosseira, pois não são o resultado de experimentos formais controlados) irão oferecer ao leitor uma sensação daquilo que está gerando intenso interesse, tanto entre cientistas céticos quanto entre platéias leigas que começam a ouvir falar dos Códigos. Selecionei alguns exemplos que se revelam muito impressionantes; outros, nem tanto. Observe os valores relacionados ao número de vezes que se esperava que uma dada palavra ou expressão aparecesse, e as probabilidades aproximadas do número real de aparecimentos (com base numa distribuição relativamente simples, chamada Distribuição de Poisson, das ocorrências esperadas *versus* as ocorrências reais):

Palavra hebraica oculta	Significado	Passagem do Gênesis	Nº de letras do texto	Ocorrências *esperadas* da palavra oculta	Ocorrências *reais* da palavra oculta	Probabilidades
עדן	Éden	2:4-17	657	13,16	20	1/100
הנהר	O rio	2:4-17	657	6,12	13	1/1.000
מקום	Lugar	1:6-13	407	2,05	5	1/50
מקוה	Reunião de águas	1:1-13	604	3,34	12	1/10.000
המועדים	Os tempos fixados	1:6-19	705	0,00122	1	1/70.000.000

Eis aqui alguns destaques dos exemplos acima:

- Um agrupamento de "Éden"s ocultos em volta do "Éden" aberto nas passagens que descrevem o Jardim do Éden. Onde se esperava que ocorressem 13 ou 14 "Éden"s ocultos nesse texto de 657 letras, na realidade ocorreram 20. As probabilidades contra essa ocorrência são maiores do que 100 para 1.
- Um agrupamento de "o rio", oculto em volta de "o rio" aberto, nas mesmas passagens acima, que também descrevem os rios que correm através do Jardim do Éden. Já que, em hebraico, "Éden" tem três letras e "o rio" tem quatro letras (e, ao contrário do português ou do inglês, é uma só

palavra), existe uma expectativa mensuravelmente mais baixa de encontrar a segunda palavra do que a primeira. Esperava-se que ocorressem 6 ou 7 aparecimentos ocultos de "o rio" nesse texto de 657 letras; na realidade ocorreram 13. As probabilidades contra isso são maiores do que 1.000 para 1.

- O exemplo seguinte, "lugar", é uma palavra que no hebraico tem uma nuança bem diferente do que em português ou inglês, transmitindo um sentimento de algo especial. "Lugar" aparece em aberto apenas no Gênesis 1:1-1:13. Agrupados à sua volta estão 5 aparecimentos ocultos da mesma palavra. Num texto daquela extensão, esperava-se encontrar apenas 2 ocorrências. As probabilidades contra isso são maiores do que 50 para 1.
- Doze "reunião de águas" ocultas aparecem numa seção do texto semelhante à de "lugar", mas menos do que 4 ocorrências são esperadas por obra do acaso.
- O exemplo final, "os tempos fixados", é de uma categoria diferente e indica uma linha distinta para a qual a pesquisa estava começando a convergir. Em todo o Gênesis, há uma única aparição da palavra HaMOADYM, "os tempos fixados": na mesma área do Gênesis analisada por Bachya, pelo Rabbenu Tam, pelo *Zohar* e por Weissmandl. Trata-se do trecho que descreve a criação e fixação do Sol e da Lua para estabelecer o calendário. O termo aparece novamente mais adiante, no Levítico 23, onde 70 "tempos fixados" são delineados para cada um dos dias santos especiais do calendário.* HaMOADYM é uma palavra longa e, portanto, não esperaríamos encontrá-la, e muito menos várias vezes, numa seção curta de texto. Na verdade, a expectativa de encontrar HaMOADYM oculta uma única vez que seja em *qualquer* porção das 705 letras do Gênesis (o comprimento da passagem que inclui seu único aparecimento aberto) é de cerca de 1 em 1.000. Esperava-se que ela aparecesse apenas 5 vezes em *todo* o Gênesis, um texto de 78.064 letras. Na realidade, HaMOADYM aparece na forma oculta apenas uma única vez em todo o Gênesis. Nessa única ocasião, o intervalo eqüidistante de suas letras é exatamente 70, e, centrada no trecho daquela ocorrência oculta, está precisamente sua única aparição aberta no Gênesis.

As probabilidades contra isso são maiores do que 70.000.000 para 1. Observe que esse fenômeno foi *antecipado*, não meramente descoberto e relatado após o

* 52 Shabat [sábados], 7 dias de Pessach [a Páscoa judaica], 1 dia de Shavuot (Pentecostes), 1 dia de Rosh Hashanah (a "Festa das Trombetas" do Ano Novo), 1 "Dia do Perdão" (o Iom Kipur), 7 dias de Sucot ("Cabanas") e 1 dia de Shemini Atzereth ("O oitavo [dia] de Reunião"): 52 + 7 + 1 + 1 + 1 + 7 + 1 = 70.

fato. (Babe Ruth, o famoso jogador de beisebol, perdeu uma infinidade de *home runs* [batida para fora do campo], mas todo mundo se lembra do jogo em que ele indicou de antemão para onde rebateria a bola naquele momento. Isso não teria tido significado algum se ele, depois de rebater a bola para aquela posição, alegasse que fora proposital; ou se sempre apontasse para aquela posição, às vezes rebatendo ali e muitas vezes não.)

☐ המועדים = HaMOADYM* = "os tempos fixados"

▩ מועדים = MOADYM = "tempos fixados"

Compreender esse efeito de "agrupamento" vai nos ajudar a ver que o que distingue o código da Bíblia dos tipos usuais de códigos usados pelos Serviços Secretos é o fato de que *os códigos da Torah não parecem transmitir uma mensagem oculta*. Em vez disso, eles aparentam ser um fenômeno puramente estatístico:

---

* Este aparecimento de HaMOADYM ("os tempos fixados") tem um salto de 70 letras, que é "mínimo em 100% do Gênesis". Ele contém dentro de si um aparecimento de "tempos fixados" (sem o artigo "os"), que é "mínimo em 92% do Gênesis". O significado e a importância dessa qualificação serão comentados no Capítulo 9.

dignos de nota porque surgem em situações nas quais as probabilidades contra seu aparecimento são enormes.

Dê uma olhada nos conjuntos de pontinhos abaixo. Tecnicamente, ambos os conjuntos podem ser chamados de agrupamentos, mas o conjunto à esquerda é ordenado demais para receber esse nome. Observe que *há* uma ordenação no conjunto à direita, embora essa ordem seja "imprecisa". É isso que queremos dizer por "agrupamento": uma tendência das coisas para mais ou menos se reunirem; para acontecerem de um modo ou de outro, mesmo que imperfeito. Esse fenômeno pode ser intuído com grande acuidade (nossa mente parece especialmente adequada para este propósito – detectar padrões em "ruidosos" fluxos de entrada). Mas só se consegue provar que muitos desses fenômenos são genuínos, e não ilusórios, usando métodos estatísticos bastante sofisticados. (A desvantagem dos nossos poderes de detectar padrões é a nossa tendência para inventar padrões quando tudo o que existe é o ruído. Esse é um problema muito comum quando o investimento emocional em ver um significado ou padrão é alto, e os conceitos envolvidos não são confiáveis. A religião é o território por excelência para as infiltrações desse tipo de distorção.)

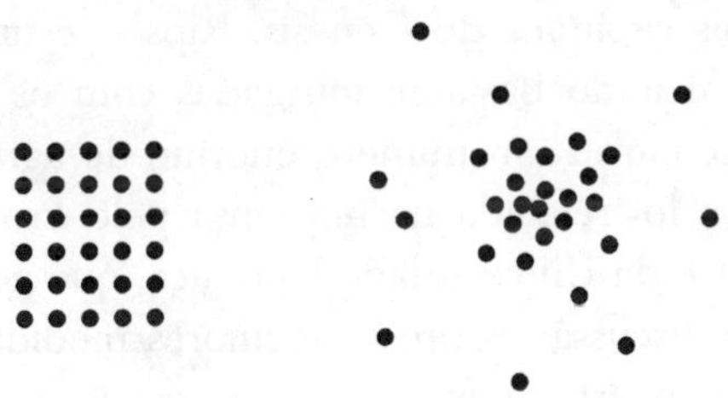

O fato de que talvez não haja uma regra rigorosamente delineada para descrever essa ordem "imprecisa" não quer dizer que não existe uma regra. Os métodos para se chegar a essas regras imprecisas são exatamente aqueles desenvolvidos pelos criptologistas ao longo dos últimos 200 ou 300 anos: não tente "adivinhar" qual é a mensagem oculta (afirmando depois que seu palpite deve estar certo porque ela faz sentido para você e porque é isso que você quer que a mensagem diga); use métodos estatísticos rigorosos *numa amostra suficientemente grande* a fim de detectar desvios "estatisticamente significativos" daquilo que poderia ser esperado apenas por obra do acaso. Esses desvios apontam para a ordem oculta; no caso de escritas cifradas e de códigos genuínos, eles apontam para a ordem *intencional*. São tantos os fenômenos que se tornam compreensíveis com esse tipo de abordagem estatística que, a partir dela, surgiu todo um novo campo de estudo chamado "lógica imprecisa", onde "bem assim", "quase", "não é bem isso" e "quase tudo" são manipulados matematicamente com a mesma precisão dos números comuns.

Seguindo esses princípios, Rips firmou sua atenção nos dois primeiros capítulos do Gênesis. Mais do que quaisquer outras, aquelas passagens sempre foram vistas pela tradição judaica como incluindo informações "escondidas" que poderiam ser extraídas através do uso dos métodos criptoanalíticos propostos pelos primeiros cabalistas e estudiosos do *Zohar*. Rips procurou, dentro desses dois capítulos, áreas onde uma palavra significativa aparecia no texto de superfície como uma perturbação das ocorrências reais, não apenas como um tópico. Ele encontrou inúmeros desses agrupamentos localizados. E então pesquisou os dois capítulos inteiros, identificando os aparecimentos ocultos dessas mesmas palavras. Mais uma vez o mesmo fenômeno pareceu vir à tona. Aparecimentos *ocultos* de uma palavra tendiam a se agrupar em volta das perturbações *abertas* dessa mesma palavra, que foram localizadas no texto-cifrado.

Enfatizemos logo que, embora essa ordenação fosse "imprecisa" em vez de exata, logo ficou evidente que era provável que ela fosse *intencional* e não, digamos, uma peculiaridade dos mecanismos da linguagem. Simplesmente não existe nenhum processo mecânico que possa, de modo plausível, fazer surgir aquele grau de agrupamento. Muitos testes subseqüentes foram rodados para verificar esse fato e, na verdade, nenhuma causa mecânica jamais foi encontrada.

Dentro desses dois capítulos do Gênesis, Rips – e um grupo crescente de pessoas que estavam ficando bastante intrigadas com os resultados, entre elas outros cientistas – encontrou um número enorme de agrupamentos, dos quais uma pequena amostra foi relatada na imprensa pelo Prof. Daniel Michaelson, matemático da UCLA e da Universidade Hebraica, que agora vive em Israel.

À parte qualquer discussão sobre as melhores medidas estatísticas a serem usadas nesses tipos de análises "imprecisas", um cético perguntaria, nessa altura, como podemos estar certos de que não houve uma seleção desproporcional de bons exemplos, com uma rejeição dos maus exemplos, que teriam sido ignorados? Isso não indica necessariamente a intenção de enganar – seria um processo inconsciente de seleção, bem conhecido dos cientistas que, sem os controles adequados, não confiam nem em si mesmos.

Cônscio dessa possibilidade, Rips, agora trabalhando com Michaelson, que fora atraído como que por um ímã para essas extraordinárias descobertas, levou a análise ao seu passo lógico seguinte. Eles examinaram *todas* as palavras daquelas seções do Gênesis – tarefa gigantesca em termos de computação, comparável ao mais sério trabalho criptoanalítico – procurando efeitos de agrupamento não diferentes daqueles encontrados por Friedman. Michaelson descreve seus resultados:

> E quanto às outras palavras? Obviamente não podemos mostrar aqui todos os resultados.* Contudo, cerca de 40% das palavras nas três páginas acima [de

* Mais de seiscentas análises independentes teriam sido necessárias.

exemplos reproduzidos por Michaelson nesse artigo] produziram um forte efeito de agrupamento. Outros 40% mostraram um agrupamento moderado. E o resto – nenhum agrupamento.[1]

Essa afirmação é extraordinária. Se uma passagem com 600 palavras mostrasse apenas um *moderado* efeito de agrupamento para 40% delas, e o resto não mostrasse nenhum, a prova de algum efeito oculto criador da ordem ainda seria esmagadora. (Se você lançar uma moeda repetidas vezes e obtiver 60% de caras e 40% de coroas, isso prova alguma predisposição oculta em favor de caras? Não, se esses resultados se basearem em apenas 10 lançamentos da moeda: uma razão 6:4 [lê-se "seis para quatro"] está bem dentro da expectativa casual para 10 lançamentos. Sabemos intuitivamente que uma razão 50:50 entre caras ou coroas não quer dizer que sempre vai ocorrer um número absolutamente igual de cada uma delas. Porém, quanto mais vezes lançamos a moeda, mais esperamos que os resultados se aproximem de 50%. Bem, e se lançarmos a moeda mil vezes e ainda obtivermos uma razão 6:4 de caras sobre coroas? Falando em termos práticos, uma razão 600:400 é uma prova clara de que alguma coisa *não* está equilibrada no procedimento. Os cassinos de Las Vegas fazem fortuna a longo prazo inclinando as probabilidades em seu favor por muito menos do que isso – para eles, um ou dois pontos percentuais são mais do que suficientes.)

Um grupo cada vez maior de cientistas, rabinos, leigos surpresos e visitantes curiosos de todo o mundo estava começando a espiar por cima dos ombros do crescente número de especialistas em ciências que agora estudavam seriamente os "exageros poéticos" dos sábios. O Dr. Moshe Katz, bioengenheiro da Technion, em Haifa, o equivalente israelita do MIT, começou a perseguir o fenômeno, primeiro em conjunto com Rips e depois independentemente. A controvérsia começou a fermentar, com cientistas e não-cientistas altamente qualificados, religiosos e leigos, alinhando-se de ambos os lados da questão: seria possível que essas descobertas fossem reais? As opiniões raramente eram moderadas. Ou o material era uma prova evidente não só da autoria divina mas também de qualquer princípio teológico que você bem entendesse (tudo ao mesmo tempo); ou senão ele era o mais completo absurdo. Contudo, o fato de Eliyahu Rips estar no primeiro lado do debate era um tanto desconcertante.

Nesse momento, estávamos em meados da década de 1980. Um estudante de física em Israel, que tinha acabado de completar sua tese de mestrado sobre a relatividade geral, também acabara de deixar a vida secular para tornar-se um *baal t'shuva*. O termo significa literalmente "mestre do arrependimento" e se refere àqueles que retornam a uma observância estrita da antiga fé. Também ele ouvira falar dos códigos da Torah e quanto mais ouvia, mais se convencia de que eram genuínos. Cauteloso, consultou seus professores e orientadores religiosos quanto à melhor maneira de pesquisar esse material – e se devia mesmo pesquisá-lo. Os rabinos o abençoaram e, com isso, ele voltou seus consideráveis dotes intelectuais para a assustadora tarefa de dar aos Códigos um sólido alicerce científico. Em pouco tempo, Doron Witztum se tornaria o mais eminente pesquisador dos Códigos em todo o mundo, elevando a técnica a um nível ainda mais alto de sofisticação e poder. Ele conseguiu provas da validade dos Códigos que começaram a alcançar os círculos editoriais científicos do mais alto nível.

Ondas ocasionais de interesse público também vinham à tona aqui e ali, mas em geral as pesquisas dos Códigos eram um assunto positivamente esotérico. A maioria dos "entusiastas" não tinha a aptidão matemática para avaliar as descobertas de modo crítico e independente; mas tinha o potencial para prejudicar as pesquisas com sua excitabilidade. Por outro lado, a maioria dos que tinham as aptidões requeridas achava que o assunto era indigno de sua consideração. O fato de estar contaminado pela religião só tornava as coisas piores.

Nesse meio-tempo, Rips e Michaelson trocaram seus trajes ocidentais pelo solidéu e as *tsitsiot*. Para Michaelson, os Códigos tinham sido uma secreta passagem de volta à fé de seus pais. Ele logo deixou os Códigos para trás e se concentrou na vivência da fé judaica: a transformação religiosa, espiritual e moral ordenada por Deus. Para Rips, os Códigos foram uma ocupação secundária de um tipo diferente, embora importante. Seu retorno ao judaísmo ortodoxo havia sido influenciado por outros fatores. Mas ambos eram versados na aptidão matemática e estatística requerida para avaliar criticamente os códigos da Bíblia. Ficaram assombrados com o que estavam encontrando. Logo, muitos outros também se assombrariam, e surgiriam muitas outras descobertas surpreendentes.

Capítulo 9

A ARQUITETURA DO JARDIM

Nos dias da sexta parte do sexto milênio, os portais do conhecimento sobrenatural se abrirão no alto, enquanto embaixo abrem-se as fontes da sabedoria secular. Assim se iniciará o processo pelo qual o mundo se preparará para entrar no sétimo milênio, o *Shabat.*

— Zohar, *Comentário sobre a destruição do mundo na época do dilúvio*

Alguns dos mais brilhantes luminares intelectuais do mundo se voltaram para examinar, com uma intensidade de raio laser, as estranhas descobertas vindas de Jerusalém. Embora um certo ponto de vista muito rigoroso nos levasse a insistir que, mesmo se fossem reais, aquelas estranhas correlações entre as camadas interna e externa da Torah não precisavam sugerir automaticamente algo "sobrenatural", a maioria das pessoas sentia algo diferente nas próprias entranhas. Uma vez que a possibilidade de influência divina era permitida, pelo menos em hipótese (e, afinal de contas, o próprio texto fazia exatamente essa afirmação), essa na verdade parecia ser uma explicação *mais* plausível do que a idéia de que, ao longo dos tempos, uma equipe de brilhantes gênios da análise combinatória, obsessivo-compulsivos e desonestos, tivesse escrito e reescrito o texto para codificar dentro dele o máximo possível de correlações extravagantes, mesmo que ninguém pudesse detectar a presença delas. As descobertas tinham alcançado tal grau de complexidade e sutileza que inevitavelmente as pessoas, ou começavam a se perguntar a respeito de Deus ou, senão, descartavam o fenômeno de uma vez por todas, alegando ser ridículo em princípio.

O impacto dramático que os Códigos pareciam estar exercendo sobre as pessoas não passou sem deixar rastros. Michaelson entrara numa *ieshivah*; Rips agora era totalmente *frum* (observante da Torah, até os mínimos detalhes). Agora, um segundo círculo de pessoas orbitava em torno dos primeiros pesquisadores dos Códigos e começava a "traduzir" as descobertas para os leigos no assunto. Transformava-se num verdadeiro dilúvio aquele fio d'água de judeus secularizados dos Estados Unidos, Canadá e de outras partes do mundo ocidental que agora retomavam o antigo manto da tradicional devoção judaica à Torah. Não poucos dentre eles eram cientistas, alguns bem preparados e eminentes, que tinham vivido décadas de grandes realizações como leigos – "qual a pessoa inteligente que leva a sério os contos de fadas da religião?", dizia um renomado médico. Hoje ele se refere a essa sua anterior visão do mundo como "secularismo de reflexo patelar".

Um dos mais influentes "portais" para esse outro mundo foi, e continua sendo, a *ieshivah* Aish HaTorah (A Chama da Torah), com sede em Jerusalém e filiais em todo o mundo. Era inegável que a pesquisa dos Códigos, a que essa escola tivera acesso, mostrou ser muitas vezes o fósforo que acendia a chama. O efeito foi explosivo.

Parecia haver uma certa espécie de "couro" mental que ficara cada vez mais grosso através das longas décadas de peregrinação no deserto do materialismo iluminado (mais ou menos quatrocentos anos, desde o começo do chamado Iluminismo). A atitude projetada por esse "couro" era mais ou menos esta: "Eu não preciso da religião; ela é para os fracos. Eu sou esperto e independente o bastante para ver através dessas – sejamos francos, *estúpidas* – ilusões, *e também sou feito de substância mais rija.*" Por exemplo, em seu vanguardista ensaio *People of the Book: Thirty Scholars Reflect on Their Jewish Identity*, a autora se refere a si mesma como "judia não-judia". Mas mesmo com esse tênue resíduo de seu antigo ser, ela sente que pode estar "capitulando a uma retrógrada e passageira política de identidade".[1] Um literato, percebendo a sede crescente de seus alunos e colegas por uma espiritualidade que fosse mais fundo do que a "desconstrução de textos", critica os anseios deles como "o triunfo do ritual sobre a razão e [...] um renascido fanatismo por seja lá o que for que nos une enquanto seres humanos".[2] Uma intelectual enfatiza que ser judeu "é [...] ser territorialista, de mente estreita, militarista e acima de tudo patriarcal".[3] E outra é concisa ao resumir o tema: "Sou judia exatamente porque não acredito em religião."[4]

Além disso, o código da Bíblia não era um milagre comum, daqueles que desafiam a análise e exigem ser aceitos pela fé. Ele deixava-se ficar ali, sem protesto nem evasão, permitindo que o virassem e revirassem de todos os modos, sujeitando-se dia após dia a todo exame que a ciência moderna podia conceber. Suas revelações não exigiam nenhum relato de segunda mão: qualquer pessoa com determinação suficiente para penetrar no mistério poderia, para todos os fins práticos, estar "presente no Sinai", tal como se diz que nossos ancestrais estiveram, testemunhando em massa o impossível que se tornava real.

Abrindo o Texto Oculto

Numa forma bem simplificada, o método de codificação através do salto de letras é de fácil compreensão e, quando usado assim por entusiastas inexperientes, produz uma infinidade de absurdos. A maior parte do verdadeiro poder do método está nas sutilezas, tal como foram descobertas ao longo dos anos, passo a passo, por muitos investigadores diferentes. A pesquisa mais séria, agora tendo Doron Witztum à frente, estava descobrindo que as codificações tinham inúmeros aspectos complexos e inesperados. Por exemplo, os intervalos eqüidistantes entre as letras podiam ser bastante grandes – às vezes, de milhares. (Esse aspecto levantou a questão de como o "agrupamento" poderia significar alguma coisa nesses casos. Isso será explicado dentro em breve.) Tornou-se evidente que, por maior que fosse o número de exemplos individuais relativamente simples encontrados antes, nenhum cético bem informado iria – e nem deveria – convencer-se da sua validade em bases científicas até chegarmos aos avanços da nossa era.

Para compreendermos o processo com clareza, vamos acompanhar uma série de aproximações, cada uma delas mais sutil e mais de acordo com o método real que a anterior. Ao acompanhá-las, iremos *grosso modo* seguir as pegadas da história dos Códigos. As primeiras descobertas são relativamente fáceis de compreender – porém difíceis, talvez impossíveis, de provar ou refutar. A plena compreensão dos métodos e resultados mais recentes exige um conhecimento sofisticado de estatística e computação. Todavia, com cuidado, qualquer pessoa consegue compreender os princípios básicos do modo como os Códigos foram descobertos.

O que significa dizer que uma coisa está "em código"?

O que exatamente é um "código" e como podemos saber que nos deparamos com um?

Para responder a essas perguntas, quando aplicadas aos códigos da Bíblia, vamos usar uma analogia da vida real. Imagine um agente secreto – um espião, que foi "infiltrado" em território inimigo para uma missão a longo prazo. Durante os prolongados anos de "exílio", nosso espião depende das ocasionais instruções que recebe de seu distante "controlador", um homem – ou talvez uma mulher – cuja identidade ele desconhece por completo. Embora o sucesso da missão do nosso agente secreto – sem mencionar seu regresso são e salvo à pátria – dependa totalmente dessas instruções, qualquer contato direto com seu controlador está fora de questão. As instruções das quais ele depende são escritas com muita engenhosidade, de modo que *não é necessário colocá-las em código*. O treinamento do espião em sua pátria, antes da sua partida, deu-lhe tudo o que ele precisava para fazer bom uso dessas instruções. Qualquer pessoa que as lesse acharia que são mensagens de caráter prático, e não perceberia seu pleno significado porque lhe faltaria a experiência profunda do espião com o contexto original delas. Nosso agente secreto só precisa ler e memorizar o sentido do texto, filtrando-o através de sua longa familiaridade.

Um dia, enfim, pouco antes da data em que ele espera ser chamado de volta à pátria, sua sorte vira: o inimigo parece ter descoberto sua existência e imaginado um estratagema esperto e cruel para estragar-lhe os planos. Quando vai ao local onde recolhe as mensagens, ele encontra não uma, como sempre, mas *dez instruções diferentes* – todas plausíveis. Ele entra em pânico: qual delas é a mensagem genuína? *Ou talvez* – já que o inimigo obviamente descobriu o que está acontecendo – *nenhuma delas seja genuína.*

Mas o pânico não dura muito. Logo ele recorda uma conversa enigmática ocorrida pouco antes de sua partida, há muitos anos: "Se alguma coisa acontecer", disseram-lhe, "lembre-se de que *você será capaz de imaginar qual o rumo que deve seguir.*" É claro que ele perguntara como. Mas antes mesmo de acabar de formular a pergunta, sua voz foi cortada por um simples levantar de mão – e um sorriso de quem sabe o que está dizendo. E então ele ouviu: *"O fato de não lhe dizermos exatamente 'como', é em si uma pista para o 'como'."*

Nos primeiros anos, nosso homem, de vez em quando, dava tratos à bola pensando nessa estranha "pista". Mas as coisas corriam bem, e por fim ele esqueceu o assunto. Agora, na urgência do momento, tudo lhe voltava à memória.

Nos dias que se seguiram, com a mente acelerada pela ansiedade, ele disseca totalmente o assunto. Ele tem alguns fatos ao seu dispor, é o que lhe disseram, e se apenas os tomar pelo que são, devem bastar. Estes são os fatos:

- Primeiro, o controlador previra a possibilidade desse problema – como verificar se uma comunicação é genuína? – e imaginara algumas maneiras sutis para resolvê-lo.
- Segundo, o controlador sempre foi extraordinariamente lógico e da mais alta engenhosidade.
- Terceiro, a misteriosa solução do controlador não exige nenhuma outra informação além das que o agente secreto tem em mãos.

Depois de alguma reflexão, nosso agente secreto deduz o seguinte: deve haver algum método para determinar, além de qualquer dúvida, qual das mensagens é a genuína. Esse método deve ser tal que não exija *nenhuma validação externa.* Há uma única maneira pela qual isso pode acontecer: o texto genuíno deve conter algum tipo de autenticação dentro de si – como a tênue marca-d'água do papel-moeda. A existência desse "seguro contra erros" exige necessariamente que o seguinte seja verdadeiro:

1. Deve haver *pelo menos um nível adicional de significado* oculto em suas instruções, nível esse que ele nunca antes observara ou procurara, porque nunca houvera necessidade disso – mesmo se sua existência tivesse sido sugerida há vários anos.
2. Qualquer nível adicional (ou níveis) de significado deve estar *disfarça-*

do; caso contrário, seria de esperar que já tivesse sido detectado, imitado e distorcido pelo inimigo, assim como imitaram e alteraram o significado superficial das instruções que ele agora recebera.

3. Qualquer outro nível de significado deve conter informações que validariam a autenticidade da mensagem genuína e de nenhuma outra. Ou seja: *deve tratar-se de informações de um tipo disponível ao autor genuíno* – o controlador – e a ninguém mais.

A partir disso, nosso agente secreto raciocina: qualquer tipo de informação significativa (texto-direto) deliberadamente inserida no texto superficial de suas instruções (texto-cifrado) deve estar na forma de uma *linguagem*. Ou seja, deve ser uma série de símbolos seqüenciados de acordo com um conjunto de regras.[5] Isso se dá porque são as regras que transformam uma seqüência de símbolos, de outro modo sem sentido, numa comunicação significativa. (Observemos também, para uso posterior, que a idéia de uma *seqüência* é a mais fundamental de todas as regras. Se você não soubesse qual letra considerar a seguir, não haveria como você compreender qualquer linguagem. Uma seqüência "linear" – uma letra depois da outra numa série ininterrupta – é a "regra" mais simples e mais óbvia, tão óbvia, na verdade, que é fácil deixarmos de vê-la.)

Que tipos de regras seriam aquelas, então? Por exemplo, todas as línguas têm regras de *ortografia*. Mas a ortografia por si só não é suficiente. *"Tente correr cabeça púrpura esquecimento estranho sim"* é uma seqüência de letras que formam, todas elas, palavras corretas no nosso idioma. Mas é uma seqüência que não faz sentido. É preciso, então, haver regras de gramática e sintaxe que permitam que as palavras formem sentenças.

Mesmo assim, embora as regras de gramática e sintaxe sejam tão necessárias para a comunicação quanto a ortografia, elas tampouco são suficientes. Por exemplo, *"Enquanto explodia, eu comi o automóvel no livro fértil"* é uma frase que não faz sentido, embora esteja correta segundo todas as regras da ortografia, gramática e sintaxe.

Na verdade, está faltando um parâmetro, o mais sutil e difícil de todos: o próprio significado. *O todo deve estar ligado por um significado que une suas partes.* Assim, por exemplo, ao contrário de *"Enquanto explodia, eu comi o automóvel no livro fértil"*, a sentença seguinte faz sentido porque seu significado é coerente como um todo: *"Enquanto repousava, eu comi o sanduíche do prato de porcelana."*

Ao contrário das regras bastante precisas que governam ortografia, gramática e sintaxe, as regras que governam o significado são especialmente "imprecisas" (tal como ocorre na disciplina computadorizada da "lógica imprecisa", em rápido desenvolvimento).

Essa imprecisão é particularmente verdadeira nos usos literários da linguagem e menos verdadeira no uso científico. A adolescente da espécie humana não é feita de hidrogênio e hélio comprimidos e incrivelmente quentes – e ainda assim Romeu declara: *Julieta é o sol.*

Tendo aberto caminho até essa conclusão básica, nosso agente secreto agora faz a pergunta com mais precisão: existe uma maneira simples de deduzir se é ou não provável que haja um *significado* codificado numa seqüência de letras, além do significado óbvio da própria seqüência "de superfície"? Isso equivale a perguntar se existe uma maneira simples de dizer se uma seqüência de símbolos é uma linguagem. De início, pode parecer que a resposta é não, uma vez que o significado na linguagem é muito fluido.

Para a pergunta "Uma seqüência é uma linguagem?", a resposta, na verdade, é um sim condicional. *É* possível dizer quão *provável* é uma seqüência de letras ser uma linguagem – uma vez que qualquer imprecisão na ordem pode ser matematicamente manipulada pelo uso das probabilidades e da estatística. Como todas as estimativas probabilísticas, ela ficará cada vez mais acurada quanto mais dados examinarmos. O método é bastante óbvio, uma vez que se afirme: se existe um padrão de comunicação significativo numa seqüência de símbolos, ele irá se mostrar *como uma tendência para as palavras significativamente correlatas se agruparem mais perto umas das outras do que as palavras não-correlatas.*

Considere as palavras que mais carregam significado nas duas sentenças do nosso exemplo: *"Enquanto explodia, eu comi o automóvel no livro fértil"* e *"Enquanto repousava, eu comi o sanduíche do prato de porcelana"*. Tomadas isoladamente, *comi*, *sanduíche*, *porcelana* e *prato* formam um agrupamento de palavras correlacionadas pelo significado. *Comi* e *sanduíche* estão intimamente relacionadas uma à outra, assim como *prato* e *porcelana*. Esses dois subagrupamentos estão ligados um ao outro pela relação mais "imprecisa" entre *sanduíche* e *prato*. Os cientistas da computação estão bem avançados no processo de implantar esses tipos de conexões probabilísticas nas máquinas.

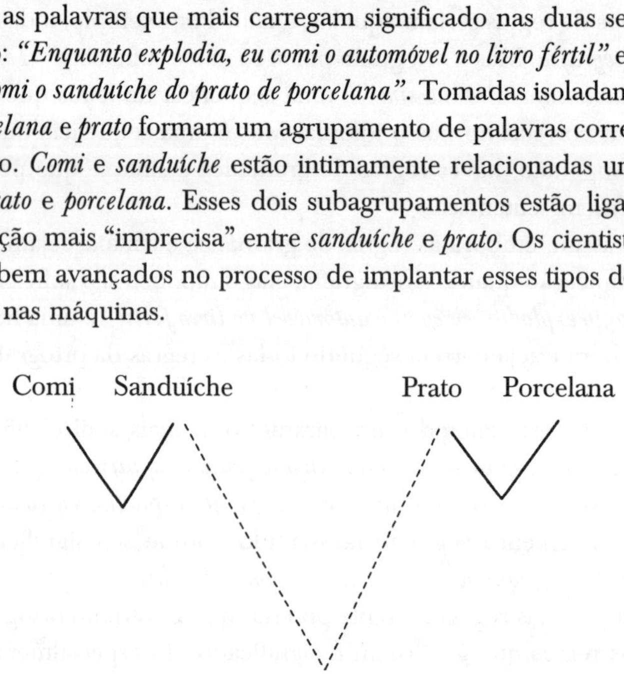

Comparando, considere as palavras que compõem *"Enquanto explodia, eu comi o automóvel no livro fértil"*. Não existe quase nenhuma relação potencialmente significativa que não seja forçada – *fértil* e *livro* talvez pudessem formar um elo metafórico em certos contextos raros; ou, numa situação extrema, você poderia encontrar *automóveis explodindo* num filme de ação, por exemplo.

Resumindo: nosso agente secreto conclui que na mensagem genuína deverá haver alguma informação codificada. Ele pode detectar sua presença descobrindo palavras com significados correlatos – uma idéia imprecisa, mas até mensurável – *que tendem a se agrupar relativamente "perto" umas das outras no texto.* Agora ele está pronto para dar o próximo passo: imaginar *qual tipo de regra codificadora* o controlador teria usado para criar essas palavras a partir da seqüência de letras que forma o texto. Tendo estudado a arte de criar e decifrar códigos – a criptologia – durante seus anos de treinamento, ele logo vê que um único tipo de esquema codificador poderia ter sido usado; todos os outros exigiriam algum tipo de chave, e deliberadamente *não* lhe deram nenhuma chave. Na verdade, disseram-lhe explicitamente que não ter nenhuma chave era a própria chave!

A partir dessa compreensão, cada peça se ajusta no seu lugar. Pois ele percebe que devem estar presentes dois outros pontos fundamentais, em perfeita harmonia. Primeiro, esse tipo de esquema deve envolver *informações que ele próprio já saiba que são verdadeiras.* Em outras palavras, ele mesmo terá de escolher o que buscar – não será alguma informação que seja nova para ele, porque o propósito desse código não é se comunicar com ele; esse código simplesmente pretende "assegurar" a validade da comunicação de superfície. E, como o nosso agente já percebeu, também deve tratar-se de uma *informação que só o controlador poderia conhecer.*

Com esse entendimento, a última pista se encaixa no lugar e ele sorri para si mesmo: ele agora compreende por que, em três ocasiões separadas antes da sua partida, o controlador lhe ordenara jantar com três indivíduos diferentes – e compreende por que nada de especial importância ocorrera durante aqueles jantares (ou assim ele pensava). O único tipo de esquema codificador que se ajusta a todos esses parâmetros funciona conforme é mostrado a seguir:

1. O controlador selecionara uma variedade de eventos, todos os quais eram conhecidos tanto dele próprio quanto de seu agente – e só deles dois. (Cada companheiro de jantar, por exemplo, só teria conhecimento de seu próprio jantar com o agente, nada saberia dos outros dois.)
2. O controlador criara uma grade como esta:

3. O controlador selecionara um conjunto de palavras que provavelmente se referiam àqueles eventos-chave de várias maneiras óbvias – nomes, datas, lugares, etc. Por exemplo, "Jim, julho [*July*]" e "Bob, junho [*June*]". E colocara essas palavras sobre a grade, *com uma variedade de espaçamentos regulares entre as letras*, mas mantendo as palavras correlatas relativamente próximas umas das outras, enquanto as palavras não-correlatas ficavam relativamente distantes umas das outras. (Ele talvez tenha usado uma Grade de Cardano.)

4. Para cada palavra, ele escolhera espaçamentos que seriam "dignos de nota" e, num certo sentido, óbvios; ou seja, espaçamentos curtos em vez de espaçamentos longos:

	B		J	O			B								J
				U										I	U
					N								M		L
						E									Y

A informação em destaque na grade, o texto-direto, era agora uma forma simplificada de dizer: "você jantou com Bob em junho e com Jim em julho."

5. Finalmente – e esta é a parte árdua, mas ele sem dúvida usou os avançadíssimos computadores da Agência para ajudá-lo – o controlador elaborara a formulação precisa da mensagem de superfície de modo a acomodar as palavras nela inseridas...

A	B	E	J	O	S	E	B	A	T	E	U	M	E	U	J
I	P	E	N	U	M	P	O	S	T	E	P	E	D	I	U
P	A	R	A	E	N	V	I	A	R	F	O	R	M	U	L
A	R	I	O	S	D	E	S	E	G	U	R	O	S	A	Y

...que agora se dissolvem na comunicação de "superfície":

A	B	E	J	O	S	E	B	A	T	E	U	M	E	U	J
I	P	E	N	U	M	P	O	S	T	E	P	E	D	I	U
P	A	R	A	E	N	V	I	A	R	F	O	R	M	U	L
A	R	I	O	S	D	E	S	E	G	U	R	O	S	A	Y

(O controlador também teria usado os computadores da Agência para assegurar que as palavras inseridas não aparecessem acidentalmente, em outro lugar, em intervalos mais curtos.) Essa mensagem de superfície não é uma mera fachada; é uma afirmação genuína e importante. Mas agora ela também serve como um texto-cifrado que contém um texto-direto oculto. O controlador então escreve a mensagem numa seqüência linear: A B E J O S E B A T E U M E U J I P E N U M P O S T E P E D I U P A R A E N V I A R F O R M U L A R I O S D E S E G U R O S A Y, acrescenta as iniciais maiúsculas, a pontuação, a acentuação e o espaçamento, e a envia da maneira usual:

> Abe:
> José bateu meu jipe num poste. Pediu para enviar formulários de seguros.
>
> A.Y.

É claro que o nosso agente secreto precisa reverter o processo. E isso exige duas coisas, se ele quiser fazê-lo com um bom grau de certeza: primeiro, ele deve formar um bom palpite quanto ao tipo de informação compartilhada que o controlador provavelmente teria codificado (já que não lhe disseram antes qual ela haveria de ser); em segundo lugar, ele precisa ser capaz de fazer algum tipo de *análise estatística* que lhe diga se aquilo que encontrou *era improvável de ter ocorrido apenas por obra do acaso* – pois um certo número dessas "codificações" (talvez um grande número delas) estão fadadas a acontecer aleatoriamente. (Nesse caso, não se trata de "codificações" de maneira alguma, mas apenas de acidentes.)

Com efeito, o agente secreto percebe que isso quer dizer que não pode haver apenas uma ou um punhado dessas "inserções" na mensagem genuína, já que um pequeno número delas certamente *irá* acontecer por acaso. Para fazer a análise estatística, ele deve encontrar um número suficientemente grande de exemplos. Na verdade, mesmo se um único "agrupamento" codificado *fosse* posto ali deliberadamente, é mais provável que não houvesse meios de distingui-lo de um agrupamento que acontecesse de estar ali por acidente. Eis como o agente secreto procederia.

O Processo de Decodificação, Passo a Passo

Nosso agente secreto não faz a menor idéia de qual é o intervalo dos saltos entre as letras – ou melhor, o*s* intervalo*s*, porque eles não precisam ser idênticos para todas as palavras; o importante é que permaneçam iguais, "eqüidistantes", dentro de cada palavra. Mas nosso agente raciocina que os intervalos de saltos eqüidistantes usados pelo controlador devem ser pequenos – na verdade, os menores possíveis. Duas razões para isso lhe ocorrem. Uma é que, se os intervalos de saltos fossem grandes, a noção de "proximidade" poderia começar a perder seu sentido. De todo modo, seria bem mais difícil de avaliar. A outra razão é que num pedaço de texto suficientemente grande, seria possível encontrar uma dada palavra muitas vezes em diferentes intervalos. O intervalo mais curto seria a maneira óbvia de marcar um aparecimento como sendo digno de nota.

Assim, nosso agente secreto procurará palavras com tendência a surgir em saltos eqüidistantes que sejam relativamente pequenos, tão perto quanto possível do mínimo (o qual, é claro, seria um intervalo de 2). Essa será então a proporção de pares de palavras correlatas (com esses intervalos que são "o menor possível") mostrando uma tendência a se agruparem umas perto das outras – ou seja, mais perto do que ocorreria por acaso.

Ele seleciona algumas palavras como prováveis candidatas, com base nos eventos que apenas ele e o controlador compartilham: "Bob" e "junho", "Jim" e "julho" (como mencionamos acima; mas também "Joan" e "maio", o terceiro jantar especial). E nosso agente secreto, sensatamente, supõe que talvez os locais onde ocorreram esses jantares também possam ter sido usados pelo controlador: não há motivo para pensar que só tenham sido usados os nomes de pessoas e meses. Assim ele cria alguns outros pares prováveis "sobrepondo-se": "Bob" e "Angus" (o nome da churrascaria onde ele e Bob jantaram), "Joan e "Burke" (a cidade no Estado da Virgínia, não longe de Langley [quartel-general da CIA], onde ele e Joan jantaram), e assim por diante. E então ele começa a procurar no texto, tal como é descrito abaixo.

Primeiro, ele elimina todos os espaçamentos, iniciais maiúsculas, acentos gráficos e pontuações da primeira mensagem, e a escreve numa grade. Com isso, "Abe: José bateu meu jipe num poste. Pediu para enviar formulários de seguros. A.Y." torna-se A B E J O S E B A T E U M E U J I P E N U M P O S T E P E D I U P A R A E N V I A R F O R M U L A R I O S D E S E G U R O S A Y, e assim é inserido seqüencialmente na grade:

A	B	E	J	O	S	E	B	A	T	E	U	M	E	U	J
I	P	E	N	U	M	P	O	S	T	E	P	E	D	I	U
P	A	R	A	E	N	V	I	A	R	F	O	R	M	U	L
A	R	I	O	S	D	E	S	E	G	U	R	O	S	A	Y

Nosso agente secreto faz o mesmo com todas as dez mensagens recebidas (pois não sabe, é claro, qual delas é a genuína). A mensagem nº 2 – "Abe: José não bateu meu jipe num poste. Pediu para não enviar o papel do seguro. A.Y." – torna-se A B E J O S E N A O B A T E U M E U J I P E N U M P O S T E P E D I U P A R A N A O E N V I A R O P A P E L D O S E G U R O A Y:

A	B	E	J	O	S	E	N	A	O	B	A	T	E	U	M
E	U	J	I	P	E	N	U	M	P	O	S	T	E	P	E
D	I	U	P	A	R	A	N	A	O	E	N	V	I	A	R
O	P	A	P	E	L	D	O	S	E	G	U	R	O	A	Y

Ele agora executa o seguinte método de decifração para todas as dez amostras e para cada conjunto de palavras prováveis que escolhera antes. Começando com a primeira palavra, "Bob", ele encontra a primeira ocorrência de sua primeira letra, "B". (Vamos usar aquela que sabemos ser uma mensagem "falsa", a segunda, mostrada acima, uma vez que já sabemos o que acontecerá com a mensagem "genuína"):

A	B	E	J	O	S	E	N	A	O	B	A	T	E	U	M
E	U	J	I	P	E	N	U	M	P	O	S	T	E	P	E
D	I	U	P	A	R	A	N	A	O	E	N	V	I	A	R
O	P	A	P	E	L	D	O	S	E	G	U	R	O	A	Y

Agora ele pula *uma* letra e vê se a seguinte é um "O", a segunda letra de "Bob". Não é (é um "J"). Se tivesse sido um "O", ele novamente pularia uma letra procurando outro "B", a letra final de "Bob". Se todas as três letras tivessem sido encontradas desse modo, ele teria localizado a primeira ocorrência (dentre muitas, talvez) de "Bob" inserido no texto com um salto eqüidistante igual a 2 (o mínimo possível). Mas já que não existe um "O" no lugar apropriado, ele recomeça com a inicial "B", procurando a *próxima* ocorrência dela no texto:

A	B	E	J	O	S	E	N	A	O	B	A	T	E	U	M
E	U	J	I	P	E	N	U	M	P	O	S	T	E	P	E
D	I	U	P	A	R	A	N	A	O	E	N	V	I	A	R
O	P	A	P	E	L	D	O	S	E	G	U	R	O	A	Y

Mais uma vez ele procura um "O" e um "B", pulando 1 letra, dessa vez começando com o segundo "B". Não encontrando um único "O", ele recomeça com o "B" seguinte (se houver) e o seguinte.

Neste caso, há apenas dois "B" no texto todo, e nenhum deles forma o começo de um "Bob" inserido num salto eqüidistante igual a 2. Assim, nosso agente secreto recomeça do início, mas agora ele investiga cada "B" em busca de "Bob" pulando 2 letras. Dessa vez, ele encontra um "O" com duas letras separando-o do primeiro "B":

A	B	E	J	O	S	E	N	A	O	B	A	T	E	U	M
E	U	J	I	P	E	N	U	M	P	O	S	T	E	P	E
D	I	U	P	A	R	A	N	A	O	E	N	V	I	A	R
O	P	A	P	E	L	D	O	S	E	G	U	R	O	A	Y

Ele pula mais duas letras, procurando o "B" final de "Bob" – mas não existe nenhum ali (há um "N"). E tampouco um pulo de 2 letras produzirá um "Bob" usando o segundo "B" como ponto de partida.

Assim, mais uma vez nada encontrando, o agente secreto repete o processo pulando 3 letras, depois 4 e assim por diante. Ele prossegue até se convencer de que a palavra "Bob" não está inserida em nenhuma distância, ou então ele *a encontra* no *seu salto eqüidistante mínimo (o mais curto).* No caso acima, do nosso exemplo "falso", a palavra "Bob" não está inserida em *nenhum* salto eqüidistante. Contudo, no exemplo "genuíno" (criado para esse propósito), nosso agente secreto encontra "Bob" inserido no pequeno salto eqüidistante igual a 3 (ou seja, pula 2 letras e pega a terceira):

A	B	E	J	O	S	E	B	A	T	E	U	M	E	U	J
I	P	E	N	U	M	P	O	S	T	E	P	E	D	I	U
P	A	R	A	E	N	V	I	A	R	F	O	R	M	U	L
A	R	I	O	S	D	E	S	E	G	U	R	O	S	A	Y

De modo semelhante, ele procura todas as palavras da sua lista, usando exatamente o mesmo método para todas as dez mensagens. Ele encontra pelo menos algumas das suas palavras de amostra inseridas em cada mensagem (pois, como já observamos, isso está fadado a acontecer de vez em quando em todo e qualquer texto, apenas por acaso); mas em nenhuma das mensagens ele encontra todas as palavras da sua lista (uma vez que o controlador, na verdade, não usou *todas* elas, pelo menos não do mesmo jeito). E tampouco o nosso agente secreto é capaz de dizer se qualquer exemplo de inserção foi deliberado ou apenas casual. Mas o fundamental é que, não importa quantos dos seus conjuntos de palavras ele encontrar nas várias mensagens, *em apenas uma única mensagem ele encontra uma proporção incomumente alta de pares de palavras significativamente correlatas que aparecem juntas no texto.* É essa proximidade incomum (definida "imprecisamente") de uma proporção incomumente grande de pares que assinala aquela mensagem como a única genuína.

Há um outro aspecto engenhoso desse método que nosso agente secreto começa a vislumbrar e, ao percebê-lo, ele sacode a cabeça numa admiração cada vez mais profunda pela inteligência do controlador. O que aconteceria se ele tivesse esquecido acidentalmente uma letra ou duas da mensagem real quando a transcrevia? Ou tivesse confundido uma letra com outra? Ao contrário de outros códigos não estatísticos, da mais alta precisão, que são decisivamente dependentes da perfeita transmissão no nível das letras, este código pode acomodar um certo número de erros sem ser totalmente truncado. É verdade que quanto mais erros mais baixa a probabilidade de se descobrir as palavras codificadas, e que muitos erros a destruirão por completo. Mas o método traz dentro de si um certo grau de "tolerância ao erro" – muito semelhante aos sistemas vivos. Na verdade, nosso agente secreto lembrou que o cérebro humano é semelhante, no sentido de que muitas das suas funções não ficam inteiramente "ligadas" ou "desligadas", como um *hardware* de computador – foi-se uma conexão e a coisa toda falha. Em vez disso, nosso cérebro se "degrada harmoniosamente", para usar o jargão da neurociência.

Entrando no Jardim

De meados ao final da década de 1980, todos os princípios contidos no exemplo acima foram identificados nos códigos da Bíblia.

- o Gênesis (bem como os outros quatro livros da Torah) podia ser tratado tanto como um texto importante do modo usual quanto como um "texto-cifrado" que continha alguma espécie de "texto-direto".
- O texto-direto aparentemente foi construído utilizando-se letras sucessivas do texto-cifrado, mas selecionadas a intervalos eqüidistantes – seqüências alfabéticas eqüidistantes, ou SAEs.
- Até esta data, pelo menos, o conteúdo do texto-direto não era uma mensagem adicional, mas uma marca confirmatória que indicava a unidade e integridade do texto-cifrado.
- O conteúdo aparecia na forma de uma tendência estatística para que as palavras selecionadas aparecessem em lugares identificados, numa freqüência maior do que ocorreria por obra do acaso.
- De início, essa tendência era para que uma única palavra aparecesse como SAE, muitas vezes, numa passagem de texto correlato.
- Mas à medida que a pesquisa prosseguiu, parecia que *duas ou mais palavras diferentes, mas correlatas*, podiam ser encontradas como SAEs, "em proximidade incomumente densa" umas das outras. A relação do significado superficial do texto com uma única palavra decodificada foi perdendo importância; a relação de proximidade de duas (ou mais) palavras diferentes decodificadas começou a parecer a característica mais distintiva do fenômeno.

O "jardim" de significados ocultos dentro da Torah foi desenhado segundo um conjunto de princípios que são apenas sugeridos nos antigos manuscritos. Agora, os pesquisadores estavam muito mais próximos de uma descrição completa. Eliyahu Rips passou a testar os princípios até então obtidos, procurando agrupamentos incomuns de palavras diferentes, mas correlatas, em locais onde – se o fenômeno fosse real – elas "deveriam" ocorrer. Dois exemplos convenientes para serem testados no Gênesis consistiam numa lista de termos: as "ervas de semente" e as árvores "que produzem fruto com semente" dadas ao homem para que se alimentasse no Jardim do Éden. Tanto as plantas quanto as árvores eram mencionadas no Gênesis, mas nenhum grupo delas era ali listado expressamente; contudo, elas eram mencionadas especificamente na tradição oral, como espécies nativas da terra de Israel. Como confirmação, talvez esses nomes estivessem codificados no Gênesis, como SAEs próximas umas das outras, com saltos relativamente pequenos entre suas letras – assim como ocorrera com a duração do ciclo lunar, necessária para propósitos religiosos.

O Jardim

Na verdade, *todas as sete espécies comestíveis de plantas com sementes que nascem na terra de Israel foram encontradas codificadas exatamente naquela passagem do texto que faz alusão a elas*, numa gama de intervalos eqüidistantes menor do que ocorria quando a mesma lista era encontrada codificada em outras partes do Gênesis; e numa quantidade menor de texto global.

Sobrepondo-se parcialmente ao final dessa seção do Gênesis (de 1:29 a 2:16-17) está uma outra porção de texto descrevendo o Jardim do Éden. Nela também há uma afirmação semelhante, dessa vez sobre os frutos comestíveis (Gênesis 2:7-3:3): "Podes comer de todas as árvores do jardim. Mas da árvore do conhecimento do bem e do mal não deves comer, porque no dia em que o fizeres serás condenado a morrer."*

Rips predisse que dentro dessas passagens também deveríamos ser capazes de encontrar o nome das árvores: todas as 25 indicadas pela tradição. Mais tarde Michaelson descreveu os resultados:

> Ele tomou todas as 25 árvores [...] e as encontrou no capítulo acima.** Antes que o leitor dê um pulo na cadeira, deixe-me explicar que palavras de três ou

* Versão do Rei James [no original em inglês].

** Na ordem de aparecimento, e sem usar as formas finais das letras hebraicas, foram elas: חטה (trigo); גפנ (videira); ענב (outra espécie de videira); ערמנ (castanheira); עבת (um arbusto emaranhado); תמר (tamareira); שטה (acácia); אטד (espinheiro-alvar); ארז (cedro); בטנ (pistache); תאנה (figueira);

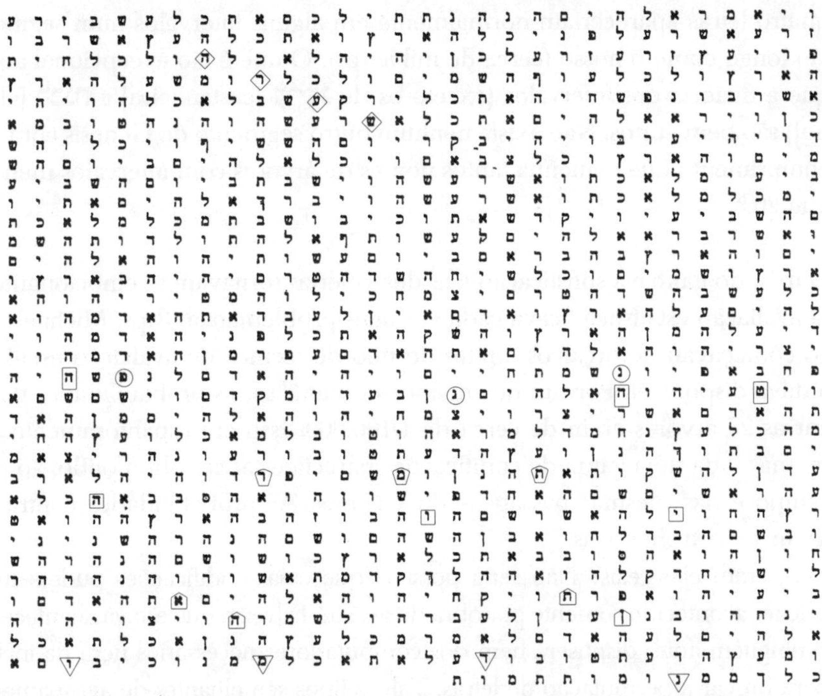

◇ (1) Cevada (שערה com -28)
□ (2) Trigo (חטה com +5)
○ (3) Videira (נפן com -18; ן é o נ [N] no final das palavras)
⬠ (4) Tamareira (תמר com +5)
□ (5) Oliveira (זית com -9)
⌂ (6) Figueira (תאנה com +14)
▽ (7) Romãzeira (רמון com +8)

As sete espécies de plantas com semente de Israel estão inseridas no Gênesis, começando em 1:29 com "Deus disse: 'Eis que vos dou toda erva de semente que existe sobre toda a face da terra, e toda árvore que produz fruto com semente...'" e terminando com "Podes comer de todas as árvores do jardim. Mas da árvore do conhecimento do bem e do mal não deves comer, porque no dia em que o fizeres serás condenado a morrer."*

ערבה (salgueiro); רמונ (romãzeira); אהלים (aloés); אשל (tamargueira); אלונ (carvalho); לבנה (choupo); קדה (cássia); שקד (amendoeira); אלה (terebinto); סנה (espinheiro [*Crataegus*]); לוז (avelãzeira); זית (oliveira); הדר (uma árvore cítrica); גפר (a incerta espécie de madeira resinosa com a qual Deus ordenou a Noé construir a Arca. A tradição oral sustenta que havia duas espécies de cedro; uma era especialmente resinosa e a outra "rochosa" em sua densidade).

* Versão do Rei James [no original em inglês].

quatro letras apareceriam normalmente em alguns intervalos num segmento tão longo como o nosso (cerca de mil letras). O que é tão excepcional aqui é que a maioria dos intervalos (exceto os de ערמן [castanheira] e לבנה [choupo]) são bem curtos. Não existe nenhum outro segmento do Gênesis com esse comprimento que contenha tantos nomes de árvores com intervalos menores que 20.[6]

O método ganhava sofisticação e as descobertas tornavam-se emocionantes – mas a avaliação estatística ficava cada vez mais problemática. Rips, Michaelson e outros começavam a forçar os limites do tipo de técnica de avaliação estatística que estava disponível. Por um dos métodos de análise, as probabilidades de encontrar as 25 árvores eram de cerca de 1/100.000. Isso era espantosamente suficiente, mas toda uma gama de codificações parecia estar se sobrepondo, ao mesmo tempo e nas mesmas passagens do Gênesis. As probabilidades contra *isso* pareciam ser astronômicas.

Mas, eram elas reais? Não seria possível que essas codificações pudessem na verdade ter acontecido somente por obra do acaso? Talvez o que estava acontecendo é que ninguém antes dispusera nem dos computadores necessários nem da inclinação para buscar a permutação de letras. Talvez tipos semelhantes de agrupamentos em distâncias mínimas pudessem ser encontrados em todo e qualquer texto.

Informalmente, os pesquisadores realizavam seguidos testes de controle, e o que podia ser encontrado em outros textos acontecia com freqüência cada vez menor. Numa base estatística, os códigos pareciam uma característica única da Torah; especialmente do Gênesis, onde a maior parte do trabalho era realizada. Testes formais ainda estavam fora do alcance. O fenômeno estava mais bem definido do que nunca antes na História, mas ainda parecia esquivo. A peça final seria colocada em seu devido lugar por Doron Witztum.

Transformações

O leitor astuto há de ter notado um "passo faltante" na nossa história do espião. Vamos imaginar que o espião tenha recebido as várias mensagens contraditórias não no papel, mas eletronicamente – talvez como uma seqüência de letras em código Morse ou como um E-mail. No primeiro caso, embora houvesse a pontuação simples (por exemplo, pontos e vírgulas), *não haveria quebra de linhas*. No segundo caso, a maior parte dos programas de E-mail "empacota" as linhas arbitrariamente: qualquer que seja o seu comprimento, a "janela" da tela do recebedor pode acomodá-lo. Ela não precisa ter o mesmo comprimento usado pelo remetente. Não há nenhum comprimento de linha absoluto.

Na verdade, assim como o nosso agente secreto removeu a pontuação e os espaços entre as palavras para transformar o texto e dar-lhe uma forma criptográfica, não existe nada absoluto quanto ao comprimento de linha da mensagem que ele recebeu. Em termos criptológicos, uma seqüência de letras é exatamente isso: uma carreira unidimensional de letras, e mais nada. Observe também que o significado de superfície da fileira, o texto-cifrado, não depende de modo algum das quebras de linhas que são usadas: ele deriva exclusivamente da seqüência uma-letra-depois-da-outra. Escreva qualquer texto como uma carreira (imaginando as letras numa fita comprida, por exemplo): você pode dispô-lo do modo que desejar. Pode até fazer com ele uma bola tridimensional; mas, desde que você não quebre a seqüência, a mensagem permanece intacta porque é fundamentalmente unidimensional.

Mas o método de inserções do controlador não só exige que a seqüência unidimensional seja recebida intacta; exige também que o correto comprimento de linha – *as dimensões da série bidimensional original* – seja descoberto. Duas palavras que estão próximas num comprimento de linha talvez não o estejam em outro. Se o controlador tivesse disposto os termos com um comprimento de linha igual a 16, como abaixo

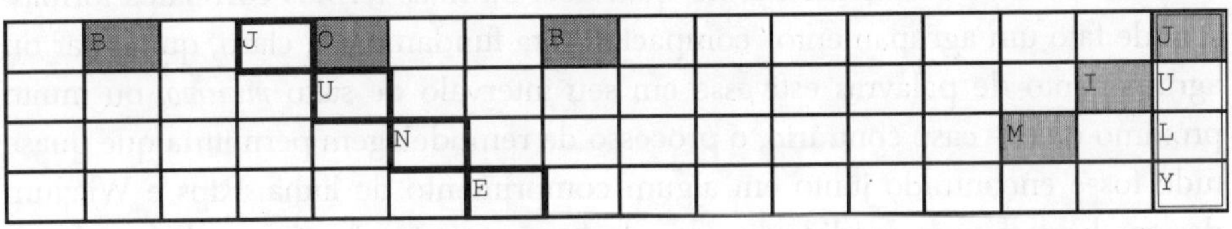

e nosso agente secreto procurasse por eles num comprimento de linha igual a 6 (sem saber que 16 era o tamanho da grade original), os resultados se mostrariam bem diferentes:

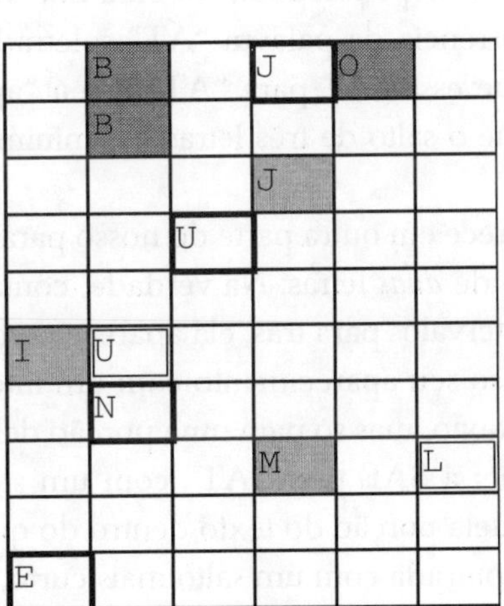

Nesse caso seria bem difícil dizer se "Jim", por exemplo, está mais próximo de "junho" ou de "julho". De fato, na série original disposta pelo controlador, a palavra "julho" forma uma clara seqüência vertical precisamente porque o comprimento de linha era igual ao intervalo entre as letras. Em outras palavras, o controlador "escreveu" deliberadamente os termos inseridos não só na costumeira forma unidimensional, mas ao mesmo tempo em *duas* dimensões. Quando a série bidimensional correta é alcançada pelo nosso espião, o padrão de palavras correlatas entra em foco.

Mais precisamente, suponhamos que eu tenha encaixado inúmeros pares de palavras *neste mesmo parágrafo* [no original em inglês]. Elas pareceriam próximas umas das outras em certos comprimentos de linha, mas não em outros. E o que aconteceria se o comprimento de linha determinado pelos artistas gráficos da Editora fosse diferente do comprimento de linha que eu usei quando criei a inserção? A proximidade – o padrão bidimensional oculto – desapareceria, muito embora o significado do texto fosse idêntico (ver p. 163):

Essa observação levou os pesquisadores dos Códigos a reconsiderar o processo de pesquisa, buscando não só o aparecimento de palavras inseridas em seus intervalos eqüidistantes mínimos, mas também buscando aquele comprimento de linha da série bidimensional no qual dois ou mais termos correlatos formassem de fato um agrupamento "compacto". Era fundamental, claro, que o par ou agrupamento de palavras estivesse em seu intervalo de salto *mínimo*, ou muito próximo dele – caso contrário, o processo de remodelagem permitiria que quase tudo fosse encontrado junto em algum comprimento de linha. Rips e Witztum desenvolveram uma medida simples de "quão mínimo" era um dado salto: a saber, a porcentagem do texto para o qual a SAE em questão não continha nenhuma outra SAE idêntica com salto menor. No exemplo imediatamente acima, a palavra "AT" ["na" limusine] é soletrada com um intervalo de três letras. Se não houvesse nenhuma ocorrência da palavra "AT" soletrada com um intervalo de duas letras, diríamos que essa SAE para "AT" é seu "aparecimento 100% mínimo", querendo dizer que o salto de três letras é o mínimo para todo o texto em questão.

Contudo, "AT" aparece em outra parte do nosso parágrafo de exemplo como uma SAE com um salto de *duas* letras. Na verdade, contando tanto os intervalos para a frente como os intervalos para trás, ela aparece com um salto de duas letras em cinco lugares. Por isso seu aparecimento com um intervalo de três letras não é mínimo para 100% do texto, mas só para uma porção dele. Essa porção pode ser quantificada como segue: a SAE para "AT" com um salto eqüidistante de três letras é mínima para aquela porção do texto dentro do qual nenhuma outra SAE para "AT" pode ser encontrada com um salto mais curto, mostrado em sombreado (ver pág. seguinte).

```
M O R E P R E C I S E L Y S U P P O S E T H A T I H A D E M
B E D D E D A N U M B E R O F P A I R S O F W O R D S I N T
H I S V E R Y P A R A G R A P H T H E Y W O U L D A P P E A
R C L O S E A T C E R T A I N L I N E L E N G T H S B U T N
O T A T O T H E R S W H A T I F T H E L I N E L E N G T H D
E T E R M I N E D B Y T H E G R A P H I C A R T I S T S A T
W I L L I A M M O R R O W W A S D I F F E R E N T T H A N T
H E L I N E L E N G T H I U S E D W H E N I C R E A T E D T
H E E M B E D D I N G T H E C L O S E N E S S T H E H I D D
E N T W O D I M E N S I O N A L P A T T E R N I N G W O U L
D D I S A P P E A R E V E N T H O U G H T H E M E A N I N G
O F T H E T E X T W O U L D B E I D E N T I C A L
```

Quatro palavras em proximidade muito estreita: *"Meet me at limo"*
("Encontre-me na limusine")

```
M O R E P R E C I S E L Y S U P P O S
E T H A T I H A D E M B E D D E D A N
U M B E R O F P A I R S O F W O R D S
I N T H I S V E R Y P A R A G R A P H
T H E Y W O U L D A P P E A R C L O S
E A T C E R T A I N L I N E L E N G T
H S B U T N O T A T O T H E R S W H A
T I F T H E L I N E L E N G T H D E T
E R M I N E D B Y T H E G R A P H I C
A R T I S T S A T W I L L I A M M O R
R O W W A S D I F F E R E N T T H A N
T H E L I N E L E N G T H I U S E D W
H E N I C R E A T E D T H E E M B E D
D I N G T H E C L O S E N E S S T H E
H I D D E N T W O D I M E N S I O N A
L P A T T E R N I N G W O U L D D I S
A P P E A R E V E N T H O U G H T H E
M E A N I N G O F T H E T E X T W O U
L D B E I D E N T I C A L
```

As mesmas quatro palavras, sem a estreita proximidade

O texto tem 355 letras; 155 delas estão em sombreado, e equivalem a 42% do texto. Daí dizermos que essa SAE para "AT" é "mínima em 42% do texto".

O método para desvendar os códigos da Bíblia inclui essa noção de codificações "mínimas" – mas não exatamente assim. É tal como o nosso agente secreto, que só precisa detectar uma *tendência* estatisticamente significativa dos agrupamentos de palavras mais próximas a se comporem de SAEs nos seus

```
M O R E P R E C I S E L Y S U P P O S E T H A T I H A D E M
B E D D E D A N U M B E R O F P A I R S O F W O R D S I N T
H I S V E R Y P A R A G R A P H T H E Y W O U L D A P P E A
R C L O S E A T C E R T A I N L I N E L E N G T H S B U T N
O T A T O T H E R S W H A T I P T H E L I N E L E N G T H D
E T E R M I N E D B Y T H E G R A P H I C A R T I S T S A T
W I L L I A M M O R R O W W A S D I F F E R E N T T H A N T
H E L I N E L E N G T H I U S E D W H E N I C R E A T E D T
H E E M B E D D I N G T H E C L O S E N E S S T H E H I D D
E N T W O D I M E N S I O N A L P A T T E R N I N G W O U L
D D I S A P P E A R E V E N T H O U G H T H E M E A N I N G
O F T H E T E X T W O U L D B E I D E N T I C A L
```

aparecimentos 100% mínimos. (Os detalhes exatos dessa medida são descritos no Apêndice Técnico C.)

Tão logo essas sutilezas foram identificadas e quantificadas pelos pesquisadores dos Códigos, os resultados surgiram de imediato: palavras intimamente relacionadas, de muitos tipos diferentes, podiam agora ser encontradas inseridas juntas quase com regularidade. Uma preocupação óbvia era que a liberdade de moldar e remoldar uma série permitia tantas manipulações que as correlações eram inevitáveis até mesmo por acaso – e, portanto, sem significação. Mas desde o início Rips e Witztum verificaram este ponto com o máximo cuidado: correlações aconteciam aleatoriamente, é claro, em qualquer texto, mas eram bem menos freqüentes em textos fora da Torah, ou com termos arbitrariamente selecionados da Torah.

O Código de Chanucah

Uma das primeiras séries que eles descobriram e apresentaram visualmente com muita freqüência, tanto nos artigos que publicaram quanto nas centenas de seminários patrocinados pela Aish HaTorah, envolvia o feriado judaico de Chanucah. A festa de Chanucah (palavra que literalmente significa "consagração") comemora a revolta da comunidade judaica contra os opressores selêucidas em 164 a.C. A vitória ocorreu no 25º dia do mês de Kislev, liderada por Judas e seus irmãos, filhos de Matatias, *cohen* levita (isto é, um sacerdote da tribo de Levi). Os sete irmãos e seus seguidores viriam a ser conhecidos como "os macabeus". Sua vitória foi totalmente inesperada e levou ao estabelecimento da dinastia dos hasmoneus, descendentes de Matatias que reinaram como reis-sacerdotes em Israel até a conquista romana. Depois da vitória, os macabeus reconsagraram o Templo, que tinha sido profanado pelo governante grego Antíoco Epífanes IV, rei da Síria, o qual se inscrevia numa longa linha de inimigos dos judeus e se considerava divino (logo, sentiu-se mortalmente ofendido quando os judeus se recusaram a adorar um homem de carne e osso). Mas a reconsagração ritual do Templo foi ameaçada por uma séria escassez do azeite sagrado usado para manter ininterruptamente acesa a *menorah* (o candelabro de sete braços). Embora houvesse estoque de azeite para um único dia, a *menorah* manteve-se milagrosamente acesa durante oito dias, até que chegasse um novo suprimento. Esses oito dias ainda são celebrados em Chanucah com uma festa de oito dias e um candelabro especial de *oito* braços.

A palavra hebraica "Chanucah" foi encontrada inserida num intervalo de 261 letras, o salto eqüidistante mínimo para mais de 80% de todo o Gênesis. Witztum e Rips dispuseram o texto em linhas com 261 letras de comprimento, de tal modo que "Chanucah" soletrava-se verticalmente. Foi somente *nesse* arranjo que uma palavra intimamente correlata também foi encontrada, soletrada com apenas uma letra de distância na vertical e em seu salto eqüidistante mínimo para 100% do Gênesis, em proximidade extraordinariamente íntima de "Chanucah". Essa segunda palavra era "Hasmoneus", o nome de família dos macabeus, os heróis de Chanucah que lideraram a revolta contra os invasores da Judéia. O nome "Judas" também surge ali, no "texto-cifrado", nessa seção do Gênesis (a história de Judite e Tamar) onde o nome é encontrado mais freqüentemente no texto de superfície da Torah. (Observe que a história de Chanucah não é contada no Gênesis e sim nos dois livros, bem mais posteriores, dos Macabeus.)

Num intervalo horizontal de duas letras, a palavra "Macabeu" cruza diretamente "Chanucah" na mesma série. Quando a série foi remoldada para cerca de um oitavo de 262 letras (feita um oitavo mais comprida e oito vezes mais alta), ainda mais palavras apareceram em agrupamentos apertados, diretamente relacionadas com a história de Chanucah: "Matatias", o pai dos macabeus; "azeite" e "vaso de azeite", o milagre central celebrado pelo acender das velas numa *menorah* de Chanucah; "velas" e a própria "menorah"; "oito dias", o número de dias em que o azeite se manteve aceso e a duração, portanto, da "celebração"; o "25º dia do mês de Kislev", a data em que Chanucah é celebrado; uma grafia alternativa de Chanucah, que, quando quebrada de modo diferente, significa "no 25º dia de Kislev eles repousaram" de seus inimigos. Mesmo sutilezas pouco conhecidas fora da comunidade judaica ortodoxa apareceram: referências ao fato de que Judas Macabeu pertencia à tribo de Levi estavam ligadas a referências sobre a destruição final dessa linhagem de reis. Sua destruição foi pré-ordenada, diz a tradição, por causa da antiga profecia – e de uma proibição a ela associada – de que os membros da casa de Levi (a estirpe dos sacerdotes) nunca deveriam ser reis.

O Código de Purim

Um conjunto semelhante de termos se agrupa em torno dos aspectos-chave de outra festa, Purim, que celebra a salvação do povo judeu na antiga Pérsia. Através da intervenção da judia Ester, que se tornara rainha, e seu heróico tio Mardoqueu, os judeus foram salvos do extermínio a que os condenara Amã, o Grão-vizir do rei Assuero [Xerxes]. Uma das muitas séries encontradas no Gênesis mostrando detalhes de seus eventos é a mostrada na p.167 com o nome "Purim", sua data ("o 13º dia do mês de Adar"), o nome de "Mardoqueu" e o nome e título da "Rainha Ester".

O Final dos Anos 80: Pressão para o Futuro

O trabalho com os Códigos prosseguia agora em duas frentes: a geral e a científica. Convencidos de que tinham encontrado a chave oculta do processo de codificação, Witztum e Rips começaram a produzir toda uma série de descobertas gerais. Muitas delas foram discutidas com platéias de cientistas israelenses bem como ante o público em geral; em 1989, Witztum publicou um livro em hebraico intitulado *HaMaimod HaNosaf* (A Dimensão Acrescentada), que apresentava quase duzentas séries e no qual ele explicava sumariamente seu conceito da "escrita bidimensional". Tal como ocorre com o exemplo de "Chanucah", a maioria dessas séries era especialmente notável na medida em que seus termos estavam relacionados pelas circunstâncias *históricas* – o nome de uma pessoa, por exemplo, e a data e local de acontecimentos fundamentais de sua vida; os detalhes de grandes acontecimentos da história – relações, em outras palavras, que só viriam a existir muitíssimo tempo depois que as letras da Torah foram escritas.* Pode-se conceber que um agrupamento de alguns "Aarão" numa passagem referente a ele ou uma lista de plantas agrupadas nas passagens referentes ao Jardim do Éden tivessem sido colocados ali por um inteligente autor humano – como os dígitos de checagem usados para validar os números dos cartões de crédito telefônicos. (O número correto precisa combinar com uma certa soma, conhecida apenas pela companhia telefônica.) Mas quem poderia ter inserido agrupamentos de palavras que só se correlacionariam, através da história, *depois do fato ocorrido?*

Witztum e Rips eram sensíveis às críticas de que a remodelagem das séries poderia parecer uma manipulação capaz de gerar praticamente qualquer coisa.

* A opinião acadêmica mais altamente crítica, que nega a tradição da transmissão a Moisés, sustenta que o texto da Torah teria sido escrito no final do exílio na Babilônia, por volta de 500 a.C.

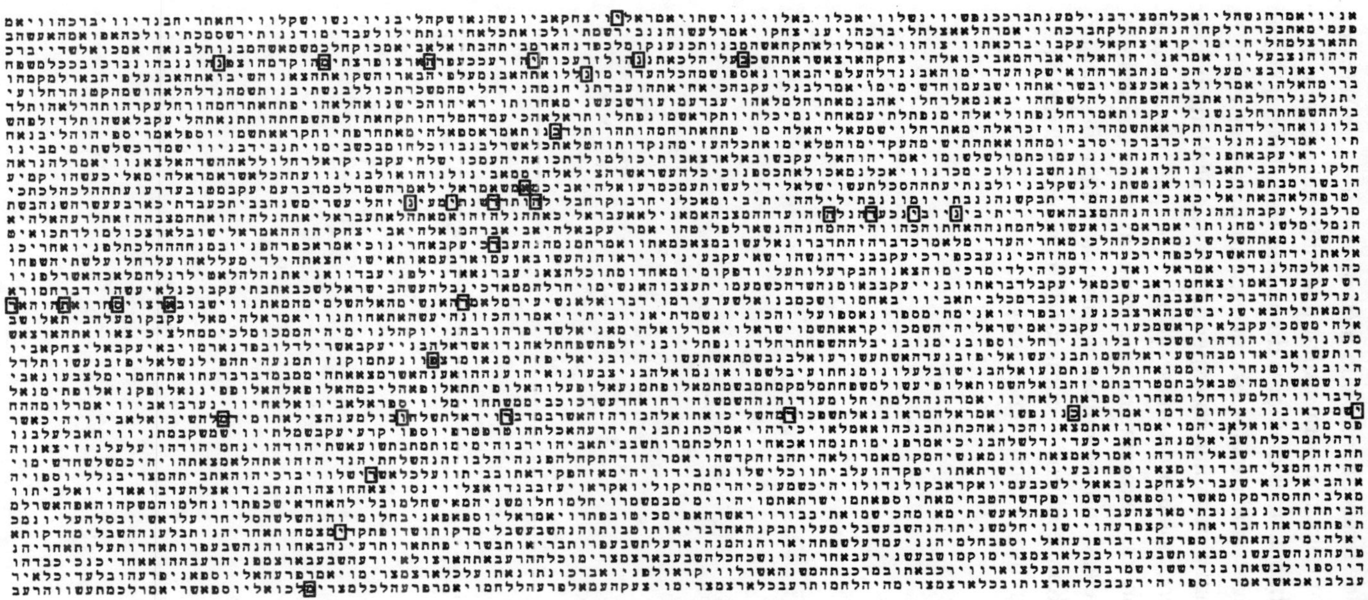

Detalhes de Purim no Gênesis: a longa frase “13º de Adar, Purim” (יגבאדאר פורים = 13 B’ADaR, PURIM) ancora uma série com as palavras “filhos de Amã” (בני המנ = B’NeI HaMaN), “o julgamento” (duas vezes; הדינ = HaDYN), “Mardoqueu” (מרדכי = MoRDeCHaY) e “Ester” (אסתר = ESTeR), todos 100% mínimos no Gênesis. Quando a série é estendida para a direita em mais 25%, aparecem termos adicionais, incluindo “A Rainha” e dois outros aparecimentos de “o julgamento”. Há cinco aparecimentos de “o julgamento” nesse mínimo. Assim, quatro deles se agrupam dentro desta única série.*

* Esta série foi descoberta pelo Autor depois de encontrar a frase “13º de Adar, Purim”.

Eles sabiam que precisavam de testes rigorosos do método. No livro de Witztum, eles ofereceram um método preliminar para avaliar a significância estatística de cada série e chegaram a probabilidades melhores do que de 1 em 1.000.000 para a maioria delas. Mas um rigor ainda maior era necessário para convencer os céticos sérios. Eles começaram a trabalhar no experimento que acabaria por ser impresso no *Statistical Science*, boletim do mais alto nível, e que Harold Gans, para sua surpresa, iria validar. Esse experimento é o tema do nosso Capítulo 12. Mas antes de chegarmos até ele, vamos examinar alguns dos códigos descobertos por Witztum, Rips, Moshe Katz e outros – começando com um exemplo-teste que nós mesmos desenvolveremos a partir da estaca zero.

Capítulo 10

A HÉLICE DO TEMPO

> Os Sábios nos dizem para estudarmos cuidadosamente a História. Pois o que aconteceu aos nossos antepassados está fadado a acontecer de novo conosco.
>
> – *O Ramban*, Comentário sobre a Torah

Rabino Abraão, "o Anjo"

As apresentações dos códigos da Bíblia entusiasmaram platéias e observadores no mundo todo. Mesmo que a natureza estatística dos Códigos limite a decifração a acontecimentos que já se tornaram parte do nosso passado, há abundantes razões para espanto – e ceticismo: os Códigos parecem incorporar informações sobre o desenrolar do futuro, num nível de detalhes nunca antes imaginado nem mesmo pelos mais ensandecidos fanáticos por profecias bíblicas populares.

À medida que eu me aprofundava cada vez mais nas complexidades dos Códigos, cujos métodos vinham se desenvolvendo ao longo dos anos, decidi tentar obter uma impressão direta deles buscando decodificações independentes, também usando dados históricos. (Especialmente porque, como veremos mais adiante, as avaliações matemáticas dos Códigos ainda estão sendo debatidas.) Descrevo a seguir os passos de uma dessas decodificações, seguindo as pistas traçadas pelo Rabino Weissmandl.

Siegmund Forst, amigo íntimo do rabino, contou-me que Weissmandl afirmara ter encontrado um número imenso de codificações eqüidistantes dos nomes dos grandes sábios. Já que aqueles trabalhos tinham sido destruídos pelos nazistas, ninguém nunca saberá como eles eram. Porém, sabemos o que Weissmandl encontrou no caso do Rambam. Relembremos que na passagem do texto em que Nachmânides (o Ramba*n*) descobrira o nome do Rambam, Weissmandl encontrou o título da principal obra do Rambam. (Ver Capítulo 6.) Parecia provável, portanto, que Weissmandl tivesse encontrado os nomes de outros sábios junto com vários detalhes de suas vidas. Esse, é claro, era o padrão básico dos dados usados por Witztum, Rips e Yoav Rosenberg – seus vários estudos formais envolvem um total de 66 pessoas diferentes. Mas eu não acredito que Witztum, Rips e Rosenberg estivessem cientes de quantos outros exemplos semelhantes foram encontrados por Weissmandl. A mim me parecia bastante provável, portanto, que – por qualquer razão – os nomes dos grandes sábios, em especial, estivessem codificados. A passagem recitada todo ano nas Grandes Festas judaicas também me veio à mente: "E em Teu nome, ó Deus Vivo, inscreve-nos no Livro da Vida..."

Por fim, por razões puramente pessoais, escolhi o nome de um membro da minha própria família, um antepassado distante sobre o qual sempre senti muita curiosidade: Abraão, "o Anjo" – em hebraico, *Avraham HaMalach.*

Meu antepassado Abraão nasceu na cidade ucraniana de Fostov, perto de Kiev, e tornou-se um *zadik* [líder espiritual] chassídico, um dos mentores do grande renascimento espiritual que empolgou a comunidade judaica do Leste Europeu nos séculos XVIII e XIX – um último grande desabrochar antes da destruição. Ele era um homem incomum e possuía uma extraordinária energia espiritual que o mantinha acima dos assuntos terrenos – ao contrário de muitos *zadikim* –, sendo porém compassivo e extremamente gentil. Certa vez, no 9º dia do mês de Av, a data que relembra as duas destruições do Templo de Salomão (e também os exílios sofridos pelo povo judeu), um visitante encontrou-o em prece. Tão angustiado era o pranto do Rabino Abraão e tão profundo seu pesar e suas súplicas aos céus, que o visitante, impressionado, de imediato compreendeu por que ele era chamado de "o Anjo". "Por certo que nenhum homem nascido de mulher", explicou mais tarde esse visitante, "poderia ter pronunciado preces tão sobrenaturais." O Rabino Abraão escreveu um único livro, *Chesed L'Avraham* ("Bondade para com Abraão"), um jogo de palavras com seu próprio nome. Ele morreu no 12º dia do mês de Tishrei.

Usando um computador, pesquisei o Gênesis em busca de "Abraão" [em hebraico, **אברהם**, *Abraham* ou *Avraham*] soletrado em intervalos eqüidistantes de letras, procurando aquele caso, dentre muitos, no qual seu nome aparecesse em seus saltos mais curtos. Dadas as freqüências reais do nome de Abraão – A (**א**), B ou V (**ב**), R (**ר**), H (**ה**) e M (**ם**) – no Gênesis, seria de esperar mais ou menos umas três mil ocorrências em todos os possíveis intervalos eqüidistantes (ou seja, entre 4 e 19.516). Como eu só estava interessado nos intervalos mínimos, não computei todos eles; mas, como verificação, observei que para os intervalos entre 2 e 1.000 (cerca de 5% de todos os intervalos), ABRHM [as consoantes hebraicas de "Abraham"] podia ser encontrado mais de três mil vezes.

Havia um único aparecimento de ABRHM num intervalo mínimo (para 100% do Gênesis) de -4 letras. Estava no Gênesis 43:11, **ויאמר אלהם ישראל אביהם אם כן אפוא זאת** ("Disse-lhes o pai Israel: 'Sendo assim, fazei o seguinte...'") Disposta numa série de uma linha, com as letras do nome de Abraão em destaque, a passagem teria este visual:

Não há nada de interesse específico nessa simples ocorrência.

Procurei então o 12º dia do mês de Tishrei, a data da morte do Rabino Abraão, escrito no formato hebraico padronizado: י״ב בתשרי (Y"B B'TiShReY). Essa palavra aparece como uma SAE (seqüência alfabética eqüidistante) somente quatro vezes no Gênesis. Seu salto eqüidistante mínimo é de 1.238 letras, começando no Gênesis 38:20 e terminando no Gênesis 43:18. Quando o nome e a data são dispostos numa série bidimensional comum, vemos imediatamente que eles formam uma configuração compacta. De fato, tanto o salto mínimo quanto o *segundo* salto mais mínimo de seu nome formam uma série compacta com a data de sua morte. Como medida bastante aproximada do grau de compactação, notamos que todos os três termos [dois do nome e um da data] estão contidos numa série retangular formada por cerca de 1% de todo o texto do Gênesis. As probabilidades de isso ocorrer por acaso são menores do que 1 em 1.000* – mais ou menos trinta vezes menos provável do que acertar o número exato num jogo de roleta.

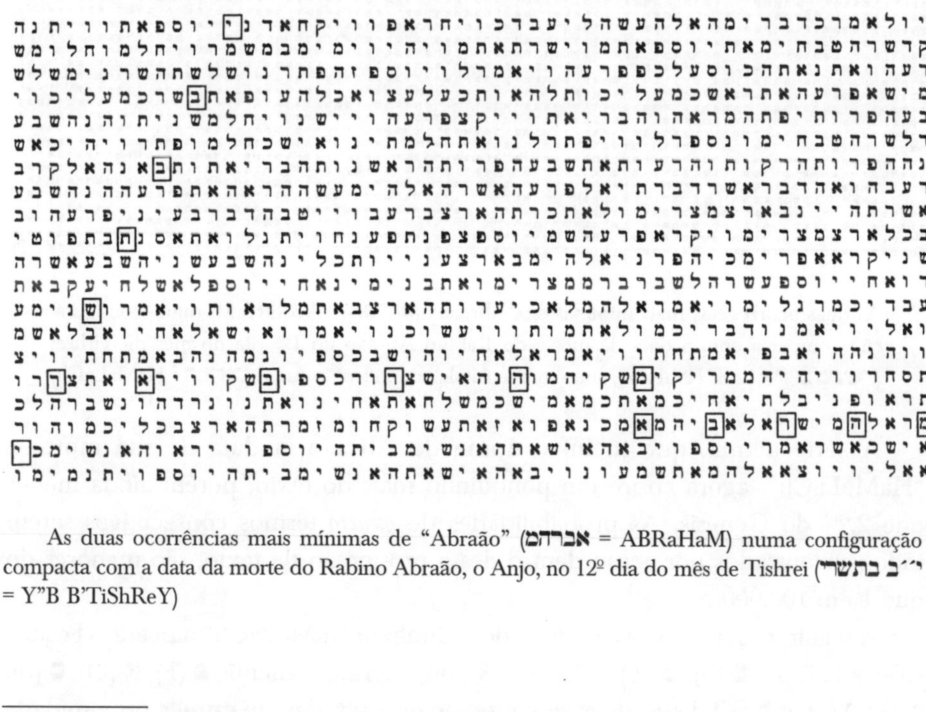

As duas ocorrências mais mínimas de "Abraão" (אברהמ = ABRaHaM) numa configuração compacta com a data da morte do Rabino Abraão, o Anjo, no 12º dia do mês de Tishrei (י״ב בתשרי = Y"B B'TiShReY)

* Levando em conta a capacidade de remoldar a série. Medidas estatísticas mais acuradas dessa probabilidade são bastante complexas – e controversas. Esses números pretendem apenas dar uma idéia geral do processo.

Se toda a grade abaixo representar o Gênesis inteiro, então a área de compactação será menor do que a área mostrada em sombreado:

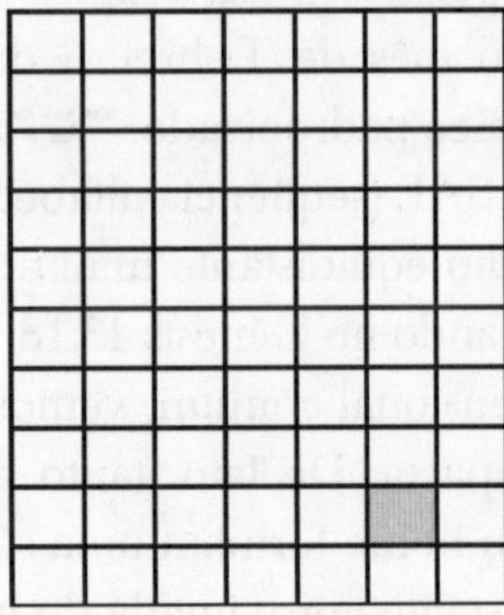

A seguir, procurei pelo título honorífico de Abraão (HaMaLaCh, “o Anjo”), soletrado ה (H), מ (M), ל (L), א (A) e כ (Ch). Ele ocorre duas vezes no Gênesis com um salto mínimo de -3, muito próximo do par composto por nome [dois aparecimentos] e data:

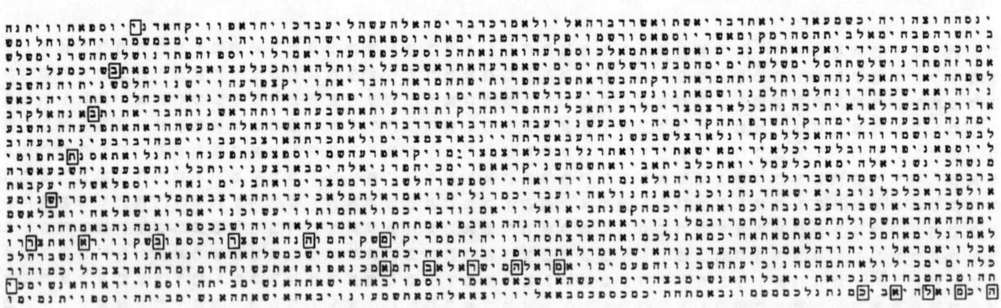

As duas ocorrências mais mínimas de “Abraão” (אברהם = ABRaHaM) numa configuração compacta com a data da morte do Rabino Abraão no 12º dia do mês de Tishrei (י״ב בתשרי = 12 B”TiShReY), junto com seu título honorífico, “o Anjo” (המלאכ = HaMaLaCh)

A série acima, que inclui o nome de Abraão, a data de sua morte e “HaMaLaCh”, agora cobre um pouquinho mais do texto, porém ainda menos que 2,2% do Gênesis. As probabilidades de *quatro* termos consecutivos serem todos encontrados por acaso dentro dessa proporção de texto, são menores do que 1 em 100.000.

A seguir, procurei pela cidade onde “Abraham HaMaLaCh” nascera – Fostov, soletrada פ (F), ס (S), ט (T), ו (O) e ב (V) ou, alternativamente, פ (F), א (O), ס (S), ט (T), ו (O) e ב (V). Essas duas variantes são encontradas em estreita proximidade do agrupamento de termos já encontrado, em seus saltos mínimos para 100% do Gênesis. Quando “Fostov” é procurada somente em combinação com o salto mínimo de "Abraão", os dois conjuntos de termos [nome do rabino e sua cidade natal] se dispõem em séries que cobrem menos do que 0,33% do Gênesis:

Aparecimento 100% mínimo de "Abraão" (אברהם = ABRaHaM) numa configuração compacta com uma grafia comum de "Fostov" (פאסטוב = FOSTOV) em seu 100% mínimo.

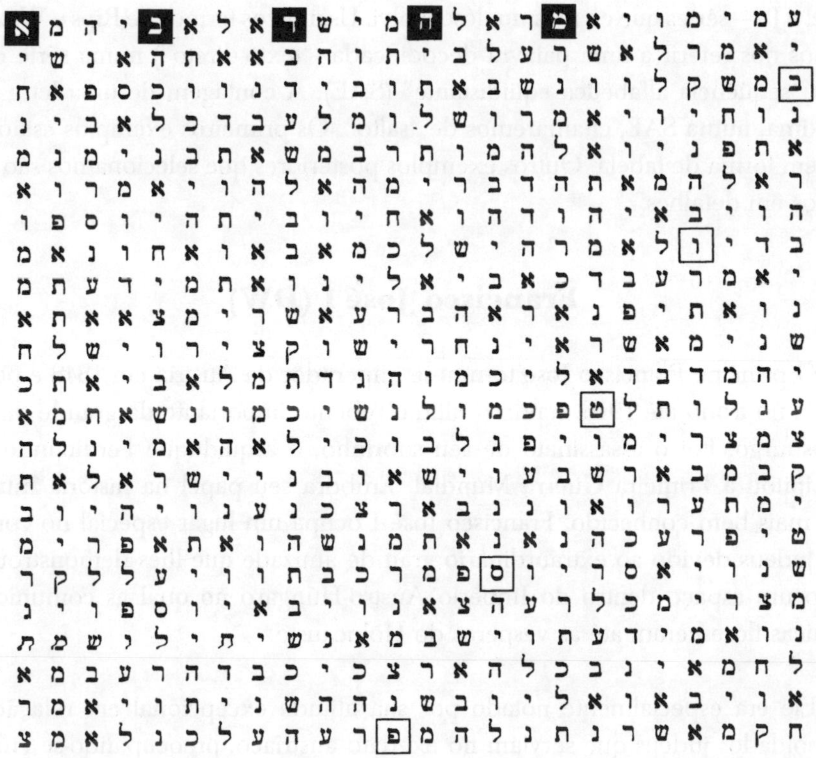

O mesmo aparecimento 100% mínimo de "Abraão" (אברהם = ABRaHaM) numa configuração compacta com uma segunda grafia comum de "Fostov" (פסטוב = FoSTOV) em seu 100% mínimo.

Todos os três termos [“Abraham”, “Fostov” e “Fstov”] estavam contidos numa área retangular de texto que era igual a cerca de 5% do Gênesis.

E então continuei a procurar pelos seguintes dados, em seqüência: o título de seu livro, “Chesed”; a data “9º de Av”, devido à significação histórica em sua vida; o aparecimento de seu nome no *próximo* intervalo eqüidistante mais curto; o aparecimento da data de sua morte em seu próximo intervalo mais curto. *Todos* esses termos foram encontrados em séries altamente compactas, relacionadas umas às outras. Não procurei nenhum outro termo.* A estimativa de tudo isso ocorrer por acaso parecia ser bem menor do que 1 em 1.000.000. Pelo menos neste exemplo, os códigos da Bíblia pareciam genuínos.

Os demais exemplos apresentados neste capítulo provêm de quatro fontes. Eles estão marcados por iniciais: DW – uma seleção das séries de Doron Witztum, dentre aquelas apresentadas extensamente pela Aish HaTorah; MK – séries encontradas por Moshe Katz e publicadas em seu recente livro *Computorah*; ER – séries encontradas por Eliyahu Rips (e outros), também incluídas no livro de Katz; e JS – séries que eu mesmo desenvolvi. Usando os termos de Rips e Witztum, vamos nos referir a uma palavra decodificada (“texto-direto”) numa série como uma “seqüência alfabética eqüidistante” (SAE). À contagem de uma letra até a próxima, numa SAE, chamaremos de “salto”. Os primeiros exemplos estão apenas em forma de tabela. Outros exemplos posteriores que selecionamos são mostrados em detalhes.

Francisco José I (DW)

O príncipe Francisco José tornou-se imperador da Áustria em 1848 e permaneceu no trono até 1916, sendo o último rebento importante da grande dinastia Habsburgo. Foi o assassinato de seu sobrinho, o arquiduque Ferdinando, que precipitou a Primeira Guerra Mundial. Embora seu papel na história mundial seja mais bem conhecido, Francisco José I ocupa um lugar especial no coração dos judeus devido ao extraordinário grau de amizade que lhes demonstrou, criando um espaço dentro do Império Austro-Húngaro no qual as comunidades judaicas floresceram até as vésperas do Holocausto:

> Ele era especialmente notado por sua atitude excepcional em relação aos soldados judeus que serviam no exército austríaco, preocupando-se em lhes fornecer comida *kosher* do mais alto padrão, assegurando-lhes acesso aos artigos religiosos necessários e permitindo-lhes total observância do Shabat. [...]

* Havia duas variantes desses termos que não apareceram ou não formaram séries compactas.

Muitos judeus, no mundo todo, referem-se a ele como "o Rei de Jerusalém" – esse, na verdade, era o título que lhe fora conferido pelos monarcas da Europa, ridicularizando sua atitude para com seus súditos judeus.[1]

Francisco José I visitou Jerusalém em 1869. Graças à sua reputação, foi recebido com grande afeto pela comunidade judaica. A ocasião foi marcada por uma bênção especial proferida pelo Rabino Meir Auerbach:

> Tão logo o coche real aproximou-se dos judeus entusiasmados que se agrupavam para dar-lhe as boas-vindas, o grande Rabino Meir Auerbach deu um passo à frente e recitou a bênção instituída por nossos Sábios para quando vemos a face de um monarca: "Abençoado és Tu, *HaShem*, nosso Deus, [...] Que concedeu Sua glória à carne e ao sangue." Um forte "amém" irrompeu do seio da multidão.[2]

As séries referentes a Francisco José, encontradas por Witztum no Gênesis, incluem a simples justaposição de "Francisco" e "José" no Gênesis 45:18 – uma passagem que descreve o bom faraó recebendo José e depois o povo judeu: "Vinde a mim e eu vos darei as terras mais férteis do Egito." A série é construída num intervalo eqüidistante de 36 letras para FRNTZ [as consoantes hebraicas de "Francisco", correspondentes ao alemão "Franz"], que é o mínimo para cerca de 90% do Livro do Gênesis:

Série 1 de Francisco José: Comprimento 36 (DW)

	Português	*Transliteração*	*Hebraico*	*Salto*	*Mínimo*
Termo 1	"Francisco"	FRaNTz	פרנצ	36	90%
Termo 2	"José"	YOSeF	יוסף	1[3]	N.D.*

Quando o comprimento da linha é dividido por quatro, essas duas palavras (sombreadas) permanecem em estreita proximidade, mas elementos adicionais entram em foco junto com elas, o mais importante dos quais é "Rei da Áustria":

Série 2 de Francisco José: Comprimento 36 ÷ 4 = 9 (DW)

	Português	*Transliteração*	*Hebraico*	*Salto*	*Mínimo*
Termo 1	"Francisco"	FRaNTz	פרנצ	36	90%
Termo 2	"José"	YOSeF	יוסף	1	N.D.
Termo 3	"Rei da Áustria"	MeLeCh AUSTRY	מלכ אוסטרי	10	100%
Termo 4	"Viena"	VYNA	וינא	9	N.D.**
Termo 5	"Na cidade de"	B'EYR	בעיר	1	N.D.

* Abreviatura de "Não disponível".

** Não é um quase-mínimo.

Quando o comprimento da linha dessa série é diminuído em três letras, de 36 para 33, a série torna-se definida por uma outra palavra que aparece verticalmente num salto de 33 × 6 = 198 letras: "Jerusalém", junto com "Auerbach":

Série 3 de Francisco José: Comprimento 33 (DW)					
	Português	*Transliteração*	*Hebraico*	*Salto*	*Mínimo*
Termo 1	"Francisco"	FRaNTz	פרנצ	36	90%
Termo 2	"José"	YOSeF	יוספ	1	N.D.
Termo 3	"Auerbach"	AUYRBaCh	אוירבכ	31	100%
Termo 4	"Jerusalém"	YeRUShaLYiM	ירושלים	33	100%

Diabete (DW)

Witztum descobriu todo um conjunto de séries compactas relacionadas com várias doenças, entre as quais antraz, AIDS e diabete. O diabete é um estado no qual o pâncreas produz uma quantidade insuficiente de insulina, substância química que nos possibilita absorver e usar os açúcares, o mais básico dos alimentos. Sem os açúcares adequados, as células definham. O diabete efetivamente causa inanição e o corpo é levado a quebrar suas próprias proteínas, liberando como subproduto uma substância chamada cetona. Em 1917, Bernhard Naunyn demonstrou pela primeira vez o elo entre o diabete e a cetona. O tratamento com insulina seguiu-se, em 1921.

A série seguinte é disposta num comprimento de linha de 5.875, o intervalo de salto eqüidistante mínimo em todo o Gênesis para a palavra "cetona" (קטונים = KeTONYM). Logo acima de "cetona" é encontrada no texto a frase "Eu aumentei a quantidade". Cruzando "cetona" está a palavra "substâncias"; e horizontalmente, num intervalo de -6 (mínimo para 100% do Gênesis) está o nome hebraico do diabete, SuKeReT (um cognato da palavra inglesa *sugar* e do árabe *as-sukkar* [açúcar]). "Naunyn", cujo papel no tratamento do diabete está mais estreitamente ligado à cetona, também está presente.

Série 1 de Diabete: Comprimento 5.875 (DW)					
	Português	*Transliteração*	*Hebraico*	*Salto*	*Mínimo*
Termo 1	"Diabete"	SuKeReT	סכרת	-6	100%
Termo 2	"Cetona"	KeTONYM	קטונים	5.875	100%
Termo 3	"Eu aumentei a quantidade"	V'HaRBYTY	והרביתי	1	N.D.
Termo 4	"Substâncias"	ChoMeRYM	חמרים	1	N.D.
Termo 5	"Naunyn"	NAUNYN	נאונינ	34	100%

A palavra central, "diabete" (sombreada), forma o elo com as séries correlatas. Assim, "insulina" aparece como SAE com um salto 100% mínimo de 3.378. Numa série de exatamente 3.378 letras, cada letra de "insulina" repousa diretamente no topo da anterior. Quando o comprimento da linha é mudado para um terço de 3.378, cada letra repousa verticalmente três letras acima da anterior. Quando a palavra central passa a ser "insulina", surge uma série com o mesmo aparecimento de SuKeReT (diabete), como na série acima, e mais a palavra hebraica para "pâncreas", todas em estreita proximidade umas com as outras.

Série 2 de Diabete: Comprimento 3.378 ÷ 3 = 1.126 (DW)					
	Português	*Transliteração*	*Hebraico*	*Salto*	*Mínimo*
Termo 1	"Diabete"	SuKeReT	סכרת	– 6	100%
Termo 2	"Insulina"	INSULYN	אנסולין	1.126	100%
Termo 3	"Pâncreas"	LaVLaV	לבלב	1	N.D.

AIDS (DW)

As séries de Witztum relativas à AIDS mostram termos tais como "AIDS" (אידס = AIDS), "morte" (מות = MaVeT), "no sangue" (בדם = B'DaM), "de macacos" (מהכופים = MeHaKUFYM), "aniquilação" (מחיה = MeChYaH), "na forma de um vírus" (בדמות וירוס = B'DiMUT VYRUS), "o HIV" (ההיו = HaHIV), "a imunidade" (החיסון = HaChYSUN), "destruído" (הרוס = HaRUS) e muitos outros mais.

Talvez, mais otimistamente, ele também encontrou a frase הקץ למחלות (HaKeTz L'MaChaLOT) – "o fim de todas as doenças".[4]

O Assassinato de Anuar Sadat (JS)

Ao longo de todo este livro, focalizamos quase exclusivamente o Gênesis, uma vez que a maior parte da pesquisa inicial foi ali realizada. Mas a tradição sustenta que os Códigos persistem pela totalidade dos Cinco Livros de Moisés. O assassinato do presidente egípcio Anuar Sadat ofereceu-me uma oportunidade para fazer minhas próprias investigações dos Códigos no Livro do Êxodo. O assassinato de Sadat foi um acontecimento divisor de águas na vida tanto de Israel quanto do Egito; o Livro do Êxodo narra uma intersecção anterior dessas duas nações. Mostraremos em detalhes as duas séries mais simples de Sadat, enquanto três séries mais complexas serão resumidas em tabelas. Todas elas estão ancoradas por um aparecimento quase-mínimo do nome "Sadat" no Livro do Êxodo.

Depois de suas dramáticas propostas em favor da paz com Israel, Sadat foi morto como resultado de uma conspiração de oficiais do exército egípcio e militantes religiosos, durante um desfile em 6 de outubro de 1981 – 8º dia do mês de Tishrei do ano de 5742, pelo calendário hebraico. O organizador da conspiração foi um homem chamado Chaled Islambooli.

O antigo termo para "assassino", que preserva sua conotação religiosa, é מכה נפש (MaKeH NeFeSh), um "matador da alma". Esse termo aparece uma vez no Êxodo em seu salto 100% mínimo de 102 letras. Imediatamente acima dele um aparecimento do nome do assassino, חאלד (ChALeD) em seu salto 100% mínimo de duas letras:

(JS)

Uma outra série está baseada no aparecimento 100% mínimo de uma forma do nome de Sadat, B'SADAT (בסאדאת), como objeto de uma ação. O salto de 3.800 serve como comprimento de linha, revelando o aparecimento 100% mínimo tanto da data em que ocorreu o assassinato de Sadat, o oitavo dia de Tishrei (חתשרי = 8 TiShReY), quanto da palavra "assassino" (רוצח = ROTzeaCh)

Série 2 de Sadat: Comprimento 3.800 (JS)					
	Português	*Transliteração*	*Hebraico*	*Salto*	*Mínimo*
Termo 1	"Um assassino"	ROTzeaCh	רוצח	21	100%
Termo 2	"Em Sadat"	B'SADAT	בסאדאת	3.800	100%
Termo 3	"8 Tishrei"	8 TiShReY	חתשרי	24	100%

Outro aparecimento da data (o 8º dia de Tishrei), em sua segunda distância de salto mínimo de 1.117 (mínimo para 40% do Êxodo), define outro comprimento de linha. Quando a série é assim remoldada, a palavra "militares" aparece, em seu salto 100% mínimo, perto do salto 100% mínimo de "oficiais" (קצינים = KaTzYNYM), também num intervalo de 1.117 letras:

Duas séries um tanto mais complexas, ligadas por esse aparecimento de "8 de Tishrei", criam um todo unificado com as outras séries (os elementos ligados estão sombreados):

Série 4 de Sadat: Comprimento 221 (JS)					
	Português	*Transliteração*	*Hebraico*	*Salto*	*Mínimo*
Termo 1	"A conspiração"	HaKeSheR	הקשר	– 6	100%
Termo 2	"Para assassinar"	HiKaH NeFeSh	הכה נפש	1.989	100%
Termo 3	"Sadat"	SADAT	סאדאת	-15	100%
Termo 4	"Desfile"	MiTzAD	מצעד	-14	76%
Termo 5	"Em 8 de Tishrei"	8 B'TiShReY	חבתשרי	1.117	40%
Termo 6	"Chaled"	ChALeD	חאלד	-2	100%

Série 5 de Sadat: Comprimento 1.002 (JS)					
	Português	*Transliteração*	*Hebraico*	*Salto*	*Mínimo*
Termo 1	"A conspiração"	HaKeSheR	הקשר	– 6	100%
Termo 2	"Para assassinar"	HiKaH NeFeSh	הכה נפש	1.989	100%
Termo 3	"Sadat"	SADAT	סאדאת	– 15	100%
Termo 4	"Pela mão de"	AL YaD	על יד	– 3	100%
Termo 5	"Um assassino"	ROTzeaCh	רוצח	21	100%

Em sua investigação dos códigos relacionados ao assassinato de Sadat (no Gênesis), Witztum encontrou os seguintes elementos, dentre muitos outros:

Séries de Sadat (DW)		
נשיא יירה	NaSYe YYReH	"um príncipe será abatido"
מצעד	MiTzAD	"um desfile"
תשמב	5742	"1981"
ירצח	YiRaTzaCh	"assassinado" [mas não um quase-mínimo]
בסאדאת	B'SADAT	"Sadat" [como objeto direto]
חתשרי	8 TiShReY	"8 de Tishrei"
קשר	KeSheR	"uma conspiração"
חאלד	ChALeD	"Chaled"

Witztum também encontrou a seguinte série compacta que inclui tanto o nome quanto o sobrenome do assassino, "Chaled Islambooli" (חאלד אסלמבלי = ChALeD ISLaMBuLi), ambos em seus saltos 100% mínimos no Gênesis. Até mesmo o jornal *New York Times* daquele dia tinha errado, reportando o nome do assassino como "Is*tan*booli".

כ ש ג ד ו ל ו א ת ה ת ב ו א א ל א ב ת

ח ת ה ע צ ו א ק ח ה פ ת ל ח מ ו ס ע ר

ת נ פ ש י ו א נ כ י ל א א ו כ ל ל ה מ

מ ד ב ר ב א ר ש ב ע ו י כ ל ו ר מ י מ

א מ ר א מ י ש א ת נ פ ש כ מ ל ק ב ר א

ו א מ ר א ל א ד נ י א ל י ל א ת ל כ ה

ר א ו ש מ ו ע ש ו א ח ר י כ מ י צ א

(DW)

O fenômeno se torna ainda mais extraordinário numa investigação mais aprofundada. "Islambooli" aparece como uma SAE duas vezes no Gênesis e uma vez no Deuteronômio; e em nenhuma outra parte. Acontece que, tal como ocorreu com o exemplo do Rabino Abraão, "o Anjo", *o segundo aparecimento mais mínimo* no Gênesis, tanto de "Islambooli" (77%) quanto de "Chaled" (74%), forma uma segunda série compacta em outra parte do Gênesis; e o aparecimento único de "Islambooli" no Deuteronômio (num salto de 10.380 letras) forma ainda outra série compacta com uma ocorrência 90% mínima de "Chaled".

A triste verdade é que uma grande parte da História trata da tragédia. É certo que a história dos códigos da Bíblia está por demais ligada à guerra, em especial às guerras visando a destruição do povo judeu. Como vimos nos primeiros capítulos, os próprios métodos que levaram à descoberta dos Códigos são, em sua maioria, ironicamente o produto da resposta a esses ataques: a História espiralando-se em volta de si mesma, contando sempre e sempre a mesma narrativa. Poderíamos prever, portanto, que essas guerras iriam aparecer, em detalhes, nos códigos da Bíblia.

Capítulo 11

AS CHAMAS DE AMALEC

Na história da humanidade, Amalec [o descendente de Esaú que foi o ancestral dos edomitas, do perverso Amã e do rei Herodes, o idumeu] simboliza o "mal supremo entre as nações" e sempre se ergue para destruir Israel quando o tempo de redenção é iminente. "Mas seu fim será a aniquilação eterna", pois o mal e aqueles que incorporam seus valores estão destinados à não-existência.[1]

No coração humano, Amalec é o poder que "congela" o homem, fazendo-o ver apenas o "acaso absurdo" e, portanto, negar uma consciência ética e a perfeição moral que ela acarreta.

No espaço físico, Amalec jurou impedir o povo judeu de habitar a Terra de Israel.

– Rabino Tzadok HaCohen (1823-1900)

Rebeca foi informada de que carregava em seu ventre duas nações – Jacó e Esaú – que representariam duas diferentes formas de governo social. Um Estado construiria sua grandeza sobre o espírito e a moral; o outro buscaria sua grandeza na astúcia e na força. Espírito e força, moralidade e violência: eles se opõem um ao outro desde o nascimento. Toda a História nada mais é que uma luta para ver quem vencerá: se o espírito ou a espada, se Cesaréia ou Jerusalém.

– Rabino Samson Rafael Hirsch (1808-1888),
Comentário sobre o nascimento dos gêmeos Jacó e Esaú

A guerra pela dominação do mundo será travada inteiramente entre nós e os judeus. Todo o resto é fachada e ilusão.

– Adolf Hitler

"SheSheCh": A Guerra do Golfo, 1991

Tão logo tomam conhecimento dos códigos da Bíblia, quase todas as pessoas se perguntam se eles poderiam ser usados para predizer o futuro. Na verdade, o peculiar método de codificação parece excluir essa possibilidade: os Códigos só surgem *quando você encontra SAEs para dois ou mais fatos correlatos que você decidiu procurar*, sobre um acontecimento ou uma data. Se você conhece um acontecimento mas não sua data, por exemplo, você talvez encontre esse acontecimento em algum salto (mínimo); mas, e daí? Você pode encontrar inúmeras datas arbitrariamente selecionadas bastante próximas de qualquer SAE. É o fato de *uma* data real aparecer surpreendentemente próxima do acontecimento, com uma freqüência extraordinária, que constitui o Código. Para ser conhecida da pessoa que a busca, a data já deve estar no passado *dessa pessoa.*

Essa "limitação" característica do fenômeno harmoniza-se com aquilo que a própria Torah diz sobre qualquer tipo de leitura do futuro: sem afirmar que é sempre impossível, a Torah afirma que é estritamente proibido. (Se *fosse* impossível, dificilmente haveria uma necessidade de proibição. A relutância dos cabalistas em compartilhar suas descobertas sempre se baseou, em parte, no fato de que seus métodos costumavam ser desvirtuados e usados para essa finalidade.) Todavia, há histórias circulando no cenário da comunidade dos Códigos que sugerem, muito sutilmente, a existência de algo nesse sentido. A maior importância dessas histórias, contudo – se os relatos são verdadeiros – tem a ver com uma lição que elas podem nos ensinar a respeito da natureza do tempo e de nosso próprio papel no desenrolar da História, tema esse a que retornaremos nos capítulos finais. Uma dessas histórias diz respeito a uma série de Códigos relacionados com a Guerra do Golfo. Ouvi diversas variações, mais ou menos consistentes, da mesma história, algumas de fontes fidedignas, mas nenhuma das quais querendo confirmá-la inequivocamente, muito menos em público.

Na verdade, mais de um dos investigadores dos Códigos têm laços íntimos com os serviços de criptologia dentro do renomado Serviço Secreto de Israel, o Mossad, e em outras agências semelhantes. (Em vista da história dos Códigos que você agora conhece, isso não deve causar-lhe surpresa.) Talvez o envolvimento do Mossad seja verdadeiro, ou parcialmente verdadeiro; talvez seja apenas uma lenda em germinação. Uma fonte disse-me categoricamente que, se eu o citasse, ele negaria a conexão. Mas apesar disso, sim, disse ele, nos pontos essenciais aconteceu mesmo como é descrito abaixo. Os Códigos relacionados com essa história, é claro, estão à disposição para exame – e já foram vistos por milhares de pessoas no mundo todo.

A Guerra do Golfo foi uma guerra incomum para Israel. Embora tenha sido precipitada pela tentativa de Sadam Hussein de conquistar o Kuwait, Israel era o alvo final. "Deslocamentos tectônicos" nas alianças internacionais e influências locais de poder tinham colocado Israel no centro de uma situação altamente instável: sua vantagem militar residia agora quase que apenas no elemento surpresa. Assim como o Japão ganhara uma vantagem crucial (embora breve) sobre os Estados Unidos, mais poderosos, ao atacar Pearl Harbor, assim também a única maneira pela qual Israel poderia triunfar sobre os imensos exércitos dispostos contra ele seria destruindo a ameaça antecipadamente (como ocorrera em 1967). No entanto, Israel estava sendo solicitado pelos Estados Unidos e seus aliados a não só deixar de atacar como também *a não se defender se fosse atacado primeiro.* Tratava-se de um pedido extraordinário, cujo risco era quase impossível de ser avaliado por qualquer pessoa no Ocidente.

Nesse meio-tempo, Sadam Hussein obtivera um arsenal de mísseis Scud russos e os modificara para ampliar seu raio de ação. O "Scud B" agora poderia facilmente atingir qualquer alvo em Israel. Hussein ameaçava usar a Guerra do Golfo como pretexto para destruir os centros populacionais israelenses com ogivas carregadas de armas químicas.

Não era uma ameaça vazia. Como parte do meu treinamento, no exército dos Estados Unidos, em defesa contra guerra nuclear, biológica e química, eu tivera oportunidade de estudar fotografias dos efeitos dos modernos agentes químicos sobre populações civis. Essas populações eram os próprios súditos de Sadam Hussein: ele resolvera o problema da inquietação política nas regiões curdas do Iraque apontando para aldeias, cidades e zonas rurais uma variedade de armas químicas e, literalmente, varrera do mapa homens, mulheres e crianças. Tendo visto essas fotografias, e conhecendo o tipo e o alcance letal que Sadam infligira sem hesitação ao seu próprio povo com suas próprias armas, é difícil imaginar o que ele *não* estaria querendo fazer aos judeus, na odiada nação de Israel.

Era evidente, mesmo naquela época, que Hussein estava bem avançado no desenvolvimento de armas nucleares. Mas nenhuma delas, nem o arsenal de gás venenoso, constituía a preocupação mais séria. O perigo maior – nunca sequer mencionado fora dos círculos militares – era o rápido desenvolvimento alcançado por Hussein nas armas *biológicas*. (O fato de que ele realmente vinha desenvolvendo um amplo programa de guerra biológica – disfarçado sob seu programa nuclear – só foi revelado ao público em 1994. Os serviços secretos estavam bem cientes desse fato havia muito tempo.) Apesar disso, os israelenses concordaram em não retaliar se – ou melhor, *quando*, pois era certo ocorrer – Hussein lançasse seus mísseis Scud.

A tensão em Israel era inimaginável. Sua concordância em não se defender criara uma situação extraordinária: não haveria como impedir os ferimentos e as mortes causados pelo simples efeito explosivo das detonações do Scud B; não havia defesa adequada contra os agentes biológicos – mais provavelmente antraz modificado – e Sadam ainda não dispunha de suficiente poderio nuclear. Assim, todo o esforço de defesa civil de Israel foi necessariamente dirigido para os agentes químicos, pois Sadam tinha mais prática e habilidade em lançá-los.

Existem de fato algumas boas defesas contra um ataque com armas químicas: todo soldado norte-americano é instruído no uso do traje, máscara, antídotos e procedimentos de descontaminação da guerra química. Usada de modo apropriado e em tempo hábil, a máscara contra gás pode, por si só, impedir uma grande proporção de danos e mortes. Por isso, elas foram distribuídas *a todos os habitantes de Israel.*

Havia apenas um grande problema: do oeste do Iraque a Tel-Aviv a distância é menor do que 650 quilômetros. Uma vez lançado, um Scud B voaria menos de

12 minutos até o impacto. Mesmo se a detecção por satélite pudesse identificar infalivelmente cada míssil lançado, o tempo ainda seria curto demais para ativar o processo de informação, confirmá-lo, transmiti-lo às autoridades israelenses, verificar o pretenso destino do míssil em vôo,[2] alertar a população civil e permitir que esta se protegesse de modo adequado – mesmo se todo mundo mantivesse uma máscara contra gás ao seu lado 24 horas por dia.

Mas a alternativa era impossível: *usar* a máscara contra gás 24 horas por dia. O problema básico resumia-se nisto: nas semanas e meses anteriores ao primeiro ataque inevitável, seria física e psicologicamente devastador para a população de Israel permanecer num estado de alerta máximo. Se tivesse que funcionar ininterruptamente nessas condições, toda a economia do país poderia ser arruinada, destruída, sem que um único tiro fosse disparado.

Nesse conjunto singular de circunstâncias, uma informação secreta seria da maior importância prática: *em que dia iriam cair os primeiros mísseis?* Se fosse possível identificar essa data, ou mesmo uma lista de datas prováveis, então a população poderia ser colocada em estado de alerta máximo só nelas, em vez de continuamente.

É aqui que entra aquela história impossível de ser verificada. Certos pesquisadores dos Códigos, cujos nomes são mantidos em segredo, teriam se encontrado com os agentes do Mossad para discutir a possibilidade de descobrir a data do primeiro ataque dos mísseis Scud. Os Códigos relacionados com a situação que se desenvolvia no Golfo já tinham sido encontrados. A data do ataque decisivo a Israel não fora encontrada, é claro, porque o ataque ainda não acontecera. Os Códigos só podem revelar uma correlação estatisticamente significativa entre dados *conhecidos*. Se você ainda não conhece a data associada a um certo acontecimento (ou pessoa), *você não pode procurar por ela* e muito menos mensurar sua significância estatística.

Haveria um meio de contornar essa limitação? (Tenha em mente que para salvar uma vida, talvez milhares de vidas, não há quase nenhum mandamento na Torah que não possa ser deixado de lado. Na verdade, foi esse mandamento que o Rabino Weissmandl obedeceu em todos os seus esforços para salvar seu povo durante o Holocausto.)

Os pesquisadores sugeriram a seguinte possibilidade, mesmo sendo "imprecisa". Eles sabiam onde os Códigos relacionados com a situação do Golfo poderiam ser encontrados. Através de técnicas de coleta de informações secretas e considerações estratégicas, o Mossad e os militares israelenses já tinham elaborado uma lista de possíveis datas para o ataque. Três delas se destacavam como as mais prováveis. Por falta de datas reais conhecidas, essas datas possíveis poderiam ser consideradas como "informação já conhecida". Elas não eram "as datas do acontecimento", mas "datas identificadas como prováveis pelo Mossad".

Talvez se *uma* dessas datas se destinasse a ser "real" (sendo a data real do ataque vindouro), então apenas ela apareceria em agrupamento com outros termos relacionados com o Golfo. E se uma dessas datas realmente aparecesse, talvez esse fato em si mesmo (supondo que os Códigos eram genuínos) sugerisse que essa era a data real.

O que eles encontraram foi extraordinário: *todas as três* datas prováveis, e *somente* elas, foram de fato encontradas numa configuração compacta com outros termos relacionados com o Golfo. Uma dessas três datas era, é claro, a mais próxima. Era o 3º dia do mês de Shevat do ano de 5751 – sexta-feira, 18 de janeiro de 1991. Ela acabou sendo a data real do primeiro ataque dos mísseis Scud.

As Séries do Golfo

O mundo ocidental vê Sadam Hussein principalmente como um tirano oportunista impelido pelas motivações materialistas que ele, o Ocidente, encontra em si mesmo: a busca por dominação, poder, riqueza, vantagem militar, território. Mas talvez essa seja apenas uma imagem parcial do modo como o próprio Sadam vê a si mesmo. Assim como nos últimos anos da Segunda Guerra Mundial os nazistas desviaram uma parte imensa de seus recursos, que se exauriam com rapidez, para transportar, concentrar e exterminar os judeus por razões histórico-religiosas (detalhadas no *Mein Kampf* [Minha Luta] de Hitler), também Sadam Hussein gastou as enormes receitas obtidas com o petróleo reconstruindo as antigas ruínas da Babilônia para transformá-la novamente numa cidade habitável – só que colocou o seu próprio rosto adornando as paredes, em lugar do rosto de Nabucodonosor. Ele parece ver a si mesmo como o moderno *avatar* [reencarnação] do grande governante da antiga Babilônia: Nabucodonosor, o homem que conquistou Jerusalém, destruiu o Templo de Salomão e expulsou os judeus para seu primeiro exílio. Sadam vê seu papel como sendo religioso na essência e histórico no alcance. Sua meta parece ferozmente concentrada na eterna batalha com Israel.

Relembremos que no Capítulo 7 apontamos dois indícios, na Bíblia, do antigo método de codificação chamado Atbash (no qual a primeira letra do alfabeto torna-se a última, a segunda torna-se a penúltima, e assim por diante). Esses dois indícios, e mais um terceiro, ocorrem no contexto dessa mesma batalha entre Israel e a Babilônia. Do "vinho da cólera do Senhor" dado às nações, predisse o profeta Jeremias, "o rei de *Sesac* beberá depois deles" (Jeremias 25:26). E mais adiante, "Como *Sesac* foi tomada, como foi conquistada a glória de toda a terra? Como se tornou a Babilônia um lugar desolado entre as nações?!" (51:41). Em outra passagem (51:1), o profeta exclama: "Eis que eu suscitarei contra Babilônia e contra os habitantes da *Caldéia (Lev-Kamay)* um vento destruidor" (grifo meu).

Uma permutação através do Atbash converte "Babilônia" (בבל = BaVeL) em "Sesac" (ששך = SheSheCh), e Caldéia (כשדים = ChaShDYM, o nome arcaico da Babilônia) em "LeV-Kamai" (לב קמי = LeV KaMaY), que significa literalmente "o coração de meu inimigo".*

O nome de Sadam (transliterado do árabe para o hebraico é literalmente "Tzadam") aparece no Gênesis como uma SAE com um intervalo 100% mínimo de 7 letras (צדאם = TzaDAM). Há um número surpreendentemente pequeno de aparecimentos da palavra "Sesac" em seu salto 100% mínimo de 2 letras. Um deles forma uma série extremamente compacta com "Tzadam", ocupando menos de 1/2.500 do texto de Gênesis:

(JS)

Quando o comprimento da linha é mudado para 37, a localização da capital de "Sesac" reconstruída por "Tzadam" — "em Bagdá" (בבגדד = B'BaGDaD), aparece nas proximidades em seu único salto 100% mínimo de 75 letras:

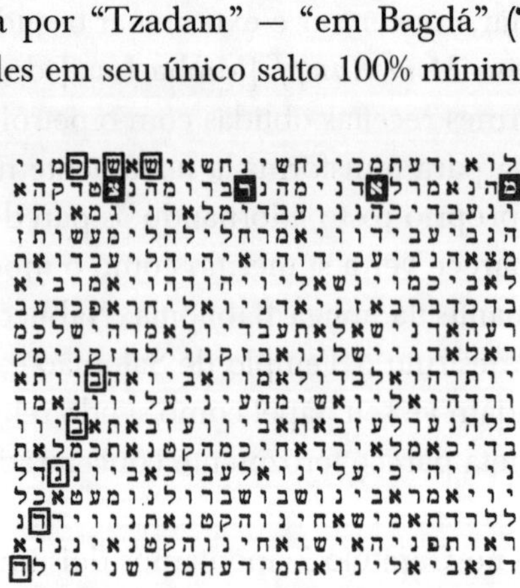

Quando o comprimento da linha é mudado para 75, as codificações em Atbash para "coração de" (לב = LeV) e "meu inimigo" (קמי = KaMaY, soletrada de trás

* A letra ב (*bet*) pode ser pronunciada como "B" ou como "V". Em "Babilônia", בבל é pronunciado "BaVeL", com o ב tomando as duas pronúncias. Em לב קמי, o ב é pronunciado como um "V", de modo que a palavra é realmente LeV KaMaY.

para a frente) aparecem no texto-cifrado em estreita proximidade com os outros três termos:

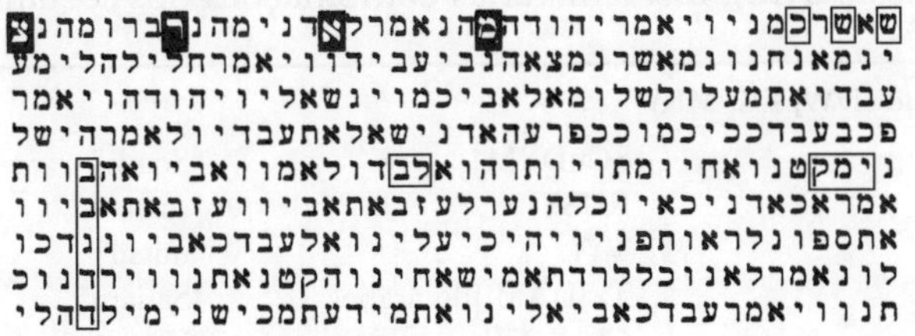

O primeiro ataque dos mísseis Scud sobre Tel-Aviv ocorreu no 3º dia do mês de Shevat (גבשבט = 3 B'SheVaT). Há cinco aparecimentos no Gênesis de SAEs da palavra hebraica para "míssil" (טיל = TYL) em seu salto 100% mínimo de +2 ou -2. Dois deles formam séries compactas com o único aparecimento 100% mínimo de "o terceiro de Shevat" e "no terceiro de Shevat", num intervalo de 258. Um deles é mostrado abaixo com um "T" (ט) compartilhado, extraído de uma série com comprimento de linha igual a 256:

(MK)

Quando o comprimento da linha é mudado para 263, as mesmas palavras ressurgem em estreita proximidade de "Scud B" (סקאדב = SKUDB) com um salto de -15 em seu único aparecimento 100% mínimo no Gênesis. O Dr. Moshe Katz, que publicou inúmeras séries correlatas durante a Guerra do Golfo, observa que dentro do âmbito desse aparecimento de "Scud B" está o adjetivo "russo" (רוסי = RUSY), dirigindo-se para trás num "salto" de -1.[3] Existem apenas dois desses aparecimentos com salto de -1 nas SAEs para "russo" no Gênesis; este é o único para mais de 97% do texto:

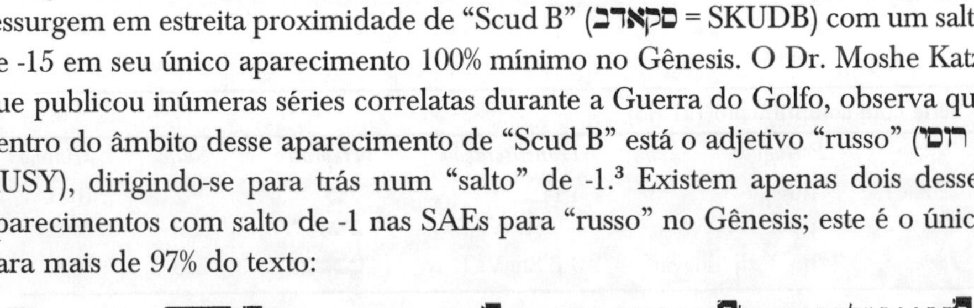

Séries concatenadas adicionais, encontradas por Witztum no Gênesis (conforme foi relatado, mas não publicado, pela Aish HaTorah), por Rips e por Katz (publicadas neste livro), incluem várias combinações dos seguintes elementos:

Séries do Golfo (DW, ER, MK)		
סקדים	SCuDYM*	"Scuds"
רוסי	RUSY	"russo"
טיל	TYL	"míssil"
צדאם	TzaDAM [do árabe]	"Sadam"
חסין	ChuSeYN	"Hussein"
גשבט	3 ShVaT	"3º de Shevat" [data do ataque do primeiro Scud]
עירק	EYRaQ	"Iraque"
סאדאם	SADAM	"Sadam"
בשבט	2 ShVaT	"2 de Shevat" [data do começo da guerra]
שורצקופ	ShVaRTzKOF	"Schwarzkopf"
אמריקה	AMeRYKA	"América" [Estados Unidos]
בסעודיה	B'SAUDYaH	"na Arábia Saudita"

Katz chegou a reportar o encontro das expressões "CNN", "Peter" e "Arnett" em proximidade espantosamente estreita no Livro dos Números. "CNN" aparece como um mínimo para 80% de todos os Cinco Livros de Moisés; tanto "Peter" quanto "Arnett", para 57%. Esses dois últimos nomes ocorrem literalmente no topo um do outro em saltos de -4 e +2, atravessando um total de apenas 15 letras: menos de 1/20.000 do texto da Torah.

Séries correlatas adicionais no Gênesis (com os elementos comuns em sombreado) incluem:

Série com comprimento 121 (JS)					
	Português	*Transliteração*	*Hebraico*	*Salto*	*Mínimo*
Termo 1	"míssil"	TYL	טיל	2	100%
Termo 2	"para Tel-Aviv"	L'TeL AVYV	לתל אביב	853	100%
Termo 3	"no 3º de Shevat"	3 B'SheVaT	גבשבט	258	100%

Quando o comprimento da linha é aumentado para o salto mínimo de "para Tel-Aviv" (853):

* Esta é a grafia mais comum, não "completa", com a letra muda opcional *(mater lexionis)*, א, ausente no plural.

Série com comprimento 853 (JS)					
	Português	*Transliteração*	*Hebraico*	*Salto*	*Mínimo*
Termo 1	"para Tel-Aviv"	L'TeL AVYV	לתל אביב	853	100%
Termo 2	"5751" [1991 d.C.]	5751	תשנא	-3	100%

E quando o comprimento da linha é igual a 342:

Série com comprimento 342 (JS)					
	Português	*Transliteração*	*Hebraico*	*Salto*	*Mínimo*
Termo 1	"míssil" (2 vezes)	TYL	טיל	2	100%
Termo 2	"no 3º de Shevat"	3 B'SheVaT	גבשבט	258	100%
Termo 3	"Iraque"	EYRAQ	עראק	6	100%
Termo 4	"Scud" (e "Scud B")*	SKUD SKUDB	סקאד סקאדב	15	100% (ambos)
Termo 5	"Scud"	SKuDYM	סקדים	-17	100%
Termo 6	"para Israel"	L'YSRAeL	לישראל	-15	100%
Termo 7	"em Tel-Aviv"	B'TeL AVYV	בתל אביב	1.028	100%

Além disso, encontrei toda uma série no Gênesis relacionando os nomes e datas das principais figuras envolvidas na antiga conquista babilônica de Israel com a tentativa de Sadam Hussein de repetir a História. (A significância dos vários nomes, datas e grafias pode ser encontrada na Nota 4, no final deste volume.)

Séries do Golfo relacionadas com a antiga Babilônia (JS)[4]	
Termo	*Mínimo*
(Nabu)codonosor	100%
"Chefe dos carniceiros"	100%
(Nabu)zaradan	100%
"Carniceiro"	100%
9º de Av	100%
Tzadam (Sadam)	100%
Em Bagdá	100%
1991	100%
Míssil	100%

Vi um documento que, embora não fosse para distribuição ou atribuição, afirmava inequivocadamente que "aquela data" – o 3º de Shevat, dia em que os primeiros Scuds foram de fato lançados e caíram sobre Israel – "tinha sido encontrada *antes* que a guerra começasse". O conteúdo desse documento foi confirma-

* Tanto "Scud" como "Scud B" estão em seu salto 100% mínimo na mesma localização.

do mais tarde, após a guerra, numa entrevista gravada em áudio com um dos principais personagens envolvidos.

Mas há uma sutileza nessa história. Lembre-se de que o 3º de Shevat era uma das *três* datas supostamente identificadas pelo Serviço Secreto israelense como as mais prováveis para o previsto ataque de Sadam. Essa data estava compactamente agrupada com os outros Códigos relacionados com o Golfo, descobertos antes, quando a situação local tornara-se crítica por causa do ataque de Sadam ao Kuwait. Mas, e quanto às outras duas datas? Simplesmente estavam erradas?

As outras duas datas também tinham sido encontradas em estreita relação com os mesmos agrupamentos. Tal como aconteceu, a data real do ataque foi a que estava mais próxima. Mas se (a) o Serviço Secreto israelense tivesse fracassado em identificar a primeira das três datas; e (b) o ataque tivesse ocorrido em uma das outras duas datas que foram identificadas? Na verdade, não há como saber se não foi exatamente isso o que aconteceu *de fato*. Ou seja, pode ter havido ainda para o ataque outras datas possíveis que não foram identificadas e, portanto, não poderiam ter sido procuradas.

O fato de várias datas potenciais (mas não necessariamente *todas* as datas potenciais) terem sido identificadas em estreita proximidade com o acontecimento e de uma delas ter sido a data real, sendo também a mais próxima dentre três datas possíveis, sugere uma maneira totalmente diferente de se compreender como "o tempo e o acaso ocorrem". Voltaremos a esse assunto no nosso último capítulo, quando analisaremos as implicações dos Códigos sobre a natureza do nosso mundo. Veremos ali que a inesperada relação sugerida nos Códigos entre "acaso", escolha humana e predestinação, reflete a antiga visão judaica de "profecia" e talvez também alguns modernos conhecimentos científicos, como os que se formaram ao longo do último século.

Diante do perigo mortal com que se defrontava Israel durante o conflito do Golfo, teriam o Mossad e o governo israelense utilizado os Códigos de alguma maneira? Ou os teriam descartado como absurdos? Será que os acontecimentos descritos acima ocorreram mesmo? Provavelmente nunca saberemos com certeza.

Que tenham ocorrido não é de todo inconcebível, pelas seguintes razões. Primeiro, como mencionamos no Capítulo 1, nos últimos tempos o Mossad estava querendo encontrar-se com outro grupo de pessoas para discutir os Códigos em relação à atual tensão no Oriente Médio. Em segundo lugar, o próprio Doron Witztum fez mais de uma apresentação sobre os Códigos para a Academia de Ciências de Israel (que também publicou algumas de suas pesquisas). Terceiro, é provável que a disponibilidade para levar em consideração a importância dos Códigos seja bem maior em Israel do que em qualquer outro lugar.

Mas, em quarto lugar, e da maior importância, os israelenses talvez estejam querendo levar os Códigos a sério devido ao modo como a Guerra do Golfo foi vivenciada em Israel. Ali, ela foi compreendida de maneira muito diferente do que nos países ocidentais, cuja experiência dessa guerra veio através dos noticiários da TV e dos jornais. Essa diferença foi em grande parte devida a uma concatenação inexplicável de acontecimentos.

Por exemplo, os ataques dos Scuds ocorreram como se temia – mas seu efeito total foi inacreditavelmente menor. Os jornais israelenses da época estavam cheios de comentários atônitos. Apesar do sucesso dos mísseis Patriot norte-americanos em interceptar os Scuds em pleno vôo,[5] trinta e três Scuds iraquianos atingiram os alvos deliberadamente selecionados em Israel, na maioria áreas urbanas com densa população civil, tais como Tel-Aviv. E tampouco eram os Scuds mísseis "menores", como foi de certa forma transmitido pela mídia fora de Israel. (Talvez estejamos a tal ponto acostumados a nos preocupar com os mísseis balísticos intercontinentais, e suas ogivas nucleares, que achamos insignificante a capacidade destrutiva de um míssil com alcance de "apenas" 650 quilômetros.) Só o primeiro Scud, no 3º de Shevat, destruiu ou danificou cerca de 500 residências. No total, Israel foi atingido por 39 Scuds; 3.773 edificações foram danificadas, entre as quais 10.992 apartamentos; e 1.235 casas particulares foram completamente destroçadas. Ainda assim, *não houve uma só morte*. Muitas pessoas foram arrancadas de sob pilhas de destroços com vários metros de altura. O único caso fatal foi o de um senhor idoso que morreu de ataque cardíaco, no hospital, depois de ter sobrevivido à explosão de um Scud que destruiu sua casa. (Um só Scud que atingiu uma instalação militar dos Estados Unidos na Arábia Saudita matou dezenove soldados. Lembremos também o imenso número de mortos e feridos, entre homens, mulheres e crianças, causado por uma bomba terrorista num único edifício na cidade de Oklahoma.)

À medida que mais e mais acontecimentos inexplicáveis se acumulavam, os comentários da liderança de Israel, geralmente secular, refletiam um sentimento de assombro que nunca foi comunicado ao Ocidente. Reagindo à quase inacreditável falta de vítimas fatais nos ataques dos mísseis Scud, o presidente de Israel, Chaim Herzog, dirigiu-se à nação em 22 de fevereiro de 1991:

> A nação judaica testemunhou muitos milagres em sua história, desde a abertura das águas do Mar Vermelho até o próprio dia de hoje. Também desta vez fomos abençoados com a intervenção divina.[6]

HaOlam HaZeh (Este Mundo) é um semanário ferozmente secularista cuja política editorial sempre se opôs ao judaísmo tradicional. Mesmo assim, seu editor-chefe escreveu estas linhas cheias de espanto num de seus editoriais:

> As mãos de D'us guiam os Scuds, seus estilhaços letais, para as paredes,

> afastando-os das pessoas. As mãos de D'us – não poderia ser nada menos que as mãos de D'us. Você fica parado, estremecendo, diante de uma casa reduzida a fragmentos, e se espanta ao ver que aquelas toneladas de concreto e aço foram lançadas por terra, enquanto os habitantes das salas vedadas mal sofreram um arranhão. Milagroso. Vez após vez, milagre após milagre, e depois ainda outro milagre; não existe nenhuma outra explicação.[7]

Moshe Bar Kochba, o general mais graduado do IDF (Forças de Defesa de Israel), foi designado pelo estado-maior do IDF para conduzir as análises pós-guerra do conflito do Golfo. Além das esperadas lições de estratégia, informações, logística e tática que ele extraiu da experiência, seu relatório incluiu o seguinte, a partir de suas observações *in loco*:

> Falo como militar e como homem realista, e afirmo claramente que não há nenhuma maneira racional de se compreender os milagrosos acontecimentos que estamos contemplando. Nestes dias, mesmo os mais endurecidos militares falam consistentemente de "milagres". Suas explicações lógicas se esgotaram. [...] O que temos aqui é uma série de milagres [...] camadas de milagres sobre milagres.

Bar Kochba continuou:

> Eu [...] faço parte do estado-maior; testemunhei e participei de muitos acontecimentos. Repito: os eventos do Golfo estão além da compreensão humana. Não foi nossa imensa sabedoria que nos trouxe a salvação. Sem dúvida, um nítido momento decisivo da nossa história foi alcançado e podemos, definitivamente, chamá-lo de maravilhoso e milagroso.[8]

O porta-voz do Exército, general-brigadeiro Nachman Shai, participou de um ato público de agradecimento pela salvação, depois da Guerra do Golfo, e pronunciou estas palavras:

> Vocês organizaram este ato de agradecimento. Será que vocês sabem realmente por que estão rendendo graças? Vou revelar-lhes o segredo: vocês não fazem idéia de quantos milagres aconteceram durante a Guerra do Golfo. Quando o Carniceiro de Bagdá ameaçou incinerar metade de Israel, ele sabia do que estava falando. Alguns dos mísseis foram bem apontados e atingiram seus alvos com precisão. [...] Não há palavras para descrever a tragédia que foi evitada por um triz.
>
> Compreendam, então, que eu sei por que devemos render graças.[9]

O racionalista insistiria que, embora comoventes, essas são expressões de sentimento comuns entre os eventuais sobreviventes de uma tragédia – sob o impacto de uma forte emoção, a mente humana costuma atribuir à Providência Divina aquilo que seria o resultado do acaso cego e indiferente.

Talvez. Mas há um outro aspecto da psicologia humana que talvez seja mais irracional e tenha conseqüências potencialmente bem piores do que agradecer uma divindade inexistente por atos com os quais ela nada teve a ver: ignorar um Deus que realmente existe. Nas fortes palavras de um anônimo observador da natureza humana, do século XVII:

Ao nosso Deus e ao soldado igualmente adoramos,
mas quando à beira do perigo, não antes.
E depois da libertação, ambos recompensados,
Deus é esquecido e o soldado, desprezado.

O Holocausto

Alguns Códigos que realmente provocam calafrios referem-se ao mais trágico acontecimento na história de três mil e trezentos anos do povo judeu: o Holocausto, do qual os próprios Códigos vieram à tona através de uma singular confluência de acontecimentos. Não deveria causar surpresa, portanto, que tenha sido encontrado um número extremamente grande de séries refletindo essa tragédia.

Ao considerar a presença dos Códigos nos antigos livros de Moisés, devemos lembrar de algo sugerido por eles, que discutiremos detalhadamente mais adiante: os Códigos não apresentam o retrato de um mundo fixo e predeterminado, embora à primeira vista pareçam fazê-lo. Eles mostram, em vez disso, o papel crucial de um agente humano, dotado de genuína liberdade, na determinação – mais precisamente, *participante* da determinação – daquilo que *realmente* acontece na História, dentre as opções estabelecidas pela Divina Providência. “Escolhe a vida”, disse o Senhor (Deuteronômio 30:19). Com freqüência não o fazemos.

Temos a seguir, portanto, alguns dos códigos da Bíblia que se referem aos horrendos acontecimentos do Holocausto, indicando os detalhes precisos do plano de extermínio nazista.

“Um Grande Povo”

O Gênesis 46:3-4 diz, “E Deus lhe falou: ‘Eu sou Deus, o Deus de teu pai: não temas em descer ao Egito, *pois lá farei de ti um grande povo.* Eu mesmo descerei contigo ao Egito e de lá te farei subir.’” A parte grifada fica assim, na *scripta continua* hebraica:

כ י ל ג ו י ג ד ו ל א ש י מ כ ש מ א נ

Dentro dela pode ser encontrado o aparecimento 100% mínimo de "Eichmann" como uma SAE no Gênesis (mostrada abaixo em preto: **איכמנ** = EYChMaN) e de "eles [ou ele] consumiram" (enquadrada abaixo: כלו = CuLO), atravessando "um grande povo" (sombreada abaixo: לגוי גדול = L'GOY GaDOL):

כ י ל ג ו י ג ד ו ל א ש י מ כ ש מ א נ

Essa densa codificação ancora inúmeras séries correlatas. Uma delas inclui os seguintes elementos, com "na mão das SS" no mesmo salto de "em Auschwitz", ligadas à palavra "consome":

Série 1 do Holocausto: Comprimento 300 (DW)					
	Português	*Transliteração*	*Hebraico*	*Salto*	*Mínimo*
Termo 1	"Eichmann"	EYChMaN	איכמנ	2	100%
Termo 2	"eles [ou ele] consumiram"	CuLO	כלו	2	100%
Termo 3	"um grande povo"	L'GOY GaDOL	לגוי גדול	1	N.D.
Termo 4	"em Auschwitz"	B'AUShVYTz	באושויצ	300	100%
Termo 5	"na mão das SS"	B'YaD SS	בידסס	300	100%
Termo 6	"consome"	MiCaLeH	מכלה	-1	N.D.

A própria série (parte de uma maior) tem esta aparência:[10]

ב נ י מ נ א ח י ו ו י ב כ ו ב נ י מ נ
ו ב א ת מ ו ע י נ כ מ א ל ת ח ס ע ל כ
ד י ו ס פ ח י ו כ י ה ו א מ ש ל ב כ ל
כ י ל ג ו י ג ד ו ל א ש י מ כ ש מ א נ
ו ב נ י ר א ו ב נ ח נ ו ת ו פ ל ו א ו
ו א ר ו ד י ו א ר א ל י ו ב נ י א ש ר
ח צ א ל ו נ ו נ י ו י צ ר ו ש ל מ א ל
י א מ ר י ש ר א ל א ל י ו ס פ א מ ו ת
ד ל פ ר ע ה ו י א מ ר א ב י ו א ח י ו
ה ו ש ב א ת א ת א ב י כ ו א ת א ח י כ י ש
צ ר י מ ב מ י ט ב ה א ר צ ב א ר צ ר ע
כ מ ו א ת נ ה ל כ מ ב מ ק נ י כ מ א מ
ה ו ת נ ז ר ע ו נ ח י ה ו ל א נ מ ו ת
ר ע ה ו ע ר ב ע ה י ד ת י ה י ה ל כ מ
ק ר ע ל ב נ ו ל י ו ס פ ו י א מ ר ל ו
מ ר י א ק ב א ל י ו ס פ א ל ש ד י נ ר

(DW)

Quando o comprimento da linha é mudado, aparece outra série coligada:

Série 2 do Holocausto: Comprimento 120 (9.180 ÷ 9) (DW)					
	Português	*Transliteração*	*Hebraico*	*Salto*	*Mínimo*
Termo 1	"Eichmann"	EYChMaN	איכמנ	2	100%
Termo 2	"eles [ou ele] consumiram"	CuLO	כלו	2	100%
Termo 3	"um grande povo"	L'GOY GaDOL	לגוי גדול	1	N.D.
Termo 4	"gás"	GaZ	גז	1	N.D.
Termo 5	"Zyklon B"	TzYKLON B	ציקלונב	9.180	100%

E uma outra:

Série 3 do Holocausto: Comprimento 25 (75 ÷ 3) (DW)					
	Português	*Transliteração*	*Hebraico*	*Salto*	*Mínimo*
Termo 1	"Eichmann"	EYChMaN	איכמנ	2	100%
Termo 2	"eles [ou ele] consumiram"	CuLO	כלו	2	100%
Termo 3	"um grande povo"	L'GOY GaDOL	לגוי גדול	1	N.D.
Termo 4	"um terço do meu povo"*	Sh'LYSh AMY	שליש עמי	75	100%

Finalmente, quando o comprimento da linha é mudado para 367 ÷ 5 ≅ 92, a seguinte série aparece sobre o Gênesis 10:9, que descreve Nemrod: "Ele era um intrépido caçador diante do Senhor." Ela também abrange a frase "os consome" no texto-cifrado, que é atravessado pela palavra "massacre" codificada em seu salto 100% mínimo. Essa série ancora uma nova série que inclui, entre outros, os seguintes elementos:

* Os seis milhões de mortos no Holocausto representavam um terço da população judaica da época.

Série com comprimentos variados (DW)					
	Português	*Transliteração*	*Hebraico*	*Salto*	*Mínimo*
Termo 1	"Ele era um intrépido caçador diante do Senhor"	HU HaYaH GiBoR TzaYaD L'(YHWH)	הוא היה גבר ציר ל(יהוה)	1	N.D.
Termo 2	"os consome"	MiKaLeH BaHeM	מכלה בהם	1	N.D.
Termo 3	"massacre"	MaTBeaCh	מטבח	-5	
Termo 4	"Hitler"	HYTLeR	היטלר	31	100%
Termo 5	"o rei cruel"	HaMeLeCh HaAChZaRY	המלכ האכזרי	367	100%
Termo 6	"nazista"	NATzY	נאצי	-2	100%
Termo 7	"nazista"	NATzY	נאצי	1	N.D.
Termo 8	"Berlim"	BeRLYN	ברלינ	-4	97%
Termo 9	"na Alemanha"	B'GeRMaNYA	בגרמניה	-153	100%

A descrição de Nemrod no Gênesis não se resumia ao fato de ele ser um "intrépido caçador"; dizia também que ele foi "o primeiro a se tornar herói neste mundo" depois do Dilúvio, ou seja, o primeiro homem a fundar e governar um império — o protótipo primordial do "ditador".

De acordo com a tradição judaica, Nemrod ordenou que Abraão fosse atirado numa fornalha por ter se recusado a adorá-lo. Mas Nemrod é um *tipo* sempre recorrente — o homem cuja busca pelo poder material e temporal oculta um motivo espiritual mais profundo: a rebelião contra o próprio Deus e Sua aniquilação. Portanto, Nemrod é visto repetindo-se incessantemente ao longo da História, como se cada uma das suas novas aparições "descendesse" do protótipo:

> Vinde e ouvi, pois o Rabino Johanan ben Zakkai disse: "Qual resposta deu a Voz do Céu àquele homem perverso, Nabucodonosor, quando ele afirmou, 'Subirei acima das nuvens e serei igual ao Altíssimo'? A Voz o censurou: 'Ó homem perverso, filho de um homem perverso, *descendente do perverso Nemrod*, que incitou o mundo todo a rebelar-se contra Mim durante o seu reinado!'" [grifo meu][11]

Assim como o tipo Nemrod é sempre reencontrado, o mesmo ocorre com sua necessária contrapartida: a pessoa — dentro de todos nós — que inadvertidamente adora o poder e equivocadamente iguala força, sucesso, eficácia e realização ao direito moral. Esse mesmo tema espiritual — "a força faz o direito" — funcionou poderosamente durante o Holocausto. Embora todo mundo esteja ciente da preocupação de Hitler com o extermínio dos judeus, poucas pessoas sabem que, durante o Terceiro Reich, o *Führer* [líder] substituiu o tradicional Pai-Nosso cristão por:

> Adolf Hitler, tu és nosso grande líder! Teu nome faz tremer o inimigo! Venha a nós o teu reino [*Reich*] e seja a tua vontade a única lei na Terra! Deixa-nos ouvir todo dia a tua voz e nos comanda por tua liderança, pois te obedeceremos até o fim, mesmo com nossas vidas. Nós te louvamos! *Heil, Hitler!*

E a ação de graças antes das refeições foi substituída por:

> *Führer*, meu *Führer*, a mim enviado por Deus, protege-me e me sustém por toda a minha vida. Ó tu que salvaste a Alemanha na sua hora de mais profunda necessidade, eu te agradeço hoje pelo meu pão de cada dia. Permanece ao meu lado e nunca me deixes, *Führer*, meu *Führer*, minha fé e minha luz. Salve, meu líder! *Heil mein Führer!*

Na pervertida forma de adoração cristã de Hitler, vemos um indício de algo mais profundo, no qual o próprio Hitler era mestre incontestável: em qualquer terra e em qualquer época em que apareça, o poder de "Nemrod" sobre os outros repousa, não apenas na força de sua espada, mas na força de sua *palavra* – o contraponto invertido da palavra de Deus.

O maior de todos os comentadores da Torah foi Rashi, o Rabino Solomon ben Isaac, de Troyes, França, que viveu de meados do século XI ao começo do século XII. Rashi sobreviveu aos massacres da Primeira Cruzada, mas perdeu muitos parentes e amigos. Apesar disso, a lenda sustenta que Rashi, com surpreendente precisão, profetizou não só que o mais sanguinário líder da mais sanguinária Cruzada, Godofredo de Bulhão, acabaria sendo derrotado, mas também que ele retornaria às suas terras com três cavalos – nem mais, nem menos. Compreendendo muito bem as implicações mais profundas de alguém descrito na Torah como "um intrépido caçador diante do Senhor", Rashi – como se enxergasse no túnel do tempo, vendo os restos carbonizados da própria alma de Hitler – comentou, sobre o Gênesis 10:9: "Com suas *palavras*, Nemrod seduziu a mente das pessoas." [grifo meu]

O Que Acontece de Novo

> Nosso ancestral Jacó disse a D'us: "não atendas os desejos do homem mau". Isso se refere a Esaú. "E não deixes que ele aumente sua porção." Isso se refere à Germamia de Edom, pois se eles continuassem, destruiriam o mundo todo.
>
> – *Rabino Yitzchak bar Acha (ca. 100 d.C.), Talmude babilônio, Megillah 6b.*

Germamia: o nome de uma monarquia do reino de Edom (Esaú).

– *Rabino Shlomo Yitzhaki (Rashi), 1040-1105*

Será então que tudo se repete, espiralando-se de volta ao antigo modelo, aquela única matriz divina? Assim afirmam os judeus. Sinistramente, seus inimigos também parecem conscientes dessa realidade. O Livro de Ester narra a história de um outro episódio em que um tirano aos moldes de Nemrod, Amã, da Pérsia, decide destruir os judeus de uma vez por todas. (O interessante é que Amã não era persa, mas agagita e, portanto, descendente de Esaú e dos amalecitas, os quais, segundo a matriz divina, eram os inimigos eternos e primordiais dos judeus.)

No final, o plano do grão-vizir Amã para destruir todos os judeus do Império Persa falhou. Ele e seus dez filhos foram enforcados em lugar dos judeus, quando o rei, Xerxes I,* foi informado do plano. O alegre feriado que celebra essa ocasião é "Purim" [a Festa da Sorte]. A história é contada na *Meguilah* de Ester, um pergaminho bíblico singular no sentido de que em parte alguma dele se faz menção a Deus, pelo menos não abertamente.

Há outra coisa estranha nesse pergaminho. Uma certa página descreve a reviravolta, no último minuto, dos planos de Amã e de seus dez filhos. O pergaminho menciona os nomes desses dez filhos de Amã que, por ordem do rei e no lugar dos judeus cujo extermínio pai e filhos haviam tramado, deveriam ser enforcados logo depois do próprio Amã. A escrita nessa página é sempre feita de uma maneira peculiar. Embora os filhos desempenhem um papel menor na trama, conforme é narrado, seus nomes são escritos em letras estranhas, muito ampliadas e expandidas. Nos nomes de três deles, contudo, *uma* letra é escrita em tamanho incomumente pequeno. Tomadas como números, essas três letras poderiam representar um ano específico em algum milênio que não é designado. (Tal como os numerais romanos, os números hebraicos são escritos usando letras. O uso moderno do hebraico em Israel, é claro, incorporou os numerais arábicos.)

1946 era um dos seis anos possíveis representados por aqueles numerais. O dia 16 de outubro daquele ano correspondia ao Hoshana Rabah, o dia do ano em que "o julgamento das nações do mundo é feito na residência do Rei e executado".[12] Hitler tinha doze "cúmplices" de alto escalão que foram julgados em Nuremberg, acusados principalmente pelo Holocausto. Um deles (Martin Bormann) fugiu para a América do Sul e escapou ao julgamento. Os outros onze

---

* Xerxes, o Grande (519-465 a.C.) era filho de Dario I. Os escritos hebraicos o chamam de Assuero e os persas, de Kshajarsha. Sua presença na história mundial é marcada principalmente pela invasão da Grécia e pelas batalhas das Termópilas, Salamina e Platéia.

foram sentenciados à morte na forca. Hermann Göring cometeu suicídio na noite anterior à data marcada para a execução. Os restantes dez "filhos" de Hitler foram, na verdade, enforcados no Hoshana Rabah, no ano sugerido no Pergaminho de Ester, numa re-representação dos acontecimentos celebrados pelos judeus em Purim, todos os anos, durante os dois e meio últimos milênios.

Agora, qualquer pessoa de bom senso certamente dirá: "É uma interpretação fascinante, mas por certo é um tanto forçada." O caso é que sua significação parece não ter escapado aos próprios nazistas. A edição de 28 de outubro de 1946 da revista *Newsweek* descrevia aqueles dez oficiais nazistas indo ao encontro da morte:

> Somente Julius Streicher foi sem dignidade. Precisou ser arrastado, com os olhos esbugalhados e gritando, "Heil Hitler!" Quando subiu os degraus do patíbulo, ele berrou, "E agora eu vou para Deus!" Olhou fixamente para as testemunhas diante da forca ["com o ódio queimando em seus olhos", conforme a edição de 16 de outubro de 1946 do *New York Herald Tribune*] e gritou: "Festa de Purim de 1946!"[13]

Mas, para convencer-se de que estas coisas são reais, um crítico sério deveria exigir provas científicas sérias, não apenas coincidências "surpreendentes". Essas provas vêm a seguir. E também ocorre que elas são ainda mais surpreendentes do que aquilo que as precedeu, e acabaram colocando os códigos da Bíblia sob as fortes luzes dos holofotes do escrutínio e debate internacionais.

Capítulo 12

OS GRANDES SÁBIOS

R. Judah disse: Foi estabelecido que o termo עת [ET, tempo] é uma designação da comunidade de Israel. Por que a comunidade de Israel é chamada de "tempo"? Porque nela todas as coisas são reguladas por tempos e períodos: quando aproximar-se da Divindade, quando receber a luz do alto e quando comungar.

R. José disse: Quando a comunidade de Israel foi exilada de seu lar, as letras do Nome Divino separaram-se. Mas no sexto milênio, a letra ו (V) ressuscitará a letra ה (H). Nos dias da sexta parte do sexto milênio, os portais do conhecimento sobrenatural se abrirão no alto, enquanto embaixo abrem-se as fontes da sabedoria secular. Assim se iniciará o processo pelo qual o mundo se preparará para entrar no sétimo milênio, o Shabat, tal como o homem se prepara ao pôr-do-sol do sexto dia da semana para entrar no sétimo dia (o Iom Shabat), o Dia do Repouso.

R. Judah respondeu: Eis o que aprendi com meu pai sobre os mistérios das letras do Nome Divino: a duração do mundo, bem como a dos dias da Criação, pertencem ao mesmo ensinamento – "a comunidade de Israel será erguida do pó, pois o Santíssimo dela Se lembrará e os humildes serão exaltados".

Disse-lhe R. José: Tudo o que dizes está correto.

– Zohar, *Bereshit* (Gênesis)

As descobertas vindas de Jerusalém a respeito dos Códigos logo se espalharam pelo mundo, através dos seminários "Discovery" da Aish HaTorah, cada vez mais procurados, e também através de relatórios, em apresentações formais, dos vários pesquisadores dos Códigos à Academia de Ciências de Israel e universidades israelitas. Por fim, atraíram a atenção de céticos muito influentes. Dentre estes, estavam cientistas altamente treinados e competentes como o Prof. Andrew Goldfinger, físico sênior na Universidade Johns Hopkins e o segundo na hierarquia do Grupo de Computação e Tecnologia Espacial dessa instituição.

Como muitos outros cuja aptidão profissional era enriquecida pelas formas mais avançadas das teorias de processamento de informações, Goldfinger também tinha sido presidente da Sociedade Internacional de Fotogrametria e Sensoriamento Remoto. Era amigo íntimo de Harold Gans, o matemático criptologista sênior da Agência de Segurança Nacional. (Yoav Rosenberg, o terceiro homem da equipe israelense de pesquisa, não conhecia Gans nem Goldfinger, mas também ele tinha formação em técnicas matemáticas avançadas que poderiam ser usadas para detectar, com grande exatidão, sinais "imprecisos" num mar de estática. Ele estava em Israel trabalhando em sua tese de doutorado nessa área, com aplicações especificamente militares. Embora ninguém o declare de modo direto, corriam rumores de que Rosenberg, como muitos dos mais brilhantes cérebros de Israel, tinha ligações indiretas com o Mossad.)

Quase todos os que assumiram esse trabalho com seriedade, mas sempre com espírito crítico, compartilhavam uma formação comum em certas técnicas matemáticas que se encontram no cerne do esforço criptológico e nos avanços que surgiram da Segunda Guerra Mundial. O fato de o Serviço Secreto israelense ser o mais alardeado do mundo talvez não seja coincidência: o que quer que tenha levado seus ancestrais a temas complexos e obscuros como a Cabala (e suas antigas técnicas de codificação, baseadas na matemática) parecia atrair os judeus dos tempos modernos à atual reencarnação daquelas buscas.

Embora Gans tenha estudado intensivamente a Torah como parte de sua educação na infância – ou talvez *porque* ele o tenha feito – a idéia de códigos ocultos na Torah "me parecia tão maluca que eu de imediato não acreditei nela".[1] Mas ele aceitava as credenciais das pessoas que os desenvolviam e a sofisticação dos métodos. (Mais tarde, mas só depois que sua mente mudara por causa das provas concretas, ele veio a conhecer pessoalmente os pesquisadores dos Códigos. Ficaria ainda mais impressionado com a honestidade, integridade e humildade deles – e seu alto nível de espiritualidade.)

Gans alertou Goldfinger acerca das descobertas. Juntos, eles começaram a sondá-los, procurando os pontos fracos que acreditavam haver nos Códigos. Gans descreve como tudo aconteceu:

> Foi assim que eu me envolvi com o caso. Tenho um primo matemático (parece que está no sangue) que foi a Israel para uma conferência sobre matemática. Lá encontrou um velho amigo de escola: Daniel Michaelson, da UCLA – ateu convicto. E eis que meu primo vê que Daniel Michaelson está agora usando um *iarmulke* [solidéu]. Meu primo vai até ele e diz, "Danny, é você? O que lhe aconteceu?"
>
> Danny responde, "Bem, eles me mostraram os Códigos". Parece que todos os matemáticos de Israel sabiam o que eram "os Códigos".
>
> Mas meu primo não fazia a menor idéia do que Danny estava falando. "Que códigos?", pergunta ele. Uma coisa leva a outra e logo meu primo está de volta e me conta que na Torah existem códigos que falam sobre acontecimentos atuais, coisas recentes.
>
> Eu digo, "Absurdo", e não penso mais no assunto durante cerca de um ano.
>
> E então, um dia, minha mulher ouve falar dos Códigos e acha que eu poderia me interessar. Digo a ela que já tinha ouvido falar do assunto e que não passa de bobagem. E ela me pergunta como é que eu *sei* que é bobagem.

Bem, estou num dilema, pois não tenho realmente o tipo de resposta rigorosa que ela espera de mim. É só que a idéia toda é tão... tão maluca. Minha mulher pergunta, "Então por que você não verifica?"

Se um primo lhe diz, "Verifique", é uma coisa; mas quando sua mulher lhe diz, "Verifique", é outra coisa bem diferente. Liguei para um grande amigo, Andrew Goldfinger, um físico, um dos melhores do país – um sujeito muito inteligente. "Andy, você não quer ir comigo a uma palestra e descobrir do que se trata realmente? Ele responde, "Certo, vamos lá".

Seguimos até Nova York e nos sentamos na platéia de um desses seminários do programa "Discovery", como qualquer outra pessoa. Mas eu estava com o meu leal computador no colo. Cada vez que o sujeito que fazia a apresentação dos Códigos mostrava alguma descoberta surpreendente, nós fazíamos um rápido cálculo das probabilidades.

Nem é preciso dizer que o pobre sujeito foi ficando atordoado. Toda vez que ele dizia, "Olhem: diabete!" ou "Olhem: Chanucah!", Andy e eu olhávamos um para o outro – negativo, aquilo não nos convencia. Não passou muito tempo e a platéia percebeu o que estava acontecendo. Assim, cada vez que ele dizia, "Olhem isto!", todo mundo virava a cabeça e olhava para nós.

A coisa claramente não se sustentava e por fim nós lhe dissemos, "Olha, moço, vamos ver algo *real*?" O sujeito agora estava realmente abalado – até que ele nos mostrou um experimento científico, controlado, com os Códigos. Dessa vez Andy e eu olhamos um para o outro de maneira diferente. Ali estava algo "concreto", em que a gente podia trabalhar.

Depois que a palestra acabou, pedi ao sujeito que me desse uma cópia do material. Eu estava preparado para liqüidar o assunto de uma vez por todas. Mas aí chegou a minha vez de ficar atordoado. Levei algumas horas para checar toda a parte matemática. Não consegui achar uma única falha. Liguei para o meu inteligentíssimo amigo Andy. "Andy, você conseguiu achar o erro?" Não, ele também não tinha conseguido achar o erro.

Aí eu voltei ao programa Discovery e disse, "Quero os dados". Se me dessem os dados, pelo menos eu saberia que eles estão sendo honestos sobre esse assunto, porque com os dados eu poderia checar a coisa toda por mim mesmo. E se aquilo não fosse honesto... Rapaz, o mundo todo ia ficar sabendo!

Três meses depois recebo um telefonema avisando que uma pessoa estava chegando de Israel e me trazendo um disquete. Testei-o no meu computador. E obtive os mesmos resultados.

Senti um arrepio subindo-me pela espinha. Eu não acreditei até ver por mim mesmo. Foi assim que me envolvi com os Códigos.[2]

Não muito tempo depois, eu próprio tomei conhecimento da existência da pesquisa sobre os Códigos e comecei a ouvir falar de inúmeras pessoas proeminentes que, depois de visitarem Jerusalém, haviam abandonado carreiras influentes nos Estados Unidos. (Uma dessas pessoas foi um primo da minha mulher, jovem e brilhante economista do MIT, que fora assistente de Martin Feldstein na Casa Branca. Ninguém conseguia entender por que um jovem tão extraordinariamente promissor decidira "desaparecer" no mundo dos estudos da Torah. E depois o irmão mais novo dele, pianista igualmente talentoso, seguiu-o, e é hoje o rabino-chefe da Eslováquia, restabelecendo a comunidade do Rabino Weissmandl, arrasada pelos nazistas.)

Decidi que era hora de assistir a um seminário Discovery patrocinado pela Aish HaTorah. Foi lá que conheci o Rabino Daniel Mechanic, um professor realmente notável cuja apresentação sobre os Códigos foi fascinante – e também profissional, objetiva e honesta. Ele deixou claro que a Aish HaTorah fora escrupulosa a ponto de obter verificações externas dos resultados ali apresentados, e que estava preparada para abandonar de vez os Códigos caso os mesmos fossem solidamente refutados. (Em geral, os relatos da mídia fazem parecer que todo o programa da Aish HaTorah se estrutura em torno dos Códigos – essa distorção parece refletir o desejo dos repórteres de ter uma "história para contar".)

Mas o que mais me impressionou foi o fato evidente de os Códigos não estarem sendo usados para conduzir o seminário ou "converter" os participantes: em sua maioria, judeus secularizados e um punhado de cristãos curiosos. Os Códigos eram oferecidos apenas como uma prova em potencial, dentre muitas outras, do valor da Torah – constituindo no máximo 6% ou 7% das informações totais oferecidas pelo seminário. A relevância da Torah para a vida cotidiana era o foco principal do Discovery, e foi sempre enfatizada como o tema de mais sério interesse – os Códigos eram secundários. Além disso, as crenças dos outros, quer se tratasse de religiosos ou de céticos, eram sempre respeitadas.

Para mim, uma característica do fenômeno dos Códigos destacava-se de modo especialmente perfeito. Sem ela, eu certamente os teria posto de lado como um mero entretenimento na mesma linha da série televisiva Amazing Discoveries ou dos relatos de pessoas abduzidas por OVNIs. O que me impressionou foi o fato de que um extenso ensaio sobre os Códigos estava para ser publicado num sério boletim de estatística matemática, cujos artigos eram sempre previamente julgados e revisados por avaliadores do mais alto nível – isso significava que um artigo, para ser publicado, passava pelo crivo crítico de especialistas em estatística independentes e de alta qualificação. (A primeira vez que ouvi falar de sua publicação iminente foi em fins de 1992, e o Rabino Mechanic não hesitou em compartilhar comigo o material a ser impresso tão logo este ficou disponível – a mesma atitude generosa já percebida por Harold Gans.) O conteúdo do experimento era um grande conjunto de dados com os nomes e datas de nascimento e/ou morte de pessoas que viveram muito tempo depois que a Torah fora composta (mesmo que ela tenha sido composta por um comitê, muito tempo depois do que sustenta a tradição judaica).

O fato de o ensaio ser publicado em tal foro era um sinal que apenas um cientista poderia avaliar em toda a sua plenitude. Isso *não* queria dizer que as descobertas eram necessariamente válidas – muitas descobertas científicas controversas acabaram sendo refutadas depois de longo histórico impresso, pró e contra. Mas queria dizer algo único na história da ciência: uma hipótese de um tipo aparentemente absurdo ou tolo – na mesma linha das abduções por OVNIs ou dos círculos nas lavouras feitos por extraterrestres – satisfizera os mais altos padrões exigidos de cuidado, inteligência e integridade, e passara pelo escrutínio de especialistas independentes e de alta qualificação. O fato é que as abduções por OVNIs, os círculos nas lavouras ou quaisquer dessas histórias espantosas *nunca* chegaram, nem mesmo remotamente, perto de satisfazer esses padrões. As pessoas que promovem essas histórias raramente têm a mínima idéia do que são esses padrões e por que eles são tão importantes e eficazes como "detectores da verdade"; talvez nem sequer um autor em mil tente submeter suas afirmações ao escrutínio apropriado. A vida das poucas histórias que são testadas costuma ser dolorosamente curta: em geral, não é preciso mais do que um exame superficial para descobrir a falha. (Esse mesmo princípio está agora em uso contra os entusiastas destreinados que tolamente promovem "pesquisas" rudimentares dos códigos da Torah e desacreditam todo o assunto.) O trabalho de demolição feito por William Friedman e sua mulher [ver Capítulo 7] nos supostos códigos de Roger Bacon em Shakespeare tornou-se o protótipo para os esforços de desmascaramento que costumam ser bem-sucedidos sempre que surgem descobertas como essas.

Mas ninguém ainda tinha conseguido desmascarar as descobertas de Witztum e Rips – em seis anos de revisões, como corriam os rumores. Era provável, portanto, que o ensaio deles acabasse sendo publicado. Se de fato fosse publicado, eu sabia que então estaria em marcha algo com um nível científico nunca antes visto para uma descoberta dessa natureza. Seria essa a genuína "impressão digital divina" que eu e tantos outros buscávamos há tanto tempo?

Cerca de um ano depois, o ensaio ainda não havia sido publicado. Mas recebi uma tradução para o inglês da versão inicial que Witztum, Rips e Rosenberg publicaram em hebraico. Era realmente surpreendente. Também vi uma reanálise manuscrita desses resultados, realizada e assinada por Harold Gans quando ainda no Departamento de Defesa. E ele tinha saído de público em defesa da qualidade do trabalho. Isso também me deixou perplexo: como alguém autorizado a ter acesso a informações secretas, eu próprio sabia que as pessoas que ocupavam posições delicadas nos bastidores do governo costumam ser muito circunspectas e nem um pouco ávidas em se associarem a projetos que poderiam ser tachados de marginais. Por fim, vi uma afirmação que fora publicada no prefácio ao livro de Witztum, referindo-se especificamente à pesquisa formal, mas também implicando que o corpo maior do trabalho tinha sido levado a sério. A afirmação era longa e cuidadosamente fraseada, mas uma parte fundamental saltou-me aos olhos. Era a seguinte:

> O presente trabalho representa séria pesquisa realizada por investigadores sérios. Uma vez que a interpretação do fenômeno em questão é enigmática e controversa, é requerido um nível de significância estatística além da que seria exigida para conclusões mais rotineiras. [...] Os resultados obtidos são suficientemente surpreendentes para merecer um público maior e para encorajar futuros estudos.

A afirmação estava assinada por H. Furstenberg, da Universidade Hebraica; I. Piateski-Shapiro, da Universidade de Yale; D. Kazhdan, da Universidade de Harvard; e J. Bernstein, da Universidade de Harvard.

Levei algum tempo investigando quem eram esses senhores. Eu já conhecia Ilya Piateski-Shapiro, de Yale: como Rips, a quem ele conhecia bem, Piateski-Shapiro é um refugiado da ex-União Soviética e considerado um dos mais notáveis matemáticos do mundo. Todos os signatários eram catedráticos nos principais Departamentos de Matemática. A maioria deles possuía estatura internacional, tendo recebido diversos prêmios; Kazhdan mais tarde ganharia uma indicação no Instituto de Estudos Avançados de Princeton, o renomado lar acadêmico de Einstein nos Estados Unidos. Essas credenciais não queriam dizer que eles não pudessem estar errados (e eles não endossaram a verdade das descobertas, simplesmente a alta qualidade da pesquisa e, por decorrência, também a boa-fé dos pesquisadores), mas esses respeitados indivíduos estavam claramente saindo do seu caminho, e caindo num limbo, ao afirmar: "Não rejeitem este trabalho tão depressa quanto certamente lhes parecerá razoável. Ele merece, e requer, um exame cuidadoso e uma análise séria."

Witztum e Rips já haviam elaborado um método experimental para avaliar a significância estatística dessas séries, e foi esse método que atraíra a aprovação dos cientistas sérios. Em seu livro de 1989, Witztum apresentou um método de avaliação que, afirmava ele, mostrava que a maioria das séries por ele descobertas (aquelas com vários termos ou ligadas em sucessão) eram estatisticamente significantes com probabilidades bem menores do que 1 em 1.000.000.*[3]

* Esse é, mais ou menos, o mesmo nível de significância que eu próprio elaborei para o caso-teste do Rabino Abraão, discutido no Capítulo 10.

Mas o cético ponderado, ao considerar as grandes distâncias entre as letras codificadas, o complexo arranjo e rearranjo das séries em vários comprimentos de linha e as várias grafias, por certo conclui que simplesmente há um excesso de liberdade para escolher a dedo e "manipular". Dados *qualquer* texto suficientemente longo, motivação necessária e tempo à vontade, "qualquer imbecil com um computador" poderia encontrar tudo o que quisesse[4] – insistiria o cético.

O fato é que a metodologia *é* tão sutil que uma avaliação estatística válida – do tipo que satisfaria os padrões dos críticos mais inflexíveis e sofisticados – está um pouco além até mesmo das altas aptidões científicas de Witztum (na física teórica) e de Rips (na matemática pura). Mal se enquadrava nas capacidades da teoria estatística mais especializada e avançada. (Como discutiremos mais adiante, muitos dos críticos mais altamente qualificados reconhecem que suas próprias aptidões talvez não sejam suficientes para realizar a análise necessária.)

Ocorre que o método permite uma liberdade consideravelmente menor para selecionar as boas descobertas e descartar as más ("colher cerejas", como é chamado na estatística) do que parece à primeira vista – mas isso é difícil de ser percebido sem a experiência direta. E esse "perceber" intuitivo está longe de ser suficiente como prova. O que se necessitava com certeza era alguma variante das descobertas, usando o mesmo método, mas projetada com o fim específico de sujeitar-se à rigorosa avaliação estatística.

Parte da dificuldade reside no fato de que a maioria das descobertas de Witztum, e as de Rips e de outros antes dele, consistiam num grande número de *tipos* de séries variadas, cada qual com um número diferente de termos, todas em formas gramaticais variadas, com os termos relacionando-se uns com os outros de várias maneiras. Por exemplo, uma série poderia consistir em quatro termos, dois dos quais eram nomes, o terceiro era o nome de um objeto ou acontecimento, e o quarto era uma data (como "Sadam", "Hussein", "Scud" e "3º de Shevat"). Outra série poderia consistir em dois termos: um nome e um lugar ("Sadam" e "Bagdá").

Essa grande variedade dos dados deixa aberta a possibilidade de a pessoa simplesmente selecionar os agrupamentos que parecem funcionar – ignorando tudo o que não funcione. ("Por que há uma data na série nº 2, e nenhuma na série nº 1?", perguntaria o cético. "Não será porque a coisa não funciona com uma data na série nº 1?") Para realizar uma avaliação matemática válida, seria necessário testar o método em um grande número de séries *uniformes*, cada qual com a mesma quantidade de termos – o primeiro passo, é claro, seria examinar apenas dois desses termos – e contendo um conjunto uniforme de formas gramaticais, com os dois termos de cada par relacionando-se com o outro sempre da mesma maneira. "Pares estruturados" convenientes poderiam consistir num nome e num lugar, ou num acontecimento e numa data. (Claro está que a própria noção de "suficientemente uniforme" também é sujeita a debate. Será que cada um dos termos não deveria ter também o mesmo número de letras?)

Os Dois Experimentos

Seis anos se passariam entre o momento em que Witztum, Rips e Rosenberg submeteram seu trabalho a uma análise formal e sua publicação final plenamente madura. Com efeito, a pesquisa deles ocorreu em dois estágios diferentes – e envolveu dois conjuntos de dados distintos, mas semelhantes. (Fora do mundo de fala hebraica, esse fato bem como suas razões e suas motivações, não foram esclarecidos. A confusão resultante serviu para aumentar o ceticismo, mas, como veremos, isso fala vigorosamente em favor da realidade do fenômeno.) Um relato sucinto do primeiro experimento deles foi publicado pela primeira vez em língua inglesa em 1988, mais ou menos na mesma época em que Witztum descrevia detalhadamente os resultados em seu livro em hebraico *HaMaimod HaNosaf* (A Dimensão Acrescentada).

Os Grandes Sábios – I

Em 1988, um dos proeminentes "papas" da estatística, D. J. Bartholomew, foi convidado a publicar um ensaio no prestigiado *Journal of the Royal Statistical Society*. O artigo de Bartholomew intitulava-se "Probabilidades, Estatística e Teologia".

Esse sóbrio ensaio foi, em si, um marco divisório. Ao longo das décadas precedentes, um número cada vez maior de respeitados matemáticos, neurocientistas, biólogos, especialistas em computação e físicos começaram a suspeitar que poderia haver mais coisas no Universo do que aquilo que era visto pelos olhos do materialismo científico. Proposições que cinqüenta anos antes teriam sido consideradas "periféricas" estavam agora sendo levadas a sério. (Por exemplo, neste momento em que escrevo, janeiro de 1997, a renomada revista científica *Nature* publicou comentários examinando a hipótese de que o universo físico em sua totalidade seja um organismo vivo que processa informações.)* Bartholomew revisou inúmeras dessas idéias, oferecendo uma perspectiva favorá-

* Uma porcentagem surpreendentemente alta desses cientistas são britânicos que agora estão reanalisando proposições antes vistas como demasiado "religiosas" para serem analisadas com seriedade. Acredito que isso reflete a influência de Alan Turing sobre as duas gerações de matemáticos e físicos que o seguiram.

vel sobre como a estatística poderia de fato ajudar a apoiar certas proposições teológicas – em vez de corroê-las, como o faz rotineiramente.

É desnecessário dizer que nem todas essas especulações foram aceitas como corretas por Bartholomew e pelos debatedores; mas há poucos anos, essas noções teriam sido simplesmente descartadas como execráveis. Witztum, Rips e Rosenberg foram convidados a dar uma resposta ao ensaio. Fizeram-no com um relato conciso de suas pesquisas até aquela data. Seu breve ensaio encaixou-se perfeitamente na discussão, a qual, entre outras coisas, buscava ainda outras evidências de que a Bíblia não fosse o pastiche que até então se acreditava.

A apresentação deles foi sumária, para dizer o mínimo. Simplesmente reportaram que, quando pares de palavras correlatas eram encontradas no Gênesis como SAEs, em saltos mínimos, apareciam em estreita proximidade com demasiada freqüência para poder ser explicada pelo acaso – "tendendo a zero", no próprio fraseado deles.[5]

Witztum, Rips e Rosenberg ofereceram uma pequena série para ilustrar o método e mostraram um valor-p extremamente pequeno para quantificar suas descobertas, usando um método estatístico relativamente padrão. A série de amostragem apenas mostrava as duas palavras hebraicas para "martelo" e "bigorna" em estreita proximidade, deixando o leitor com a impressão de que os pares de palavras sobre os quais reportavam estavam relacionados em bases bastante gerais.[6]

Mas Witztum, Rips e Rosenberg também publicaram um ensaio em hebraico que explicava os detalhes daquilo que relataram de modo tão sucinto no *Journal of the Royal Statistical Society*. E em seminários, realizados tranqüilamente com amigos e colegas do mundo todo, eles explicaram com exatidão seu trabalho, demonstrando algumas séries bastante surpreendentes (do tipo das que foram apresentadas nos dois últimos capítulos) e detalhando a natureza da confirmação estatística. Pouco a pouco, cópias dessas descobertas – e de novas, encontradas por outras pessoas – começaram a circular por todo o mundo.

Acontece que o conjunto de dados que eles estavam reportando *não* era simplesmente de pares gerais de palavras; consistia num conjunto dos nomes de 34 pessoas e suas datas de morte (ou nascimento), todas as quais viveram entre o século IX e o XVIII da nossa era. Eram *esses* pares que eles afirmavam ter encontrado em estreita proximidade no Gênesis – não um único exemplo, mas um conjunto grande e relativamente uniforme de pares, envolvendo ainda informações que só começaram a existir muito depois da data em que a Torah teria sido escrita, qualquer que fosse essa data.

Anteriormente, o Rabino Weissmandl havia encontrado codificadas na Torah referências não só ao Rambam (Maimônides) mas também referências a *todos* os chamados גדולים (G'DOLYM, grandes) – os Grandes Sábios da história judaica.

(Relembremos que segundo Siegmund Forst, seu amigo mais íntimo nos Estados Unidos, Weissmandl lhe dissera ter deixado para trás "caixas e mais caixas" de descobertas quando fugira da Eslováquia, mencionando em particular os "G'dolym".) Essa categoria de "Grandes Sábios" é especial. Uma analogia poderia ser encontrada na cultura da China (a *segunda* civilização mais antiga do mundo), onde a reverência pelos ancestrais é tão forte quanto no judaísmo tradicional, e onde há uma idéia mais ou menos semelhante de que os "grandes" de um povo têm uma espécie de impacto continuado, quase vivo, no presente.

As "grandes almas" agrupadas na árvore genealógica de um povo *são* a estrutura viva da própria árvore. As bênçãos que nós judeus recitamos, com as mãos postas sobre a cabeça dos nossos filhos, ao anoitecer do Shabat, dizem, "Que Deus te abençoe para poderes ser como Efraim e Manassés [ou Sara e Rebeca, Raquel e Lia]", muitas vezes com o acréscimo, *"que transmitiram a vida do nosso povo"* [grifo meu]. Se o nome de alguém há de ser inscrito no Livro da Vida, como a Torah é chamada, por certo são os nomes daqueles cujas vidas foram vividas de modo a transmitir essa vida numa verdadeira torrente. (Não que os outros também não estejam lá, mas os "grandes" devem se destacar de algum modo.)

Portanto, seguindo as pegadas do Rabino Weissmandl, também Witztum esperara encontrar, e de fato encontrou, um número muito grande de referências aos Grandes Sábios. Em geral, essas referências incluíam um nome e um local de residência ou de nascimento, por exemplo, e uma data de nascimento ou de falecimento, nomes honoríficos e uma variedade de outros detalhes da vida daquela pessoa – tal como encontramos no Capítulo 10 quanto ao meu ancestral, o Rabino Abraão, "o Anjo". Trabalhando em estreito contato com Rips para se assegurar de que o processo era de fato matematicamente confiável, Witztum estabeleceu a seguinte estrutura de dados:

1. Os nomes dos Grandes Sábios seriam selecionados de acordo com um critério arbitrário que limitaria o conjunto de dados, mas sem influenciar de modo algum o resultado. O primeiro critério seria simplesmente o de que todos os nomes seriam os dos "G'dolym" mencionados em verbetes com três colunas ou mais na *Enciclopédia dos Grandes Homens de Israel*, erudita referência biográfica em língua hebraica.[7]

2. Desses, somente foram usados aqueles nomes para os quais era dada uma data de falecimento, ou de nascimento, ou ambas.

3. Desse subconjunto menor, só foram usados os nomes dentro de uma certa faixa de tamanho, devido às limitações técnicas.[8] (Esse processo adicional de seleção não afetaria o resultado, porque não favorecia nem resultados positivos nem resultados negativos. Também proporcionou um veículo con-

veniente para testes posteriores do fenômeno à medida que melhores recursos se tornaram disponíveis. Isso agora está acontecendo.)

4. Cada data (seja de nascimento ou morte, ou ambos) foi escrita em três formatos padronizados da língua hebraica; por exemplo, י״ט תשרי (19 Tishrei); בי״ט תשרי (no 19º de Tishrei); e י״ט בתשרי (19º de Tishrei). (Seria mais ou menos o equivalente a procurar, no nosso idioma, por 12 de agosto, o 12º de agosto, 12/8 e assim por diante.)

Então:

1. O grau máximo de "compactação" foi medido entre cada par de termos *correlatos* decodificados do Gênesis, em seus respectivos intervalos de salto eqüidistante mínimo.

2. O grau geral de compactação de todo o conjunto de dados foi calculado – falando grosso modo, uma espécie de "média". A compactação e a natureza exata dessa medida agregada são explicadas detalhadamente no Apêndice Técnico C. Algumas séries eram muito compactas (mais compactas do que a média teórica); outras não eram de modo algum compactas (menos compactas do que a média teórica). A substancialidade dos Códigos não exigiria que *todos* os pares fossem compactos, mas, quantos mais pares o fossem – e quanto mais compacto cada um deles – então seria mais provável que os Códigos se revelassem reais. Isso também implica que, estatisticamente, não é possível determinar a diferença entre uma única descoberta "real" e uma única descoberta acidental. (Imagine que você não sabe que uma certa moeda tem duas caras; quando a lança e ela cai com o lado "cara" para cima, você é incapaz de dizer se esse evento foi "por acaso" ou "deliberado". Mas se você a lançar dez vezes, as dez "caras" em seqüência por certo lhe parecerão um milagre; algumas "caras" mais e você certamente irá inspecionar essa moeda com toda a atenção.)

3. A compactação média real de um conjunto foi comparada com uma média teórica (e com um grande número de controles), usando uma variante do método de simulação Monte Carlo desenvolvido por John von Neumann em Los Alamos.[9] (Em suma, isso foi feito para ver se é verdade que, com um computador, "qualquer imbecil pode encontrar tudo o que quiser" em qualquer texto.)*

* A "média" teoricamente esperada acaba sendo mais difícil de calcular do que poderia parecer, de modo que resultados casuais *reais* foram utilizados. O processo não é diferente de medir mil lançamentos de moedas para chegar a uma média real casual de 50-50, em vez de simplesmente deduzir que esse deve ser o resultado. Pouquíssimos conjuntos de mil lançamentos de moeda acabarão em exatos 500:500, mas a maioria estará perto disso.

Embora o propósito do experimento fosse o de "reduzir" a desajeitada massa dos variados tipos de descobertas "espantosas" e homogeneizá-las, o resultado foi na verdade uma hipótese verificável que era ainda *mais* espantosa do que aquilo que a precedera: "em média", os nomes e datas apropriadamente combinados pertencentes a um indivíduo foram encontrados como SAEs no Gênesis em mais estreita proximidade um do outro ("mais compactamente") do que os nomes e datas impropriamente combinados; ou do que nos textos de controle; ou do que poderia ser esperado pelo mero acaso.

A implicação disto tudo é que é tão surpreendente: os nomes e datas dos Grandes Sábios serão encontrados codificados no Gênesis de tal modo que *o texto mostra um grau extraordinariamente alto de presciência quanto aos detalhes da vida deles*. Esse conhecimento foi inserido no texto muitas centenas, talvez milhares, de anos antes que essas pessoas tivessem existido: está registrado que todos eles viveram e morreram entre o nono e o décimo oitavo séculos da nossa era.

Os resultados positivos espantaram até mesmo os próprios israelenses. As probabilidades de que o que eles encontraram tivesse ocorrido apenas por acaso eram astronomicamente pequenas.

Era como se eles tivessem sido guiados pelas próprias palavras do Vilna Gaon: "os detalhes de cada pessoa [...] de tudo o que lhe aconteceu *desde o dia de seu nascimento até sua morte.*" Talvez não cause surpresa que eles, ao reportar suas descobertas no *Journal of the Royal Statistical Society*, tenham evitado cautelosamente detalhar a natureza exata dos "pares de palavras". (Nesse tipo de ensaio informal eles não eram obrigados a fazê-lo; e tampouco seu trabalho exigia uma revisão prévia por parte de especialistas independentes.) Se eles tivessem revelado naquela época as implicações proféticas de seu conjunto de dados, é quase certo que as mesmas teriam sido descartadas como coisas "delirantes", por mais excelente que fosse a reputação de Rips entre os matemáticos.

Procedendo com cautela, logo depois eles procuraram publicar o trabalho completo, em detalhes exatos, submetendo-o, através dos canais apropriados, aos boletins especializados para que passasse pela crítica de especialistas. Começava um intenso debate de bastidores que iria durar seis anos.

Os Grandes Sábios — II

Ao final desses seis anos, os rumores que eu ouvira a respeito de uma iminente publicação de alta qualidade sobre os Códigos mostraram-se corretos. Em agosto de 1994, o boletim *Statistical Science*, órgão de divulgação do Instituto de Estatística Matemática, publicou o artigo completo de Witztum, Rips e Rosenberg, "Seqüências Alfabéticas Eqüidistantes no Livro do Gênesis". A sinopse, no topo do artigo, vazada na linguagem seca da ciência, mal dava um indício quanto aos dados e descobertas ali contidos:

> *Sinopse*: Observou-se que quando o Livro do Gênesis é escrito como séries bidimensionais, seqüências alfabéticas eqüidistantes formando palavras com sentidos correlatos aparecem freqüentemente em estreita proximidade. Desenvolveram-se instrumentos quantitativos para mensurar este fenômeno. A análise de randomização mostra que o efeito é significante ao nível de 0,00002.

O "nível de significância" de 0,00002 significa que as probabilidades de que isso tivesse acontecido apenas por acaso eram menores do que 1 em 50.000. (No corpo do ensaio, essas probabilidades eram reportadas como sendo, mais precisamente, < 1/62.500.) Além disso, o método estatístico conservador para mensurar essas probabilidades foi desenvolvido pelos próprios avaliadores.* A grande maioria dos boletins científicos aceita publicar ensaios cujas hipóteses sejam validadas num nível de significância de 0,05 (uma chance em 20 de que os resultados tenham acontecido apenas por acaso). Decisões médicas de vida ou morte podem exigir probabilidades de 1 em 50. Como o fenômeno SAE era tão estranho – e tão imensas suas implicações, caso fosse correto –, o editor e os avaliadores de *Statistical Science* aumentaram essa exigência para 1 em 1.000 (de acordo com as sugestões dos Profs. Kazhdan, Piateski-Shapiro, Bernstein e Furstenberg, já citados). Os resultados, mesmo assim, ainda ultrapassavam essa exigência editorial em mais de 60 vezes.

Robert Kass, na época editor de *Statistical Science* e hoje chefe do Departamento de Estatística da Universidade Carnegie-Mellon, em Pittsburgh, comentava o ensaio nessa mesma edição:

> Nossos avaliadores ficaram desconcertados: todas as suas crenças os levavam a pensar que o Livro do Gênesis não poderia conter referências significativas sobre pessoas dos tempos modernos. Porém, quando os autores realizaram análises e verificações adicionais, o efeito persistiu. O ensaio, portanto, é oferecido aos leitores de *Statistical Science* como um enigma desafiador.

O que tornou esses resultados ainda mais admiráveis foi o fato de que o conjunto de dados sobre o qual Witztum, Rips e Rosenberg realizaram o experimento "adicional" para *Statistical Science* era uma lista de 32 *novas* pessoas e suas

* Esses métodos não eram os mesmos que os usados pelos pesquisadores em seu relatório ao *Journal of the Royal Statistical Society* sobre "Os Grandes Sábios – I".

datas de nascimento ou morte. O valor $p < 0{,}000016$ nem sequer levou em conta os resultados sobre os 34 outros indivíduos antes reportados.[10] No todo, havia 298 pares de nomes e datas no novo experimento, construídos a partir de todas as combinações possíveis de uma variante do nome e uma variante da data, obtidos de fontes de referência padronizadas.*

Alguns dos Grandes Sábios Codificados no Gênesis

NOME	*ANO*	*COMENTÁRIOS*
Rabino Shlomo Yitzhaki	1105	Rashi, o maior comentador bíblico e talmúdico
Rabino Avraham Ibn-Ezra	1164	O Raviyeh, ilustre poeta e liturgista
Rabino Moshe ben Maimon (Maimônides)	1204	O Rambam, médico; a figura mais ilustre do judaísmo pós-bíblico
Rabino Avraham, filho do Rambam	1287	Filho de Maimônides, líder dos judeus egípcios
Rabino Yosef Caro	1575	Mahariyeh Caro, codificador autorizado da lei ortodoxa judaica
Rabino David Ganz	1613	Tzemach David, astrônomo, matemático e historiador
Rabino Moshe Chaim Luzzatto	1746	O Ramchal; criança-prodígio, cabalista extraordinário e sintetizador de todo o pensamento judaico
Rabino Yisrael ben Eleazar	1760	O Besht, ou Baal Shem Tov, fundador do chassidismo
Rabino Eliyahu ben Shlomo [Elijah Solomon]	1797	O Vilna Gaon [O Grande de Vilna]

Alguns nomes do primeiro conjunto de 34 Grandes Sábios encontrados codificados no Gênesis com os anos de seu nascimento ou morte. (Na pesquisa real, só foram usados os meses e os dias – muito embora os anos também tivessem sido encontrados codificados.) O Apêndice Técnico C contém uma lista completa dos 32 Grandes Sábios do segundo experimento.

* Os dados representam variações plausíveis das datas de nascimento/morte disponíveis sobre 32 pessoas, bem como variações plausíveis de seus nomes. A lista completa de seus nomes e datas está no Apêndice Técnico C.

O ensaio passou por inúmeras rodadas de exame crítico com "análises e verificações adicionais", como afirma Robert Kass. Procedimento idêntico foi realizado, para cada par da amostra, em:

1. Uma tradução para o hebraico de um trecho selecionado, igual em comprimento ao Gênesis, do início de *Guerra e Paz*, de Leon Tolstoi.
2. O Livro de Isaías.
3. O Livro do Gênesis aleatorizado através do embaralhamento de todas as suas letras, no texto inteiro.
4. O Livro do Gênesis aleatorizado através do embaralhamento de todas as palavras dentro dos versículos, mas deixando intacta a estrutura de cada versículo e intactas as letras de cada palavra.
5. O Livro do Gênesis aleatorizado através do embaralhamento de todos os seus versículos, mas deixando intacta a seqüência das palavras dentro de cada versículo.
6. Outros textos hebraicos primitivos. (Na primeira versão de seu ensaio, os autores verificaram o fenômeno na versão samaritana do Gênesis. Isso parece não ter sido feito na segunda amostra.)

Em nenhum desses textos de controle havia a mais remota evidência de uma relação entre os nomes e as datas correspondentes; os resultados eram indistinguíveis dos que poderiam ter ocorrido por mero acaso. Somente no Gênesis é que os pares nome-data mostravam uma compactação geral que se desviava da expectativa casual – com probabilidades de 62.500 para 1. Chegou-se a esse valor testando os pares nome-data reais contra 999.999 diferentes pseudopares (um nome combinado com uma data incorreta) e classificando os resultados. Os pares nome-data corretos ficaram no topo da classificação, mas somente quando testados no Gênesis.

Poderia, então, o fenômeno ser real? Será que o autor da Torah conhecia o futuro com tal nível de detalhe? Não estávamos diante de uma versão judaica do escândalo "códigos de Bacon em Shakespeare". Com a publicação em *Statistical Science*, o debate sobre os Códigos alçou-se a um nível totalmente novo e se envolveu numa aura de seriedade. Logo iria atrair pessoas que certamente nunca teriam se imaginado discutindo a sério um assunto desses.

Capítulo 13

SÃO REAIS? O DEBATE SE ACENDE

Quando nos defrontamos com a necessidade de mudar nossos pontos de vista ou provar que não é preciso mudá-los, quase todos nós saímos correndo em busca das provas.

– *John Kenneth Galbraith*

Como foi recebida a pesquisa sobre os códigos da Bíblia? Eliyahu Rips observa com desapontamento, porém sem surpresa, que a maioria das respostas, até o momento, se enquadrou em duas categorias: aceitação imediata ou rejeição imediata. A primeira, aceita por fiéis e entusiastas (especialmente aqueles sem formação matemática), na verdade não causa surpresa. Mas a segunda sim – ou deveria causar. Uma vez que até agora não foi descoberta nenhuma falha fatal no trabalho de Witztum, Rips e Rosenberg, apesar dos vigorosos esforços nesse sentido por parte de alguns dos mais qualificados críticos do mundo, é razoável perguntarmos aos céticos *a priori* com formação científica (que têm certeza de que esses resultados são obrigatoriamente acidentais): "Quais os padrões de prova que vocês aceitariam como uma indicação de que o fenômeno pode ser genuíno?" A resposta mais freqüente tem sido: "Padrão nenhum. Eu jamais acreditarei nisso."

Lembremo-nos do ceticismo persistente (mas, depois de oitenta anos, enfim enfraquecido) com que foram recebidos certos resultados das pesquisas da mecânica quântica: por exemplo, eventos que ocorrem ao mesmo tempo – ou até em tempo passado –, numa parte qualquer do Universo, estão estatisticamente correlacionados, em grau mensurável, com eventos em todas as outras partes. (Experimentos recentes demonstram essa ocorrência no próprio laboratório.) Se o fenômeno dos Códigos permanecer irrefutado, talvez à luz dessas assombrosas descobertas da ciência moderna também eles, um dia, poderão não parecer tão despropositados.

Sob o aspecto científico, as críticas, durante um ou dois anos após a publicação do artigo no *Statistical Science*, tendiam a ser apressadas e refletiam uma incompreensão básica dos métodos da pesquisa e de suas alegações. Essas críticas eram relativamente fáceis de refutar. Mas à medida que o assunto se difundia, a situação mudou. O escrutínio tornou-se mais intenso e sofisticado. A refutação exigiu que a própria pesquisa passasse por uma sintonia fina e, em alguns casos, se expandisse além dos seus parâmetros originais. Em suma, após anos de relativa calmaria, o debate sobre os códigos da Bíblia assumiu o caráter de uma intensa disputa científica.

O debate é ainda mais intenso sob o aspecto religioso, surgindo uma grande divisão de opiniões sobre o mérito e as implicações dos Códigos entre secularistas e religiosos, judeus e cristãos, judeus liberais e judeus tradicionalistas, diferentes comunidades cristãs, e mesmo entre os judeus ortodoxos. Entre os cientistas, as críticas aos códigos da Bíblia provêm de fontes as mais diversas. Algumas delas são bastante sofisticadas — no topo da capacidade da estatística matemática — e precisam ser levadas a sério. No lado religioso, as críticas são bastante severas, talvez porque a intensidade do sentimento nesse campo não é atenuada pelos padrões objetivos do teste científico. (Quando você pode simplesmente provar que algo é falso, em termos matemáticos, não há necessidade de gritar. Mas, ai de nós, alguns cientistas que criticam o fenômeno agora também começaram a gritar, insultando os religiosos, acusando-os de falsificação deliberada e por aí em diante — tal como ocorre no lado religioso.)

Na verdade, ambos os lados parecem demasiado prontos a concluir que a realidade dos Códigos, ou sua irrealidade, é uma questão óbvia — já resolvida. Por quê? A resposta é simples: aquilo que o código da Bíblia implica. Sobre "a crise espiritual deste fim de século", Marty Kaplan, redator de discursos do ex-vice-presidente Walter Mondale, escreveu faz pouco tempo no *The New York Times*, num artigo apropriadamente intitulado "Talvez a razão não seja suficiente":

> Mais de 90% dos norte-americanos dizem que acreditam em Deus. Mas aposto que bem mais do que um em cada dez também acreditam que a ciência está basicamente correta.
>
> Essa é a tristeza que está no cerne da nossa vida secular. Ninguém quer viver num cosmos caótico e sem propósito, mas foi esse o cosmos que a ciência nos deu e que a nossa cultura tanto patrocinou.[1]

A maioria das pessoas compreende de imediato que se a ciência demonstrasse conclusivamente que os códigos da Bíblia são válidos, então o mais profundo debate desde o Iluminismo — a ruptura entre fé e razão — teria sido resolvido de uma vez por todas: em favor da fé. Teria derrubado de modo absoluto as premissas sobre as quais se construiu o mundo moderno (e pós-moderno). Daí a pronta disponibilidade dos que apóiam os Códigos em insistir que eles são reais; e a dos seus detratores, em insistir que é impossível eles serem reais.

O que a ciência realmente diz sobre os códigos da Bíblia? Esse é o tópico do presente capítulo.

Alguns Equívocos Comuns sobre os Códigos

Certas questões relativas aos códigos da Bíblia aparecem repetidamente. Aqui estão elas, com breves respostas:

1. O que há de tão espantoso em se encontrar palavras em intervalos eqüidistantes? Deve ser possível inventar milhares de "códigos" como esses.

Tomado por si mesmo, um agrupamento individual – por mais compacto que seja – não tem valor como prova. Mas os códigos da Bíblia consistem de *conjuntos de SAEs inter-relacionadas* de modo sistemático (determinadas por regras), em intervalos eqüidistantes mínimos, numa tal quantidade que, *no agregado, tantos conjuntos de pares ou agrupamentos compactos seriam muito improváveis de ocorrer apenas por acaso.*

2. Mas se você tem tanta liberdade para escolher os saltos, fica fácil encontrar tudo aquilo que quiser.

Isso seria verdadeiro se não fosse por um parâmetro essencial: os saltos *devem ser os intervalos mínimos (ou quase-mínimos) para aquela palavra.*

3. Mas algumas palavras *não estão* em seu intervalo eqüidistante absolutamente mínimo. Isso não daria infinitas oportunidades para que ocorrências aleatórias parecessem significativas, quando elas na verdade não o são?

Uma vez compreendida a importância do intervalo mínimo, é então possível tornar as restrições um tanto "imprecisas" – *sem* perder nada de seu rigor. Além disso, conforme detalhado no Apêndice Técnico C, Witztum, Rips e Rosenberg realmente buscaram a proximidade dos pares nas *dez* ocorrências mais mínimas, não apenas em uma delas. Isso significa lidar com uma matemática e uma estatística que a maioria das pessoas acha desconcertantes – mas, feito do modo apropriado, não esconde nem distorce coisa alguma. (Essa é uma das razões pelas quais é preciso críticos altamente qualificados para avaliar de maneira apropriada os prós e contras da pesquisa.)

4. Não é possível tratar qualquer coisa como sendo "relacionada" com outra?

Há várias maneiras de sistematizar a relação entre as palavras, moldando os dados num formato que possa ser analisado estatisticamente, e não apenas "na intuição". O método usado por Witztum, Rips e Rosenberg surgiu a partir de séries menos formais (do tipo mostrado nos Capítulos 10 e 11) e é bem sólido: fato histórico que não está sujeito a qualquer interpretação. Além disso, o experimento deles também levou em conta as variações das grafias.

5. E quanto a um efeito estatístico causado pela própria estrutura da língua hebraica? Talvez seja isso que provoca os resultados.

Se o efeito fosse devido a alguma característica incidental da ortografia, gramática ou sintaxe da língua hebraica, então resultados comparáveis teriam aparecido quando, no mesmo texto do Gênesis, *os nomes foram combinados com as datas incorretas*. Mas, quando o elo histórico foi quebrado, o fenômeno desapareceu.

6. Talvez haja erros nos próprios dados originais. Por exemplo, como é que sabemos se as datas de nascimento e morte são exatas?

Seria um resultado dos mais estranhos, sem dúvida, se uma Torah divinamente transmitida contivesse dados errados deliberadamente codificados! (Em qual equivalente superior de um Instituto de Defesa da Integridade na Pesquisa registraríamos uma queixa de má conduta científica? E quem conduziria as investigações?)

Na verdade, *há* alguns erros e incertezas nos dados. Alguns desses erros estão na fonte (na enciclopédia de referência, *Great Men in Israel*) e, em seu lugar, usaram-se dados corrigidos.* Depois da publicação do ensaio, surgiram questões sobre se um pequeno número de nomes ou datas continuaria errado. A questão crítica, no entanto, não é se uma determinada data está correta, mas sim se uma pequena proporção de correções teria um grande efeito sobre os resultados. Isso foi testado, e não ocorreu esse grande efeito. (Na verdade, a maioria das correções de dados menores sugeridas pelos críticos após a publicação levou a resultados um tanto *melhorados*.)

Além do mais, se o fenômeno fosse devido a erros no segundo conjunto de nomes e datas dos Grandes Sábios, teriam de ser exatamente os erros necessários para fazer tudo se encaixar – e somente no Gênesis. As probabilidades disso são, mais uma vez, de 1 em 62.500. E você teria de dizer que um conjunto similar de erros "simplesmente aconteceu" também no primeiro conjunto de Grandes Sábios. Uma vez que esses tipos de coincidências simplesmente não ocorrem com freqüência suficiente para serem levados a sério, essa linha de pensamento inevi-

* Ver a lista completa dos Grandes Sábios no Apêndice Técnico C, para detalhes dessas correções.

tavelmente levará os céticos a se perguntarem, "Bem, talvez não tenha 'simplesmente acontecido'. Talvez seja deliberado – ou, pelo menos, subliminar."

Para todos os fins práticos, o cuidadoso escrutínio científico dos Códigos deixa esta como a única provável falha oculta: a possibilidade de que o conjunto de dados tenha sido, de algum modo, inadvertidamente distorcido. Isso é analisado em detalhes mais adiante (ver a seção "'Sintonizando' e 'Espiando': Robert Kass").

Os Códigos da Bíblia e a Transmissão da Torah

Os códigos da Bíblia exigem que o texto da Torah possua um grau de unidade e integridade no qual os estudiosos da Bíblia não mais acreditam. O Dr. Rupert Chapman, secretário-executivo do Fundo de Pesquisa da Palestina, expressa bem o consenso acadêmico sobre os códigos da Bíblia, em resposta a um artigo que escrevi a respeito deles para *Bible Review*:

> Satinover deixa implícito, embora não o afirme, que o texto massorético foi transmitido de modo correto, isto é, sem erros dos escribas, desde sua composição. Isso não está correto. [...] O Prof. Sir Godfrey Driver [...] diz:
>
> > "[...] esse texto [massorético] incorporou os erros de gerações de copistas, e [...] muitos erros de copistas posteriores também se introduziram nele. Os manuscritos mais antigos desse texto que chegaram aos nossos dias datam dos séculos IX a XI d.C.; e é esse texto, conforme impresso na *Biblia Hebraica* de R. Kittle (3ª edição, 1937 [o texto BHS]), que tem sido usado para a presente tradução."
>
> [...] Variações no texto mudariam claramente a análise dos [Códigos...] É por isso que a variação de uma simples letra, que dirá a variação de uma palavra, destrói todas essas combinações.
>
> É claro que esse tipo de misticismo tem seu lugar, mas é importante que ele não se disfarce de ciência.[2]

Citei por extenso o Dr. Chapman devido às suas credenciais acadêmicas e porque ele expressa particularmente bem um conjunto inter-relacionado de mal-entendidos comuns entre os críticos dos códigos da Bíblia que têm uma forte formação na "mais elevada" crítica textual e uma preferência por ela.*

Na verdade, um dos aspectos do consenso acadêmico sobre a Bíblia que *não* teria de ser abandonado caso os Códigos se provassem válidos é a convicção de

* Não estou sendo inteiramente justo com o Dr. Chapman, pois ele afirma não ter lido o ensaio de Witztum, Rips e Rosenberg, mas apenas meu resumo simplificado. Acredito que ele, com o bom espírito esportivo britânico, vai aceitar que eu o use aqui como "contrapeso".

que o texto da Torah atual não é 100% livre de erro. Isso ocorre porque as evidências em favor dos Códigos são, por enquanto, apenas *estatísticas* em sua natureza. (Minhas suspeitas vão mais longe: acho que os códigos da Bíblia são *inerentemente* estatísticos; acho que não há uma mensagem adicional no "texto-direto". Mas os próprios pesquisadores alegam apenas que o nosso atual conhecimento dos Códigos é insuficiente para detectar essa mensagem.[3])

É o grau *geral* de agrupamento compacto de palavras correlatas em intervalos eqüidistantes – não de amostras individuais – que tende, no agregado, a ocorrer em saltos relativamente mínimos. Se o texto é mudado, mas não demais, os Códigos *não* desaparecerão. Quantos mais erros se inserem, mais os códigos da Bíblia perdem sua robustez, não sendo inteiramente dissipados até que um número crítico de erros tenha ocorrido. Se uma pessoa quisesse preservar um código contra os inevitáveis danos causados pelo tempo, essa inerente resistência ao erro seria o melhor meio de fazê-lo.

A "degradação harmoniosa" dos códigos da Bíblia tem sido testada e quantificada. No primeiro conjunto dos Grandes Sábios, Witztum, Rips e Rosenberg conduziram um estudo de controle no qual suprimiram o primeiro ה (H), contaram 1.000 letras, suprimiram o ה (H) seguinte, contaram 1.000 letras, e assim por diante (no total, 77 letras foram suprimidas). Essa é uma "destruição" ordenada que se concentra numa única letra, de modo que seu efeito é provavelmente maior do que uma "destruição" aleatória. Além disso, como a mudança consistia exclusivamente de supressões, cada supressão "deslocava a estrutura" do texto subseqüente, progressivamente fazendo com que a contagem, para cada Código sucessivo, se alongasse. Tal como ocorre em relação ao DNA, uma supressão causa mais danos a um código (na média) do que uma substituição. (Uma substituição afeta a seqüência local, mas deixa inalterado tudo o que vem depois.) Na média, erros aleatórios – supressões variadas, substituições e acréscimos – causarão tanto dano *local* quanto uma supressão, mas deixarão uma longa carreira de símbolos relativamente imutada e com a mesma estrutura de antes. As substituições não causarão nenhum deslocamento na estrutura; cada acréscimo cancelará os efeitos de um deslocamento na estrutura, causado por uma supressão.

Em suma, a presença de um número limitado de erros de transmissão não apagará os códigos da Bíblia se eles realmente estiverem ali. Nem é preciso dizer que a presença de um código uniforme que atravessa os vários documentos, alegadamente agrupados para compor a Torah, viola os pressupostos fundamentais da "alta crítica", que presume autores múltiplos. De toda maneira, o único meio de determinar se os Códigos realmente estão ali é em termos criptológicos, o que equivale a dizer, em termos matemáticos.

Diferentes versões da Torah podem, portanto, ser vistas de outro modo. O texto BHS *(Biblia Hebraica Stuttgartensis)*, mencionado pelo Dr. Chapman e usado pelos hebraístas não-judeus, não é idêntico ao texto judaico tradicional (Koren) usado pelos judeus do mundo todo.* Há umas 130, ou mais, diferenças entre eles no corpo dos Cinco Livros de Moisés – nem todas numa base proporcional, mas ainda assim significativa.[4]

Os sábios judeus alegam que, ao longo dos milênios, fizeram um trabalho incomumente bom no sentido de preservar o texto. Mas não alegam perfeição. Na verdade, um registro contínuo de erros conhecidos e suspeitados tem sido incorporado diretamente no próprio texto. O ato de preservar a Torah sempre foi, para eles, não só uma tarefa erudita mas também uma tarefa sagrada.

Isso dito, as cerca de 130 diferenças entre os dois textos não representam um número imenso. Sabendo que são necessárias mais ou menos 77 supressões para apagar totalmente os códigos da Bíblia, alguém poderia levantar a hipótese de que eles *deveriam* estar presentes no texto BHS – mas não tão robustamente quanto no texto Koren. Isso é exatamente o que os últimos resultados têm mostrado.

Reproduções e Variações

Alexander Pruss, Ph.D., matemático e probabilista que trabalhou na Universidade da Colúmbia Britânica e hoje está na Universidade de Pittsburgh, realizou suas próprias reproduções informais do estudo de Witztum, Rips e Rosenberg, e relatou-as na erudita discussão em língua hebraica na Internet, "B-Hebrew", mediada pela Universidade de Virgínia.

A abordagem e a avaliação de Pruss são especialmente instrutivas porque ele comenta os Códigos a partir do ponto de vista de um crítico que concluiu que eles *não* são reais. De modo independente, Pruss repetiu o experimento descrito em *Statistical Science* (o segundo conjunto dos Grandes Sábios), criando seu próprio *software* num sistema de computação diferente. Ele relata não ter encontrado nenhum erro e considera que o projeto experimental é "um belíssimo estudo autocontrolador que, falando em termos rigorosos, nem sequer exige textos de controle para que a estatística seja válida".

Sua crítica é que, quando ele repassou o experimento no texto BHS, o valor-p aumentou de uns < 0,00002 para < 0,002, ou seja, um fator de 100. "A extrema sensibilidade da análise ao texto exato utilizado [...] sugere que os resultados não são significativos." De toda maneira, ele também observa que o resultado no texto BHS *"não é de todo mau numa escala absoluta"* (grifo meu).

Observe que um crítico cuja especialidade são os textos bíblicos e não a matemática, as probabilidades ou a estatística (o Dr. Chapman), espera que, se os

* A edição Koren do texto massorético incorpora o melhor conhecimento da tradição erudita judaica de transmissão textual.

Códigos fossem genuínos, eles teriam de ser tão *sensíveis* às mais tênues variações que mesmo um punhado de diferenças entre os textos os destruiria de modo absoluto. Mas um crítico diferente, cuja especialidade é a matemática e a teoria das probabilidades (e também os textos bíblicos, pelo menos num grau considerável), espera que, se os Códigos fossem genuínos, eles certamente seriam tão *robustos* que as cerca de 130 diferenças entre os textos teriam pequeno efeito; tão pequeno, na verdade, que uma mudança na "significância estatística" de $p < 0{,}00002$ para $p < 0{,}002$ seria "extrema". Mas lembremos que um $p < 0{,}05$ é suficiente na maioria dos estudos científicos. Essa diferença na significância estatística do código da Bíblia entre o texto Koren e o BHS poderia com justiça ser considerada uma mudança, de um "resultado muito altamente significante" (nas palavras do cético editor de *Statistical Science*) para algo que talvez pudesse ser chamado de "resultado altamente significante", umas cinqüenta vezes melhor do que as usuais exigências mínimas para publicação.

De fato, mesmo essas análises informais* são bastante consistentes com uma hipótese que as liga a todas: o texto BHS dos eruditos hebraicos é muito preciso; o texto rabínico é mais preciso; nenhum deles é perfeito. Isso é exatamente o que a tradição judaica tem alegado desde o início.

O Processo de Revisão por Avaliadores

Para quem não está intimamente ligado aos Códigos, e é capaz de formar uma opinião independente a respeito deles, o fato de terem sido publicados em *Statistical Science* é potencialmente um fato crucial – um limiar que, como já observei antes, nenhuma descoberta análoga jamais cruzou. Na realidade, o que significa esse fato? As pessoas a favor dos Códigos tendem a dizer, "Quase tudo". Seus detratores dizem, "Quase nada". A verdade repousa em algum ponto intermediário.

Witztum, Rips e Rosenberg estavam bastante cônscios da necessidade de formalizar suas descobertas. Sem isso, os céticos teriam boas razões para considerar o fenômeno uma fantasia. Assim, os pesquisadores prepararam inicialmente um ensaio sobre o (primeiro) conjunto dos nomes e datas de 34 Grandes Sábios, o qual foi publicado no boletim em língua hebraica da Academia de Ciências de Israel. (Foi a esse trabalho que o *Journal of the Royal Statistical Society* fez uma breve referência.)

---

* Outro estatístico, Brendan McKay, realizou a mesma comparação usando um método ligeiramente diferente daquele usado por Witztum, Rips e Rosenberg, e encontrou em essência a mesma coisa: os Códigos ainda estavam presentes no texto BHS, mas com $p < 0{,}005$. Por serem informais, esses estudos não têm o mesmo peso das publicações que passaram por uma revisão feita por avaliadores técnicos. O debate não se tornará plenamente engajado até que trabalhos críticos sejam publicados, abrindo então a porta para refutações por parte dos autores originais, reproduções por outros e novas extensões do método. Isso tudo está em fermentação no momento.

O passo seguinte foi submeter o ensaio a um boletim estatístico do mais alto gabarito, numa língua de amplo acesso [o inglês], onde suas descobertas passariam não só pela revisão crítica de avaliadores altamente qualificados como também seriam expostas a uma leitura profissional de largo alcance.

Esse processo específico de avaliação se destaca em alguns sentidos. Por exemplo, foi excessivamente longo: mais ou menos seis anos, da submissão à impressão. A maioria dos ensaios costuma levar menos de dois anos nesse processo. Além disso, o boletim no qual ele foi finalmente publicado, *Statistical Science*, não era o mesmo ao qual havia sido originalmente submetido, *Proceedings of the American Mathematical Society*.

Num processo demorado como esse, eis o que é típico ocorrer: o ensaio é submetido ao editor de uma publicação selecionada pelos autores. Se o trabalho parece potencialmente publicável, ou seja, se o estudo parece ter sido conduzido com competência, ele é então distribuído a dois, três ou mesmo mais avaliadores. Estes serão profissionais selecionados, altamente qualificados e respeitados, do mesmo campo de estudo ou em algum campo intimamente relacionado ao do ensaio. É tarefa deles atuar anonimamente, em parte como advogados do diabo, em parte como orientadores, buscando agressivamente as falhas e propondo verificações ou testes adicionais que elevarão o ensaio até o nível exigido para ser publicado. A seguir, os avaliadores devolvem o material aos autores para revisão, em geral pedindo procedimentos adicionais para fortalecer os resultados; eles podem insistir nisso como condição para a publicação.

Um ensaio pode ir e vir desse modo muitas vezes. Se o processo de revisão se prolonga sem que os avaliadores estejam perfeitamente satisfeitos, mas sem que o ensaio tenha fracassado num teste crítico, então pode-se chegar à decisão de publicá-lo ou não com base em seus méritos até aquele momento. Na ciência, é *muito* comum surgir esse tipo de situação quando estão em pauta assuntos altamente controvertidos ou obscuros, em especial quando o processo de revisão é longo. (Não é justo para com os autores mantê-los indo e vindo numa roda-viva aparentemente interminável e, pode-se dizer, levantando a barreira cada vez mais alto.) Mesmo assim, nunca há a garantia de que um ensaio aceito para revisão venha de fato a ser publicado.

O ensaio de Witztum, Rips e Rosenberg parece ter passado por um processo análogo a esse, por um tempo incomumente longo — um claro reflexo de quão fora da corrente dominante da ciência estatística e matemática encontram-se suas descobertas e implicações. Mas, por mais complexo que possa ter sido o processo, Eliyahu Rips expressou-me claramente seu prazer por ver o ensaio publicado.

> O número de iterações [idas e vindas entre avaliadores e autores] parece ter sido maior que o usual, mas [...] o importante é que estou satisfeito com o

próprio fato de o ensaio ter sido publicado. Eu tinha sérias dúvidas se isso iria mesmo acontecer. Portanto, estou grato a Rob Kass e aos revisores pela decisão de publicar o ensaio apesar de suas convicções pessoais. Espero que também haja outras pessoas com a mesma dose de tolerância (inter)cultural.[5]

O ensaio, na verdade, parece ter posto os primeiros avaliadores numa espécie de dilema, de duas maneiras diferentes. Primeiro, como já observamos antes, Rips goza de renome internacional no campo da matemática e seria inconcebível que ele tivesse emprestado seu nome a um projeto com falhas facilmente detectáveis. Segundo, o processo de revisão não trouxe à tona as espécies de fraquezas que um cético laico teria logicamente esperado encontrar.

No fim, os rigorosos padrões foram satisfeitos. Entretanto, as implicações dos resultados eram simplesmente extremas demais para que se desse crédito ao seu valor aparente. As conclusões eram fundamentalmente inconsistentes com as mais arraigadas convicções pessoais dos avaliadores – e, mais importante, com a política editorial do boletim ao qual o ensaio fora submetido de início.

Assim, avaliadores e editores se defrontaram com uma situação que talvez não tivessem previsto: o ensaio satisfazia os padrões estabelecidos por eles, mas eles não tinham confiança absoluta nos resultados. ("Eu acho que ninguém acabou acreditando no ensaio", observou Kass alguns anos mais tarde. "Uma coisa misteriosa parece estar acontecendo. Só não está claro o que é essa coisa misteriosa.") Além disso, o próprio tema estava bastante fora dos parâmetros editoriais do boletim.

O resultado foi um compromisso, especialmente honrado devido aos sentimentos pessoais de um dos mais respeitados dentre os avaliadores – Persi Diaconis, de Harvard, que era, e ainda é, intelectual e visceralmente oposto ao tema: o próprio Diaconis ajudou a ensaio a ser publicado num outro boletim – *Statistical Science* – cuja política editorial permitia ocasionais incursões por territórios incomuns. *Statistical Science* era editado por Robert Kass, hoje chefe do Departamento de Estatística da Universidade Carnegie-Mellon, em Pittsburgh.

"Sintonizando" e "Espiando": Robert Kass

"Entenda que, em certos aspectos, os estatísticos são céticos profissionais." Eu perguntara ao Prof. Kass qual a atitude básica que um típico estatístico provavelmente teria em relação aos códigos da Bíblia. "Vemos um número muito grande de experimentos com proposições aparentemente sólidas que acabam por mostrar-se inverídicas. O mais típico é isso acontecer nos testes clínicos de vários novos medicamentos ou outros tratamentos médicos. De início, a maioria deles alcança significância estatística e é publicada – é assim que obtém nossa atenção – mas depois de escrutínios cada vez mais rigorosos, durante um período de tempo longo o suficiente, acaba fracassando. Estamos acostumados a aceitar os testes iniciais com reservas, não importa quão bem-sucedidos eles sejam – especialmente aqueles com resultados inesperadamente altos."

Por que costuma levar tanto tempo para que os erros do trabalho científico sejam descobertos? Por causa da natureza humana, que tem uma tendência natural para "sintonizar" e "espiar".

"Sintonizar" (*tuning*) é o jargão dos estatísticos para o processo inadvertido de o pesquisador remodelar sutilmente seus equipamentos de mensuração a fim de melhor adequar os dados e, desse modo, produzir um melhor resultado. Por exemplo, vamos supor que alguém concebeu um novo tratamento médico para o câncer e apresentou uma escala para medir a melhora do paciente. A medida global do resultado pós-tratamento inclui muitos parâmetros objetivos (peso corpóreo, tamanho do tumor, tolerância aos exercícios, etc.), mas também parâmetros subjetivos ("sentir-se melhor"). O pesquisador investiu muitos anos de sua vida nesse novo tratamento, mas os resultados são problemáticos. Pois em algum ponto do caminho ele mudou sua escala de resultados, dando mais peso ao "sentir-se melhor". Suas razões eram perfeitamente plausíveis e completa sua sinceridade, mas os estatísticos que revisam seu trabalho para publicação observam que, ao mudar esse parâmetro *a posteriori*, ele melhorou os resultados. O fato é que seu tratamento faz os pacientes se sentirem melhor – mas isso é tudo. No caso dos códigos da Bíblia, a "sintonização" teria entrado na forma de sutis correções na medida de compactação, selecionando, dentre as numerosas alternativas plausíveis, uma que oferecesse os melhores resultados para um determinado conjunto de dados.

"Espiar" (*snooping*) é um erro correlato, necessário para a sintonização. Implica em dar uma "espiada" nos dados, "xeretar", a fim de sintonizar o método a eles. Foi por essa razão que os editores e avaliadores insistiram que o experimento fosse repassado com um segundo conjunto selecionado de Grandes Sábios, e que os resultados fossem reportados oficialmente *somente* para esse conjunto. Mas é inevitável que permaneça a questão: ao longo dos anos, pelo menos *alguns* dos indivíduos da segunda lista não teriam sido previamente identificados como geradores de bons resultados? Quando um resultado é espantoso demais para ser aceito pelo seu valor aparente, é mais fácil assumir que ocorreu de fato um "espiar" nos bastidores. Nas palavras de Kass:

"Esses são problemas muito comuns, e é extremamente raro que aconteçam de modo deliberado. É simplesmente um fato da natureza humana, e todos nós o fazemos até certo ponto, mesmo quando estamos tentando com toda sinceridade não fazê-lo. Como sempre digo, estamos tão acostumados com esses tipos de erros que sempre que vemos resultados genuinamente inaceitáveis, assumimos logo que ocorreu algum tipo – não deliberado – de 'espiar' ou de 'sintonizar'.

Houve um bocado de tempo para isso acontecer. Esse é um bom enigma e o ensaio não tem nenhum problema manifestamente óbvio. Mas ninguém considerou, nem por um momento, que os resultados pudessem ser válidos, e nenhum dos avaliadores mudou de idéia no decorrer da revisão. Eu tinha a esperança de que alguém se mostraria à altura da situação e resolveria em definitivo o mistério."

Persi Diaconis: O Cético dos Céticos

Persi Diaconis não só é eminente no campo da teoria das probabilidades; ele é um homem cujos interesses e opiniões parecem quase em perfeita oposição ao ponto de vista e às implicações do código da Bíblia. Como ele está hoje realizando uma análise profissional dos Códigos, não quer falar com ninguém sobre o assunto. Presume-se que seu relatório sobre os Códigos surgirá, se surgir, na forma de uma publicação com avaliação similar. Mesmo assim, ele me esclareceu sua atitude geral quanto aos Códigos: "O assunto não tem o mais remoto interesse. Nenhum. Cada segundo por mim dedicado a ele poderia ser melhor utilizado se eu estivesse trabalhando na minha própria pesquisa ou lecionando aos meus alunos de pós-graduação. Pessoas que encontram coisas na Bíblia – isso é ridículo."[6]

Há um poderoso movimento desmascarador que atravessa *toda* a ciência. E não sem razão – os danos causados por entusiasmos religiosos desenfreados são bem evidentes: basta ver o recente suicídio em massa dentro de um culto religioso pseudocientífico em San Diego, cujos membros estavam convencidos de que o cometa Hale-Bopp trazia consigo um OVNI que os levaria a outro nível de existência. Todavia, o desmascaramento às vezes assume um matiz que é estranhamente parecido com o do próprio entusiasmo religioso: um reflexo do fato de que, sob a superfície, o confronto de idéias costuma ser também um confronto de cosmovisões.

De todo modo, é fácil ver como se desenvolve um espírito desmascarador. Quando alguém se torna suficientemente hábil nos princípios científicos e nos métodos estatísticos, fica claro para ele quão poderosos são esses instrumentos para separar a realidade da fantasia almejada.

Não é que o cientista cético descarte *sempre* a possibilidade de surgir algo novo, revolucionário e surpreendente; *ou* que ele seja inevitavelmente oposto à religião. Com efeito, uma recente pesquisa realizada pela importante revista científica *Nature* descobriu que 39% dos cientistas (biólogos, matemáticos, físicos, astrônomos) acreditavam num Deus pessoal e 38% na imortalidade do ser humano[7] – esses números pouco mudaram quando comparados com pesquisa análoga realizada em 1916.* Mas volta e meia o cientista atento vê o número imenso de

* Entre os cientistas, porém, o anseio pela imortalidade caiu de 43% em 1916 para apenas 10% hoje em dia. Aliás, somente 6% dos psiquiatras acreditam em Deus.

"entusiasmos" que prometem muito, fazem grandes afirmações quanto à sua validade científica e então, mais cedo ou mais tarde, dissolvem-se no solvente do escrutínio realmente rigoroso: tendo causado seus danos, eles murcham e logo são esquecidos, com algo novo sempre pronto para tomar seu lugar.

Para alguns cientistas, a eliminação do absurdo tornou-se quase uma forma de serviço, uma ação policial voluntária, com a meta de melhorar o destino humano ao exterminar os cucos daqueles ninhos onde o genuíno progresso intelectual está sendo incubado e nutrido. Na verdade, existe uma organização devotada a esse fim, cujo nome é muito apropriado: CSICOP – Comitê para a Investigação Científica das Alegações do Paranormal. Ela é apoiada por uma lista de eminentes cientistas, incluindo Francis Crick, Murray Gell-Mann (Prêmio Nobel da Física), Stephen Jay Gould e, antes de sua morte, B. F. Skinner e Carl Sagan – além de muitos outros.

Alguns dos tópicos que eles atacaram e desmascararam foram listados por Carl Sagan.[8] Os seguintes são apenas alguns dos quarenta temas que Sagan nomeou, todos caracterizados pelo diretor-executivo do CSICOP como "absolutamente insanos": "o Triângulo das Bermudas, Sasquatch* e o monstro de Loch Ness, discos voadores que *caíram na Terra*, a confusão do *centésimo macaco*, numerologia, milagres, Atlântida..."[9]

O CSICOP também é notável pela alta proporção de importantes mágicos de palco que dele fazem parte. Na verdade, um de seus fundadores foi James Randi, o "Amazing Randi". Isso não causa surpresa: quem conheceria melhor as muitas ilusões que enganam as pessoas do que o indivíduo que aprendeu todos os truques do ofício e os usa rotineiramente?

Ambas essas tendências céticas se unem no Prof. Diaconis: ele não só é um eminente estatístico como também um eminente mágico de palco, listado na *Encyclopedia of Magic and Magicians* e classificado entre os seis maiores manipuladores de cartas de baralho do mundo. Numa série de ensaios científicos publicados, que foi noticiada no *New York Times*, Diaconis e um colega mostraram pela primeira vez que sete embaralhadas "rabo de andorinha", apropriadamente executadas, aleatorizariam ao máximo um baralho.[10] A maioria dos jogadores e estabelecimentos de jogo deixa de fazê-lo e aí está uma fonte potencial daquilo que parece "sorte" – pelo menos para os indivíduos inteligentes o suficiente para acompanharem o percurso de cada carta do baralho: "Há pessoas que vão aos cassinos e ganham dinheiro. Conheço gente que está lá agora mesmo fazendo exatamente isso", observa Diaconis, ele próprio um membro do CSICOP.

* Uma criatura selvagem, enorme e peluda, com braços muito longos, mais ou menos semelhante ao homem, que supostamente vive na região noroeste da América do Norte. Também conhecido como *Big Foot* ("Pé Grande"). (N.T.)

(O físico Jack Sarfatti pediu especificamente uma investigação do CSICOP sobre os códigos da Bíblia.)

Mas por trás do puro drama de uma quase competição teatral entre Witztum, Rips e Rosenberg, de um lado, e de outro, Diaconis, céticos profissionais e influentes estatísticos, há questões profundas que chegam ao âmago do dilema espiritual com que se defronta o mundo moderno: seria o Universo uma máquina gigantesca, ou existe algo mais agindo no mundo, embora não necessariamente pertencente ao mundo, que influencia o curso dos acontecimentos? Diaconis já publicou mais de 110 ensaios profissionais. A maioria versa sobre temas que certamente parecem distantes de possuir implicações culturais diretas, que dirá espirituais (cinco deles tratam da máquina de embaralhar as cartas do baralho). Mas um número surpreendentemente grande, mesmo que técnicos em seu conteúdo, apontam para considerações filosóficas maiores. Mencionaremos aqui alguns deles, porque levantam tópicos que vão direto ao âmago daquilo que um código da Bíblia real implicaria a respeito do nosso mundo.

Em 1978, Diaconis publicou um ensaio em *Science*, fazendo um exame crítico das falhas na pesquisa da PES – Percepção extra-sensorial;[11] em 1981, para *Behavior and Brain Science*, um boletim fora de sua esfera de ação habitual, ele escreveu resumidamente sobre "A persistência das ilusões cognitivas".[12] Para *Statistical Science*, escreveu "Um guia subjetivo para o acaso objetivo".[13] Mais na linha que nos interessa, ele escreveu um longo artigo para o *Journal of the American Statistical Association* – talvez o principal boletim de estatística matemática do mundo – intitulado "Métodos para estudar as coincidências".[14] Esse último trabalho, em particular, é considerado uma espécie de clássico, por atacar toda a questão de como e porquê as pessoas tão rotineiramente depositam sua fé em falsidades.

Por exemplo, o curso sobre "Acaso" no Dartmouth College é projetado para treinar os alunos a suspeitarem daquilo que parece "coincidências significativas" quando a análise estatística cuidadosa mostrará que elas não são nem um pouco significativas.[*,15]

O Prof. Diaconis fez seminários demonstrando exatamente esse princípio por trás da popular noção de "sincronicidade" ("coincidências significativas") de C. G. Jung, em particular quando aplicada ao antigo livro chinês dos oráculos, o *I Ching*. E, de maneira mais sutil, Diaconis também fez seminários na Universidade Carnegie-Mellon (onde Kass dirige o Departamento de Estatística) argumentando que a desintegração espontânea, ou decaimento, da partícula atômica, que parece aleatória, talvez não o seja.

---

* No sentido específico de que a ocorrência delas não está estatisticamente além do que poderia ser esperado por obra do mero acaso.

Em suas próprias palavras:

> Uma vez que tenhamos posto de lado as coincidências que têm causas aparentes, quatro princípios explicam um grande número das coincidências remanescentes: causa oculta; psicologia, incluindo a memória e a percepção; multiplicidade de pontos, incluindo a contagem de eventos "próximos" ou quase semelhantes como se fossem idênticos; e a Lei dos Grandes Números, que diz que quando números imensos de eventos, pessoas e suas interações se acumulam ao longo do tempo, quase todo evento inesperado está fadado a ocorrer. Essas fontes explicam grande parte da força da sincronicidade.[16]

Em suma, seria difícil encontrar alguém mais ferozmente disposto a descobrir um erro nos códigos da Bíblia do que Diaconis. Foi sua a extremamente elegante e conservadora sugestão de usar o método de análise que Witztum e seus coautores acabaram incorporando no ensaio deles para produzir a significância estatística; e apesar de sua professada falta de interesse, Diaconis tem dado conselhos fundamentais (e oferecido estratégias) ao grupo de críticos que hoje desenvolve uma série de outros testes para o fenômeno dos Códigos.[17] Certamente ainda ouviremos falar dele antes que a saga chegue ao fim.

No momento presente, inúmeros estatísticos de estatura mundial, de universidades de todo o mundo, uniram seus esforços para encontrar a falha fatal que eles têm certeza que existe – Harvard, Cornell, o Instituto Princeton de Estudos Avançados, a Universidade Nacional Australiana (ANU) e universidades de Israel estão entre as instituições representadas por esse grupo. Brendan McKay, da ANU, deu a Benjamin Wittes, repórter do *Slate*, um esboço preliminar de um seu ensaio onde alega ter encontrado essa falha (tal como reportado no artigo que Wittes depois publicou[18]). No meu entender, e no ponto de vista de inúmeros matemáticos e cientistas profissionais, a falha que McKay alega ter encontrado não existe. Mas McKay está investigando adequadamente, com a cooperação de Rips, as duas áreas do ensaio que precisam de mais pesquisas (o efeito sobre os resultados da variação na medida de compactação; e as regras que determinam o conjunto de dados).

Uma medida da frustração que os críticos vieram a sentir em sua incapacidade de detectar uma falha séria é o fato de que alguns membros desse grupo (incluindo acadêmicos de Israel) começaram a sugerir que Witztum, Rips e Rosenberg – bem como os historiadores e bibliotecários responsáveis pela ajuda na coleta de dados para as listas dos Grandes Sábios – "conspiraram" para fraudar os dados. Conhecendo as pessoas envolvidas, uma conspiração me parece absolutamente impossível. Se o trabalho contém uma falha, ela por certo não é deliberada. Contudo, à medida que aumenta a intensidade e sofisticação do escrutínio, os resultados continuam a se sustentar, fazendo com que cresça dramaticamente a polarização de opiniões – e as apostas.

Parte do desafio é o fato de que o próprio tema aproxima-se muito mais do território dos criptologistas que do território dos estatísticos acadêmicos. Inúmeros proeminentes estatísticos sugeriram que o melhor crítico seria um "decodificador profissional". Mas, nas palavras de um deles, "Infelizmente é uma área que não está tão bem estabelecida no campo acadêmico – duvido que qualquer dos avaliadores fosse criptologista – e é bastante difícil encontrá-los."

Há uma razão para isso.

Os Decodificadores

Quando a Segunda Guerra Mundial terminou, como já dissemos, foi criado um comitê para avaliar qual teria sido o valor estratégico para a guerra dos esforços criptológicos organizados sob a Agência de Segurança do Exército. O resultado foi uma dramática e clara inversão do sentimento de que aqueles esforços poderiam ser então desativados. Mais tarde, em 1951, o presidente Harry Truman convocou um comitê de alto nível para fazer recomendações adicionais. O resultado foi

> um memorando ainda secreto que criava a Agência de Segurança Nacional. [...] Durante as décadas de 1950 e 1960, a ASN *tornou-se líder mundial no desenvolvimento de equipamentos de computação – impelindo muito além as tecnologias publicamente disponíveis na época.* [grifo meu][19]

Quanto além? Os processadores Intel de hoje [janeiro de 1997] para computadores de mesa têm "relógios" com velocidade de 300 MHz. No entanto, *há quarenta anos*

> foi "faiscante" o custoso e extenso esforço da ASN para alcançar velocidades de processamento mais rápidas (1.000 MHz) para sua investida criptoanalítica. [...] Há alguns anos, *Electronic News* noticiou que os padrões da ASN para seus componentes eletrônicos eram exigentes a um grau quase inacreditável. [...] Devido à complexidade lógica, a ASN precisava de uma placa de circuitos com cerca de 15 camadas [...] e mais de 70.000 cavidades do tamanho de uma cabeça de alfinete, inseridas nelas, com tolerância de um milésimo de polegada. As interconexões entre as camadas foi outro pesadelo.[20]

O atual orçamento da ASN é secreto, claro, mas está estimado em *dois a quatro bilhões de dólares* por ano, com mais da metade dessa quantia destinada a operações e pesquisas. Estima-se que ela hoje emprega cerca de vinte mil pessoas apenas no Estado de Maryland:

> Cientistas das universidades de todo o país indicam formandos promissores à ASN [...] o alto gabarito profissional deles tem sido um importante fator no sucesso do programa de recrutamento [...] mas [a seleção] é tão rigorosa que, apesar da urgente necessidade de talentos científicos por parte da Agência, cinco em cada seis candidatos são rejeitados.[21]

Mesmo assim, a Agência é o maior empregador de matemáticos do mundo. A atmosfera da mais estrita segurança; a constante possibilidade de demissão sumária, sem qualquer explicação ou reexame do caso; o fato de a pessoa precisar aceitar que tudo o que publicar em sua carreira, por mais brilhante que seja, talvez permaneça completamente desconhecido fora dos limites da própria Agência, são algumas das pressões sempre presentes. Mas, para um certo calibre de mente, não pode haver nada tão excitante quanto estar na verdadeira vanguarda dos esforços intelectuais que o mundo, fora das paredes da ASN, talvez não venha a conhecer por muitas décadas. E, como David Kahn o descreve:

> Porém, os fatores que superam tudo isso e que em geral permitem à ASN conservar seu pessoal, são o patriotismo e a oportunidade de servir. Esses fatores proporcionam uma satisfação espiritual que o dinheiro não pode comprar.[22]

Esse é o ambiente no qual Harold Gans estava trabalhando quando reproduziu o ensaio de Witztum, Rips e Rosenberg, descrito no Prólogo deste livro. Gans alcançara o posto de matemático criptologista sênior e escrevera mais de 180 trabalhos – a maior parte deles classificados como assuntos de segurança nacional. Recebera a ambicionada medalha de Serviço Civil Meritório por ter liderado uma equipe de matemáticos, criptoanalistas, programadores e engenheiros que resolveu um problema de alta prioridade considerado virtualmente indecifrável. (É claro que a natureza desse problema, bem como a solução de Gans, são assuntos secretos e confidenciais.) Mas, por causa do que aprendera reproduzindo o trabalho de Witztum, Rips e Rosenberg; com sua posterior experiência pessoal junto aos principais pesquisadores dos Códigos (em especial Doron Witztum); e com o trabalho descrito a seguir, Gans deixou a ASN depois de duas décadas de comprometimento gratificante e altamente bem-sucedido, para devotar todas as suas energias aos códigos da Torah.

Também Gans examinou a questão dos erros no texto:

Vários experimentos que realizei indicam que a taxa de erro necessária para obliterar a significância estatística dos Códigos é de cerca de uma letra suprimida para cada 1.000 letras [78 letras].*[,23]

Mas há um experimento muito mais significativo que ele realizou de modo independente.

As Cidades dos Grandes Sábios

Gans completou recentemente um ensaio intitulado "A coincidência de pares em seqüência alfabética eqüidistante no Livro do Gênesis." Nesse ensaio, ele repete a medida de compactação original de Witztum, Rips e Rosenberg, mas avalia sua significância estatística usando uma técnica diferente. Os resultados, relata ele, estão num "nível de significância de 7×10^{-6} ($p < 0{,}000007 = 1/143.000$)".

Para isso, Gans pegou os nomes de *todos* os 66 Grandes Sábios, tanto da primeira lista de 34 indivíduos quanto da segunda lista, de 32. Formou pares com todos os 66 nomes dos indivíduos e suas respectivas *cidades* de nascimento e/ou morte, procurando os nomes dessas cidades soletrados – tal como no experimento original de Witztum, Rips e Rosenberg com as datas de nascimento e/ou morte – em intervalos de letras eqüidistantes mínimos ou quase-mínimos. Esse tipo de experimento poderia concluir duas coisas. Primeiro, Gans estava de fato testando a realidade do fenômeno na primeira lista de Grandes Sábios (cujos resultados não foram reportados no artigo da *Statistical Science* como proteção contra o "sintonizar e espiar"). Mas, em segundo lugar, para que essa abordagem validasse o código da Bíblia – *ela teria de funcionar com todo um novo conjunto de emparelhamentos históricos*: também com as cidades. Os resultados foram estarrecedores: eram significativos a um nível de $p < 0{,}000005$; ou seja, menos de 1/200.000.

Esses resultados são especialmente surpreendentes quando você considera que, no experimento original, o controle "interno" foi o elegante procedimento de aleatorização sugerido por Diaconis: os nomes dos rabinos eram emparelhados com 999.999 diferentes datas erradas. Pense naquelas datas como simples carreiras de letras. Com as carreiras "erradas", o fenômeno era absolutamente eliminado. É certo que, se houvesse uma falha subjacente no procedimento, ou se o fenômeno fosse devido a uma inadvertida manipulação ao longo dos anos, na qual a medida de compactação tivesse sido "adequada" *àqueles* dados específicos (ou vice-versa, ou ambos) – ou se os próprios Códigos simplesmente não existissem – então o fato de combinar os nomes dos rabinos com um diferente conjunto

* Embora seja razoável presumir que os Códigos implicam um texto mais ou menos intacto, não é possível extrapolar o inverso. Talvez mais de 1/1.000 erros de letra tenham se inserido, deixando os códigos da Bíblia somente tão robustos quanto são hoje e nada mais.

de carreiras de letras (as cidades) deveria ter produzido resultados quase idênticos aos alcançados com os nomes e datas incompatíveis.

Gans submeteu seu ensaio a diversos boletins. Foi-lhe dito que, por um lado, a matemática estava perfeitamente em ordem, mas, por outro, que "ninguém estava interessado". Contudo, muitos críticos especializados sugeriram que não só a crítica de um criptologista seria o mais razoável passo seguinte, mas também que agora deveriam ser publicadas as reproduções e extensões do fenômeno, usando dados diferentes.

Meu palpite é que estudos de reprodução e extensão dos Códigos não serão publicados até que alguém elabore uma crítica válida do ensaio original de Witztum, Rips e Rosenberg. Com isso, precisamente devido ao código de honra vigente entre os cientistas, a porta estará aberta para o tipo de livre intercâmbio de idéias que, por si só, revelará se os códigos da Bíblia são uma quimera – ou a mais extraordinária pesquisa científica de todos os tempos.

Pós-escrito a "O Debate se Acende"

O leitor precisa ser informado de que, nesse meio-tempo, Doron Witztum e seus colegas não estiveram inativos. Nos dois anos e meio, ou pouco mais, que se passaram desde a publicação original, eles montaram *sete* novos experimentos controlados, com resultados altamente significativos, todos com diferentes conjuntos de dados, todos à luz das várias críticas e desafios que surgiram. Todos usam a rigorosa metodologia estabelecida pelo processo de avaliação inicial, ou melhorias sugeridas por outros críticos. Um desses ensaios já foi submetido para publicação, mas até agora só se deparou com a mesma resposta que o trabalho de Gans: interesse insuficiente. Mas os resultados desses experimentos logo serão divulgados ao mundo no livro definitivo sobre o assunto que Witztum, neste exato momento, está preparando para publicação.

Capítulo 14

O SEXTO MILÊNIO

Quais raízes se agarram, quais ramos brotam
destas pedras devastadas?
Não o sabes dizer, filho do homem, nem imaginá-lo,
pois conheces apenas um monte de imagens destroçadas, calcinadas pelo sol,
numa terra onde a árvore morta não oferece abrigo,
o canto do grilo não conforta,
e a pedra árida não traz o som da água. [...]

Às margens do lago Leman eu sentei e chorei.
– *T. S. Eliot, Prêmio Nobel de Literatura de 1948, The Waste Land [A Terra Devastada]*

Seria maravilhoso encontrar nas leis da Natureza um plano, preparado por um criador interessado, no qual os seres humanos desempenhassem algum papel especial. Entristece-me duvidar que o encontremos. Alguns de meus colegas cientistas dizem que a contemplação da Natureza lhes dá toda a satisfação espiritual que outras pessoas encontram na crença em um Deus interessado. Alguns deles talvez realmente sintam isso. Eu não. E não me parece útil identificar as leis da Natureza, como fez Einstein, com alguma espécie de Deus remoto e desinteressado. Quanto mais aprimoramos nosso entendimento de Deus para tornar plausível o conceito, mais o conceito parece irrelevante.
– *Steven Weinberg, Prêmio Nobel da Física de 1979*

Uma Montanha Mágica para um Refugiado dos Anos 60

Há cerca de um quarto de século, vivi algum tempo às margens da ferrovia que leva a Davos, numa minúscula aldeia suíça chamada Maria Montagna, a Montanha de Maria. Embora eu estivesse estudando psicologia em Zurique, a duas horas e meia de distância, não consegui resistir à oportunidade de viver no coração dos Alpes Suíços.

Da janela da minha antiga casa de fazenda de três andares, eu podia contemplar o vale lá embaixo e ver o trem subindo a trilha cada vez mais íngreme até o fim da linha, entre as montanhas cobertas de neve que abrigavam Davos. Há algo instantânea e inefavelmente espiritual nesse lugar e em sua típica espécie de beleza. Mesmo o trem, lutando para subir até o topo, transforma-se numa metáfora da nossa busca pelas coisas mais elevadas.

Eu tinha então 22 anos, era imaturo, inocente e entusiástico. Tinha certeza de que Deus estava ali mesmo, virando a esquina. Bastava eu estender minha mão... Lembro, de um modo muito vívido, o dia em que Ele me pareceu especialmente próximo. Era uma gloriosa manhã de maio, na época em que os dentes-de-leão desabrocham. Um fazendeiro local deixara um monte de estrume do lado de fora do meu portão, e eu acordei cedo, para espalhá-lo com o forcado no solo rico do jardim. Um lago repousava no vale lá embaixo, refletindo os picos nevados; o céu era de um azul luminoso, com os cúmulos muito altos, aqui e ali, lançando suas sombras móveis sobre a paisagem; e os contrafortes, com suaves elevações e depressões, estavam cobertos de dentes-de-leão, dando às colinas a aparência de um ondulante veludo verde e amarelo. Todas as vacas de todas as fazendas do vale estavam nas pastagens, cada uma com seu sininho preso ao pescoço.

Naquela manhã, os sininhos enchiam o ar: desde o som pesado, baixo, redondo, tão próximo, das vacas do meu vizinho, olhando-me com seus olhos indolentes e meigos enquanto eu jogava o estrume fumegante por sobre a cerca, até o fraco tilintar dos sininhos das vacas que estavam no outro lado do lago, tão distantes que eu mal conseguia vê-las, e passando por todos os sons intermediários. Poucos eram os sons próximos; muitos, os distantes; e assim o ar estava recoberto por uma tapeçaria hemisférica de sons entretecidos, sendo que eu e "minhas" vacas parecíamos estar no próprio centro pré-copernicano de um universo imutável de natureza e domesticidade.

Parei meu trabalho, fascinado por tanta beleza. E naquele momento, foi como se o céu se abrisse e eu sentisse a presença do Paraíso. A beleza à minha volta evocava e indicava, com súbita e límpida convicção, uma Realidade além dela própria – mas, não, a beleza não era essa realidade. A realidade estava ali, irradiando esplendor, mas fora do meu alcance. O véu se rompera, apenas uma fração; era como se eu tivesse vislumbrado, no fim de um longo corredor, a Arca da eternidade. O adejar de asas era como um murmúrio no ar, logo abaixo do limiar da audição.

O momento durou cinco, talvez dez minutos, e então serenamente se dissolveu. Muitas vezes me perguntei se naquele breve instante algo me acontecera que iria moldar minha vida dali em diante. Até aquele momento, embora a questionando, eu sempre almejara pela realidade de uma esfera espiritual, diferente e maior do que o mundo de matéria, moléculas e mecanismos. Depois daquele momento, convenci-me dela além de qualquer dúvida, embora sem saber como provar sua realidade. Mas aquela certeza era como uma mão pousada suavemente em meu ombro, querendo me guiar – bastava apenas que eu a seguisse.

No entanto, eu sabia que havia algo mais, algo mais significativo que eu quase conseguia perceber: o momento não foi perfeito; era agridoce, cheio de uma profunda sensação de estar em casa, mas, ao mesmo tempo, de uma aguda percepção do *exílio*.

Dois anos mais tarde, fui convidado para falar sobre psicologia e religião nos Seminários William James, em Harvard. É claro que, sendo ainda tão jovem, fiquei entusiasmado e profundamente contente comigo mesmo por ter sido chamado para falar aos augustos professores de uma instituição tão eminente – e, ainda mais, falar sobre temas espirituais. Não hesitei, nem por um instante, em considerar-me digno de seguir os passos dos homens que antes de mim fizeram palestras nos Seminários James: o grande psicanalista Erik Erikson, por exemplo, ou Wolfgang Köhler, autor dos conceitos da base gestáltica da psicologia da percepção. Como eles, também eu penetraria no verdadeiro âmago do *significado*.

Durante mais ou menos um ano trabalhei na minha palestra, fazendo notas cuidadosas em papel quadriculado, esboçando uma teoria de... bem, de tudo. Eu me sentia um gigante intelectual e espiritual, com minha compreensão crescendo a cada dia que passava. A primavera chegou de repente e eu esperava de novo, cheio de ansiedade, pelo desabrochar dos dentes-de-leão, trazendo-me talvez mais um vislumbre do outro mundo.

Na época em que deveria partir para Harvard, eu sentia que minha palestra estava soberba. Eu me sentia otimista e cheio de entusiasmo. Três noites antes da partida, tive este sonho:

> Estou num glorioso campo de dentes-de-leão, que irradia beleza como naquele dia místico uns anos atrás. Mas os dentes-de-leão estão dispostos numa grade perfeita, igual ao papel quadriculado no qual eu fizera minhas anotações para a palestra. Estou de quatro, apoiado sobre as mãos e os joelhos, movendo-me de um dente-de-leão ao outro, comendo cada um deles, em seqüência, até a raiz. Eu me concentro tão intensamente em cada dente-de-leão que está diante de mim que não percebo para onde estou indo. De repente minha cabeça bate em alguma coisa. Levanto os olhos e vejo um objeto colossal à minha frente, tão imenso que de início nem sei dizer o que é. E então percebo que estou olhando para a frente do dedão do pé de um gigante, e ele é tão estarrecedoramente enorme que eu mal avisto o topo desse dedo. A minha cabeça se espicha para cima, cada vez mais, mais e mais. Ali, muito acima dos Alpes, nas nuvens, eu apenas *julgo* que poderia ser capaz de avistar a borda de sua unha. No sonho, eu comecei a rir, e ri tanto que acabei acordando.

Caí em mim. Olhei para a palestra que havia escrito. Era absurda e, por fim, fiquei aterrorizado. O que eu tinha a dizer que valesse a pena ser dito? Eu nem conseguia vislumbrar o topo do dedão do assunto que tentava descrever.

Eu sabia pouquíssimo sobre William James, cujo nome fora dado aos seminários; e, ansioso por uma nova e mais modesta abordagem, comecei a ler sobre ele. James tinha sido o decano da psicologia e filosofia norte-americanas; hoje em dia sua obra praticamente deixou de ser estudada, exceto como tema histórico.

Mas eu achei sua vida fascinante e, de um modo estranho, calmante. Ele cresceu num lar profundamente afetado pela busca espiritual de seu pai, uma busca que ocorria fora das fronteiras da religião estabelecida. Embora seu irmão Henry fosse um renomado romancista, William foi um escritor extraordinário cujo estilo costuma ser considerado superior ao do irmão. Como seu pai, William sentia profundo interesse pela religião e foi o primeiro a estudar a experiência religiosa a partir de um ponto de vista "psicológico". Sua obra mais conhecida e acessível é *The Varieties of Religious Experience.**

Essa obra, descobri, nascera da seguinte seqüência de acontecimentos. William James havia sido convidado a proferir uma palestra sobre religião natural nos Seminários Gifford, da Universidade de Edinburgh. Certo dia, em 1898, enquanto escalava os montes Adirondack – seu amor pela natureza e pelas montanhas, em particular, permaneceu nele pela vida afora – o véu se abriu. Voltando à cabana, ele escreveu para a esposa: "Parecia que os deuses de todas as mitologias da natureza estavam tendo uma reunião indescritível, dentro do meu peito, com os Deuses morais da vida interior [...] Sem dúvida, em mais de uma maneira, as coisas nas palestras de Edinburgh serão atribuídas a essa reunião."[1] Fiquei impressionado com a frase "os Deuses morais da vida interior". Os deuses da natureza eu havia encontrado, mas o que *eram* os "Deuses morais"?

Várias coisas estavam claras para mim em relação à vida de William James: quando jovem, sua aflição – e a minha – era que simplesmente, de meados aos anos finais do século XIX, todas as maiores mentes do mundo pareciam estar convergindo para uma única conclusão inescapável: o mundo nada mais era que um gigantesco sistema mecanicista, uma enorme máquina. Em todo e qualquer momento, o arranjo de cada componente dessa máquina – incluindo nós mesmos e tudo o que amamos – é inteiramente determinado pelo arranjo de todas as coisas no momento anterior. Era como um gigantesco jogo de fliperama; uma vez lançada a bolinha, nada poderia influenciá-la. A ameaça da bomba atômica, que os pensadores sabiamente concluíram que deveria ser a culpada pela terrível angústia e alienação da minha geração, nada era comparada ao terrível poder dessa *ausência de significado.*

James era perceptivo demais para não ver a implicação final do "Iluminismo": o significado, o propósito, a aspiração, o espírito, a escolha, o livre-arbítrio, a moralidade, a bondade – tudo isso seria denunciado como miragens. Buscando uma resposta a esse dilema, ele sucessivamente estudou arte, química, anatomia e fisiologia; acompanhou Louis Agassiz, o grande naturalista de Harvard, na sua

---

* *As Variedades da Experiência Religiosa*, Editora Cultrix, São Paulo, 1991.

expedição à Amazônia; em 1869, formou-se em medicina por Harvard, mas nunca a praticou, e parece que nunca pretendeu praticá-la.

Essa crise precoce em sua vida resolveu-se de uma maneira notável: lendo as obras do grande matemático e filósofo francês Charles Bernard Renouvier. Renouvier foi um dos que contribuíram para o moderno sistema matemático sobre o qual a ciência se construiu. Mas como filósofo, Renouvier viu que o mistério da liberdade humana, da aparente capacidade da mente para considerar livremente as opções e então selecionar um curso de ação, não era uma mera especulação filosófica: era a condição *sine qua non* da vida moral. Consciência, vontade, liberdade – tudo isso tinha profundas implicações para a própria noção de "bondade".

Para James, essa idéia significava libertação. "Meu primeiro ato de livre-arbítrio", declarou ele, "será acreditar no livre-arbítrio". O rigor do intelecto de William James lançou-o naquilo que seria, em essência, a busca religiosa de toda uma vida. E ele nunca a abandonou. Mas, paradoxalmente, James estava convencido de que, para compreender com mais exatidão a ação do divino no Universo, era necessário pôr de lado as preferências subjetivas e adotar a disciplina da ciência.

À medida que descobria os detalhes da busca de James, comecei a avaliar a enormidade do projeto ao qual eu me devotara com tanta alegria. Passei os 25 anos seguintes da minha vida retraçando uma versão atualizada dos passos de James. Os mais recentes deles me trouxeram, por um lado, aos códigos da Bíblia e à possibilidade de eles serem genuínos, e, por outro lado, à física moderna, pelas razões que esboço a seguir.

A Terra Devastada

Desde a revolução científica, o mundo tem se parecido cada vez mais com uma máquina gigantesca – na verdade, tornou-se uma "terra devastada" espiritual. A ciência nos induz a pôr de lado nossos anseios infantis por "espírito" e "significado", e temos uma grande dificuldade para fazer o contrário. Uma parte enorme da nossa vida cotidiana depende do ponto de vista mecânico – automóveis, produção e distribuição de alimentos, telecomunicações, fontes de energia, cuidados médicos; a lista é quase infindável. Mesmo se articularmos uma filosofia oposta a esse mecanicismo, nosso próprio cérebro não consegue evitar de moldar-se pela idéia dominante que torna todos esses benefícios possíveis. E, por isso, ficamos divididos. Ansiamos por significado e espírito, mas receamos que eles não existam.

No trecho de *The Waste Land* [A Terra Devastada] citado na abertura deste capítulo, o grande poeta T. S. Eliot descreve o desalento que se instalou na dinâmica judeu-cristã que por tanto tempo fora o coração pulsante do Ocidente. A hélice do tempo gira mais uma vez: o deserto espiritual no qual temos caminhado é também a "Galut" – o Desterro, a Diáspora, o Grande Exílio. "Às margens do rio da Babilônia nós choramos", bradaram os judeus depois de terem sido expulsos de Eretz Yisrael [a Terra de Israel] pelos conquistadores pagãos. O lamento continuou desde então, carregado pelo vento a todo homem, mulher ou criança, judeu ou gentio, que já tenha ansiado pela terra eterna que o coração tão bem conhece, e à qual sonha regressar, mas que a cabeça aprendeu a negar.

Acaso não vivemos, bradamos nós, num mundo que tem um propósito? E quanto a nós próprios: certamente *nós* não somos máquinas predizíveis. Acaso nossa impressão de que fazemos uma escolha – e escolhemos com um propósito – não tem base na realidade?

A nova vassoura científica do mundo-máquina varreu para o esquecimento, um depois do outro, todos os campos da experiência e conhecimento humanos, acumulados ao longo dos milênios. Curandeiros, espiritualistas, sacerdotes e rabinos foram ensacados juntos, formando uma grande bola de detritos, e atirados no compactador de lixo da História. Em menos de um século, a busca da verdade religiosa deixou de ser a rainha das disciplinas nas grandes universidades e tornou-se, quando muito, a copeira; era ensinada como uma espécie de doutrina subordinada aos modismos sociais – ou nem sequer era ensinada. "Há uma suposição, muito comum entre os pensadores das muitas disciplinas", escreve Michael Kellman, professor de físico-química no Instituto de Ciência Teórica da Universidade de Oregon, "de que existe uma radical incompatibilidade entre as noções de livre ação da vontade e o funcionamento das leis físicas".[2]

Jacques Monod, descobridor do DNA mensageiro (e, portanto, da célula enquanto fábrica automatizada) e vencedor do Prêmio Nobel de Biologia em 1965, assim se expressou:

> Tudo pode ser reduzido a interações simples, óbvias, mecânicas. A célula é uma máquina. O animal é uma máquina. O homem é uma máquina.[3]
>
> O homem vive na fronteira de um mundo estranho [...] que é surdo à sua música, bem como indiferente aos seus sofrimentos ou aos seus crimes.[4]

Steven Weinberg, vencedor do Prêmio Nobel de Física em 1979, captura o sentimento desses fatos numa variante anterior da epígrafe citada no início deste capítulo: "Quanto mais o Universo parece compreensível, mas ele parece sem sentido."[5]

Ao que responde sua colega Margaret Geller, astrônoma de Harvard: "E por que deveria o Universo ter sentido? Que sentido? O Universo não passa de um sistema físico; que sentido existe nele?"[6]

E o físico Gerald Feinberg chega à conclusão filosófica inevitável: "A vida é [...] uma doença da matéria."[7]

Uma Saída?

Não há então como sair da terra devastada? Os códigos da Bíblia sugerem que talvez haja. Surpreendentemente, essa saída é uma das mais antigas e santificadas: a alegação da Torah de ser o "manual de instruções" enviado pelo Criador e Guia da humanidade. Mas como poderiam conjuntos "arcaicos" de proposições, como os contidos na Torah, ser ao mesmo tempo tão verdadeiros quanto os da ciência moderna?

Também neste ponto os próprios códigos da Bíblia nos oferecem um indício. Pois aquilo que sua natureza peculiar parece sugerir a respeito de tempo e destino acaba sendo espantosamente semelhante àquilo que a mais moderna das ciências também descobriu. Como vimos, o antigo misticismo cabalista deu origem à criptologia; a criptologia deu origem à estatística matemática; e as duas se juntaram, durante o Holocausto, para produzir o computador e a "era da informação". Tudo isso converge na mecânica quântica, cujas primeiras aplicações ocorrem no domínio da criptologia, precisamente porque sua teoria fundamental aponta para uma camada oculta de conhecimento que misteriosamente coordena tudo o que existe no Universo.

E assim – como as antigas rodas codificadoras que espiralam as letras do alfabeto sobre si mesmas – retornamos à Cabala. ("Em seu fim está seu começo", dizem os cabalistas a respeito de seus instrumentos criptológicos. Mas talvez eles também estivessem falando de algo mais, como nas palavras de Eliot, "Em *meu* fim está meu começo".) O *Zohar* assim o expressa, numa passagem já citada: "Nos dias da sexta parte do sexto milênio, os portais do conhecimento sobrenatural se abrirão no alto, enquanto embaixo abrem-se as fontes da sabedoria secular. Assim se iniciará o processo pelo qual o mundo se preparará para entrar no sétimo milênio, o Shabat."

É para a última fonte de sabedoria secular que agora nos voltamos, em busca de um outro peculiar entrelaçamento do espiritual e do científico. A melhor abordagem são exatamente as idéias de William James, há muito esquecidas.

Necessidade e Razão Suficiente

O "Iluminismo", junto com a revolução científica e a inevitável "morte de Deus" que se seguiram, estavam todos contidos na proposição elegantemente simples de Gottfried Leibniz, o filósofo e matemático alemão que viveu e morreu no século seguinte ao de Pascal: "Nada ocorre sem uma razão suficiente; isso equivale a dizer que, se uma pessoa tem conhecimento suficiente, ela talvez sempre possa explicar por que algo ocorre de determinada maneira."

Essa é a essência do determinismo. Tudo o que "acontece", sejam os simples movimentos de duas bolas sobre uma mesa de bilhar ou as interações complexas de dois homens num salão de bilhar, é *totalmente* determinado por suas posições e movimentos anteriores. Tudo o que acontece é porque precisa acontecer: nenhum outro resultado é possível.

Consideremos o que significaria se as coisas não fossem assim – se o movimento de uma bola de bilhar, por exemplo, fosse apenas parcialmente determinado por "razões". Então, depois de considerar todas as influências que agem sobre a bola – o taco, o feltro, outras bolas, qualquer declive ou imperfeição da mesa – ainda permaneceria aberta a possibilidade de que a bola fosse para qualquer outro lugar *contra* essas influências (a que chamamos "forças"). Mas isso significaria que a bola estava de algum modo exercendo sua própria força – ou de que haveria ainda outras forças inexplicadas agindo sobre a bola. Mas já dissemos que levamos em consideração todas as influências que agem sobre ela. Assim, isso não pode ser.

Mas, embora esperemos que essa lei do determinismo seja plenamente verdadeira para bolas de bilhar, recuamos ante a perspectiva de que o mesmo princípio também seja verdadeiro para as nossas próprias ações. Segundo o psiquiatra e filósofo John Searle, "Nossa concepção da realidade física simplesmente não permite a liberdade radical [... mas] nem essa discussão nem outra qualquer jamais nos convencerão de que nosso comportamento não é livre".[8]

A conclusão parece inescapável: apenas teríamos a impressão de que "escolhemos" e dirigimos nossas ações. Na verdade, faríamos aquilo que somos obrigados a fazer, *e depois de fazê-lo diríamos a nós mesmos que o escolhemos*. Num mundo desses, não há nenhum significado, nenhuma ordem mais elevada, nenhuma consciência, nenhuma moralidade. Há apenas a inevitabilidade do triunfo e dominação para alguns, e do fracasso e destruição para os outros. O "direito" é determinado pelo poder predominante: a "força".

Mas William James viu algo mais sutil: se fosse para a mente ter qualquer efeito genuíno, isso só ocorreria *se Leibniz estivesse errado*. É um testemunho do gênio e da coragem intelectual de James que ele, em meio ao clamor das vozes proeminentes à sua volta, tenha serenamente insistido que Leibniz *estava* errado. Embora todos os acontecimentos sejam muito influenciados pelas razões anteriores – talvez isso ocorra com a maioria deles –, James sustentava que as razões anteriores não são suficientes. Depois que tudo é acrescentado, as trajetórias dos elementos do mundo físico *ainda precisam estar abertas a alternativas*.

Os desenhos abaixo ilustram a idéia de William James. As colunas da esquerda e da direita mostram duas versões diferentes da mesma seqüência de eventos, sendo a primeira totalmente determinista e a segunda, apenas em parte: uma bola estacionária (cinza-escuro) é atingida por uma bola em movimento (cinza-claro) e as trajetórias de cada uma delas (posição, velocidade e direção do movimento) são estabelecidas ao longo do tempo de acordo com as regras básicas da física.

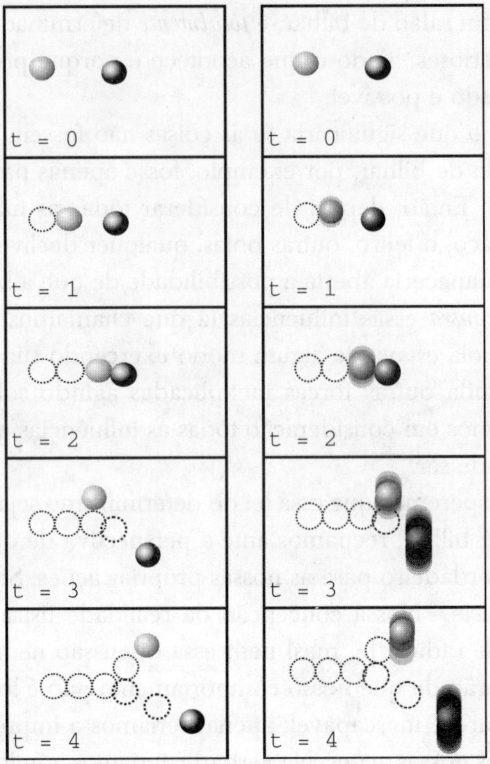

Mostram-se cinco diferentes ilustrações de momentos igualmente espaçados, começando em $t = 0$ [tempo zero]. (Cada ilustração é formalmente chamada de "um *estado* do sistema" à medida que "o sistema evolui ao longo do tempo".)

Olhando para o gráfico da esquerda, você vê que a posição de cada bola está bem definida e diretamente relacionada com o estado anterior de ambas as bolas – e com nada mais.* Ambas as bolas se movem precisamente da maneira como o fazem depois da colisão, *e de nenhum outro modo*, porque não há nada para desviá-las. Isso está de acordo com o nosso conhecimento da realidade baseado no bom-senso. A primeira bola continua seu percurso anterior à colisão, sem mudar sua direção ou sua velocidade, porque não há nada para causar essa mudança.

Mas os diagramas da direita descrevem como William James concluiu que um sistema deveria evoluir de fato – presumindo a realidade da consciência humana, o livre-arbítrio e a escolha moral. Mesmo depois que todas as possíveis

---

* Neste modelo simplificado, vamos assumir que todas as outras influências que poderiam possivelmente agir sobre as bolas são levadas em conta e produzem exatamente esta seqüência; ou senão, que não há outras forças exceto as que põem em movimento a primeira bola, e a própria colisão.

influências deram sua contribuição, ainda é possível que o sistema evolua *de mais de uma maneira.* Os discos em tons mais claros simbolizam lugares para onde as bolas ainda podem ir, *mesmo que não haja nenhuma força, de espécie alguma, fazendo-as ir para lá.* (Pois se houvesse *uma única* configuração possível das moléculas que compõem o sistema nervoso, por exemplo, então toda ação humana seria mecanicamente determinada.)

Essa imagem não está de acordo, de modo algum, com o senso comum. Na época em que James insistia em que as coisas deveriam ser assim, havia uma crescente montanha de evidências provando que o oposto era verdadeiro. Mas James insistiu que não, que a verdade teria de ser tal como mostra o gráfico à direita, porque, caso contrário, a mente não seria real e nossa "experiência" não seria mais que uma ilusão.

James não estava afirmando que não existissem influências deterministas; mas sim que, depois que todas elas tivessem sido explicadas, ainda permanecia um misterioso resíduo de liberdade absoluta. A mente precisa exercer seu efeito, argumentava James, escolhendo livremente, antes de agir, dentre *uma gama de possíveis resultados* e assim afetando o *único resultado real.* Mais além disso James não conseguiu ir. Suas idéias pareciam, a ele próprio, uma necessidade psicológica, filosófica – e até mesmo espiritual. Mas também pareciam, à maioria das pessoas, difíceis demais de entender ou absurdas demais para serem levadas a sério. Afinal de contas, o que James realmente dizia era *que coisa nenhuma no universo físico* estava fazendo com que essas trajetórias se alterassem. Elas apenas se alteravam, sem nenhuma razão física aparente.

O interessante é que essas mesmas idéias já haviam sido propostas, um século e meio antes, por um brilhante talmudista e cabalista italiano de Pádua, o Rabino Moshe Chayim Luzzatto – chamado "O Ramchal". Num livro onde pretendia estabelecer os antigos princípios fundamentais da cosmovisão judaica, ele escreveu:

> O mundo [...] contém duas influências gerais opostas. A primeira é a do determinismo natural, enquanto a segunda é não-determinista. [...] A influência não-determinista [...] é o resultado do livre-arbítrio humano aqui no mundo físico. Uma vez que tanto o homem quanto suas ações são físicos, a única influência direta que ele pode exercer é sobre as coisas físicas.[9]

O Alvorecer da Mecânica Quântica

Ao apagar das luzes do século XIX, a disposição de ânimo dos cientistas era jubilante. Depois de dois séculos de batalha campal, a cosmovisão religiosa estava em plena retirada. O determinismo mecanicista triunfava em toda parte onde se decidia a lutar.

Entre os cientistas, os físicos reinavam como mandarins incontestes, porque era sobre suas teorias e pesquisas que tudo o mais se construía. Nas palavras de sir Ernest Rutherford, o descobridor do núcleo atômico laureado com o Prêmio Nobel: "Na ciência, tudo é apenas física. Todo o resto é coleção de selos." O que ele queria dizer é que as pessoas agem do modo como o fazem devido ao funcionamento mecânico de coleções de órgãos, tecidos e células; as células, devido a coleções de moléculas; as moléculas, devido a coleções de átomos; os átomos, devido a coleções de partículas subatômicas, ondas de "radiação eletromagnética" e forças tais como o magnetismo e a gravidade, que podiam ser transmitidas a distância. Uma vez que as regras atômicas fossem estabelecidas e postas em ação, os resultados seriam fixos e inevitáveis, sem "espaço para oscilações".

Tão rápida e abrangente havia sido a linha de frente da física que, ao nascer do novo século, era crença geral que a meta absoluta estava à vista. Dentro em breve, dizia-se, os únicos obstáculos à compreensão total seriam técnicos. Havia talvez três fenômenos fundamentais que ainda não tinham se rendido à análise mecanicista. Estes, predizia-se, logo seriam solucionados e o jogo estaria terminado.

Esses três dilemas eram: (1) o fato de a velocidade relativa da luz não parecer mudar, seja quando a pessoa avançava para sua fonte ou dela se afastava; (2) o fato de as equações que governam a radiação permitirem que os raios ultravioleta tivessem muito mais energia do que a mensurada; e (3) o fato de a radiação atômica parecer ser absolutamente aleatória: não havia nenhum mecanismo conhecido que "tiquetaqueasse o tempo" dentro de um átomo e então o "acionasse" para a desintegração (ou decaimento) bem *naquele* instante, e em nenhum outro.

William James morreu em 1910, quatro anos depois que Albert Einstein publicou seu ensaio sobre a teoria da relatividade restrita e resolveu o primeiro dos três dilemas físicos remanescentes. Dois anos mais tarde, um físico alemão, Max Planck, concebeu uma solução admiravelmente estranha para o segundo problema da física, que ele tentara solucionar durante anos sem sucesso (embora tivesse apenas 19 anos quando o conseguiu). Sua resposta iria oferecer uma explicação também para o terceiro problema, explicação essa totalmente consistente com as deduções filosóficas de William James.

O próprio Planck achava sua solução quase risível e afirmou que nunca conseguiu perceber exatamente *porque* pensara em tal coisa, já que ela não fazia o menor sentido. Sua idéia era descontínua em relação a tudo que a precedia, na física e na ciência em geral, bem como inconsistente com o senso comum e a experiência cotidiana. Planck nem mesmo tinha a vantagem das indagações filosóficas prévias, na linha de James. A idéia simplesmente surgiu-lhe na mente uma noite.

Reduzida à sua expressão mais simples, a idéia era esta: talvez as partículas de matéria não se movam daqui para ali continuamente – como parecem fazer todos os itens físicos. Talvez elas apenas... saltem (como nas versões do "teletransporte" da ficção-científica).[10]

Planck submeteu à matemática essa estranha noção de "e se...?". Para sua surpresa, sua intuição estivera correta. Pois aquelas excêntricas equações produziram precisamente os resultados encontrados em laboratório com os "corpos negros irradiantes" (objetos que irradiam em todos os comprimentos de onda, sem preferência). Assim nascia a mecânica *quântica*.

Mais tarde, ficaria evidente que mesmo assuntos cotidianos como a eletricidade doméstica dependem criticamente desse mesmo fenômeno. Consideremos simples fios elétricos feitos de cobre. O acetato de cobre – verdete – é um excelente isolante elétrico. A única razão pela qual dois fios de cobre enroscados um no outro continuam a conduzir, mesmo depois de alguns segundos de exposição ao ar, é que os elétrons "saltam" ou se "teletransportam" para além do verdete.

Porém, havia mais coisas na idéia, implicações que só se revelariam, pouco a pouco, à medida que os cientistas, com relutância, começaram a lidar com a mecânica quântica e levá-la a sério. Tornou-se claro que, embora possamos usar as equações da teoria quântica para determinar *estatisticamente* qual proporção de elétrons irá de fato saltar e onde eles se distribuirão em média, nunca podemos dizer se *um elétron específico* irá de fato saltar, ou quando, ou onde – *porque não há nada que determine esses resultados.*

Em outras palavras, William James estava absolutamente certo quanto à aparência do mundo físico – se a consciência não fosse uma ilusão. Havia, como ele previu, uma parte determinada de eventos *e* uma parte não-determinada. A parte determinada era a distribuição média ponderada de resultados prováveis: 50% de chances de que a bola vá para esse ponto; 40% de chances de que ela vá para aquele ponto; 5% de chances para aqui; 3% de chances para acolá, e assim por diante. A parte não-determinada era o resultado real. James, é claro, não estava pensando em bolas de bilhar colidindo num espaço vazio, mas nos próprios átomos e moléculas que formam o nosso cérebro. De algum modo, acreditava ele, a mente exerce uma ação genuína no mundo ao influenciar acontecimentos no cérebro.

A "pior" parte das equações quânticas emergentes era, em certo sentido, a menos enfatizada. Consideremos nosso exemplo da página 242, no diagrama da direita, das bolas de bilhar colidindo "imprecisamente". A mecânica quântica não diz apenas que *nós ainda não sabemos o que causa o resultado real*. Nem diz que *nunca podemos saber, muito embora haja alguma influência determinante desse tipo.* Ela diz, em vez disso, que *não há absolutamente nada causando os eventos reais* – ou, com mais precisão, *nada no universo físico.*[11]

Numa tentativa de evitar esse mistério irredutível, alguns físicos sérios propuseram que universos alternativos, cada um deles incorporando cada resultado *possível*, brotam em cada "ponto de escolha".[12] O número desses universos, desde o "Big-bang", mal pode ser imaginado. Outros cientistas propuseram que o mundo está cheio de ondas de "conhecimento ativo", o qual não só determina os resultados, como um piloto conduzindo o avião segundo as instruções da torre de controle, mas ao mesmo tempo coordena o tráfego em todo o Universo. (Ficaram por explicar o modo como as partículas atômicas – o avião – têm seus pilotos e a identidade do controlador, sem mencionar as qualificações desse controlador.)[13]

O estranho fenômeno das partículas saltadoras costuma ser chamado de "tunelização" [abrir túneis, do inglês *tunneling*], mas essa palavra não descreve com exatidão o fenômeno. É como se, ao se aproximarem de um paredão rochoso intransponível, os carros simplesmente reaparecessem no lado oposto, no mesmo exato instante, de maneira imprevisível, mas com surpreendente vantagem. Não causa surpresa que a mecânica quântica seja uma pedra no sapato de todo aquele que mantém a arraigada convicção de que o mundo é uma máquina e Deus, quando muito, um zelador ausente.

Einstein, por exemplo, irritava-se com a mecânica quântica e a via, no melhor dos casos, como incompleta. Ele morreu numa busca inútil para encontrar (entre outras coisas) algo melhor. O estranho é que ele ganhou seu Prêmio Nobel não pela relatividade, mas por "resolver" o último grande problema da física: o decaimento atômico. Para sua consternação, ele o fez aplicando a própria teoria que detestava: a mecânica quântica.

Na verdade, foi ao aplicar a nova teoria a certos tipos de radiação que Einstein tornou-se agudamente cônscio daquela característica da mecânica quântica que ele achava mais implausível: *não há absolutamente nada no Universo que "faça" um átomo decair; ele apenas decai* – quando bem entende, por assim dizer. Foi essa desagradável descoberta que levou Einstein a insistir que "Deus não joga dados". Infelizmente, todas as evidências se uniram para refutar o mais conhecido dito espirituoso já proferido pelo mais famoso dos físicos.

Oitenta anos de experimentos na mecânica quântica produziram um registro de sucessos sem igual na história científica. A mecânica quântica – em toda sua bizarria – mostrou ser mais rigorosa do que qualquer teoria anterior. Mesmo as suas mais absurdas implicações têm sido substanciadas por experimentos que são regularmente publicados em importantes boletins e revistas.

Eis aqui alguns exemplos:

- A decisão do experimentador influencia o resultado de uma parte *anterior* do experimento. As partículas aparentemente "antecipam" a futura ação do experimentador e alteram suas trajetórias ("se teletransportam") de acordo com ela, embora ainda estatisticamente – ou seja, dentro de uma escala de prováveis resultados ponderados.

- Quando (algumas) partículas em um lugar "decidem" mudar seu curso, isso é associado com (algumas de) um conjunto de outras partículas que estão "decidindo" mudar seu próprio curso em outro lugar, em coordenação com o primeiro grupo. Não podemos dizer que a decisão de um grupo "causa" a do outro, porque (a) as mudanças ocorrem ao mesmo tempo; (b) os dois grupos de partículas estão tão afastados que a luz não teria tempo de alcançar um deles, com um sinal, no momento em que o outro "responde"; e (c) a "influência" é apenas provável – haverá diferenças, ligeiras mas mensuráveis, no resultado, toda vez que o experimento for realizado.

  Outra maneira de explicar essa idéia é dizer que parece haver um processo de "ajuste" instantâneo atuando no Universo. Dependendo de uma ação que ocorre *aqui*, "ele"[14] instantaneamente – ou mesmo com antecipação – ajusta tudo o mais *lá*, até certo ponto. Além disso, o que parece ser ajustado não é o resultado final exato daquilo que acontece *lá*, mas sim as *probabilidades* de que aquilo possa ocorrer.

  Desse modo, se eu decido fazer "A" aqui, em vez de "B", então a probabilidade de "C" ocorrer lá sobe uns 10%, digamos, enquanto a probabilidade da ocorrência de "D" cai uns 10%. E isso apesar do fato de que A e B *não têm nenhuma relação causal* com C e D.
- A relação entre a "tunelização" quântica e o teletransporte tornou-se, em tempos recentes, mais do que uma analogia. Em 1993, um grupo de cientistas pesquisadores reuniu-se na IBM, sob o comando de Charles H. Bennett, a fim de criar um projeto inicial de métodos de teletransporte completo. Estão em andamento experimentos para demonstrar o teletransporte em objetos microscópicos, tais como átomos individuais ou pequenos agrupamentos de átomos. Os obstáculos para o teletransporte de objetos macroscópicos complexos (pessoas, por exemplo) são enormes, é claro, mas como observa Bennett, são apenas uma questão de engenharia. O teletransporte prático não violaria nenhuma lei fundamental – do modo como elas vieram agora a ser conhecidas.[15]

Na verdade, a teoria quântica permite (e os experimentos validaram) este princípio espantoso: *qualquer* agregado de matéria pode *espontaneamente* "teletransportar-se" de sua atual localização para qualquer outro lugar do Universo, por razões desconhecíveis a partir de qualquer informação no universo físico e através de "influências" que não fazem parte do universo físico. A probabilidade de qualquer desses eventos dados pode ser muito pequena, mas em geral é finita (diferente de zero).* Para os eventos muito complexos, as probabilidades são tão

* Na verdade, algumas ações estão excluídas (probabilidade zero), incluindo muitas que o bom senso nos diz que deveriam ser freqüentes. O ponto principal é que muitas das mais bizarras dessas ações *não* estão excluídas.

pequenas que eles *provavelmente* não irão acontecer. Eventos muito menos complexos acontecem em toda parte do Universo inteiro. Eventos de complexidade intermediária são raros, mas prováveis de acontecer de tempos em tempos. Em linguagem um pouco diferente: os milagres não são só possíveis — eles são onipresentes. Milagres do tipo que somos capazes de perceber, os do tipo bíblico, por exemplo, nem são impossíveis nem violam as "leis da Natureza". Pelo contrário, eles são "prováveis", no sentido de terem probabilidades estatísticas que podem ser calculadas grosso modo. Mas, embora as probabilidades possam ser calculadas, quais milagres realmente acontecem é algo não só impredizível, como também eles ocorrem por razões que não fazem parte do próprio sistema físico, o sistema a que damos o nome de "Universo".

Por exemplo, existe uma probabilidade genuína de que a Terra de repente salte de sua atual órbita ao redor do Sol para a de outra estrela.

> Quando se calcula a probabilidade correspondente segundo a mecânica quântica elementar, descobre-se que ela é muito pequena, da ordem de 10^{-84} [1 em 10 seguido de 84 zeros]. [...] Por menor que seja essa probabilidade, ela não é estritamente zero. Pode-se, portanto, concordar com o senso comum e dizer que o Sol nascerá amanhã, mas deve-se admitir a possibilidade de eventos "malucos" como esse.[16]

Todos os milagres bíblicos são imensamente *mais* prováveis do que esse exemplo da Terra saindo de sua órbita, embora possamos esperar que eles sejam raros. As únicas "leis da Natureza" que eles violariam seriam as leis mecanicistas. Mas estas já mostraram que não são mais do que aproximações das leis quânticas, imensamente mais acuradas.

Em suma, a mecânica quântica demonstrou que *não* é verdade que tudo acontece com causa suficiente. De fato, tudo acontece *sem causa suficiente* — pelo menos, há causas insuficientes dentro do Universo. É assim que ocorre dentro do cérebro humano, como concluiu James, causando um ressurgimento do interesse na própria "consciência" enquanto objeto de investigação por físicos e matemáticos sérios (Roger Penrose, professor de matemática em Oxford; Henry Stapp, professor de física no Laboratório de Radiação de Berkeley, na Universidade da Califórnia; Michael Kellman, professor no Instituto de Ciência Teórica e Físico-Química na Universidade do Oregon, e muitos outros). Segundo Kellman:

> A teoria da mecânica quântica, em virtude de seus princípios fundamentais, [...] é consistente com o papel da mente enquanto agente que determina algumas atividades de porções puramente materiais dos sistemas biológicos.[17]

Mas uma atividade similar parece funcionar dentro do Universo como um todo, fazendo surgir sérias especulações quanto a uma consciência que abarca o Universo e que não é parte "dele", mas mesmo assim age "nele". Uma edição recente de *Nature*, talvez a mais renomada publicação científica do mundo, ofereceu a seus leitores este editorial especulativo, só parcialmente irônico:

> Se [Einstein] está certo, o Universo [...] é uma estrutura completamente definida e tudo nele já está determinado, tanto futuro quanto passado.* Deus talvez o tenha declarado bom, mas não há nada que Ele ou nós possamos fazer a respeito agora.
>
> A visão quântica é bem diferente. O Universo está constantemente emergindo a partir de inumeráveis incertezas quânticas, "dados lançados por Deus", como Einstein as via. O próprio Newton pensava que Deus deveria intervir de vez em quando na Sua criação para mantê-la na rota; e o princípio da incerteza [a gama de possíveis resultados além daquilo que as influências da mecânica clássica determinam] oferece o mecanismo ideal. Torcendo certos parâmetros por menos do que sua [...] incerteza, Ele poderia afetar resultados distantes sem violar qualquer lei física.[18]

Observe também que uma ação realmente aleatória (sem causa) *é absolutamente indistinguível de uma ação que é "fruto do livre-arbítrio"*. Foi precisamente isso que Alan Turing vislumbrou na mecânica quântica, e foi por essa razão que o assunto assumiu, para ele, uma conotação espiritual: "A aparente não-predestinação da física é quase uma combinação de acasos."[19]

"Tempo e Acaso Ocorrem a Todos os Homens"

Uma das admiráveis características dos códigos da Bíblia é que eles apresentam um retrato do "acaso" e da "predestinação" que está em extraordinário paralelo com aquilo que emergiu na mecânica quântica. Essas idéias apresentam completo desacordo com os pressupostos mecanicistas do Iluminismo, embora tampouco sejam idênticas às premissas teológicas comuns. Elas guardam espantosas similaridades, no entanto, com certos conceitos encontrados na antiga tradição judaica, especialmente em suas dimensões menos familiares, mais "místicas".

Primeiro, a mecânica quântica colocou *a probabilidade e a estatística* no próprio cerne da realidade. O puro acaso – indistinguível do "livre-arbítrio" – está em toda parte e sempre remoldando o Universo. Também os códigos da Bíblia

* Einstein concluiu especificamente que o livre-arbítrio é uma ilusão. Ver "Meu Credo", in M. White e J. Gribbin, *Einstein: A Life in Science* (Nova York: Dutton, 1994), citado in Kellman, p.19.

parecem intrinsecamente probabilísticos, uma "linguagem" que não aparenta oferecer nenhuma mensagem *específica* sobre aquilo que acontecerá no Universo, mas cujo ordenamento *estatístico* disfarça a intenção e a vontade, arranjado de maneira a permitir múltiplos resultados (como vimos nas séries das datas para o ataque com mísseis Scud, no Capítulo 11 – com as possíveis datas sendo similares às possíveis posições das "imprecisas" bolas de bilhar).

Em segundo lugar, na visão quântica só as probabilidades gerais são determinadas; a seleção de eventos reais ocorre numa escala universal através de alguma coordenação e reajuste espantosos e inimagináveis de todas as probabilidades futuras, à luz daquilo que realmente acontece no presente. O homem, em sua pequena escala, pondera e escolhe de modo semelhante: um minúsculo simulacro – uma imagem – da "intenção" maior que seleciona os eventos em todo o Universo. As escolhas do homem também são levadas em conta e o Universo é ajustado de acordo com elas.*

Algo bastante parecido também surge nos códigos da Bíblia: eles não apresentam o retrato de um mundo totalmente determinado, conhecido de antemão, mas um mundo no qual muitos caminhos são possíveis e onde nossas próprias escolhas são cruciais. Relembremos os acontecimentos hipóteticos envolvendo os Códigos sobre a Guerra do Golfo, quando três datas prováveis foram supostamente encontradas codificadas num agrupamento compacto, perto de outros eventos e pessoas relacionados com o Golfo Pérsico. Mesmo que os acontecimentos não tenham ocorrido como dizem os boatos, a descrição enfatiza uma sutileza dos Códigos (assumindo, é claro, que eles sejam reais): muitas diferentes datas de um acontecimento, por exemplo, são prováveis de ser "extraídas" de qualquer parte do texto. Se você sabe o nome de alguém, mas não quando ele morreu, você não poderia procurar a data de sua morte para conhecê-la (ou seja, predizê-la). Você poderia pesquisar todas as datas dentro de uma certa compactação e presumir que a data real da morte daquela pessoa poderia ser uma delas – mas apenas provavelmente. É apenas *provável*, não garantido, que um par real de nome-data venha a ser compacto. Desse modo, a natureza intrinsecamente estatística dos Códigos impede que eles sejam usados como um oráculo. Essa descoberta também sugere algo mais: que há muitas datas possíveis nas quais alguém poderia realmente morrer, muito embora haja apenas uma data na qual

* Esta idéia levanta a espinhosa questão sobre a "fronteira" entre a mente e a vontade do homem, e as de Deus. O tópico é um famoso tema de disputa teológica – e uma infame sementeira de heresias. Hoje em dia, mesmo os físicos estão entrando na briga. Ver, por exemplo, o trabalho de Alan Harkavy ("Especulações sobre a vontade e um Deus local"), no qual ele oferece um argumento da mecânica quântica em favor de deidades localizadas. (In *Human Will: The Search for Its Physical Basis*, Vol. 22 de *Revisioning Philosophy*, David Appelbaum, org. [Nova York: Peter Lang, 1995], pp. 93-98.)

esse alguém morre. Se a analogia com a natureza quântica do tempo está correta, então poderíamos esperar que aquelas datas se espalhassem numa curva de "probabilidade", com alguns resultados mais prováveis do que outros. Talvez, então, as datas mais altamente prováveis, antes de o fato ocorrer, sejam aquelas mais próximas ao nome (no experimento dos Grandes Sábios); e as datas mais altamente improváveis – mas não impossíveis – sejam aquelas mais distantes do nome.

Repito, muitas datas *poderiam* realmente aparecer e, numa amostra suficientemente grande de vários eventos, muitas datas com baixa probabilidade (e, portanto, muitos emparelhamentos não-compactos) *irão* ocorrer. É somente no conjunto que um "emparelhamento" ordenado – uma *tendência* para a compactação – pode ser confirmado. Por essa razão, não podemos distinguir em nenhum emparelhamento isolado se ele ocorreu "apenas por acaso" ou significativamente. E, portanto, esbarramos contra um outro "muro" que parece ter sido levantado com requintada precisão em volta dos códigos da Bíblia, circunscrevendo nosso potencial para fazer mau uso deles: não podemos sequer usar descobertas individuais surpreendentes para verificar um assunto. Os códigos da Bíblia apontam para uma única coisa e só para ela: a Autoria do documento no qual eles são encontrados.

De todo modo, poderíamos perguntar: por que um evento acontece e outro não? Assim como na mecânica quântica – e em certas teorias correlatas sobre a ação do cérebro, similares às de William James –, o evento real é selecionado[20] dentre as várias possibilidades pela ação daquelas entidades que incorporam o livre-arbítrio: pelo próprio homem, dentro de um campo limitado – e por "algo mais", em alguma parte. Em minhas próprias palavras: Deus estabelece os padrões amplos da História, age no mundo ao nosso lado e deliberadamente "contrai" certa proporção de sua onipotência para que nos seja concedida a dádiva da genuína liberdade, mas, à moda de um pai interessado e amoroso, ajusta as coisas para levar em conta nosso uso infinitamente tolo de Sua dádiva.

Dentro desses parâmetros, o "impossível" torna-se real: dois átomos podem de fato coexistir no mesmo lugar, formando uma única entidade inconsútil, chamada "condensado de Bose-Einstein". (Condensados com até 16 milhões de átomos de berílio fundidos foram formados em laboratório no ano passado. Essa entidade é grande o suficiente para ser vista a olho nu e foi fotografada.) Por outro lado, um átomo pode ser forçado a existir em dois lugares ao mesmo tempo, na chamada "superposição quântica" (a qual também foi realizada no ano passado) – um primeiro passo para o "teletransporte quântico" real de objetos visíveis.

Há algumas localizações e estados que são absolutamente proibidos. Um elétron pode "saltar" daqui para ali; pode existir ao mesmo tempo em mais de um lugar; mas pode ser absolutamente impossibilitado de estar num conjunto de pontos imediatamente adjacentes. Desse modo, muitas curvas de probabilidade da mecânica quântica apresentam uma aguda dicotomia: ou A ou B (em graus variáveis de probabilidade), mas nada no meio. (Esse é o próprio significado da palavra "quantum" [quantidade, em latim].)

A antiga visão judaica de tempo e profecia não é diferente do que foi dito acima: "O Messias virá, ou numa geração que seja completamente virtuosa, ou numa geração completamente corrompida", afirma um conhecido aforismo. Eventos específicos que estão predestinados podem ainda ser evitados pela ação humana apropriada: "... mas a prece, a caridade e os bons atos evitam o decreto implacável", nas palavras do livro de orações. Deus pode ajustar Suas ações para compensar as nossas, mas a liberdade que Ele nos concedeu pertence a nós para afetarmos a História para o bem ou para o mal. Embora todos os resultados admissíveis possam estar distribuídos nos códigos da Bíblia, quais são eles nós não podemos saber. Podemos apenas descobrir, após o fato, aqueles que ocorreram.

Como Uma Coisa Dessas é Possível?

Há uma pergunta óbvia a respeito dos códigos da Bíblia que ainda não fizemos: como uma coisa dessas é possível? Aqueles que já se convenceram, além de qualquer dúvida, dos Códigos e de sua realidade, responderão simplesmente que "para Deus, nada é impossível". Mas um dos resultados da mecânica quântica tem sido o de fazer as pessoas refletirem sobre os caminhos específicos que a influência divina talvez use para penetrar em nosso mundo físico *sem* violar suas regras. A realidade irredutível do *acaso* é um desses caminhos.

Mas, à medida que a mecânica quântica e outros campos avançados da ciência focalizaram sua atenção na mente e no cérebro humanos, caminhos de influência mais específicos começaram a se apresentar como possíveis. Estes proporcionam o que poderíamos chamar de "argumento de plausibilidade" inicial para os códigos da Bíblia, permitindo-nos construir hipóteses sobre como eles vieram a existir, sem violar as regras. O argumento é complexo porque sintetiza descobertas e hipóteses de muitos e muitos campos. Aqui apresentaremos apenas um esboço dele.

Como os Códigos Vieram a Existir: Uma Especulação

Podemos começar observando que a mecânica quântica é, ela mesma, uma "fronteira".[21] Em outras palavras, a própria lei que guia o mundo assegura, simultaneamente, que suas conseqüências são em parte o resultado de "algo" exterior àquela lei — algo que não faz parte do universo físico. Se a mecânica quântica está correta (e até agora ela é a teoria da física que passou pelos mais rigorosos testes), então, não importa o que possamos deduzir das características físicas do Universo, nunca saberemos *coisa nenhuma* sobre a natureza ou a forma desse "algo" mais que permanece "fora" do Universo e o "influencia".

Os "efeitos" desse "algo" inevitavelmente nos parecerão uma aleatoriedade absoluta e irredutível, muito embora em grandes grupos de eventos eles se equilibrem uns aos outros, estatisticamente, formando distribuições ordenadas. (Recordemos mais uma vez a frase de Turing: "A aparente não-predestinação da física é quase uma combinação de acasos."[22]

Portanto, a única maneira pela qual poderíamos um dia ser capazes de conhecer alguma coisa sobre esse "algo" seria se "ele" fosse capaz de se comunicar conosco de algum modo, e estivesse interessado em fazê-lo.

Será "plausível" que as leis do universo físico permitam essa comunicação? Na visão mecanicista do Iluminismo, a resposta teria sido um "não" taxativo. Sob o determinismo, o próprio Criador seria impotente para influenciar o curso de Sua criação depois de colocá-la em movimento. Por mais que Ele gritasse, seria absolutamente impossível ouvirmos Sua voz.

Mas agora — só depois da mecânica quântica — a resposta é um "sim" surpreendente. A visão quântica *exige* esse efeito fora-do-universo para dar sentido até mesmo aos aspectos mais triviais da realidade. Nossa própria "influência", à qual damos o rótulo de "nossa consciência" ou "nossa vontade", sutilmente altera as trajetórias e resultados dentro do conjunto de partículas que constitui o nosso cérebro, num ponto de vista pelo menos. Se assim é, então não há nada que exclua a possibilidade de que uma "vontade" maior, universal, possa fazer o mesmo — *também dentro do conjunto de partículas que constitui o nosso cérebro.* Este, então, seria Seu "mecanismo" de comunicação.

Mas, como poderíamos saber se era "Ele" comunicando-Se conosco desse modo, e não apenas as ilusões criadas por nossa mente? Não saberíamos, não com qualquer grau de certeza. Assim, como poderia essa comunicação ser validada? Claro que não poderia depender da palavra de uma ou mais testemunhas, por mais respeitáveis que fossem. Precisaria ser um comunicado essencialmente permanente, cujo próprio conteúdo constituiria prova irrefutável. Seu selo teria de ser algo que somente o Autor, e apenas ele, pudesse conhecer. (Relembremos nosso exemplo do espião infiltrado, no Capítulo 9 — a identificação da mensagem "genuína" envolvia a descoberta de significados codificados que só eram conhecidos pelo nosso espião *e* por seu controlador.)

Poderia um ser humano ser o recipiente adequado dessa importantíssima mensagem? Uma pessoa qualquer? Dada a natureza humana, isso me parece mais implausível do que os próprios códigos da Bíblia. Acho que teria de ser alguém — podemos chamá-lo de "recebedor" — que tivesse se sintonizado *de tal maneira* que fosse singularmente capaz de "ouvir".

Quais seriam as qualificações desse recebedor? O que constituiria a "sintonia" necessária? Teria ela uma natureza "técnica", na qual habilidade, determinação, inteligência, persistência e prática tornam-se suficientes para produzir resultados?

Seria possível, por exemplo, imaginarmos as origens cabalísticas dos códigos da Bíblia tratando a Cabala (como ocorre com muita freqüência) como uma técnica "espiritual", se não "mágica", para se alcançar algum tipo de "poder psíquico"? Suspeito que não, em vista da proibição específica da Torah a esse respeito. Há uma maneira melhor de respondermos a essas perguntas.

Robert Haralick é um pesquisador independente dos códigos da Bíblia, que ajudou um proeminente rabino a escrever um livro a respeito e apresentou várias descobertas utilizando técnicas um pouco diferentes das esboçadas acima.[23] Haralick é professor de engenharia elétrica na Universidade de Washington, em Seattle, e já publicou mais de quatrocentos ensaios científicos. Atualmente está organizando um simpósio internacional sobre os Códigos, que será realizado em Haifa e patrocinado em conjunto com a Technion. As apresentações serão exclusivamente científicas e terão de satisfazer os rigorosos padrões da Associação Internacional para Reconhecimento de Padrões, da qual ele é membro. Suas observações sobre a Cabala são especialmente argutas e sensíveis. Relacionam-se diretamente com a questão de quem seria capaz de receber e transmitir uma coisa dessas.[24]

Pois embora o código da Bíblia, enquanto fenômeno criptológico, esteja profundamente enraizado na Cabala, como vimos, a própria Cabala é muito mais do que isso. Para os grupos entusiastas dos Códigos, mas não familiarizados com a Cabala, alguns a favor, outros contra, mas todos os distorcendo, Haralick escreve:

> A Cabala tem a ver com receber [...] a vontade de D'us. Nessa linguagem, poderíamos dizer que recebemos a vontade de D'us quando alinhamos de tal modo nossa vontade com a vontade de D'us que nos tornamos totalmente servos de D'us. Isso significa transformar a mente e o corpo de tal modo que nossa resistência física à recepção da vontade de D'us é anulada. Essa resistência física é aquilo a que [os cristãos] se referem como [...] a "natureza carnal". A linguagem cristã equivalente a receber a vontade de D'us pode ser compreendida a partir da linguagem do "Pai-Nosso": *seja feita a vossa vontade...* À medida que nos tornarmos mais capazes de receber a vontade de D'us em nossa vida, também começaremos a reconhecer as maneiras nas quais D'us está presente em nossa vida. E estaremos conscientes dessa presença em grau cada vez maior. Existe apenas júbilo em ser capaz de realizar a vontade de D'us como um humilde servo de D'us e estar consciente da presença de D'us. O único ato [que é exigido] é a espécie de crescimento espiritual realizado por uma pessoa que está desejosa de tornar-se mais próxima de D'us. *A mudança pode ser reconhecida pelo modo como a pessoa está vivendo sua vida.* [grifo meu][25]

Um dos maiores cabalistas dos tempos mais recentes foi o Rabino Luzzatto, o Ramchal, cujos comentários sobre as influências não-deterministas já foram citados. Descrevendo o ato de "receber", ele comenta:

> A "iluminação outorgada" consiste de uma influência concedida por Deus através de vários meios peculiares especialmente preparados para esse propósito. Quando essa influência alcança a mente de uma pessoa, certas informações se fixam nela. [...] Assim, ela pode ganhar conhecimentos [...] que, de outro modo, não seriam ganhos somente pela lógica. [...] O principal conceito de verdadeira profecia é [...] uma pessoa viva conseguir essa união e esse elo com Deus. [...] A revelação da glória de Deus é o que dá início a todas as coisas que são transmitidas numa visão profética. Elas se transmitem ao poder da imaginação, na alma do profeta, a qual, por sua vez, forma imagens dos conceitos que lhe foram impostos pelo poder da mais elevada revelação.
>
> Todo Israel compreendeu duas importantes verdades. Primeiro, o povo judeu teve de perceber que a verdadeira essência de Deus não está incluída em nenhuma imagem; e que Ele está totalmente divorciado de qualquer possível visualização. Tão logo perceberam isso, certas descrições proféticas lhes foram reveladas [...] os mistérios da divindade de Deus, bem como os de Sua criação e direção do Universo.*

Assim, o "profeta" é o indivíduo que, através de seu modo de vida, progressivamente une-se a Deus. Em conseqüência, ele se transforma num recipiente adequado para aquilo que Deus diz. Mas observe que é o *caráter* dele que assume clara prioridade: sua virtude.

A transmissão das informações ocorre através de imagens específicas, estimuladas na imaginação humana pela dimensão não-visualizável da realidade. Os resultados, nesse caso, são "alegorias" e "metáforas" mais ou menos adequadas; sendo que o "mais ou menos" reflete o "nível" do recipiente e, daí, o "nível" de sua *inspiração*.

---

* Luzzatto está aqui explicando uma das mais importantes compreensões cabalísticas do mandamento que ordena não se fazer imagens esculpidas de Deus – pois fazê-lo equivale a sutilmente preparar-se para ser incapaz de "ver" algo de Sua genuína natureza e efeito no mundo. Do mesmo modo, os físicos estão agora percebendo que a "não-visibilidade" das características mais fundamentais da mecânica quântica não é um defeito da teoria, mas sim um indício poderoso quanto à verdadeira natureza da realidade. Nas palavras do físico Menos Kefastos, da Universidade George Mason: "A física clássica nos apresenta uma imagem da realidade física que é visualizável. [...] Uma descrição mais completa da realidade física [...] é invisualizável." (Menos Kefastos e Robert Nadeau, *The Conscious Universe: Part and Whole in Modern Physical Theory* [Berlim: Springer Verlag, 1990], p. 14)

Mas, "de todos os profetas, nenhum foi tão grande quanto Moisés". O Rabino Luzzatto explica que, embora a palavra de Deus seja transformada na mente de todos os outros profetas em *imagens* visualizáveis, não é isso que ocorre com Moisés. Deus diz: "Com ele falo face a face, às claras e não por figuras" (Números 12:8). Foi esse discurso direto, as letras da própria criação, que Moisés colocou por escrito, com uma precisão que teria sido inalcançável por qualquer outro antes dele ou depois dele.[26] Por que foi confiada a Moisés uma missiva tão singular e preciosa? Teria sido por causa de suas realizações e de sua técnica espiritual? Segundo a Torah, foi principalmente porque "ele era o mais humilde dos homens".

Quais os Próximos Passos?

O nível de atenção dado aos códigos da Bíblia nunca foi maior do que agora, por parte de céticos, entusiastas, profissionais e amadores. Ainda não sabemos se o fenômeno continuará resistindo às refutações ou se acabará mostrando ser mais um numa longa lista de entusiasmos religiosos insubstanciais. A maioria dos estudos que estão hoje em andamento se classifica nas seguintes categorias:

Reproduções e críticas detalhadas. Esses estudos estão examinando com todo cuidado o "experimento dos Grandes Sábios". Esse experimento, com seu conjunto de dados fixos, tem sido reproduzido, como já observamos. Mas variações adicionais estão sendo testadas para ver quão "robustas" são as descobertas sob a influência de grafias alternativas e diferentes medidas de compactação e técnicas para medir a significância.

Extensões. Os próprios pesquisadores originais estão tentando ampliar suas descobertas através de experimentos totalmente novos, com diferentes conjuntos de dados (como já mencionamos).

Pesquisa da Torah como um todo. Novas pesquisas examinam não só o Gênesis mas também os outros quatro livros de Moisés. Relatos preliminares indicam que os códigos da Bíblia são realmente encontrados em toda a Torah. A maioria das novas pesquisas focaliza os agrupamentos de SAEs na Torah *como um todo*, tratando os Cinco Livros como se fossem uma única carreira de texto. A questão que agora surge é se diferentes tipos de informações estariam codificados numa base livro a livro, e na Torah encarada como um todo.

A busca de Códigos em outros textos bíblicos. Não há evidências de códigos dentro de quaisquer outros dos livros da Bíblia. Contudo, há quem acredite ou espere que códigos similares sejam neles encontrados. Na medida em que esses estudos forem feitos de maneira adequadamente controlada, seus resultados serão úteis.

Há também a questão das estranhas "Tabuletas de Ezequiel", com suas letras em alto-relevo (mencionadas no Capítulo 4). Junto com os capítulos de abertura do Gênesis, certas passagens de Ezequiel formaram os aliceres dos estudos cabalísticos. Como observamos, as "Tabuletas de Ezequiel" foram descobertas no Iraque (Ezequiel viveu na antiga Babilônia) e levadas para Israel durante a Guerra de Independência. Pode-se perguntar: por que alguém se daria ao gigantesco trabalho de esculpir todas as letras do texto em *alto-relevo* sobre 68 tabuletas de pedra, em séries perfeitamente uniformes de *scripta continua*?

A busca de "parâmetros". Se queremos que o mundo em geral os leve a sério, em especial o mundo científico, é preciso que os códigos da Bíblia não continuem sendo algo que somente uma ou duas pessoas são capazes de desvendar. As "regras" que permitem a descoberta de Códigos genuínos, verificáveis em termos estatísticos, terão enfim de ser postas por escrito, por mais complexas e cheias de nuanças que possam ser. Sem essa "parametrização", continuarão a surgir suspeitas de que as descobertas positivas são apenas o resultado de um "sintonizar e espiar" inadvertido – ou pior: de fraude deliberada.

O teste de diferentes regras de codificação e classes de informações. A antiga tradição sustenta que há "setenta portais" da sabedoria: setenta diferentes métodos de interpretar o texto da Torah. O método do "salto de letras" é um desses portais (segundo o *Zohar*, o qüinquagésimo deles).* Mas, se é correta a afirmação do Vilna Gaon de que *todos* os detalhes da História estão contidos na Torah – um texto com apenas pouco mais de 300.000 letras –, então os códigos da Bíblia devem usar muitos diferentes esquemas de encriptação para acomodá-los, isto é, não só os saltos *eqüidistantes*; não só os espaçamentos mínimos, e assim por diante. Mas, se há muitas diferentes regras de codificação, também é preciso que haja regras definindo qual classe de informação está codificada segundo qual regra.

No instante em que você considera as complexidades envolvidas em desvendar simultaneamente tanto uma classe de dados quanto uma regra que combine com eles, de repente algo mais se torna evidente. Já que a regra só pode ser "verificada" numa classe de dados, e já que uma classe de dados só pode ser verificada e proclamada genuína quando aparece sob uma regra, *é surpreendente que alguém tenha chegado a encontrar uma que seja dessas correspondências*. É por isso que Eliyahu Rips fala de Doron Witztum como um cientista à altura de Ernest Rutherford.

O Sétimo Milênio

Há muito tempo, no primeiro século depois da destruição do segundo Templo pelos romanos, no começo do grande exílio, os antigos cabalistas previram

* O Rabino Eliezer (Rokeach), um dos professores do Ramban (Nachmânides), enumera "73 caminhos para se compreender e interpretar as letras da Torah". Ele lista o nº 54 como "o caminho dos saltos".

uma época melhor: quando o conhecimento do terreno mundo da matéria, abaixo, e a compreensão do sublime mundo espiritual, acima, iriam juntos brotar numa fonte gêmea – como quando "irromperam todas as fontes das profundezas e se abriram as cataratas do céu" nos dias de Noé –, mas para o aprimoramento da humanidade, não para sua destruição.

Os primeiros indícios desses dias surgiriam, dizia-se, no "seiscentésimo ano do sexto milênio" – mais ou menos em meados do século XIX d.C. A chegada real do sétimo milênio – quando a ciência e o conhecimento de Deus já tivessem deixado de tentar destruir um ao outro, mas se abraçado como irmãos há muito separados – seria prenunciada pelo fim do exílio do povo judeu, pouco antes do término do sexto milênio. (O Estado de Israel foi fundado em 1948; o sexto milênio [judaico] termina dentro de pouco menos de 250 anos.)

Estaremos nós no limiar dessa era? Ou essas noções não passariam de um "sintonizar e espiar" sentimental – a leitura daquilo que desejamos ler, em passagens selecionadas dentre um inconcebivelmente vasto "conjunto de dados" de especulações humanas? Talvez os códigos da Bíblia acabem mostrando ser uma outra quimera – muito mais sofisticada e embriagadora, talvez, do que qualquer outra surgida antes. Mesmo se assim for, eu continuarei minha busca, pois a imagem de um mundo totalmente mecânico é assustadora: quem pode ser otimista em relação a um mero humanismo quando examina aquilo que nós, seres humanos, freqüentemente fazemos com a nossa ilusão de liberdade absoluta? Na verdade, nada me parece mais ilusório e sentimental do que a noção de que somos perfeitamente capazes de conduzir nossa vida sem Deus. Nas palavras do Ramchal – como que prevendo esta nossa era:

> O oposto de [um] mundo perfeito existe quando o homem é dominado pela busca de seus desejos físicos. [...] É um mundo de falsos valores, onde as boas qualidades são eclipsadas e as más prevalecem. Como resultado disso, a tranqüilidade deixa de existir [...] não há nenhuma segurança, apenas muito sofrimento e dor. Deus oculta Sua glória do mundo, e o mundo segue em frente *como que deixado ao sabor do acaso, abandonado às leis da natureza.* [...] Num mundo desses, os corrompidos tornam-se fortes e os bons são privados de todo prestígio. [grifo meu][27]

Em resposta, há muitas pessoas que imediatamente – e com toda propriedade – apontariam as enormes injustiças cometidas em nome de Deus: e não só contra os judeus. Não é de admirar que muitos indivíduos dos tempos modernos, dentre os quais se destacam os judeus, tenham desenvolvido uma profunda desconfiança de *todas* as noções religiosas, inclusive as de seus próprios ancestrais.

É precisamente nesse ponto que, no meu entender, uma união adequada e realista de ciência e religião passa a ser uma necessidade, não um sentimento: pois o padrão científico para a verdade – experimentação controlada, asserção cautelosa, probabilidade de erro quantificada, aceitação desapaixonada das evidências, a capacidade de dizer "eu não sei" por longos períodos de tempo, a disponibilidade para abandonar idéias bem-amadas que carecem de substanciação – é o único contrapeso que conheço para a tendência humana de transformar conhecimentos religiosos parciais em dogmas absolutos. Que há *alguma* verdade absoluta na maioria dos assuntos parece-me inescapavelmente óbvio; mas que em geral não conseguimos fazer mais do que nos aproximar dessa verdade absoluta – chegar mais perto dela, talvez, mas nunca *lá* – também me parece igualmente evidente. A ciência é apenas a formalização matemática da humildade.

Mas, se os códigos da Bíblia acabarem por se tornar o primeiro caso genuíno daquela união das "águas do alto" com as "águas de baixo" profetizada pelos cabalistas, eis o que eu acho que eles prometem:

Os códigos da Bíblia poderiam assinalar o início de uma era onde se combinariam a exploração científica e a exploração espiritual, tal como não é visto desde as grandes viagens marítimas que precederam a sociedade global do mundo moderno. (Colombo estava convencido de que a Terra era redonda por causa de interpretações místicas das Escrituras; ele também acreditava que, lançando velas em 1492, estaria cumprindo uma profecia e iniciando o fim do exílio do povo judeu.)[28]

O cientista será levado a buscar mais do que meras provas da realidade dos códigos da Bíblia e da validade da Torah. Ele desejará compreender a peculiar estrutura probabilística, holográfica e multidimensional dos Códigos.* Uma investigação desses aspectos fará surgir, inevitavelmente, analogias tanto com a mecânica quântica quanto com os antigos conhecimentos cabalísticos. E acontece que a mecânica quântica está justamente agora começando a desenvolver – numa velocidade que tem surpreendido os céticos – uma subdisciplina que é estranhamente congruente com os Códigos. Trata-se do campo emergente da *criptologia quântica* (comentada de passagem no Capítulo 7). Numa repetição do processo histórico que estudamos naquele capítulo, os pesquisadores já observaram que o "uso potencial da mecânica quântica para propósitos de decifração de códigos faz surgir uma pergunta óbvia: *e quanto à construção de um computador quântico?*" [grifo meu][29]

Em segundo lugar, a partir de uma perspectiva religiosa, os códigos da Bíblia levantam uma pergunta: se a Torah realmente "veio dos céus", o que o céu espera de nós? Uma vez que o judaísmo tem sido o mais antigo repositório da Torah – e como os próprios códigos da Bíblia emergiram da tradição judaica – é inevi-

* Presumindo que não há nenhum texto-direto, contendo alguma mensagem, a ser descoberto.

tável que se valorize mais do que nunca às antigas interpretações judaicas da Torah. Isso não equivale a afirmar que tudo o que o judaísmo já disse sobre a Torah seja ou será aceito como correto, mas eu acho inevitável que um espírito aberto à indagação e à curiosidade sobre os tesouros ocultos nas profundezas do judaísmo tradicional, e há muito ignorados ou rejeitados, venha rapidamente substituir as controvérsias teológicas.

Os códigos da Bíblia, em si, são coerentes com essa restrição teológica. Os Códigos sobre o Chanucah, por exemplo, não conseguem "provar" que a dinastia dos hasmoneus foi fundada pelos macabeus, ou que o milagre do Chanucah realmente ocorreu [ver Capítulo 10]. Talvez reflitam a importância, para os judeus, da crença histórica nesse milagre. A crença é um fato inconteste; mas o milagre a que se refere a crença não é acreditado por muitas pessoas que aceitam que "o Chanucah existe". Em suma, quando se chega à disputa teológica, os códigos da Bíblia oferecem apenas um auxílio limitado. E tampouco podem ser usados para validar, ou invalidar, crenças importantes como a de Jesus ser o Messias. Códigos "positivos" sobre *qualquer* assunto tratam apenas e tão-somente da questão da autoria; eles, portanto, nos direcionam para a Torah: nada mais, nada menos.

Mas eu também acredito que os avanços científicos que estão adiante de nós, e os quais os Códigos prenunciam, irão exigir – mais do que nunca em nossa História tão cheia de altos e baixos – que realmente ponhamos de lado nossas disputas e ouçamos a mensagem central da Torah. Pois os riscos de vivermos numa era "atômica" são pálidos diante dos riscos de vivermos na era por vir. Se não levarmos a sério aquilo que nos indicam os códigos da Torah, e não pautarmos nossa vida de acordo, então poderemos morrer por termos percebido os princípios que tornam possíveis os Códigos – e feito mau uso deles. Eis aqui o que vejo se aproximando:

A Árvore da Vida

Uma das surpreendentes características dos códigos da Bíblia, descoberta mesmo antes de sua natureza "profética", é sua absoluta complexidade. A quantidade de informações codificadas num texto finito, usando a mesma configuração de letras para incorporar múltiplos significados, está evidentemente além da capacidade de qualquer ser (ou grupo) humano dotado de quaisquer recursos computacionais.

A criptologia quântica *pode* resolver um problema desses. Ela o faz da seguinte maneira. Ao analisarmos a mecânica quântica, já vimos que um objeto não segue uma trajetória fixa e predeterminada. Mas um objeto (digamos, uma das nossas pequenas bolas de bilhar) não apenas pode *estar potencialmente* em duas ou mais possíveis posições futuras; também há circunstâncias em que, *no presente*, um objeto está realmente em duas ou mais posições ao mesmo tempo. (Esse efeito foi obtido e fotografado.) Esses estados simultâneos são chamados de "superposições". Acontece que essas superposições podem ser vantajosamente aproveitadas na computação, criando portas lógicas *on-off* para gerar muito mais "*bits*" de informação do que "logicamente" elas seriam capazes de gerar.

Se um computador padrão pode processar um bilhão de passos por segundo (mais ou menos o nível atual da tecnologia de *chip*), ele processaria cerca de 3×10^{16} passos em um ano de operação contínua. Mas uma versão quântica do mesmo computador (somente idealizada, de 100 bits)[30] processaria mais de 10^{30} passos *de uma só vez*, produzindo *mais de* 10^{39} etapas em um segundo. Para realizar o que o computador quântico realiza em um segundo, um computador padrão exigiria mais de 10^{22} anos. O Universo tem apenas $1,5 \times 10^{9}$ anos de idade. Será que isso poderia abrir as portas a computadores quânticos capazes de resolver problemas que de outro modo são absolutamente "não-computáveis" porque exigem um número infinito de passos?

Com os computadores quânticos, problemas de combinatória como aqueles levantados pelos códigos da Bíblia tornam-se imagináveis. No presente, contudo, o único lugar conhecido do universo físico onde existe qualquer sugestão (embora discutível) de um "sistema de processamento de informações", já existente e que incorpora efeitos quânticos, é dentro do cérebro humano. Sob circunstâncias normais, é claro, nosso cérebro não consegue processar informações nesse ritmo acelerado.

Essas idéias teriam parecido absolutamente impossíveis poucos anos atrás; contudo, pelo menos algumas delas agora parecem à beira da realização por equipes de cientistas da Universidade de Stanford, do Instituto Weizmann (em Israel), de Oxford, da Universidade de Rochester, da Universidade Duke, da Universidade de Montreal e outras. Esses esforços não só sugerem, mais uma vez, um possível elo entre a mecânica quântica e características misteriosas da mente humana; eles levantam a distinta possibilidade de que *instrumentos artificialmente construídos, que incorporam a computação quântica, podem desse modo também genuinamente incorporar a mente – e, portanto, a própria consciência.* Estaremos prontos para verdadeiramente, pela primeira vez, comer o fruto da Árvore da Vida? Na especulação eloqüente e ponderada do físico-químico Michael Kellman:

> Eu acredito, tal como Penrose e Lockwood, que a mente deve ter capacidades de pensamento além [...] dos processos puramente computacionais [...] esse tipo de ação mental também poderia ser usado, com rapidez e flexibilidade, para "reprogramar" os processos computacionais puramente mecânicos do cérebro, como resultado de uma espécie de cognição de nível mais elevado operando dentro da mente.[31] Além disso, a idéia de computadores

quânticos [...] é sugestiva. Se a mente tem as propriedades de um observador quântico, como proposto aqui, isso talvez tenha usos poderosos na percepção e na cognição, se associado a algum tipo de computação quântica no cérebro.[32]

Ou fora do cérebro.

O Golem

Uma antiga lenda judaica (que influenciou Mary Shelley a escrever seu *Frankenstein*) fala de uma criatura pensante inventada por um cabalista para ajudá-lo em suas misteriosas tarefas. Mas, no fim, a criatura o sobrepujava e destruía. Um amigo meu, notável cientista numa das principais universidades, tem, como eu, um profundo interesse pelo emergente estudo da relação entre a mente humana e a mecânica quântica. Mas também está genuinamente apavorado. Ele acredita que estamos de fato à beira de desvendar o maior de todos os segredos – como produzir verdadeiros "golens": criaturas que, feitas por nós, incorporam a mesma centelha divina da mente pela qual Deus nos formou e que nós próprios contemos. Examinando os destroços em que a humanidade com tanta freqüência transforma todas as grandes dádivas recebidas, meu amigo não se sente nada otimista quando pensa na maneira como esse imenso poder será utilizado. O Departamento de Defesa dos Estados Unidos já fez a alocação inicial de verbas, no valor de US$ 5 milhões, para a criação de um Instituto para Informação e Computação Quântica (QUIC) na ASN: necessário e previsível – mas sinistro.

Em julho de 1945, quando testemunhou o terrível poder que liberara ao criar a bomba atômica, Robert Oppenheimer [líder do Projeto Manhattan] murmurou uma célebre passagem do *Bhagavad Gita*: "Eu sou o destruidor dos mundos." Aquele meu amigo entende que, assim como os computadores a válvula dos anos 40 tornaram possível a bomba de hidrogênio [em 1952], também a emergente criação de um autêntico Golem tornará possível a destruição numa escala que reduzirá a própria bomba-H a algo trivial. E, ai de nós, quando a humanidade se torna capaz de alguma nova forma de destruição, mais cedo ou mais tarde não hesitamos em empregá-la! É por essa razão específica que eu não apenas avisto uma possível convergência entre os códigos da Bíblia e o processamento quântico de informações – também espero por ela, rezo por ela. Pois, no meu entender, somente algo tão espantoso e que nos enche de humildade, como os Códigos – e a Torah à qual eles apontam –, será capaz de nos refrear quando tivermos posto as mãos no fruto da Árvore da Vida.

A Escolha Final

Os limites peculiares dos códigos da Bíblia refletem um aspecto distinto do judaísmo: o tipo peculiar de "latitude restrita" expresso na Torah. Na sua qualidade de religião monoteísta original, o judaísmo proclama que existe um único Deus e que Ele é o Deus não só dos judeus, mas de toda a humanidade. Nesse aspecto, não há nenhuma latitude. O judaísmo também proclama que, sob a autoridade desse Deus único, existe apenas um código moral ao qual toda a humanidade, e não só os judeus, deve responder. Não proclama que o judaísmo é uma exigência para todas as pessoas; nem exclui do mundo vindouro aqueles que professam outras fés. Mesmo nos pontos principais de teologia, permite um amplo espaço para a controvérsia – uma das principais causas de guerras, perseguições e derramamentos de sangue, como bem sabe o povo judeu.

Este é o ponto: o judaísmo admite a necessidade de se viver uma vida moral, cujos parâmetros estão delineados na Torah (com detalhes adicionais na tradição oral). Esses parâmetros impõem limitações específicas à ação, e um subconjunto dos Dez Mandamentos (os chamados Mandamentos dos Filhos de Noé) é considerado universalmente obrigatório. Mas as limitações que eles impõem sobre a cosmovisão são bem menos rigorosas do que aquelas impostas sobre a *ação* – dependendo, é claro, do tipo de ação a que conduz uma dada cosmovisão. A idolatria está fora de questão, porque leva inevitavelmente à imoralidade (como e porquê é um outro, e fascinante, estudo); mas, excetuando a idolatria, a Torah deixa em aberto as formas de adoração aceitáveis a Deus.

Os judeus recebem a ordem de se abster de toda e qualquer concepção visualizada de Deus, e vimos que os cabalistas compreenderam que essa orientação tem conseqüências especiais no campo do conhecimento – mas esse mandamento não é universal. O judaísmo, portanto, nunca desenvolveu qualquer interesse em reprovar os princípios das outras fés, especialmente quando estes moldam o caráter do fiel de acordo com a moralidade.* As Escrituras hebraicas chegam a referir-se a alguns proeminentes e virtuosos homens não-judeus como "os ungidos" – literalmente, "os messias", o mesmo termo usado para o rei Davi e para o Messias cuja vinda é prometida. As lições práticas ensinadas na Torah talvez tenham sido dadas primeiro a um povo, mas destinam-se ao mundo inteiro. Elas não exigem nenhuma afirmação de fé à qual a pessoa deva manter-se fiel e pela qual pautar sua vida. Acredito que qualquer indivíduo que se submeta ao espírito generoso da Torah aprenderá o seguinte:

Vivemos em um mundo que é impelido tanto por forças mecânicas impessoais quanto por um Espírito imenso e insondável que, no entanto, interessa-Se vivamente por cada um de nós enquanto criatura. Mas Ele parece estar menos interessado em nosso simples bem-estar material do que no estado da nossa alma.

* Quando os eruditos judeus se propõem a estudar a questão da aceitabilidade ou inaceitabilidade *geral* de uma forma religiosa, o que é raro, sempre o fazem a partir do ponto de vista desta indagação: É ela idolatria?

E, para Ele, o estado da nossa alma resume-se a algo bastante direto – até mesmo chocantemente direto: a *bondade*. Sobre esse princípio básico o próprio cosmos é ordenado.

Um elétron, numa galáxia inconcebivelmente distante, adota um *spin* igual a +½ estado (e não um *spin* igual a -½ estado, embora cada estado do *spin* possa ser igualmente provável) porque algo o faz acontecer *bem assim*. Mas por quê? Uma folha cai *bem assim* numa floresta em algum lugar dos Montes Cárpatos, em grande parte por causa de "razões suficientes" – o vento, a estação, as chuvas de outono que a atingem –, mas também porque Deus o quer. Isso afirmava o Baal Shem Tov (o "Mestre do Nome"), fundador do judaísmo chassídico; isso afirmavam os antigos cabalistas; isso também, aliás, afirmava Jesus de Nazaré e muitos outros de seu tempo.

Deus determina esses eventos porque, na misteriosa interconexão de todas as coisas grandes e pequenas que, hoje se sabe, prevalece através de toda a Sua criação, é assim introduzido um efeito *moral*, por pequeno e indireto que possa ser em tais casos. A bondade, em outras palavras, não é o árido conceito filosófico em que a transformamos: a bondade é a substância mesma da presença de Deus no Universo, tão real e eficaz como a própria luz – enquanto *mente*. E se Ele se interessa em agir por um elétron ou uma folha de árvore, quanto mais não Se interessará por *nós*, portadores da maravilhosa capacidade, muito semelhante à dEle, embora muitíssimo menor, de escolher livremente entre o bem e o mal, de consertar todo um mundo com as nossas mais ínfimas ações, ou de abrir nele uma brecha que somente um Deus onipotente e onipresente tem a capacidade de curar – mesmo assim, talvez só depois de longos períodos de tempo! Nas palavras de Maimônides, "Um pensamento, uma palavra, um ato podem inclinar a balança do indivíduo – e de todo o universo – para o lado do mérito".

Mas tudo isso tem uma implicação terrível: pois em tal mundo é Deus, e não nós, quem determina o que é o bem e o que é o mal. Ao apelar para o nosso orgulho, a serpente do intelecto autônomo nos diz para decidirmos as coisas por nós mesmos – independentemente das palavras de Deus; ela nos sugere comermos o fruto da Árvore do Conhecimento do Bem e do Mal. Portanto, para os gnósticos, ocultistas, alquimistas e, por fim, também para os humanistas e materialistas (embora estes se abstenham dos símbolos), a serpente em si não é a encarnação do mal, mas da "iluminação", das "luzes", de uma "mais alta" sabedoria nietzschiana que está "muito além do bem e do mal". A visão da Torah opõe-se diretamente a essas noções de auto-suficiência total.

A maior parte daquilo que o judaísmo extraiu da Torah é muitíssimo expansiva, tolerante, cheia de compaixão pela fragilidade e variabilidade humanas – mas não até o infinito: a terra é grande e hospitaleira, mas pode ser perigoso mover certas linhas demarcatórias. A Torah não tem interesse em mudar as crenças religiosas das pessoas ou seus modos de vida – exceto na medida em que entram em conflito direto com a Torah ou conduzem ao que a Torah define como "mal". Nesses casos ela é severa e firme; existe misericórdia, sim, mas na forma de paciência e não de latitude: "Talvez leve um longo tempo até mudares e te tornares da maneira que Eu desejo", parece dizer o Senhor, "e podes te apegar a quaisquer noções teológicas que aches fácil assimilar – mas não confundas minha paciência com aceitação; quando se trata do modo como te comportas, aí precisas mudar – pois, caso contrário, não serás capaz de sobreviver, mas destruirás a ti mesmo com tua esperteza." Num mundo onde os códigos da Bíblia fossem reais, o mais importante seria tentarmos compreender, com o mínimo possível de auto-engano, o que Deus espera de nós – o que, para nossa própria autopreservação e felicidade, Ele permite e o que Ele proíbe. Quem desejaria se arriscar a entender mal *aquilo* que Ele nos dizia, uma vez convencidos de que *era Ele* falando conosco? Certamente haveria divergências, mas o mundo deixaria de ser um lugar hospitaleiro para os sofistas.

E quanto ao debate teológico? Não haveria nenhum? O atento observador da Torah e do judaísmo logo aprenderia o seguinte. Há muitos conceitos-chave que têm duas ou mais explicações diretamente contraditórias: por exemplo, sobre a natureza do Messias e quando ele virá, ou sobre pontos da Lei judaica. Houve ocasiões em que escolas inteiras se ergueram em volta de opiniões divergentes calorosamente contestadas, sem chegarem a qualquer solução. Naqueles casos, dizia-se – com uma certa indiferença – "Quando o Messias vier, ele nos dirá qual é a opinião correta." Ou, em outros casos, "Quando o Messias vier, ele nos explicará que ambas são verdadeiras." A teologia, nesses assuntos, é uma disciplina bastante restrita: "Nós não sabemos."

Mas, como você tratou sua esposa hoje? Seu marido? Seu filho? Amigo? Vizinho? Essas são indagações teológicas de importância imensamente maior. Na verdade, pouquíssima teologia formal é discutida na Torah – pontos questionáveis, nenhum. Quanto aos assuntos da vida prática, porém, a Torah as explica sem cessar, na voz de um Pai desesperadamente interessado por Seus filhos. Com base na resposta que externamos a esses tipos de indagações, Deus irá alterar a própria tessitura do Universo, entrelaçando nossa ação correta com Suas bênçãos e purificando nossos erros, embora sem apagá-los. PENSE LOCALMENTE, AJA BIBLICAMENTE – é o que se lê no pára-choque da Carruagem Divina. EU TOMAREI CONTA DO PANORAMA MAIOR. Toda a fonte de conhecimento e entendimento humanos, todas as narrativas e lições incorporadas na Torah, todas as atenções de um inconcebivelmente gigantesco Criador e Operador de um universo, tudo isso estará concentrado nas pequenas escolhas cotidianas da nossa vida individual. E do mesmo modo aprenderemos a concentrar nelas a nossa própria atenção.

E por fim, talvez venhamos a compreender como é vã a nossa esperança de que as guerras terminarão quando desenvolvermos um "programa" melhor, ou quando uma fé tiver triunfado sobre as outras; ou quando a humanidade superar toda crença religiosa e entrar num vazio mecânico-freudiano-marxista; ou porque todos nós teremos aceitado que não *existe* nenhuma verdade além da infinita desconstrução de todas as verdades. Se um dia enfim chegar a Era Messiânica em que a humanidade "não fará mal nem destruição em todo o meu santo monte", como proclamou o profeta Isaías, será também, como ele diz, "porque a terra estará repleta do conhecimento do Senhor, como as águas que enchem o mar" (Isaías 11:9).

Mas, o que é esse "conhecimento"? O que revelam e para onde conduzem os "setenta portais" da sabedoria? Talvez, na atual excitação publicitária sobre relatos sensacionalistas dos códigos da Bíblia, sejamos tentados a concluir, como os antigos gnósticos e alquimistas, que pouca diferença existe entre a verdadeira sabedoria e a magia; entre o conhecimento do coração e a predição do futuro. O Vilna Gaon, que afirmou que a totalidade da existência estava escrita na Torah, também ofereceu este alerta:

> Primeiro aprende as leis e mandamentos da Torah, e os cumpre. Pois isso, em si só, é o pão da vida que satisfaz a fome do homem. Só depois deves ocupar-te com o estudo dos segredos – teu vinho e o azeite no qual embebes teu pão. Mas aquele que reverte esta ordem não terá sucesso. Na verdade, ele perderá tudo: o vinho, o azeite e o pão.[33]

"'Afastai-vos do mal e fazei o bem'", escreveu o Rabino Luzzatto. *"Isso é tudo que Deus deseja do homem, e esse é todo o propósito de Sua criação."*

E o fim do exílio.

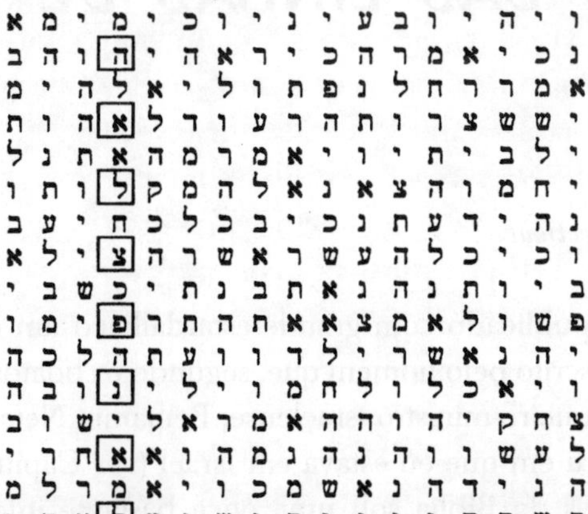

האל צפן אלהים אמת

(HaEL TziPeN AeLoHYM EMeT)

"Deus codificou; Deus é Verdade"

הכר נא למי החתמת

(HiKeR NA LiMiY HaChoTeMeT)

"Verificai, eu vos peço, de quem é este sinete"

(Gênesis 38:25)[1]

Epílogo

RELATO DAS LINHAS DE FRENTE

Junho de 1997
Ciberespaço de Connecticut

Há onze dias, foi publicado com grande estardalhaço um outro livro sobre os códigos da Bíblia, escrito pelo homem que, segundo os boatos, tentava obter uma entrevista com o primeiro-ministro israelense, Benjamin Netanyahu, mais ou menos na mesma época em que eu estava em Israel (ver Capítulo 1).[1] O livro dele apresenta os códigos da Bíblia sob uma ótica bastante infeliz – mostrando-os como passíveis de serem usados para predizer o futuro de uma maneira quase rotineira. É um livro que tem o potencial de desacreditar a pesquisa séria, sem dar a ela uma chance de se explicar.

No mesmo dia em que aquele livro foi posto à venda, uma cuidadosa crítica da pesquisa genuína dos Códigos também foi levada a público por dois cientistas (e seus dois colaboradores não-cientistas), não em uma publicação revisada por especialistas na área, mas através da Internet. Brendan McKay é um afamado probabilista da Universidade Nacional da Austrália (algumas de suas críticas aos Códigos foram mencionadas no Capítulo 13), e Dror Bar-Natan é um teórico de campo quântico, também de renome, na Universidade Hebraica. Persi Diaconis recebia agradecimentos por tê-los ajudado a planejar partes do experimento. Com os críticos já preparados, pelas afirmações feitas naquele livro popular, a tratar o assunto todo como absurdo, um ataque sério de críticos com qualificações acadêmicas poderia facilmente desfechar o golpe de misericórdia, fosse ele merecido ou não.

Além disso, a extensão da pesquisa de Harold Gans também estava sob sério ataque. McKay e outros alegavam ter encontrado erros fatais na maneira como Gans reunira os nomes das cidades, com erros de grafia que invalidariam por completo os resultados. Em resposta, Gans submeteu sua lista a um especialista externo, cujo trabalho seria o de apresentar uma lista corrigida das cidades, sobre a qual Gans teria de repassar seu experimento.

O ensaio que McKay e Bar-Natan divulgaram na Internet tinha a clara intenção de expor a presença de uma "espiada nos dados" (discutida no Capítulo 13). Eles realizaram um conjunto de experimentos idêntico ao de Witztum, Rips e

Rosenberg, usando a mesma lista de rabinos, mas com um novo conjunto de variações na forma das datas de nascimento e/ou morte, planejadas segundo critérios diferentes das do original. Também realizaram uma segunda série de experimentos no mesmo formato, mas usando os títulos dos "mais notáveis trabalhos escritos" de cada rabino (mais ou menos como no exemplo que apresentei no Capítulo 10, do livro do Rabino Abraão, "o Anjo") em vez das datas de nascimento ou morte.* A conclusão deles é a seguinte: "Em cada caso, o resultado foi inequivocamente negativo. Nenhuma indicação de qualquer fenômeno extraordinário foi encontrada."

Apesar de esse tipo de trabalho sempre exigir um escrutínio longo e cuidadoso, Doron Zeilberger, competente matemático da Universidade Temple, prontamente opinou a favor do ensaio de McKay e Bar-Natan: "É uma refutação penetrante e incontestável do 'absurdo código da Bíblia'." Algumas de suas palavras pareciam ser dirigidas aos próprios pesquisadores dos Códigos:

> [...] nós matemáticos também somos humanos. Como humanos, temos de sobreviver neste mundo aparentemente sem sentido, frio e hostil. Não há nada de errado em termos algum fervor místico e religioso para nos manter seguindo em frente. Newton era, Kepler era, e muitos matemáticos e cientistas são profundamente religiosos. A contradição lógica é só aparente, pois, afinal de contas, a ciência moderna é apenas uma outra religião, e temos a esperança de que todas as aparentes contradições e "paradoxos" irão se resolver... quando o Messias vier.
>
> Além disso, uma pequena dose de constrangimento talvez seja boa para a nossa psique coletiva. Nós merecemos a nossa própria "fusão a frio".[2]

Mas esse não foi o fim da história. Um dia depois, recebi um *E-mail* por vias informais: Harold Gans recebera a lista corrigida das cidades e repassara seu experimento: o valor-p na realidade *melhorara*. Witztum revisou o material corrigido e repassou, ele mesmo, o experimento de Gans. Sua execução gerou um $p < 1/1.000.000$. E quanto à refutação de McKay e Bar-Natan – segundo o Rabino Mechanic –, Witztum e Rips prontamente encontraram pelo menos quatorze erros de detalhe e grafia no novo conjunto de dados compilado por McKay e Bar-Natan. Quando esses erros foram corrigidos, o experimento produziu um

* Eles também passaram o mesmo conjunto de experimentos usando um método diferente de compactação agregada relativa, sugerido a eles por Persi Diaconis e destinado a "sintonizar". Mas esse método, como eles reconhecem, recebeu os mais sérios protestos de Rips, porque tenderia a cancelar a tendência aparente (que se afirma caracterizar os códigos da Bíblia) de as SAEs correlatas mais curtas tenderem para a proximidade imediata (distância zero).

$p < 1/1.000$ – se estiver correta, essa constituirá a primeira validação realmente "externa" do fenômeno, por ninguém menos que críticos declaradamente hostis.

Qualquer que seja o lado da questão em que estejamos, podemos estar certos de que o assunto não parará aqui, e nem deveria. A boa notícia é que o debate está agora plenamente engajado. Será que as coisas mais elevadas irão retirar-se, mais uma vez, para além do nosso alcance, ou será que estamos à beira de uma abertura sem precedentes dos "portais do conhecimento divino do alto"? No fim, a verdade será conhecida.

Apêndice Técnico A

DETALHES DA LUA NOVA

Há muitas características do judaísmo tradicional que parecem arcaicas à sensibilidade de judeus e gentios modernos. Muitos acham ultrapassados seus mais sagrados rituais – a celebração mensal da Lua Nova é um exemplo básico –, vendo-os como vestígios de uma era em que a falta de compreensão dos mecanismos da Natureza enchia o homem primitivo de terror supersticioso.

Essas antigas tradições chegaram a parecer tão misteriosas que há muito foram abandonadas pelas principais ramificações do judaísmo moderno. Contudo, a visão judaica tradicional atribui um profundo respeito à capacidade de calcular as estações e os meses, detectando e quantificando com precisão as relações entre o fluxo e refluxo da Lua e os ciclos do Sol (os "tempos e estações"), pois "as nações fazem seus cálculos pelo Sol, mas Israel os faz pela Lua".[1] Esse cálculo – racional, não mágico – era a chave que libertava a mente para a verdadeira contemplação do divino:

> Quem aprende uma única coisa que seja de um mágico[2] merece morrer; e com quem é capaz de calcular os tempos e as estações, mas não o faz, não se deve dialogar.

Por que esses cálculos recebiam tamanha importância? Há inúmeras respostas, mas essa, sugerida acima, tem relevância específica para o mundo moderno.

A fragilidade espiritual humana é tão grande que a maioria das pessoas invariavelmente necessita de experiências que venham renovar a sua fé. Elas anseiam por milagres, para usar uma linguagem sem rodeios. Na visão bíblica, em especial, pede-se à pessoa que mude radicalmente seu modo "natural" de vida, com base na autoridade de um ser completamente invisível e intangível.

Mas os milagres têm um aspecto curioso. Eles perdem seu efeito com surpreendente rapidez. E os relatos de segunda mão sobre os milagres são de substância ainda mais rarefeita. Como, então, uma mente crítica conserva sua fé no transcendente e no invisível? Somente por evidências de um outro tipo; evidências que, de algum modo, possam ser sempre contempladas diretamente, mas que nunca se tornem tão familiares a ponto de perderem sua força inspiradora.

Durante muito tempo, o *poder* das forças naturais serviu a esse propósito – até que essas forças começaram a ser entendidas como sendo apenas mecânicas. O tamanho delas, por si só, já deixou de nos espantar. Uma recente variação desse tema considera a absoluta *complexidade* da Natureza, e propõe que essa complexidade e interdependência funcional seria a verdadeira evidência da orientação divina: sutileza, em outras palavras, não tamanho. Mas pesquisas recentes da "complexidade" também sugerem que esse é o resultado de meros processos mecânicos.

A "contemplação" genuinamente inspiradora há muito imaginada pelos sábios judeus não era a contemplação da Natureza isolada; *era a contemplação da Natureza e seus padrões segundo as descrições por escrito desses processos – descrições essas que, de direito, não poderiam existir.* A abordagem judaica à questão de se há um significado maior para o mundo é: "Vem, pesquisemos as ocultas *profundezas da Torah* e então verás por ti mesmo as provas de *uma mão divina no mundo.*"

A duração do ciclo lunar "sinódico" – de uma conjunção Sol-Lua até a seguinte – é extremamente difícil de medir ou calcular. Isso ocorre porque toda revolução mensal da Lua sobre a Terra difere ligeiramente da anterior. (Como diz o Talmude, "O Sol sabe o momento de descer, mas a Lua não".)[3] A variabilidade lunar há muito tem desnorteado os astrônomos e precisa ser levada em conta nos vôos espaciais – o primeiro pouso na Lua, por exemplo, teria sido impossível sem os dados novos e altamente acurados só obteníveis através de satélites.

Mesmo um valor *médio* para o ciclo lunar é quase impossível de se calcular. Já que a Lua retorna à mesma posição exata face a face com o Sol somente uma vez a cada 689.282 anos,[4] nunca há medições mensais suficientes para se saber onde está a média nesse "superciclo". (Está perto de um pico? Numa depressão? Na subida? Na descida?) Mesmo que fosse possível obter medições exatas uma vez por mês, sem interrupção, durante 10.000 anos, ainda assim a amostra representaria menos que 1,5% do superciclo completo.

Conhecer a variabilidade da Lua não é, em si, um feito admirável; também os babilônios a conheciam, por exemplo, e passaram muito tempo tentando resolver o problema através de medições detalhadas e cálculos estatísticos. Depois de séculos de esforços, descobriram que 235 meses lunares têm mais ou menos o mesmo número de dias que 19 anos solares. Assim como nunca surgiu uma solução para o chamado "problema dos três corpos", tampouco apareceu uma equação para a órbita da Lua. (Uma equação nos permitiria predizer o ciclo em bases teóricas. Com o desenvolvimento de técnicas avançadas de aproximação numérica que exigem computadores de alta velocidade, podemos agora gerar uma equação orbital "boa o suficiente". Já em 1923 – antes do advento da computação mecânica – as equações calculadas à mão usavam 1.500 termos para chegar a uma aproximação. As aproximações atuais usam mais de 6.000 termos.)

Por causa dessas complicações, as estimativas científicas para o mês lunar médio sofrem variações inevitáveis, como sugerem alguns exemplos deste livro.[5]

Apesar disso, através de uma série de cálculos complexos, a tradição oral judaica sustentava que a duração média de um ciclo lunar era de 29,53059 dias – que corresponde ao número do Rambam mostrado na tabela da página 99 (com pequenos erros de arredondamento: o dígito final é mostrado entre parênteses, expandido para mais um dígito com base nos 1/100 segundos da tabela).[6] Em seu texto sobre o assunto, Maimônides (o Rambam) deu-se ao trabalho de enfatizar que o método produz uma *média* para o ciclo lunar.[7] O Rabino Weissmandl fez o mesmo em sua primeira publicação, *Hilchot HaChodesh* (As Leis para Fixar a Lua Nova), escrita em 1931, antes do Holocausto. Essa média tem um interesse todo especial.

No Princípio

Ao contrário dos outros números, antigos e novos, mostrados na tabela, esses antigos cálculos judaicos não parecem estar baseados nas observações de astrônomos ou em quaisquer das várias teorias sobre a mecânica celeste que foram aprimoradas ao longo dos séculos por muitas culturas. (No judaísmo, a observação astronômica limitava-se a identificar o momento dos eventos religiosamente significativos; ela não era orientada para o desenvolvimento de métodos de predição ou modelos de movimentos planetários.)

Se esse número – 29,53059 dias para o mês lunar – não resulta da teoria e observação planetária, então de onde ele veio? Sabe-se, sem sombra de dúvida, que esse valor exato remonta (pelo menos) ao primeiro século a.C. (e as evidências indicam que ele é ainda muito mais antigo). Ao longo dos anos, os estudiosos sugeriram que ele deve ter sido simplesmente adotado de outros povos da Bacia Mediterrânea.

A sugestão por certo é plausível. Tanto os babilônios quanto os gregos daquela época tinham sofisticados sistemas de calendários, que compartilham muitas características com o calendário judaico. (O desenvolvimento da astronomia e da astrologia na Babilônia era especialmente avançado.) E durante mais de um milênio depois da destruição do Templo de Salomão, a comunidade judaica exilada na Babilônia continuou a ser o mais importante centro de erudição judaica – mesmo depois do fim oficial do exílio. Teria havido tempo mais do que suficiente para uma fecundação recíproca. O mesmo ocorre com relação aos gregos: eles conquistaram a Judéia e a dominaram por muitos anos, e grande parte da cultura judaica tornou-se profundamente helenizada. (A vitória sobre os selêucidas é celebrada no Chanucah.)

O problema com as sugestões dos estudiosos é que, embora próximos, nem o valor grego nem o babilônico são exatamente o mesmo que é usado de modo sistemático pelos judeus. (Embora a diferença pareça irrisória no papel, discrepâncias significativas vão se acumulando com o passar do tempo.) O mês "metônico", calculado pelo famoso astrônomo ateniense Meton em 432 a.C., tinha 29,52969 dias – mais ou menos 1¼ minuto mais curto que o mês judaico; foi aperfeiçoado por Hiparco no século II a.C., passando para 29,53051 dias – 7 segundos mais curto. Os babilônios eram astrônomos bem melhores que os gregos. Em 379 a.C., Kidinnu, chefe da famosa escola astronômica de Sipar, calculou o mês lunar em 29,53061 dias – menos de um segundo mais longo que o mês judaico.

As melhores estimativas modernas estabelecem um padrão ainda mais acurado e preciso; portanto, nós agora sabemos o quanto cada uma daquelas primeiras estimativas estava distante do padrão. Mas naquela época não havia esse padrão. Cada cultura (ou grupo dentro de uma cultura) só podia acreditar que seu próprio valor era o correto. Os astrônomos que produziram os números tinham explicações científicas satisfatórias para sua época – os números não eram simplesmente "tirados do nada". Mas os judeus não possuíam essa tradição astronômica. Nenhum observatório do tipo de Stonehenge foi jamais descoberto debaixo dos montes que se formaram sobre os restos acumulados das antigas povoações de Israel; a Bíblia menciona poucas atividades desse tipo; não há registro de nada desse gênero na literatura. Os historiadores simplesmente assumiram que os judeus devem ter adotado os cálculos astronômicos que consideraram melhores, de uma das várias sociedades nas quais viveram depois do início de suas muitas dispersões.

Se os judeus de fato tomaram seus números dos gregos ou babilônios, por que os alteraram (e em frações aparentemente tão irrisórias)? Se eles *realmente* os alteraram, como foi que decidiram o que tinha de ser alterado? E se estiveram dispostos a aceitar orientação de fora nesse assunto – apesar da significação religiosa, e não científica ou agrícola, que tinha para eles –, por que mais tarde se mantiveram tão tenazmente fiéis aos primeiros números? Isso eles fizeram mesmo durante a época de Maimônides, quando o vasto conhecimento das ciências seculares era encorajado entre os judeus, e sofisticados astrônomos gentios apoiavam valores diferentes. Na verdade, o próprio Maimônides *foi* um sofisticado astrônomo. Em seu difundido "manual" de orientação espiritual judaica, *O Guia dos Perplexos*, ele aconselhava a todos os judeus: "Se desejas compreender a relação entre o mundo físico e sua governança por Deus, deves estudar cuidadosamente a física e a astronomia." Quanto ao valor exato do mês sinódico, em que bases apegava-se Maimônides ao valor transmitido pela tradição?

A antiga resposta a todas essas perguntas é simplesmente que os judeus não obtiveram de ninguém a duração do mês lunar. Pelo contrário, dizia-se, quando Deus deu a Moisés a seqüência de letras da Torah, Ele lhe deu também todas as explicações necessárias quanto ao que havia nela e como deveriam ser usadas aquelas explicações. Isso incluía certos "dados brutos" (não o próprio número) dos quais o valor do mês lunar poderia ser obtido. Por peculiar que possa parecer, essa informação tinha a maior importância prática na vida religiosa da nova nação, uma vez que a identificação exata dos tempos e estações foi, em termos cronológicos, "o primeiro mandamento dado a todo Israel", pois foi estabelecido para a futura nação *antes* da transmissão da Torah, nas vésperas do Êxodo (Ver Êxodo 11:9-12:13. Observe que esse mandamento é formalmente codificado como tal por Maimônides em sua maior obra, a *Mishne Torah*, que estabeleceu os 613 mandamentos que definem até os dias de hoje a observância judaica.)[8] Além disso, de acordo com o antigo princípio de que "todas as coisas contidas na tradição oral são aludidas na própria Torah" – poder-se-ia esperar que o valor divinamente ordenado do mês lunar tivesse algum tipo de confirmação adicional, "oculta", no texto escrito da Torah. Foi essa confirmação que Weissmandl descobriu no livro de Bachya.

O Mistério da Lua Nova

A data crítica, e como usá-la, estava contida no *Midrash Sod HaIbbur* (Mistério da Lua Nova) – e durante muito tempo foi mantida em segredo: dos babilônios, dos gregos e dos romanos, todos os quais suspeitavam que ela pudesse ser misteriosamente exata. Mas em 325 d.C., quando o imperador Constantino declarou o cristianismo a religião oficial do Império Romano, o Concílio da Igreja recalculou o calendário juliano – tanto para corrigir os erros acumulados quanto para assegurar que a Páscoa jamais coincidisse com o Pessach. O resultado disso foi que se romperam muitos elos estreitos entre o antigo sistema judaico de contagem do tempo e a cultura cristã em ascensão. O interesse externo nos "mistérios lunares" judaicos começou a enfraquecer.

Por volta de 1582, tornou-se necessária uma segunda série de reformas no calendário cristão, a fim de eliminar dez dias a mais que haviam se acumulado desde a reforma anterior. O papa Gregório XIII ordenou que aqueles dez dias fossem simplesmente abolidos – e assim se fez. Porém, mais uma vez cuidou-se para que o novo calendário gregoriano assegurasse que a Páscoa nunca ocorresse no mesmo dia que o Pessach. Inevitavelmente, essas preocupações teológicas jogaram areia nos mecanismos de contagem do tempo e, embora esse fato fosse amplamente reconhecido, manter a Páscoa totalmente independente do Pessach ganhou prioridade: "É melhor errar com a Lua do que acertar com os judeus", dizia um refrão popular da época em que as reformas gregorianas foram instituídas. Eis aqui os pontos a que se fazia alusão:

O *Sod HaIbbur* identifica certos momentos críticos do relato bíblico da Criação, que vai se desenrolando até o instante especial – segundo a tradição oral –

em que Deus *criou o tempo* ao colocar todas as coisas em movimento. Referências documentadas a esse momento – e aos cálculos nele baseados – podem ser encontradas já nos escritos do Raban Gamliel, o Velho, que morreu por volta de 50 d.C. (ele afirma que está escrevendo apenas o que lhe foi contado por seu avô). A maior parte dos ensinamentos de Gamliel refere-se aos detalhes exatos para calcular "os tempos e as estações", e para lidar com aqueles que erram nos cálculos – com brandura, pois é muito fácil errar. (Incidentalmente, o Livro dos Atos dos Apóstolos, no Novo Testamento, afirma que Paulo foi aluno do Raban Gamliel durante algum tempo, antes de se convencer de que Jesus era o Messias profetizado. O Novo Testamento contém muitas alusões aos "tempos e estações" – especialmente nas suas passagens proféticas – mas nada diz sobre os métodos para calculá-los.)

Se existe algo como uma "data de partida" original, ela seria muito útil. Com ela, a média correta de longo prazo para o ciclo lunar poderia ser acrescentada mês após mês para *predizer* o momento de cada Lua Nova sucessiva. Já que o ciclo lunar varia, haveria um certo erro na predição – às vezes seria curto, às vezes longo – mas no decorrer do tempo os erros não se acumulariam; eles se neutralizariam. O mesmo não seria verdadeiro se a contagem começasse com qualquer Lua Nova. Se fazemos isso, nossa média de longo prazo é atrasada ou antecipada pela mesma quantidade (desconhecida) da primeira, arbitrariamente selecionada.

Mas, onde poderíamos encontrar essa "data de partida" – o ano, mês, dia da semana, hora, minuto e segundo da "primeira" Lua Nova de todo o sempre? Do ponto de vista científico, a pergunta em si é absurda.

Porém, a tradição oral sustenta que essa data existe. Como se poderia esperar, ela acha uma explicação no relato bíblico da Criação. Mas seu ângulo específico é fadado a parecer estranho a quem não está imerso em seus métodos. A tradição afirma – contrária à intuição – que a primeira Lua Nova de todos os tempos ocorreu num momento específico da *sexta* manhã da Criação, quando o homem foi criado, e *não* quando o Sol e a Lua foram colocados no firmamento, no quarto dia. E afirma quando isso aconteceu: exatamente no fim da sétima hora da manhã do sexto dia da Criação (quatorze horas depois do pôr-do-sol do quinto dia). Em hebraico, isso se escreve como ו״יד, que significa "6/14".

Esse instante exato em que o relógio lunar começou a tiquetaquear tem sido transmitido de sábio a sábio através dos milênios, e foi registrado em inúmeros lugares. Desse ponto em diante, o tempo de qualquer Lua Nova subseqüente pode ser calculado tomando-se o número total de meses decorridos (nos dias de hoje, mais ou menos 70.000) e multiplicando-o por 29,53059.*

* Há outros ajustes necessários para alinhar o resultado com o ano solar, mas eles não afetam o princípio básico.

Mas também é possível trabalhar de trás para a frente. Tendo sido dados um tempo e uma data exatos para a primeira Lua Nova – *e assumindo que a data do atual calendário é exata e que quaisquer correções tenham sido adequadamente explicadas* – então podemos dividir o tempo total decorrido pelo número de meses (até a exatidão fracional) e obter a duração média de um mês: 29,53059 dias. Mas é preciso que conheçamos pelo menos um desses números para podermos calcular o outro. A tradição oral alega que Moisés recebeu a data e o tempo da primeira Lua Nova e por isso os judeus persistiram em usar 29,53059 para a duração do mês lunar, quer as culturas circunjacentes o considerassem astronomicamente correto ou não.

O Indício

Mas, em que parte da Torah está a indicação de que essa data e tempo tradicionais para a primeira Lua Nova é correta? Podemos encontrá-la reconstituindo os elos que o Rabino Weissmandl seguiu quando jovem.

Primeiro, há uma antiga interpretação de que Deus esteve misteriosamente ativo durante um período de tempo *antes* da criação do mundo – e que recebemos certos vislumbres dessa atividade. (Qualquer pessoa que já tenha perguntado a si mesma, "Mas, o *que* existia antes de o mundo existir?", começou a bater à porta desses mistérios; esses estados mentais conduzem à meditação e podemos encontrar, no mundo todo, diretrizes para considerarmos exatamente esse tipo de paradoxo como um meio de nos iniciarmos na contemplação profunda.)

Em segundo lugar, os cabalistas alegam que o nome de Deus com 42 letras faz uma alusão específica a essa atividade anterior à Criação. Assim, muito embora o mundo ainda não existisse fisicamente (ele ainda era *tohu v'bohu*, sem forma e vazio), veio a existir, por assim dizer, um conceito – "na mente de Deus" – daquele que deveria ser o ano ideal. Esse foi o protótipo "platônico" (para usar linguagem helênica) ou o "arquétipo" (para usar a linguagem escolástica ou a junguiana) de todos os anos reais que se seguiriam. Na tradição judaica, ele é chamado simplesmente de ano "primordial" ou "sem forma" – e está diretamente ligado ao nome de Deus com 42 letras.

Mas esse ano primordial deve ter começado doze meses lunares antes – isto é, doze Luas Novas ideais antes da primeira Lua Nova real. Quando isso teria ocorrido? 12 × 29,50359 dias antes.

Temos, portanto, o seguinte cálculo. Se 29,50359 é o número correto de dias na média de longo prazo para o mês lunar, e se 6/14 (sexto dia, décima quarta hora) é o tempo correto da "primeira" Lua Nova depois da Criação, então a primeira Lua Nova "primordial" ocorreu (hipoteticamente, na mente de Deus) 354,04308 dias antes. Que data e tempo são esses? O Rambam explica:

A primeira conjunção com que começas, contudo, é a conjunção do primeiro ano "primordial" da Criação, que ocorreu na quinta hora e ducentésima quarta parte de uma hora da noite de segunda-feira – em numerais, 2d 5h 204p [em hebraico, בהר״ד = D"RHB; ou, lendo da esquerda para a direita, BHR"D]; esse é o ponto de partida do cálculo.*

Uma vez que o calendário judaico trata o sexto dia da Criação (quando Deus fez o homem) como o primeiro dia do começo do mundo, esse cálculo tem a vantagem prática de fazer os cálculos lunares subseqüentes se alinharem uniformemente com os anos e duodécimos de anos (caso contrário, eles seriam deslocados cinco dias para a frente). Mas isso é uma mera conveniência. O que impressionou Weissmandl foi a afirmação de Bachya (referindo-se a uma observação anterior do Rabbenu Tam) de que, codificado nas passagens de abertura do relato da Criação no Gênesis, *está* o nome de Deus com 42 letras; e que essa codificação identifica o lugar do "indício" confirmatório – a informação necessária para se calcular com precisão o desenrolar dos "tempos e estações". (Tam observara também, como você há de lembrar, que esse nome com 42 letras refere-se explicitamente ao "trabalho da Criação"; ele fazia referência a informações conhecidas desde os dias de Nechunya, no século I d.C.)

Bachya escreveu:

> A Lua Nova primordial de Tishrei, a partir da qual calculamos, é o hipotético בהר״ד [BHR"D=2-5-204], se os astros já tivessem sido então realmente criados. Mas, uma vez que eles não foram criados até o quarto dia da Criação, sabemos que בהר״ד nunca ocorreu realmente [pois ainda não havia os "dias" tais como os conhecemos]. Este é, contudo, o verdadeiro ponto de partida para todos os cálculos dos astrônomos.

Em outras palavras, a medição acurada do tempo de eventos presentes exige que a pessoa retorne para além dos primórdios de um hipotético início anterior, que nunca ocorreu na realidade física. Isso acontece porque Deus decidiu – por razões que só Ele conhece; talvez como sinal de Seu envolvimento, para aqueles que conseguem detectá-lo – que quando o relógio cósmico passasse a existir, ele deveria mostrar uma certa quantidade de tempo decorrido; mais tempo, na verdade, do que o mundo já havia existido. Bachya continuou:

---

* Em hebraico, os números podem ser escritos com as letras equivalentes. Uma marca (aqui usamos aspas simples) costuma ser inserida entre a última e a penúltima letras que estão sendo usadas como dígitos. Aqui temos ב = 2, ה = 5, ר = 200, ד = 4. Desse modo, בהר״ד (BHR"D) significa 2-5-204. Uma vez que o sábado é o Shabat judaico original, o domingo é o primeiro dia (d1) e a segunda-feira é o segundo dia (d2).

E talvez também saibas que temos uma Cabala que foi transmitida a nós, na qual, começando do verso "E no início...", emerge o nome com 42 letras sugerindo as atividades de Deus antes da Criação, até a letra ב (Bet) de *bohu* [vazio], mas só através de "muitas permutações".

Bachya estava citando o Rabbenu Tam, que notara que as primeiras 42 letras do Gênesis podem ser transformadas no nome de Deus com 42 letras. A correspondência entre as primeiras vinte letras é a seguinte:*

ב ר א ש י ת ב ר א א ל ה י ם א ת ה ש מ י ... Gênesis
...Y M S H T E M Y H L E A R B T Y S A R B

א ב ג י ת צ ק ר ע ש ט נ נ ג ד י כ ש ב ט ... O Nome
...T B S K Y D G N N T S E R Q C T Y G B A

Assumindo que seus leitores compreendiam a alusão às "muitas permutações", Bachya foi em frente e chamou a atenção deles para uma outra coisa que se harmonizava surpreendentemente bem com o significado do nome com 42 letras no período anterior à Criação:

> E se os olhos de teu coração se iluminarem, encontrarás aqui precisamente o número codificado בהר״ד que mencionei acima. Ele está em código no texto, de maneira tal que entre cada uma de suas quatro letras repousam 42 letras intervenientes. Quem for sábio discernirá que isso não ocorre por mero acaso, mas sim é um claro sinal dAquele que criou o mundo.[9]

Como Bachya não oferecia nenhum diagrama, Weissmandl, quando menino, criou suas próprias séries. A primeira delas teria, conforme a afirmação de Bachya, o número בהר״ד (2-5-204) no próprio início do Gênesis. As primeiras 42 letras eram o nome com 42 letras codificado; em intervalos de 42 letras estava a data e o tempo da Lua Nova primordial. Faltava apenas uma peça do quebra-cabeça.

O tempo exato da primeira Lua Nova *real* depois da Criação foi transmitido pela tradição oral – quatorze horas e pouco mais, no sexto dia da Criação. O tempo exato da Lua Nova *hipotética*, um ano antes, estava codificado na Torah. As duas datas davam a duração de um ano ideal, e um doze avos desse ano ideal

---

* "S" está representando a letra ש *shin* (sh) e "C", a letra צ *tzadik* (tz); as consoantes mudas א (alef) e ע (ain) são transliteradas do Gênesis tal como o seriam no contexto; nenhuma pronúncia do "Nome" é aqui especificada.

gerava a duração de um mês lunar ideal. Ou seja, 29,53059 dias, o número registrado pelo Raban Gamliel como tendo sido transmitido desde a antigüidade.

É claro que o cético alegaria que ninguém poderia saber quais peças do quebra-cabeça foram presumidas e quais foram deduzidas. Talvez a codificação de BHRD num lugar tão perfeito do Gênesis fosse apenas uma coincidência. Com qualquer uma das três peças e algumas premissas inteligentes, as outras duas peças poderiam ser construídas. O mistério real – para o cientista – resume-se nisso: o quanto é acurado o valor de 29,53059 dias?

Com o advento das modernas técnicas científicas – e, por fim, dos satélites – a duração do mês sinódico médio foi mensurada e calculada com precisão cada vez maior. O primeiro valor da tabela a seguir mostra o mais recente número da NASA, com base em observações feitas por satélites. Na segunda linha está um número científico um pouco mais antigo, dos tempos anteriores à viagem espacial. E na terceira linha está o tradicional número judaico:

Mês sinódico: método	*Duração de um mês (dias)*	*Diferença em dias do número da NASA*
Satélite (1996)	29,530588	–
Número pré-satélite (1968)	29,53059	0,000000 - 0,000002
Mês judaico baseado em בהר״ד (50 d.C., no máximo)	29,53059	0,000000 - 0,000002

Como foi que essa misteriosa exatidão chegou às mãos dos antigos judeus é algo que ninguém sabe. Certamente não há meios de se provar que foi algo mais do que pura sorte; a codificação de בהר״ד talvez fosse uma coincidência. De qualquer maneira, a tradição oral insistia que a data e o tempo da primeira Lua Nova foram ditos especificamente a Moisés; e que a data e o tempo da "Lua Nova primordial", que nunca aconteceu na realidade, estavam colocados *exatamente ali* (bem naquela porção do Gênesis, bem naquele intervalo, em meio ao nome do Deus que existiu antes da própria Criação) com um propósito específico: para que a frágil humanidade soubesse que *há* um propósito.

A Idade do Universo

Será que isso então implica que o relato da Criação no Gênesis – seis dias de vinte e quatro horas, há 5.757 anos – é *literalmente* correto, como pretende a chamada "ciência criacionista"? Não. Relembremos que a interpretação judaica da Bíblia *sempre* foi complexa e sutil; que, embora esses relatos certamente sugiram ou apontem para algo *real* – eles não são, de modo algum, mitos, fábulas ou projeções psicológicas –, nem todos eles se destinam a ser tomados como uma simples história literal (exceto pelas pessoas que não têm outros meios de assimilar suas lições morais). Nas palavras de Maimônides: "O relato da Criação [no

Gênesis] é ciência natural, mas tão recôndita que se disfarça em parábolas. [...] As discrepâncias entre ciência e religião surgem de interpretações equivocadas da Bíblia."

Nem mesmo o fato de a Bíblia aparentemente colocar a humanidade no centro do épico da Criação implicava, para os antigos judeus, aquilo que os literalistas de hoje pretendem que ela quisesse dizer. Por exemplo, inúmeros comentadores já no século VIII d.C. aceitavam a possibilidade de vida em outros planetas. Se ela existisse, então também estaria sujeita à mesma lei moral divina que nós.[10]

Qual *é* a idade literal do mundo de acordo com essa antiga e inesperadamente racional versão da visão bíblica? Para preparar uma resposta, consideremos primeiro o "padrão de ouro" – as conclusões da ciência moderna. O atual consenso científico (porém não universal) chegou aos seguintes pontos:

1. Por razões desconhecidas, o Universo surgiu *ex nihilo* – do nada;
2. Ele apareceu primeiro como um "microglóbulo", quase inconcebivelmente minúsculo;
3. Ele era inicialmente composto de uma minúscula proporção de matéria misturada com uma enorme quantidade de energia "comprimida";
4. O "microglóbulo" então explodiu, quase à velocidade da luz – o *Big-bang*. No seu primeiro *segundo* de existência, ele passou do tamanho de um pontinho, menor que um átomo, para uma massa globular com mais de 430.000 quilômetros de diâmetro, com um volume cinco mil vezes maior que o da Terra. Sua expansão fez com que grande parte da energia se convertesse, por estágios, em matéria. E desde então ele tem estado a se expandir num ritmo similar;
5. O "microglóbulo" começou com *dez* dimensões; seis delas imediatamente "entraram em colapso", reduzindo-se a escalas de tamanho tão pequenas que hoje nos são inacessíveis, restando as quatro dimensões com que estamos familiarizados: as três dimensões do espaço e a dimensão do tempo (as quais, segundo a teoria da relatividade, são as direções interconversíveis de um espaço-tempo quadridimensional). A substância inicial dentro do microglóbulo tomou a forma de uma "corda" decadimensional de energia quase pura. As "cordas" que hoje preenchem o Universo permanecem quase inconcebivelmente finas e insubstanciais — 10^{-27} centímetros de diâmetro – mas, já que se estendem através de todo o Universo, estima-se que cada uma delas tenha uma massa equivalente a 10^{17} sóis. Essa é a chamada teoria das supercordas, ou TOE (sigla em inglês para "teoria de tudo").[11]

Dadas: (a) as considerações acima; (b) a densidade da luz residual da explosão inicial (a chamada radiação cósmica de fundo, de 2,7K); e (c) as estimativas do tamanho atual do Universo, os cosmólogos calculam que o Universo tem cerca de 15 bilhões de anos.[12]

A noção de que o Universo é tão velho *assim* é uma conclusão à qual levamos muito tempo para chegar. A primeira vez que se suspeitou dela foi só agora no século XX, à luz de certos aspectos da teoria geral de relatividade de Einstein. Antes disso, assumia-se que o Universo ou não tinha idade alguma (tendo existido desde sempre, sem começo nem fim) ou era relativamente jovem: alguns poucos milhares de anos. Os mais arrojados pensadores científicos – e os "cientistas malucos" – ocasionalmente propunham números maiores; mas, mesmo assim, só um pouco maiores: dezenas ou centenas de milhares de anos, quando muito. Mas também neste assunto parece que os antigos judeus encontraram por conta própria uma nova abordagem.

Primeiro, comparemos as condições gerais no instante da Criação, que a tradição oral insistia que deveria ser compreendida diretamente a partir do relato do Gênesis – interpretada de maneira apropriada. Notemos que os comentadores mais recentes, mencionados abaixo, viveram e morreram na Idade Média:

1. Tanto Maimônides (o Rambam) quanto Nachmânides (o Ramban) afirmam que não existia nem espaço nem tempo antes da Criação; por isso, ambos surgiram *ex nihilo* (do nada).

2. Os cabalistas daquela mesma época explicam ainda que, antes da Criação, Deus preencheu toda a eternidade de maneira perfeita e uniforme. No instante da Criação, porém, Ele Se "retirou" de uma região esférica no centro mesmo da eternidade, para criar um "vazio" ou "vácuo". Neste, Ele colocou uma porção de Sua própria essência sob a forma de uma linha, infinitesimalmente fina, de "Luz Superior", que evoluiria até se transformar no universo físico. Segundo Nachmânides (o Ramban), em seu comentário sobre o relato da Criação, naquele momento parecia que o Universo "não era maior que uma semente de mostarda". Para os antigos, a semente de mostarda era a menor unidade viva capaz de se expandir e crescer até algo imenso.[13]

3. Eis como Nachmânides caracterizou o tamanho dessa "semente", na tradução resumida de Gerald Schroeder:

> A matéria, naquele tempo, era tão fina, tão intangível, que não possuía substância real. Mas ela possuía o potencial para ganhar substância e forma, e tornar-se matéria tangível.[14]

4. Nachmânides então descreve o que ocorre com esse minúsculo universo do tamanho de uma "semente":

A partir da concentração inicial dessa substância intangível em sua localização infinitesimal, a substância se expandiu, expandindo o Universo ao fazê-lo. À medida que a expansão progredia, ocorreu uma mudança na substância. Aquela substância inicialmente fina e incorpórea assumiu os aspectos tangíveis da matéria tal como a conhecemos. Desse ato inicial de criação, dessa pseudo-substância etereamente fina, tudo o que já existiu ou um dia existirá, foi, é e será formado.

5. O feixe de "Luz Superior" que formou o Universo em seu estado "semente" era composto de dez aspectos ou dimensões.[15] Durante os seis dias da Criação, seis desses aspectos tornaram-se tão pequenos que somos capazes de detectar apenas os outros quatro – as quatro dimensões da existência física.[16]

Tendo em mente esse surpreendente paralelismo, vamos agora responder nossa pergunta acerca da idade do Universo segundo a tradição oral (ou, pelo menos, segundo certos representantes dela).

O cabalista cujos estudos do relato da Criação no Gênesis são os mais precisos e autorizados foi Nechunya ben HaKanah. Entre outros assuntos nos quais era especialista, Nechunya afirmou especificamente que o nome com 42 letras permitia que se deduzisse a idade correta do Universo a partir do relato da Criação. Já que em sua época esse tipo de informação era considerado sensível em termos religiosos (tal como acontece hoje em dia), a própria explicação de Nechunya sobre os números envolvidos era um tanto sumária. Mas outro cabalista que seguiu de perto as pegadas de Nechunya – o Rabino Yitzhak deMin Acco – expôs os cálculos com precisão. Estes tornam duplamente claro que os cálculos da "data de partida" sinódica para a primeira Lua Nova e do "ano primordial" (cujos valores tanto Nechunya quanto deMin Acco utilizaram) devem ser entendidos *literalmente* apenas na medida em que os números produzem resultados acurados. Eles não se destinavam a ser tomados literalmente como indicadores da idade do mundo.

Assim, Nechunya afirmou que, se entendemos adequadamente como usar o nome com 42 letras, o Gênesis fornece um período de tempo entre a origem do Universo e a criação do homem, a saber, 42.000 "Anos Divinos". Mas um "Ano Divino" não é o nosso ano de 365¼ dias; é 365.250 dos nossos anos. Desse modo, entre a origem do Universo e a criação do homem transcorreram 42.000 × 365.250 anos. Em outras palavras, diz Nechunya, o Gênesis nos diz que o Universo nasceu *há 15,3 bilhões de anos*.

Teria Nechunya (ou deMin Acco) obtido esse número de alguma outra fonte e então inserido a informação no Gênesis através de complicadas "permutações"? É difícil imaginar como: deMin Acco viveu no século XIII d.C.; Nechunya, no primeiro século da Era Cristã.

Apêndice Técnico B

TRANSFORMAÇÕES DO ESPAÇO E TEMPO

Raffiniert ist der Herr Gott, aber boshaft ist Er nicht. (Deus é sutil, mas malicioso Ele não é.)

– *Albert Einstein*

A rigorosa análise estatística de quantidades imensas de dados somente poderia ocorrer com o desenvolvimento do computador. Esse avanço quantitativo não só tornou possível testar hipóteses até então intestáveis, mas também provocou uma expansão qualitativa na nossa percepção intuitiva. Princípios que pareceriam ridículos se aplicados a pequenos números ou pequenos tamanhos (e que, portanto, mal poderiam ser imaginados) mostravam-se possíveis e importantes quando se lidava com grandes quantidades. Foi assim, por exemplo, que se descobriram os novos tipos de padrões chamados "caóticos". Embora nenhuma regra possa ser deduzida a partir deles e eles sejam bastante imprecisos, quando você tem amostras suficientes para examinar, pode ver que ali existe uma ordem. A visualização de grandes conjuntos de dados através do computador torna esse fenômeno especialmente notável – como olhar um milhão de pontinhos com os olhos semicerrados e ver que eles formam uma imagem – e levou a avanços bastante surpreendentes.

Por exemplo, os primeiros números primos parecem não se encaixar em nenhum padrão específico. Aparentam ser totalmente aleatórios. ("Primo" é todo número inteiro que não é produto de dois outros números inteiros, exceto de 1 e dele mesmo. Assim, 2, 3, 5, 7, ... são primos; 6 não é um número primo, porque é o produto de 2 × 3.) Na verdade, ninguém jamais foi capaz de escrever uma fórmula que gerasse qualquer número primo. Todavia, estranhos padrões vêm à tona quando começamos a olhar uma quantidade suficiente deles.

Um dos mais estranhos é o seguinte, que, aliás, ilustra dois outros princípios sugeridos pela pesquisa dos códigos da Bíblia, mas que só começaram a ser percebidos por Doron Witztum e Eliyahu Rips: (1) o "espaço" dentro do qual os Códigos pareciam estar embutidos *não* era, em essência, uma carreira linear de texto convenientemente disposta em vários comprimentos de linha, mas, na realidade, um espaço bidimensional em princípio; (2) esse "espaço" era extensível, pois diferentes comprimentos de linha possíveis desempenhavam um papel fundamental no processo de moldar o "espaço" e revelar os Códigos.

Podemos notar, porém, que essas idéias são surpreendentemente análogas aos princípios básicos da física moderna, em especial os da teoria da relatividade. Também ela vê o "espaço" como tendo dimensões, mutuamente interconversíveis, mais complexas do que as três dimensões a que estamos familiarizados; e ela também considera esse espaço "extensível". (Na verdade, foi preciso a teoria da relatividade de Einstein para percebermos que o espaço no qual vivemos é quadridimensional, como os cabalistas verificaram no Gênesis, e não tridimensional – ver Apêndice Técnico A.) Muitas soluções a difíceis problemas da física e muitos padrões básicos do Universo só se mostram quando analisados num "continuum espaço-temporal"[1] quadridimensional que tenha sido "estendido" (matematicamente) dessa exata maneira. Caso contrário, parece não haver nenhum padrão – ou, pelo menos, é difícil provar que existe algum. Com relação aos números primos, a analogia é a seguinte.

Primeiro, olhemos a lista de números primos entre 1 e 100 que, por conveniência, foi disposta numa grade 10×10:

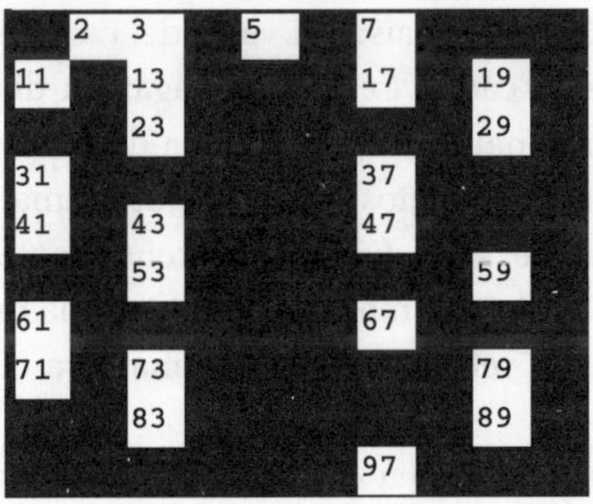

Podemos ver alguns padrões possíveis, alguns deles curiosos, outros triviais. Por exemplo, desses 25 números primos, 15 formam pares separados por um número: 3 e 5, 5 e 7, 11 e 13 etc. (os quais são chamados de "gêmeos", na teoria dos números). Esse fenômeno ocorre para todos os primos já calculados. Mas ninguém sabe por quê; ninguém pode predizer onde eles irão ocorrer (surgem com freqüência, mas não previsivelmente); e ninguém consegue nem sequer provar que eles deixam de ocorrer a partir de algum número inacreditavelmente grande.

Mas há ainda um outro fenômeno que, embora à primeira vista pareça óbvio, acaba revelando uma característica espantosa. Observe que mesmo nessa lista curta, a *quantidade* de primos contidos num intervalo fixo parece ir diminuindo, embora apenas em termos estatísticos e não segundo uma regra fixa. O próximo quadro mostra quantos primos existem em cada linha horizontal; esse número parece serpentear para baixo:

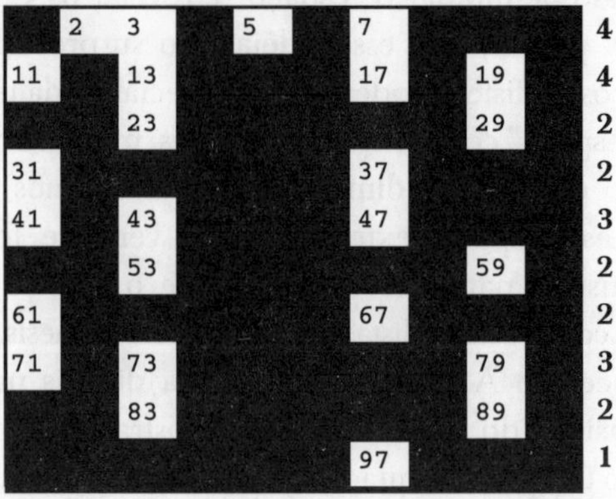

Esse fenômeno persiste, não importa o quanto o número seja grande, e reflete o fato de que, à medida que você vai cada vez mais alto, "passa" por cada vez mais primos que podem ser fatores de números ainda maiores. Por conseguinte, os primos se distanciam mais e mais — *em média.*

Pode-se perguntar: Existe algum tipo de padrão estruturado para a "razão" na qual eles se distanciam cada vez mais? Na verdade, essa distância média, embora sempre crescente, aumenta cada vez mais devagar. A distância média entre os primos vai ficando sempre mais próxima de uma distância máxima absoluta que ela parece nunca alcançar.* Sabemos que não existe uma fórmula exata da qual um padrão necessariamente surja (já que aparentemente não existe nenhuma fórmula para os números primos), mas talvez exista uma imprecisa regra periférica que possamos descrever, relacionada com a maneira como aumenta a distância entre eles.

O fato de que a distância média entre os primos fica cada vez maior sugere que poderíamos procurar uma "transformação" na linha "unidimensional" de números ("um espaço linear") que tornasse isso evidente. (Nota: Embora tenhamos mostrado os primos numa grade 10×10, foi apenas por conveniência. Na verdade, eles formam uma fileira. Se formos imaginar uma transformação elementar, então essa transformação enfatizaria o fenômeno da geminação, pois os gêmeos aparecem em colunas verticais para certos comprimentos de linha.) Uma maneira seria escrever cada número em seqüência numa linha reta, mas aproximando-os cada vez mais à medida que eles vão ficando cada vez maiores:

1   2   3   4   5 6 7 8910 ...

---

* A distância média se aproxima "assintoticamente" desse valor absoluto.

Isso também diminuiria a distância, no papel, entre os primos e contrabalançaria sua expansão. Se você reduzisse a distância, no papel, de acordo com uma regra, acabaria tendo então uma ordem estatística (aproximada, imprecisa) que governaria a distância média entre os primos. (Isso já foi feito.)

Mas há uma transformação mais engenhosa, que "mapeia" esse princípio da "distância crescente" no "espaço unidimensional" diretamente sobre um espaço com *uma dimensão acrescentada*: um espaço numérico genuinamente bidimensional que *não* precisa ser contraído. Isso pode ser realizado enrolando a fileira de números inteiros sobre si mesma:

73	74	75	76	77	78	79	80	81	82
72	43	44	45	46	47	48	49	50	83
71	42	21	22	23	24	25	26	51	84
70	41	20	7	8	9	10	27	52	85
69	40	19	6	1	2	11	28	53	86
68	39	18	5	4	3	12	29	54	87
67	38	17	16	15	14	13	30	55	88
66	37	36	35	34	33	32	31	56	89
65	64	63	62	61	60	59	58	57	90
00	99	98	97	96	95	94	93	92	91

Essa transformação preserva a distância linear entre os números, mas (falando *grosso modo*) aumenta o comprimento de cada linha e a faz girar 90° para a segunda dimensão. Os primos então se dispõem como segue, naquilo que é chamado de "a espiral de Ulam".*

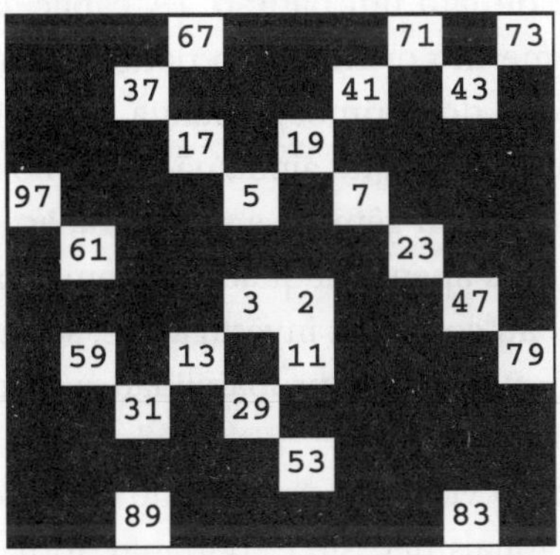

* O matemático Stanislaw Ulam trabalhou com John von Neumann no desenvolvimento do Método de Simulação Monte Carlo, durante a Segunda Guerra Mundial.

Uma outra coisa curiosa se destaca – talvez: parece haver um grande número de "fileiras" diagonais contínuas. Mas elas não são suficientes para nos dar certeza de que isso não aconteceu apenas por obra do acaso. Podemos levantar a hipótese de que é assim, mas para que ela seja convincente, precisamos olhar mais dados. Eis aqui o mesmo tipo de série espiral entre 1 e 1.000 (952, para ser preciso):

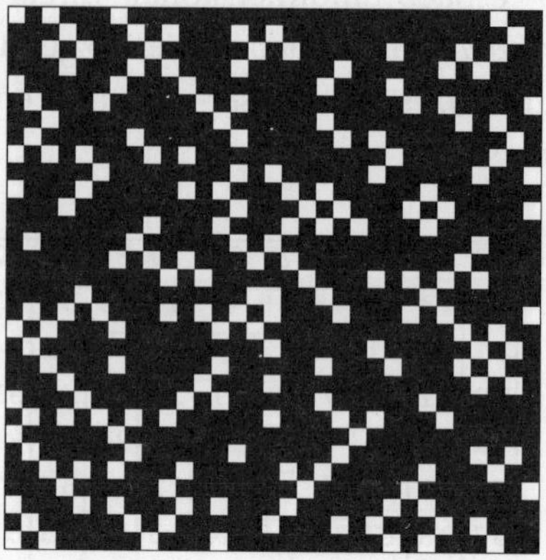

A tendência dos primos para formar fileiras diagonais parece consideravelmente mais forte quando nos afastamos e semicerramos os olhos (para acentuar a imprecisão). Se você quisesse, poderia tentar quantificar o fenômeno matematicamente, contando quantos números primos pertencem às fileiras diagonais e quantos não pertencem. Isso, é claro, exigiria que você decidisse o que compõe "uma fileira": dois números enfileirados? Três? Dez? Obviamente, quanto mais rigoroso for seu critério, mais o fenômeno terá de "se revelar" para passar pela prova. Mas intuitivamente – o que equivale a dizer visualmente – podemos estar bastante certos de que esse é de fato um padrão. (A capacidade do cérebro humano para detectar padrões, mesmo quando não podemos provar que eles existem, é fenomenal.) Se esse efeito dos primos continua à medida que os números vão crescendo cada vez mais, é algo que ainda não sabemos. (Assim como não sabemos por que os primos formam gêmeos e se a geminação pára em algum ponto.) Mas faria sentido, com base apenas naquilo que vemos nos números de 1 a 1.000, supormos que o fenômeno continua, investigá-lo e, se possível, produzirmos uma estatística que nos diga quais são as probabilidades de que aquilo que encontramos tenha ocorrido por mero acaso.

Acontece que, quando você vai espiralando cada vez mais alto, a tendência para formar fileiras diagonais persiste e, portanto, torna-se cada vez mais óbvia. Mas mesmo assim, o fenômeno nunca se fixa em algum tipo de ordem rotineira: ele permanece impreciso e impredizível, exceto enquanto tendência geral.

Eis aqui todos os números primos entre 1 e 40.000:

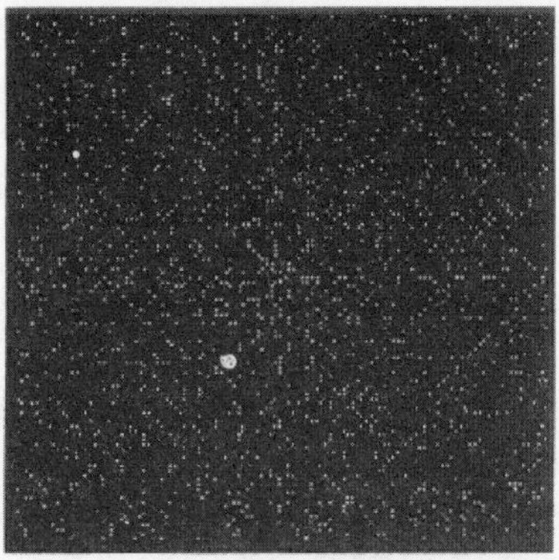

E aqui estão todos os números primos entre 1 e 160.000:

Se você olhar atentamente, poderá ver algumas outras características estranhas. Embora imprecisas ou vagas, não só há ali fileiras diagonais (em ambas as direções), mas elas parecem espaçar-se com certa igualdade – embora não perfeitamente. E se você olhar com ainda mais atenção, verá que, embora as fileiras se quebrem a intervalos impredizíveis, a "mesma" fileira recomeça mais adiante. Também há fileiras verticais e horizontais, incluindo uma, especialmente nítida, que forma um "+" no centro geométrico. Ainda mais difíceis de detectar — imprecisas, embora aparentemente estejam ali — são as linhas que se estendem a +20° e -20° a partir da horizontal. Há também áreas onde os números primos formam círculos parciais e outros agrupamentos pequenos e condensados. Isso tudo exige uma quantidade muito maior de primos do que requerem as diagonais, antes de você poder começar a detectá-los. E lembre-se de que todos esses padrões estão sendo formados no *espaço bidimensional*, com partes "próximas" do mesmo padrão que está sendo formado por primos que linearmente estão bastante afastados. (Imagine como seria difícil desenhar um padrão bidimensional de um tapete se você tivesse de predizer os diferentes pontos de cor como uma seqüência em um fio de lã contínuo. Os padrões dos tapetes só são possíveis porque o desenhista "vê" o fio como uma unidade bidimensional.)

O que talvez seja mais espantoso nesse padrão dos primos é *que ninguém consegue explicar como ou por que ele existe*. Embora imprecisa, essa estrutura é estatisticamente inequívoca e aponta para alguma ordem subjacente cuja natureza é, pelo menos no presente, absolutamente misteriosa. Será que ela continua indefinidamente? Tal como ocorre com a geminação, ninguém sabe ao certo. O que sabemos é que o padrão persiste até o mais alto número primo já descoberto [até novembro de 1996]: o número $2^{1398269}$-1 (ou seja, 2 × 2 × 2 × ... × 2, por um total de 1.398.269 vezes, menos 1.)*

Por fim, o grau de estrutura é, na verdade, maior e mais complexo do que o olho humano consegue detectar. Você pode aplicar conjuntos de regras fixas a cada ponto, que irão transformar o quadro matematicamente, fazendo surgir assim níveis de ordem ainda mais sutis. (Colocar os primos numa espiral é uma transformação — ou "mapeamento", como às vezes é chamado; outra, é estabelecer a regra "primo = quadradinho branco, não-primo = quadradinho preto". Essas regras não criam ordem, se a ordem já não existir ali, mas elas podem magnificar e realçar a ordem, e reduzir a imprecisão: extrair sinal do ruído.)

Assim, a espiral de Ulam pode ser transformada produzindo o quadro seguinte (de todos os números primos entre 1 e 262.144), que revela uma estrutura inacreditavelmente bela.[2]

* Este número, o chamado 35º número primo de Mersenne, exigiu o esforço conjunto de mais de 700 pessoas, trabalhando juntas na Internet para descobri-lo e confirmá-lo como número primo. Mas mesmo a pessoa realmente diligente teria muita dificuldade para usar esse número — com mais ou menos meio milhão de *dígitos*, só para escrevê-lo seria preciso um livro de 250 páginas.

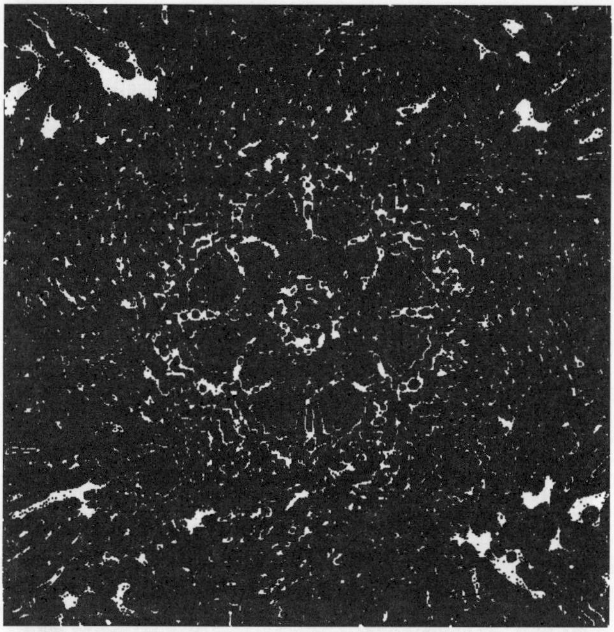

Surgem os seguintes aspectos, que não são visíveis (ou, em parte, suspeitados) na espiral de Ulam simples:

1. Não só existe uma tendência para os números primos se agruparem nas diagonais paralelas a +45° e -45°, como também eles são mais altamente (ou, pelo menos, diferentemente) estruturados ao longo dos quatro cantos da série. (O mesmo fenômeno ocorre quando a espiral é circular, em vez de quadrada.) Por que essas quatro direções são favorecidas, em vez de três raios igualmente espaçados, ou cinco, é um mistério absoluto.

2. A densidade variável dos primos na espiral de Ulam forma estruturas complexas com muitos eixos de simetria. Algumas delas são locais (círculos e outras formas simétricas), mas também fazem parte de "supersimetrias" maiores.

3. A estrutura inteira parece "fractal", com simetrias repetitivas, porém imprecisas, nos níveis cada vez maiores. Isso é coerente com algumas das mais recentes descobertas da mecânica quântica, na qual parece hoje que a estrutura dos níveis de energia segue uma distribuição mais ou menos semelhante à dos números primos e, contudo, pode mostrar-se "caótica". (Os padrões caóticos e os padrões fractais estão estreitamente relacionados.) Todavia, desconhece-se por que é assim.

Uma transformação adicional faz surgir mais nitidamente as simetrias diagonais em particular, enquanto minimiza algumas das outras. Ela também confirma a presença de simetrias radiais em outros ângulos que não os formados pela vertical, horizontal ou diagonal:

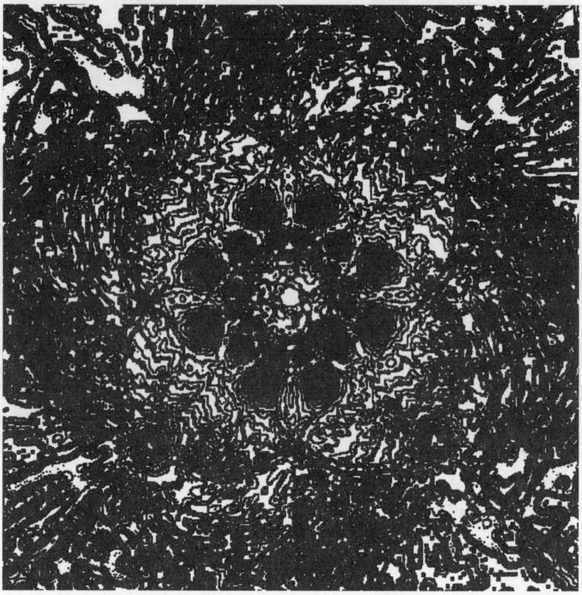

A presença de uma ordem bidimensional implica que deve haver uma espécie de ordem na localização dos primos ao longo de uma seqüência unidimensional de números reais. Durante muitos anos presumiu-se que o espaçamento dos primos era aleatório, porque nenhuma ordem linear podia ser detectada. Recentemente, porém, uma ordem subjacente de segundo e terceiro graus nos espaçamentos — o espaçamento dos espaçamentos, e o espaçamento dos espaçamentos dos espaçamentos — foi demonstrada por um físico que notou uma similaridade com o espaçamento da energia quântica em átomos grandes. Em suma, os níveis de quantização da energia e a distribuição dos números primos seguem as mesmas regras, por razões misteriosas, e ambos mostram um ordenamento "caótico".[3]

Mais ou menos na mesma época em que Eliyahu Rips se aprofundava em decifrações mais sofisticadas da Torah, Doron Witztum completava seus estudos de mestrado na relatividade geral e voltava sua atenção para os Códigos. Como outros cientistas antes dele, Witztum tinha as aptidões críticas necessárias para ver que ali havia algo possivelmente extraordinário. Desenvolvendo o trabalho dos pesquisadores que o precederam, ele levou a investigação a um nível mais alto de sofisticação e complexidade. Witztum o conseguiu tratando o texto da Torah não apenas como uma carreira criptográfica, mas como uma estrutura inerentemente bidimensional cujos "eixos" (medida vertical = quantidade de linhas; medida horizontal = comprimento da linha) eram interconversíveis. Na física, qualquer mensuração consiste de três extensões espaciais e uma duração temporal. Mas se a pessoa muda sua "moldura de referência" (por exemplo, aumentando sua velocidade), a extensão no espaço (na direção do movimento) irá diminuir um tanto e a duração temporal irá aumentar na mesma quantidade. (Imagine uma caixa de papelão sendo vagarosamente achatada: à medida que sua altura diminui, aumenta sua largura; à medida que o espaço se contrai, o tempo se dilata.)

Seguindo nas pegadas de Einstein, Witztum mais tarde daria o título de *A Dimensão Acrescentada* ao seu primeiro livro sobre os códigos da Bíblia. Seu *insight* era penetrante, mas sutil. Incorporava, unificava e refinava em sua forma essencial – e, o que é mais importante, quantificada – um grande número dos indícios sobre as camadas ocultas da Torah que já tinham aflorado. Witztum produziria resultados que não apenas eram mais impressionantes, como também de um tipo que podia ser avaliado estatisticamente. E ele produziria não um só, ou um punhado de resultados, mas centenas deles. Seu método não incorpora somente os três princípios de (1) relacionamentos entre palavras diferentes, (2) distâncias de salto mínimo ou quase-mínimo entre as letras de palavras decodificadas, e (3) quantidades de texto mínimas ou quase-mínimas dentro das quais as palavras se agrupam; como também um quarto princípio, similar ao exemplo dos números primos: (4) a transformação do texto linear num "espaço bidimensional" remoldável, certas configurações do qual revelam a estrutura oculta. (É claro, o Rabino Weissmandl já havia elaborado uma versão preliminar dessa idéia em suas próprias séries, as quais ele optou deliberadamente que fossem 10×10.) As "quantidades de texto mínimas ou quase-mínimas" mencionadas em (3) assumem, portanto, uma forma mais geral: *o que conta não é a quantidade de texto numa carreira linear, mas a menor quantidade de texto numa série bidimensional deformável que acomoda as palavras decifradas.*

Além disso, a essência da teoria da relatividade é a descoberta de que, mesmo se as coisas nos *parecem* diferentes em diferentes molduras de referência, "as leis subjacentes da física [as regras que governam as relações entre os elementos do Universo] permanecem as mesmas em *todas* as molduras de referência". Os pesquisadores dos Códigos descobriram a seguinte analogia com a relatividade: as palavras da Torah parecem estar codificadas num espaço deformável genuinamente bidimensional, de maneira que as regras que governam a relação entre duas palavras quaisquer são as mesmas, independentemente do modo como o texto é deformado: ou seja, disposto em comprimentos de linha variáveis.

Proximidade e Compactação

Não há motivo para se esperar que qualquer palavra extraída de um texto seja mais provável de ocorrer numa localização ao longo da fileira (digamos, próximo de uma extremidade) do que em outra localização qualquer. O mesmo é verdadeiro quanto à sua localização numa série qualquer (digamos, perto de um canto). Do mesmo modo, não há razão para se pensar que o aparecimento de uma palavra em seu intervalo de salto *mínimo* vá ter alguma localização preferida numa fileira ou numa série.

Se fôssemos pegar todo o texto do Gênesis, escolher uma palavra aleatoriamente, procurar todos os seus aparecimentos em intervalos eqüidistantes e localizar suas três ocorrências mais mínimas, é provável que encontrássemos quaisquer delas tanto num lugar como noutro qualquer. Se fizéssemos o mesmo com qualquer outro texto, selecionado aleatoriamente, encontraríamos a mesma coisa. Se pegássemos trezentas palavras e fizéssemos o mesmo, não haveria nenhuma "preferência" geral quanto ao lugar onde apareceriam os saltos mínimos ou outros saltos: os resultados seriam tão aleatórios como se estivéssemos arremessando dardos com os olhos vendados – tanto no Gênesis como em qualquer outro texto. Isso ocorre porque o texto é disposto apenas com atenção à sua seqüência linear. Não se estabeleceu nenhuma relação baseada na maneira como o texto vai se parecer quando estiver disposto numa série bidimensional. Uma imagem esquemática de palavras destacadas numa grade (vista de muito longe) pareceria algo mais ou menos como no desenho abaixo (imagine que cada figura representa uma palavra curta, com intervalos relativamente pequenos entre as letras; para simplificar, somente três delas são mostradas). Suponha que o quadrado é a palavra em seu salto 100% mínimo; o círculo é essa mesma palavra, mas em seu salto 75% mínimo; e o triângulo, a mesma palavra no salto 25% mínimo:

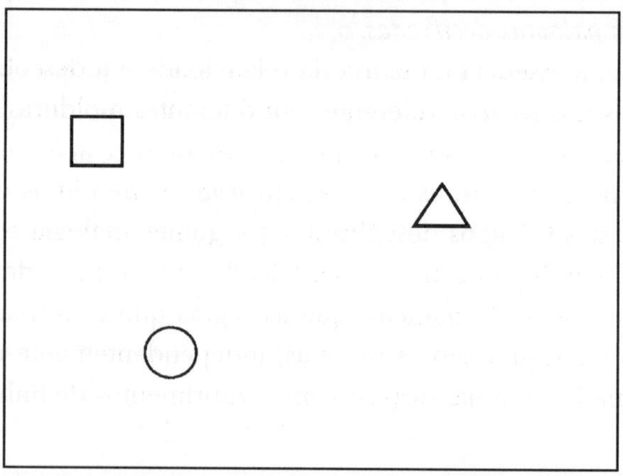

Agora, tomemos outra palavra, relacionada com a primeira (para fazer par com "HAT" [chapéu], por exemplo, escolhemos "HEAD" [cabeça]). Procuramos as letras da palavra "HEAD" embutidas no mesmo texto em seus três saltos eqüidistantes mais curtos. Tampouco há razão para se esperar qualquer tipo de padrão quanto ao lugar onde "HEAD" pode ser encontrada. Ela estará espalhada por todo o texto, aleatoriamente, tal como o primeiro conjunto ("HAT"). E, é claro, não haverá nenhuma razão para que as localizações da segunda palavra tenham qualquer relação com as localizações da primeira, só porque seus significados parecem ser correlatos. Se mostrássemos simultaneamente o primeiro e o segundo conjuntos, a imagem teria mais ou menos esta aparência:

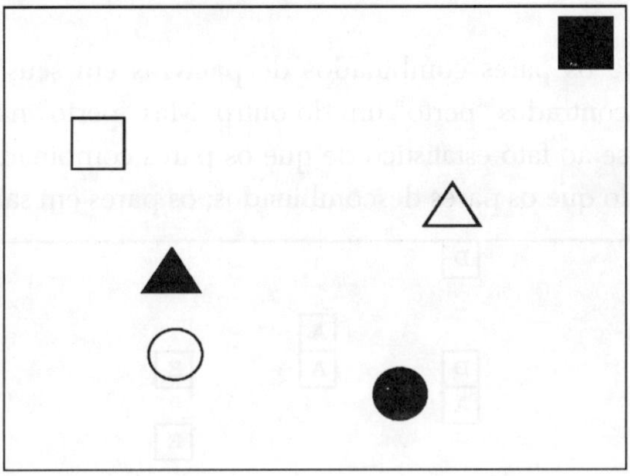

Explicando de outra maneira: se procurarmos a palavra "HEAD" no nosso fragmento de texto acima, talvez a encontremos. Mas o lugar onde ela acontecesse de estar, em seu salto eqüidistante mínimo, não teria a mais remota relação com o lugar onde "HAT" acontecesse de estar. Se mensurássemos suficientes pares de palavras, descobriríamos que a distância média entre as palavras dos pares era apenas "moderada". Com efeito, ela seria a mesma média que entre *quaisquer* duas palavras, correlatas ou não, e essa média acabaria mostrando ser metade do comprimento do texto, quando medido como uma fileira (ou uma média superior à raiz quadrada da diagonal de uma série retangular). Isso ocorre porque, em média, haveria uma quantidade igual de "distantes" e "juntos", para cada grau de "longe" e "perto".

Mas em vez disso, eis o que parecia estar acontecendo no Gênesis (exagero na precisão, para fins de clareza):*

* Os quadradinhos tampouco precisam sempre se alinhar com quadradinhos, e assim por diante; o emparelhamento não precisa ser perfeito.

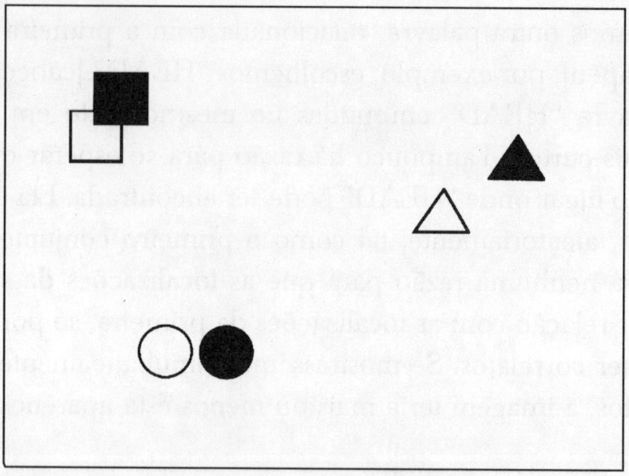

Observe que os pares combinados de palavras em seus respectivos saltos mínimos são encontrados "perto" um do outro. Mas "perto" não é uma distância definida; refere-se ao fato estatístico de que os pares combinados estão mais próximos, *no todo*, do que os pares descombinados; os pares em saltos mínimos estão

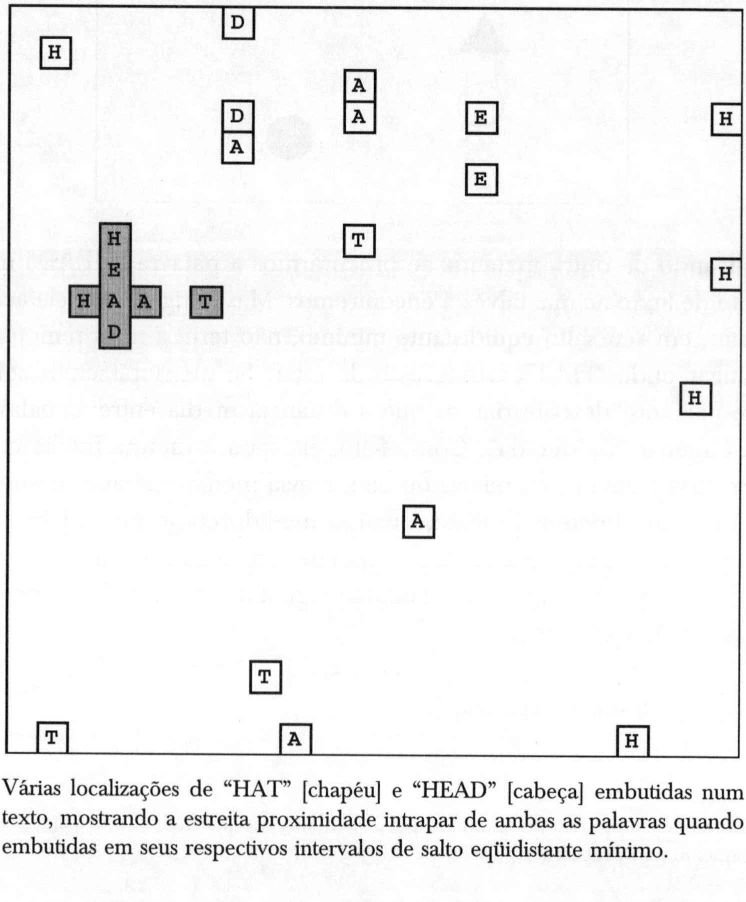

Várias localizações de "HAT" [chapéu] e "HEAD" [cabeça] embutidas num texto, mostrando a estreita proximidade intrapar de ambas as palavras quando embutidas em seus respectivos intervalos de salto eqüidistante mínimo.

mais próximos do que os pares em saltos não-mínimos. Alguns pares combinados – talvez a maioria deles – poderiam estar bem afastados (e pares descombinados poderiam estar próximos), e ainda assim a proximidade agregada dos pares combinados seria demasiado estreita para ser provável de ter acontecido apenas por acaso. A análise usada pelos pesquisadores quantifica essa proximidade agregada, e determina as probabilidades de ela "apenas ter acontecido". *Mas os exemplos individuais não podem ser avaliados estatisticamente.*

Uma representação menos esquemática de "proximidade" é mostrada na página anterior.

Observe que, mostrando as letras individuais das palavras, podemos inferir algo mais: dependendo da maneira como a série é disposta (qual o seu comprimento de linha), as relações entre os pares de palavras mudarão. *Ao "deformar" a série bidimensional exatamente nas dimensões corretas, uma "proximidade" antes invisível pode tornar-se observável.* (Se a espiral de Ulam é disposta em grades retangulares, mas que não sejam quadradas, o padrão é alterado, degradado e por fim destruído por completo.)

Além disso, mais notável do que a simples proximidade de duas palavras é a "compactação" geral de sua configuração numa série otimamente escolhida. (A compactação é determinada tanto pela proximidade das palavras quanto pela vizinhança das letras dentro das palavras. As letras de uma palavra com uma distância de salto igual a 100 aparecem mais próximas – uma diretamente sobre a outra – quando a série é disposta com um comprimento de linha igual a 100.)

Esse método de embutir palavras em intervalos de saltos de letras eqüidistantes, e relacioná-las por "compactação", é extraordinariamente elegante, uma vez que suas sutilezas sejam percebidas. Ele tem ainda outra característica, que não é tanto uma complexidade adicional, mas uma maneira elegante de "transformar" o espaço dentro do qual a compactação é definida, como para revelar uma certa simplicidade natural.

O processo de "dispor o texto" pode muito facilmente ser exibido em *três* dimensões, depois reconvertido para duas, usando uma hélice cilíndrica tridimensional. Pegue a quantidade de texto que abrange os dois termos de um par e disponha-o numa fileira. Espirale a fileira de letras para cima (ou para baixo). O comprimento de linha (circular) é agora definido pela circunferência do cilindro.

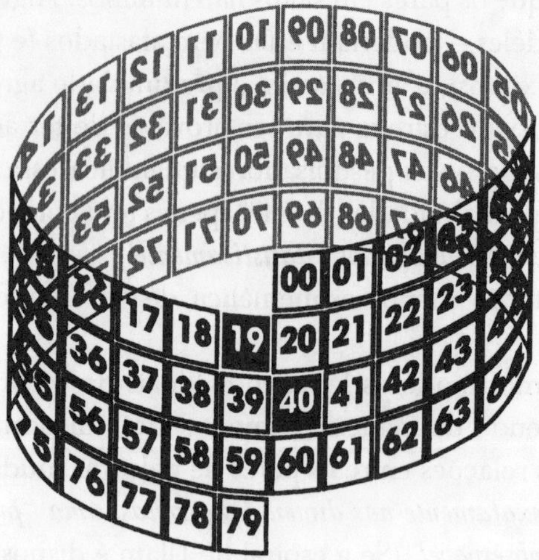

Espiral em 3-D das 80 posições do texto (de 00 a 79), com comprimento de linha $h = 20$.

Depois "fatie" o cilindro tridimensional entre duas colunas e achate-o para criar uma série bidimensional:

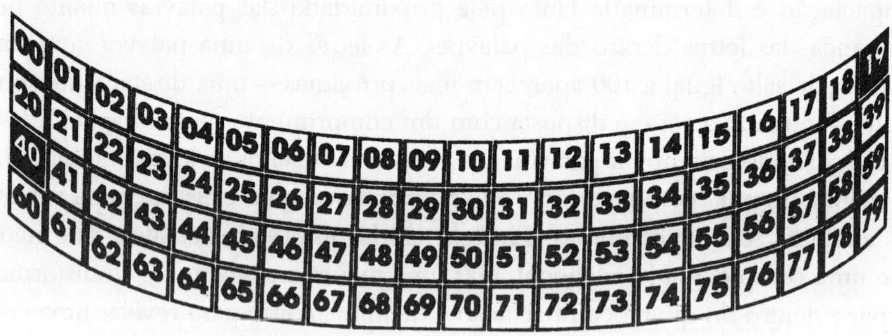

Espiral em 3-D achatada formando uma série em 2-D

Observe que entre quaisquer duas letras da série, há no máximo duas distâncias possíveis em linha reta (simples, físicas),* dependendo de onde o cilindro é fatiado, como no exemplo simplificado abaixo:

A	B	C	D	E	F	G
H	I	J	K	L	M	N
O	P	Q	R	S	T	U

						A
B	C	D	E	F	G	H
I	J	K	L	M	N	O
P	Q	R	S	T	U	

					A	B
C	D	E	F	G	H	I
J	K	L	M	N	O	P
Q	R	S	T	U		

Três diferentes "fatias" de uma série com 7 colunas

* Em termos mais técnicos, essa distância geralmente é chamada de "euclidiana".

Finalmente, ao mesmo tempo que o "corte" apropriado está sendo determinado, o comprimento de linha ótimo tem de ser encontrado. Se o comprimento de linha é alterado, uma letra de cada vez, para que a série fique mais alta e fina (ou mais baixa e larga), qualquer exibição de duas palavras estreitamente compactas se desmanchará lentamente, como se estivesse "saindo de foco" (ver exemplo acima).* Com mais de duas palavras, o assunto torna-se mais complicado. Embora o melhor comprimento de linha para três ou mais palavras provavelmente esteja *próximo* do melhor comprimento de linha para duas quaisquer dessas palavras, ele pode não ser precisamente o mesmo.

* Sempre que o comprimento de linha é um fator, ou quase um fator, do comprimento original, a série pode ainda ser relativamente compacta.

Apêndice Técnico C

O EXPERIMENTO DOS "GRANDES SÁBIOS"

Este apêndice tem quatro propósitos:

1. Levantar certas considerações gerais que afetam as tentativas correntes de validar os códigos da Bíblia, e tornam desafiadora essa validação (ou refutação).

2. Oferecer um resumo da abordagem desenvolvida por Rips e depois por Witztum, publicada em seu ensaio em *Statistical Science*, resumo esse que, em sua maior parte, não é tão técnico quanto o ensaio original e destina-se aos leitores que sentem curiosidade pelos aspectos científicos e matemáticos das pesquisas feitas até esta data. Certos detalhes foram omitidos, contudo, e o leitor que desejar estudar todos os aspectos do processo deverá examinar diretamente o ensaio original. Este Apêndice Técnico não pretende substituir o trabalho publicado em *Statistical Science* por Witztum, Rips e Rosenberg, nem pretende suplantá-lo de qualquer modo.

3. Discutir mais amplamente alguns tópicos selecionados, em lugar dos detalhes aqui omitidos. Com base em quatro anos de conversas sobre os códigos da Bíblia com muitas pessoas, notei que certas sutilezas permanecem confusas mesmo para leitores razoavelmente sofisticados. Algumas delas referem-se aos próprios Códigos; outras, ao método de investigação desenvolvido por Witztum, Rips e Rosenberg. A natureza "global" dos Códigos é uma área que tem a ver com os próprios Códigos; já o uso de "SAEs perturbadas" como agente da "compactação esperada", tem mais a ver com a técnica analítica. Quando me pareceu útil, também incluí diagramas.

4. Enfatizar aspectos da pesquisa que são incompletos ou problemáticos, ou quando é possível usar abordagens alternativas.*

Uma exposição plena de todas as complexidades envolvidas nesta pesquisa

---

* O leitor deve observar, no entanto, que nem este Apêndice nem *A Verdade Por Trás do Código da Bíblia* como um todo, representam oficialmente Witztum, Rips ou qualquer outra pessoa. Tentei apresentar o trabalho deles com toda a exatidão possível, a partir de um ponto de vista que obviamente lhes é simpático, mas, ainda assim, mantendo minha mente aberta. Porém as apresentações, explicações e argumentos – pró e contra – representam estritamente minha própria compreensão do assunto, em resposta ao que eles escreveram ou comunicaram por outros meios.

está além do escopo de qualquer livro destinado aos leitores em geral. Algumas dessas complexidades incluem: a maneira como o conjunto de dados foi selecionado e estruturado; seus pontos fortes e fracos; os argumentos pró e contra possíveis formatos e métodos de seleção alternativos; e o debate quanto aos dados serem inadvertidamente "desviados" a fim de assegurar resultados dignos de nota. Outra área de investigação é a própria medida de compactação e como o resultado que ela oferece se compara com alternativas plausíveis. Contudo, talvez o tópico mais importante sejam as direções que a futura pesquisa irá tomar e como ela deveria ser estruturada a fim de aprimorar o trabalho já realizado, levando o processo a uma conclusão convincente. É provável que tudo isso exija alguns anos de idas e vindas cada vez mais sofisticadas.

Considerações Gerais

Há inúmeros métodos correlatos que podem ser usados para desvendar os códigos da Bíblia. A maioria deles produz resultados tantalizantes – mas as SAEs, em princípio, são muito difíceis tanto de confirmar como decifrações genuínas quanto de refutar como meras concatenações casuais. Observe, em especial, o alerta levantado pelos já citados Profs. Bernstein, Kazhdan, Furstenberg e Piateski-Shapiro:

> Em vez de observar a ocorrência de palavras individuais ao longo de progressões aritméticas [SAEs], uma base mais sólida para a mensuração do fenômeno é proporcionada procurando-se as ocorrências de palavras correlatas e mensurando sua proximidade.

Já que as SAEs [seqüências alfabéticas eqüidistantes] *individuais* raramente servem como prova e até agora o fenômeno em questão só parece genuíno quando considera combinações de SAEs, todas as investigações cientificamente rigorosas dos Códigos, feitas até esta data, focalizaram apenas essas últimas. Por outro lado, a massa de publicações religiosas "popularescas" sobre o assunto focaliza quase exclusivamente SAEs individuais e, portanto, carece de uma base sólida para avaliação estatística. Nos dias anteriores à existência do computador, alguém poderia argumentar que só um fenômeno genuíno seria detectável com um simples "passar de olhos" pelo texto. Mas, com os computadores, é possível mostrar não apenas a ubiqüidade das SAEs que formam palavras; também tornou-se coisa trivial gerar SAEs individuais da maneira que se deseja.

As dificuldades para testar a validade do fenômeno das combinações de SAEs, de maneira cada vez mais rigorosa, surgem pelas seguintes razões:

1. Combinações "surpreendentes" de SAEs surgirão por acaso de vez em quando, mas não com demasiada freqüência – ou assim parece. Parte do

problema é avaliar exatamente quão improváveis são de fato as combinações "surpreendentes". Se for possível demonstrar que qualquer uma delas é realmente improvável, isso, quando muito, é apenas um *fragmento* de prova, e deve ser combinado com um número suficiente de muitos outros fragmentos similares. E talvez nem seja esse o caso, porque:

2. Para que uma combinação improvável de SAEs tenha qualquer valor comprobatório, ela não pode ser "escolhida a dedo" dentre uma fileira de combinações triviais de SAEs e então apresentada isoladamente. É preciso que seu conteúdo e sua localização (dentro de parâmetros quantificáveis) tenham sido definidos *antes* do início do processo de busca (numa hipótese *a priori*).

3. Finalmente, e da maior importância, é possível que os códigos da Bíblia mostrem ser absolutamente diferentes dos códigos e escritas cifradas usados pelos nossos espiões e criptologistas humanos. Os códigos humanos não são inerentemente estatísticos, embora os meios usados para detectá-los o sejam. Quando um típico código feito pelo homem é corretamente decifrado, o resultado é uma bem definida fileira de letras com um significado fixo, não uma imprecisa "tendência" estatística para a ordem, com várias exceções, que parece basear-se no significado geral. Pelo menos tal como têm sido "decodificados" até agora, os códigos da Bíblia parecem não possuir nenhum conteúdo – são apenas uma marca-d'água, um selo de autenticidade sutilmente visível que precisa ser olhado "em perfeita ordem" para poder ser visto. (O que os torna importantes, todavia, é a implicação quanto ao "autor" dessa marca-d'água.) Talvez essa "marca-d'água" mostre ser a primeira indicação de uma estrutura verdadeiramente lingüística com uma "mensagem" distinta, conforme a hipótese levantada por Witztum e Rips. Mas, como observamos no Capítulo 14, suspeito que esse não é o caso e que os códigos da Bíblia são similares, em sua expressão linear, aos "determinismos" imprecisos da mecânica quântica: isto é, eles são intrinsecamente probabilísticos. O fato de os Códigos usarem um espaço bidimensional remodelável para criar relações de proximidade certamente é um argumento contra qualquer tipo de "linguagem", na forma com que estamos familiarizados. Em todas as outras linguagens – mesmo nas pictográficas, como o chinês –, o significado depende fundamentalmente de uma seqüência linear, e a proximidade, tal como medida nos códigos da Bíblia, atravessa diretamente esse seqüenciamento. É claro que a idéia de um código inerentemente probabilístico talvez seja tão insatisfatória para muitos cientistas quanto foi a mecânica quântica para Einstein, que a chamou de "incompleta". Quanto à mecânica quântica, só o tempo e mais investigações é que dirão.

De todo modo, até esta data, as combinações de SAEs encontradas na Torah não parecem ser arranjadas de acordo com uma regra rígida, mas segundo pautas gerais. E, como ficará evidente quando discutirmos as nuanças da medida de compactação desenvolvida por Witztum, Rips e Rosenberg, a compactação de qualquer par isolado de palavras correlatas encontrado como SAE parece ser uma característica global do texto como um todo – ou de porções do texto, à maneira "holográfica" –, talvez de *todos* os aparecimentos daquelas palavras como SAEs e não só de um caso isolado, o melhor deles, de sua combinação. (Há um indício disso no fato de que *dois* aparecimentos mínimos de cada elemento – nome, data da morte e cidade de nascimento – referente ao Rabino Abraão, "o Anjo", discutido no Capítulo 10, foram encontrados em estreita proximidade.)

Para usar outra analogia que não a holografia, o fenômeno se parece mais ou menos como o armazenamento de imagens e lembranças no cérebro: não em escaninhos locais e etiquetados, mas globalmente, através de camadas inteiras de tecido, como um padrão de forças conectivas entre os neurônios; milhões dessas imagens e lembranças estão armazenadas, fundidas umas nas outras como, por assim dizer, palimpsestos que se interpenetram. Se as letras da Torah realmente formam uma "matriz" ou "mapa", não é o mapeamento unívoco do arquiteto que projeta uma casa; é mais como o mapa de uma vida inteira contido nos pensamentos de uma mente.

Com relação aos códigos da Bíblia, isso quer dizer que pode ser extremamente difícil mostrar que qualquer combinação individual de SAEs seja improvável. De fato, se é a *tendência* global que revela o fenômeno, então haverá muitos casos onde uma dada combinação de SAEs provavelmente acontecerá por acaso, sem invalidar o fenômeno.* ("Os homens são mais altos que as mulheres" é verdadeiro, se afirmado imprecisamente. Sua verdade não se contradiz pela afirmação, também verdadeira, de que "uma grande proporção de homens são mais baixos que a maioria das mulheres".) Essas tendências gerais exigem uma longa, árdua e escrupulosa investigação, quer para confirmação ou para refutação convincentes. As evidências até esta data sugerem que, se os códigos da Bíblia existem, eles são precisamente desse tipo. A investigação séria, portanto, ainda está apenas em sua infância. Do ponto de vista da ciência, o "argumento" no presente se resume em: "Existe prova suficiente de qualidade adequada, até este momento, que justifique a continuidade das investigações?" Kazhdan, Bernstein, Furstenberg e Piateski-Shapiro, que, embora escrevendo em 1988, em essência examinavam o mesmo material do ensaio publicado em 1994 em *Statistical Science*, dizem que sim, mas não vão mais longe. Os críticos dizem que não.

---

* Se uma amostra não tem distribuição normal (curva em sino), pode até ser verdade que a maioria das combinações de SAEs cairão dentro do âmbito do puro acaso. Se o fenômeno é genuíno, e esse é o caso, isso será ainda mais difícil de verificar.

Vamos resumir esses três pontos, ordenados como um único conceito. *A prova dos códigos da Bíblia só será válida se vier na forma de testes rigorosamente controlados que nos permitam examinar um número suficientemente grande de combinações de SAEs similares, adequadamente selecionadas, suficientes e representativas. Essas combinações, no agregado, devem então ocorrer em "estreita proximidade" (a qual tem de ser definida) com mais freqüência do que seria provável acontecer apenas por obra do acaso.*

Esboço do Teste Desenvolvido por Witztum, Rips e Rosenberg

Uma das realizações de Witztum e do grupo à sua volta foi conceber um método de análise dos códigos da Bíblia que satisfaz esses critérios (embora, como em todo debate científico complexo, haja críticos sérios argumentando que um ou mais critérios apenas *parecem* ter sido satisfeitos, mas não o foram). No ensaio publicado em *Statistical Science* em 1994, Witztum, Rips e Rosenberg oferecem uma descrição concisa e clara de sua abordagem, que permitiu a outros reproduzirem, ampliarem e criticarem suas descobertas. Seu nível técnico é bastante modesto em comparação com os ensaios usuais de pesquisas matemáticas e estatísticas, mas, para ser entendido apropriadamente, exige uma sólida base em matemática, estatística e também em projeto de pesquisas.

O conceito por trás do método para encontrar pares de SAEs e avaliar sua significância estatística é apresentado abaixo numa forma extremamente simplificada. Depois desta lista, apresento uma descrição precisa do modo como o conceito foi implementado:

A – Identifique de antemão um conjunto de potenciais pares de SAEs (por exemplo, uma lista de nomes, cada um deles combinando com alguma data apropriada).

B – Procure cada nome e cada data do conjunto de pares, examinando o texto até cada um deles ser encontrado como uma SAE em (seu) intervalo de letras eqüidistantes mínimo, chamado de seu "salto" – assumindo que nome e data venham a ser encontrados como uma SAE; alguns talvez não o sejam.

C – Meça a distância entre as localizações de ambos os termos de cada par.

D – Calcule a "distância média"* real entre todos os pares correlatos de termos (Nome A com Data A, Nome B com Data B, e assim por diante).

---

* Entre parênteses aqui e no texto abaixo, porque essa medida não é uma média genuína e sim um composto ponderado de um conjunto mais complexo de mensurações agregadas. Os detalhes exatos vêm a seguir.

E – Compare essa "média" com a "distância média" produzida por obra do acaso.

F – Repita o processo em outros textos.

G – Faça uma análise estatística dos resultados para ver se as médias obtidas mostram uma diferença significativa entre pares de termos correlatos no Gênesis e pares de termos não-correlatos no Gênesis, e pares de termos, correlatos ou não, em algum outro texto.

A Implementação do Conceito

Os métodos reais são variações complexas das idéias delineadas acima. Ponto a ponto, são eles:

A - *Identifique de antemão um conjunto de potenciais pares de SAEs (por exemplo, uma lista de nomes, cada um deles combinando com alguma data apropriada).*

Talvez haja variações comuns da grafia do nome e/ou da data (nascimento ou morte, por exemplo). As regras para criar pares nome-data devem ser estabelecidas e padronizadas de antemão, e também deve haver um método para decidir qual será a fonte dos dados históricos. Witztum, Rips e Rosenberg criaram mais de um par nome-data para cada uma das personalidades que incluíram em seu conjunto de dados, emparelhando cada variante do nome com cada variante da data referentes a cada indivíduo. As variações podiam ser causadas por coisas tais como a disponibilidade da data de nascimento ou morte, ou ambas, nomes honoríficos, uso ou não de títulos, presença ou ausência de letras mudas nos nomes transliterados de fontes não hebraicas. Em geral, Witztum, Rips e Rosenberg criaram os pares nome-data fazendo suposições bem fundamentadas quanto às variações que eram plausíveis, ou prováveis, dentro de certas pautas. Seu ensaio as apresenta em detalhes.

Os nomes que eles usaram foram selecionados de uma obra de consulta padronizada de biografias judaicas (não muito diferente do "Quem é Quem?"), intitulada *Enciclopédia dos Grandes Homens de Israel.*[1] Essa enciclopédia continha alguns conhecidos erros de datas, mas estas, quando identificadas, foram corrigidas. Os critérios de seleção para inclusão no conjunto de dados eram:

1. O indivíduo deve estar mencionado na *Enciclopédia dos Grandes Homens de Israel.*
2. Seu verbete deve ter pelo menos três colunas de texto (para a primeira amostra); e entre 1½ e 3 colunas (para a segunda amostra).
3. Os termos resultantes devem conter não menos que 5 e não mais que 8 letras.
4. O indivíduo também deve estar mencionado numa segunda lista de sábios proeminentes: o banco de dados "Responsa".

O terceiro critério surgiu devido ao método de "perturbações" que os autores usaram para avaliar o grau de "improbabilidade" da medida de compactação de cada emparelhamento nome-data (explicada abaixo). Esse método não podia ser aplicado com exatidão a SAEs com menos de 5 letras, e, quando aplicado a palavras com mais de 8 letras, os dados produzidos seriam insuficientes para poderem ter utilidade. Há outros métodos, no entanto, que permitiriam a ampliação do experimento de modo a incluir tanto SAEs mais longas quanto mais curtas.

Esses critérios resultaram numa lista final de 32 indivíduos para a segunda amostra, sobre a qual a análise foi efetuada (ver tabela às páginas 310-311).

A primeira lista não foi analisada para o ensaio de *Statistical Science*, desse modo assegurando que o conjunto de dados só tinha sido criado depois de fixados os critérios de seleção e os métodos analíticos. Juntos, os 34 indivíduos produziram 91 nomes e 74 datas. Emparelhando cada nome de um indivíduo com cada data referente a esse mesmo indivíduo, criou-se um total de 298 pares nome-data. Isso formou o conjunto de dados brutos ("conjunto de pares") sobre o qual a análise foi então realizada.

B - *Procure cada nome e cada data do conjunto de pares, examinando o texto até cada um deles ser encontrado como uma SAE em (seu) intervalo de letras eqüidistantes mínimo, chamado de seu "salto".*

Uma "seqüência alfabética eqüidistante (SAE)", *e*, é definida como uma seqüência de letras, num dado texto, que ocupam as posições n, $n + d$, $n + 2d$, ..., $n + (k-1)d$, onde Witztum, Rips e Rosenberg fizeram:

d = "intervalo eqüidistante das letras", ou, mais simplesmente, o "salto" da SAE
n = o "início" da SAE
k = o "comprimento" da SAE (isto é, o número de letras da palavra)

Examine o texto numa gama de intervalos eqüidistantes de letras, ou "saltos", ajustada de modo a esperar capturar, dentro daquela gama, não mais do que as dez SAEs com os saltos mais curtos para ambos os termos de cada par do conjunto de dados. (Não procure simplesmente o salto mínimo.) Esse ajustamento da gama de saltos para exame é baseado no número de letras do termo que está sendo procurado como SAE, e nas freqüências, no Gênesis, das letras que compõem o termo. Para cada termo, pegue cada uma das cerca de dez SAEs realmente encontradas dessa maneira e calcule seu "domínio de minimalidade". Esse domínio é simplesmente a porção do texto considerado como uma carreira linear (isto é, a porcentagem de letras) que contém a SAE em questão e nenhuma outra

SAE para o mesmo termo com um salto menor. O "domínio de minimalidade", portanto, será um número entre 0 e 1 (representando zero por cento e 100%), ligado a cada SAE obtida segundo essas restrições para cada termo do conjunto de dados.

C - *Meça a distância entre as localizações de ambos os termos de cada par.*

Isso deve ser feito em dois passos (com alguns subpassos).

Passo 1: Crie uma medida da distância bidimensional δ entre duas SAEs quaisquer, ε_1 e ε_2. Chame essa distância de δ (ε_1, ε_2). Há muitas medidas razoáveis da distância bidimensional entre as SAEs, e ninguém pode estar certo de qual delas otimizaria os resultados em geral (o que implicaria que o fenômeno é genuíno) ou apenas aquele conjunto de dados (o que "desviaria" os resultados e os invalidaria). A medida concebida por Witztum, Rips e Rosenberg é como segue.

1.1 • Definindo a "distância" entre as letras e entre as SAEs

É necessário definir a "distância" δ entre duas SAEs quaisquer, de modo a dar um significado inequívoco e quantificável às noções de "proximidade" e "compactação".

1.1.1. *Distância entre as letras*

O texto que contém os dois termos de um par (cujas letras foram localizadas em suas respectivas SAEs) é disposto numa fileira. Essa fileira de letras é então espiralada para cima (ou para baixo) numa série cilíndrica, ou hélice. A "compactação" do par da SAE mudará, é claro, conforme a hélice é enrolada ou desenrolada. Para cada SAE individual, observe que haverá um certo "enrolamento" onde as letras da SAE repousam verticalmente uma sobre a seguinte. Isso ocorre porque o número de letras que formam a circunferência do cilindro é exatamente igual ao salto, *d*, daquela SAE. Naquele ponto, o cilindro de texto terá um *comprimento de linha h*, igual ao número de colunas do texto. Em qualquer ponto do processo de enrolamento, o cilindro pode ser seccionado verticalmente para criar uma série bidimensional achatada.

Considere agora duas letras em duas localizações quaisquer dessa série bidimensional achatada. Dependendo do lugar onde foi feito o corte vertical, em linha reta só há duas distâncias possíveis entre essas letras. *A menor dessas duas distâncias possíveis é sempre usada para definir a distância entre as letras.*

1.1.2. *Distância entre as SAEs*

A distância entre duas SAEs quaisquer encontradas no texto, ε_1 e ε_2, e depois que a fileira foi "enrolada" e "fatiada" para criar uma série bidimensional específica com comprimento de linha *h*, é agora definida por Witztum, Rips e Rosenberg.

Sejam:

f_1 = a distância entre as letras consecutivas da palavra ε_1

f_2 = a distância entre as letras consecutivas da palavra ε_2

m = a mínima distância possível entre qualquer letra de ε_1 e qualquer letra de ε_2

então, a distância $\delta\,(\varepsilon_1, \varepsilon_2)$ entre duas palavras quaisquer é:

$$\delta\,(\varepsilon_1, \varepsilon_2) = f_1^{\,2} + f_2^{\,2} + m^2.$$

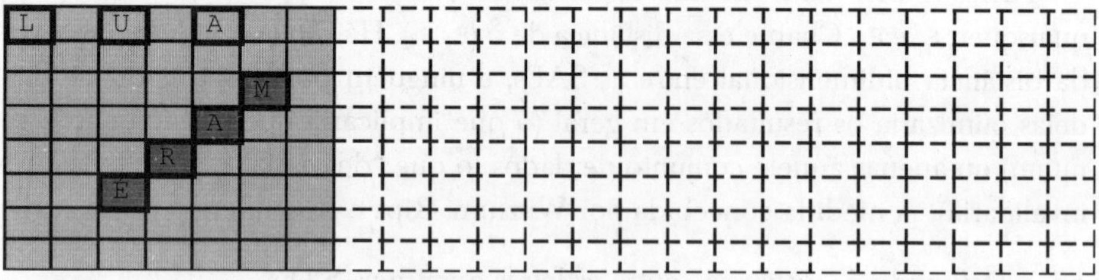

Série compacta de duas palavras, "Lua" e "Maré", com o excesso de texto suprimido

Observe que essa "distância" mais se parece com o quadrado de uma distância. Não há nada intrinsecamente estranho nesse fato. A "métrica" para o "espaço" bidimensional das SAEs não precisa ser euclidiana. Os físicos estão familiarizados com muitas métricas não-euclidianas. O espaço de probabilidade na mecânica quântica, por exemplo, é um quadrado. De todo modo, uma distância quadrada desse tipo se correlaciona de algum modo com a idéia mais intuitiva de "área", no que se refere à compactação bidimensional. (No entanto, não se trata realmente de uma "área".) Mas as áreas simples, pode-se argumentar, seriam uma medida mais pobre da "proximidade" se um dos dois termos tivesse um salto um pouco maior, mas ainda menor do que *h*.

No exemplo acima (lembrando que f_n é a distância entre as letras consecutivas de uma SAE ε_n), temos:

ε_1 = "Lua" ε_2 = "Maré"

$f_1 = 2$ $f_2 = \sqrt{(1+1)} = \sqrt{2}$

Já que a distância entre as letras não é necessariamente igual ao salto *d*, ela não é afetada pela porção do texto que é deixada de fora das ilustrações. Mas *é* afetada pela "disposição" da espiral de texto; daí o comprimento de linha *h*, especialmente para palavras com saltos grandes. Procurando pela configuração mais *compacta*, a disposição pode ou não parar quando as letras de uma palavra estão em seu espaçamento mínimo, já que a medida de compactação (como será definido mais precisamente abaixo) equilibra as distâncias entre as letras de ambas as *palavras* e a distância *entre* as palavras, bem como a orientação delas uma para a outra.

1.2 • Determinando a "compactação" de um par de SAEs

Continuando o exemplo acima, calculamos *m* (a distância entre o "A" de "Lua" e o "M" de "Maré"): $m = \sqrt{(1^2 + 2^2)} = \sqrt{5}$

Juntando tudo aquilo que formalizamos até aqui: a "distância" entre as palavras de um par é δ, e, neste exemplo, temos

$\delta(\varepsilon_1, \varepsilon_2) = f_1^{\,2} + f_2^{\,2} + m^2 = 2^2 + \sqrt{2^2} + \sqrt{5^2} = 4 + 2 + 5 = 11$

Agora, como uma fileira de texto está disposta numa hélice que se aperta, o número de linhas possíveis na resultante série achatada aumentará, diminuindo o número de colunas possíveis. Para qualquer par de termos encontrado codificado no texto na forma de SAEs, haverá uma δ diferente (como definido acima), dependendo do número de letras em qualquer linha, *h*.* Façamos $\delta_h(\varepsilon_1, \varepsilon_2)$ representar *uma específica* $\delta(\varepsilon_1, \varepsilon_2)$ para uma dada linha com comprimento *h*. Então definimos μ_h como o inverso de δ_h, ou seja, fazemos $\delta_h = 1/\mu_h$. Assim, quanto maior for μ_h, mais compacta será a configuração $(\varepsilon_1, \varepsilon_2)$.

Observe que, para aquelas SAEs (com salto *d*) que *realmente* se dispõem ao redor das margens de uma série, certos comprimentos de linha tenderão fortemente a favorecer a compactação, ou seja, tenderão a causar grandes valores de μ_h. Esses são os comprimentos de linha *h* (= número de colunas) que fazem as letras sucessivas de ε_1 ou ε_2 (qualquer delas que se disponha, assumindo que ambas não o façam) se alinharem verticalmente, no topo uma da outra em linhas sucessivas, ou talvez saltando um pequeno número de linhas; ou que fazem as letras sucessivas se alinharem numa diagonal, saltando um pequeno número de linhas e nenhuma coluna (ou poucas colunas), como no movimento do cavalo sobre o tabuleiro de xadrez.

				00
A	02	R	04	05
06	F	08	09	10
11	12	O	14	15
16	17	18	G	20
21	22	23	24	O

00	A	02	R	04	05
06	F	08	09	10	11
12	O	14	15	16	17
18	G	20	21	22	23
24	O				

	00	A	02	R	04	05
06	F	08	09	10	11	12
O	14	15	16	17	18	G
20	21	22	23	24	O	

Três diferentes "disposições" de 26 letras (de 00 a 25) trazendo embutidas as palavras "Ar" (com salto $d = +2$) e "Fogo" (com salto $d = +6$). Cada disposição tem um diferente "comprimento de linha" *h* (da esquerda para a direita, respectivamente, $h = 5$, $h = 6$ e $h = 7$). Cada uma delas tem uma compactação geral um tanto diferente. Ao olhar, a mais compacta parece ser a do meio, mas as outras não diferem muito. Mesmo se o texto tivesse sido muito mais longo, e o salto *d* de "Fogo" também muito mais longo, ainda seria possível encontrar arranjos similarmente compactos. Mas, nesse caso, a grande maioria das disposições produziria arranjos não compactos de palavras. (Isso é o que realmente ocorre usando textos reais.) Na maioria das séries com grandes comprimentos de linha, as letras de "Fogo" ficariam bem afastadas, o mesmo, aliás, ocorrendo com as próprias palavras "Ar" e "Fogo".

---

* Número de colunas é o mesmo que comprimento da linha.

Nome	Títulos honoríficos	Data(*)	Variações da data hebraica
Rabino Avraham Av-Beit Din de Narbonne	אברהם / הראב״י / הרב אב״ד / הראב״ד / האשכול	f. 20 Cheshvan	כ׳ חשון / בכ׳ חשון / כ׳ בחשון
Rabino Avraham Yizhaki	אברהם / יצחקי / זרע אברהם	f. 13 Sivan	י״ג סיון / בי״ג סיון / י״ג בסיון
Rabino Avraham Ha-Malach	אברהם / המלאכ	f. 12 Tishrei	י״ב תשרי / בי״ב תשרי / י״ב בתשרי
Rabino Avraham Saba	אברהם / אברהם סבע / צרור המר	N.D.[1]	N.D.
Rabino Aaron de Karlin	רבי אהרונ	f. 19 Nissan	י״ט ניסנ / בי״ט ניסנ / י״ט בניסנ
Rabino Eliezer Ashkenazi	מעשי השמ / מעשי יהוה	f. 22 Kislev	כ״ב כסלו / בכ״ב כסלו / כ״ב בכסלו
Rabino David Oppenheim	רבי דוד / אופנהימ	f. 7 Tishrei	ז׳ תשרי / בז׳ תשרי / ז׳ בתשרי
Rabino David Ha-Nagid	רבי דוד / דוד הנגיד	N.D.[2]	N.D.
Rabino David Nieto	רבי דוד / דוד ניטו	f. 28 Tevet[3]	כ״ח טבת / בכ״ח טבת / כ״ח בטבת
Rabino Haim Abulafia	רבי חיימ	f. 6 Nissan[4]	ו׳ ניסנ / בו׳ ניסנ / ו׳ בניסנ
Rabino Haim Benbenest	רבי חיימ / בנבנשת	f. 19 Elul	י״ט אלול / בי״ט אלול / י״ט באלול
Rabino Haim Capusi	רבי חיימ / כפוסי / בעל נס / בעל הנס	f. 12 Shevat	י״ב שבט / בי״ב שבט / י״ב בשבט
Rabino Haim Shabetai	רבי חיימ / חיימ שבתי / מהרח״ש / המהרח״ש	f. 13 Nissan	י״ג ניסנ / בי״ג ניסנ / י״ג בניסנ
Rabino Yair Haim Bacharach	חות יאיר	f. 1 Tevet	בא׳ טבת / א׳ בטבת
Rabino Yehuda Hasid	רבי יהודה	f. 5 Cheshvan[5]	ה׳ חשונ / בה׳ חשונ / ה׳ בחשונ
Rabino Yehuda Ayash	רבי יהודה / מהר״י עיאש	f. 1 Tishrei	א׳ תשרי / בא׳ תשרי / א׳ בתשרי
Rabino Yehosef Ha-Nagid	רבי יהוספ	f. 9 Tevet	בט׳ טבת / ט׳ בטבת
Rabino Yehoshua de Cracóvia	רבי יהושע / מגני שלמה	f. 27 Av	בכ״ז אב / כ״ז באב
O Maharit	רבי יוספ / מטרני / יוספ טרני / טראני / מטראני / מהרימ״ט / המהרימ״ט / מהרי״ט / המהרי״ט	f. 14 Tamuz	י״ד תמוז / בי״ד תמוז / י״ד בתמוז
Rabino Yosef Teomim	רבי יוספ / תאומימ / פרי מגדימ	f. 14 Iyyar	בד׳ איר / ד׳ באיר

Nome	Títulos honoríficos	Data(*)	Variações da data hebraica
Rabino Yakov Beirav	רבי יעקב יעקב בירב מהר"י בירב הריב"ר	f. 30 Nissan	ל' ניסן בל ניסן ל' בניסן
Rabino Israel Yaakov Hagiz	חאגיז בעל הלק"ט	n. 26 Shevat	כ"ו שבט בכ"ו שבט כ"ו בשבט
O Maharil	רבי יעקב מולין יעקב סג"ל יעקב הלוי מהר"י סג"ל מהר"י הלוי מהרי"ל המהרי"ל	f. 22 Elul[6]	כ"ב אלול בכ"ב אלול כ"ב באלול
O Yaabez	היעב"ץ הריעב"ץ עמדין הר"י עמדן הר"י עמדין	f. 30 Nissan	ל' ניסן בלי ניסן ל' בניסן
Rabino Yizhak Ha-Levi Horowitz	רבי יצחק הורוויץ יצחק הלוי	f. 6 Iyyar[7]	בו' איר ו' באיר
Rabino Menachem Mendel Krochmal	רבי מנחם קרוכמל רבי מענדל צמח צדק	f. 2 Shevat	בב' שבט
Rabino Moshe Zacuto	משה זכותו מהר"מ זכות מהרמ"ז המהרמ"ז המזל"ן קול הרמ"ז רבי משה זכותא זכותו משה זכות משה זכותא	f. 16 Tishrei	ט"ז תשרי בט"ז תשרי ט"ז בתשרי י"ו תשרי בי"ו תשרי י"ו בתשרי
Rabino Moshe Margalith	רבי משה מרגלית פני משה	f. 12 Tevet	י"ב טבת בי"ב טבת י"ב בטבת
Rabino Azariah Figo	רבי עזריה	f. 1 Adar I	אדר א' אדר א' באדר א'
Rabino Immanuel Hai Ricchi	א"ח הע"ר ישר לבב	f. 1 Adar	בא' אדר א' באדר
Rabino Shalom Sharabi	רבי שלום מזרחי שרעבי שר שלום מהרש"ש המהרש"ש	f. 10 Shevat	בי' שבט י' בשבט
Rabino Shelomo de Chelm	רבי שלמה	21 Tamuz[8]	כ"א תמוז בכ"א תמוז כ"א בתמוז

1 Legendário.
2 Data incerta.
3 Erro na fonte; data corrigida pelos autores em consulta com historiadores.
4 Erro na fonte; data corrigida pelos autores em consulta com historiadores.
5 Erro na fonte; data corrigida pelos autores em consulta com historiadores.
6 Erro na fonte; data corrigida pelos autores em consulta com historiadores.
7 Erro na fonte; data corrigida pelos autores em consulta com historiadores.
8 Erro na fonte; data corrigida pelos autores em consulta com historiadores.

(*) f = falecimento; n = nascimento; N.D. = não disponível.

As configurações verticais mais estreitas de uma palavra ocorrerão quando o comprimento da linha, h, for exatamente divisível pelo salto, d. Em termos mais formais, são esses os comprimentos de linha $h_i = h_1, h_2, h_3,...$, onde h_i é o número inteiro com valor = $|d|/i$. (Por convenção, ½ é sempre arredondado para cima.) Desse modo, se o comprimento de linha da série é igual a 10 e o salto d também é igual a 10 (ou -10; daí o uso do valor absoluto $|d|$ – lê-se "módulo de d"), então $h_i = h_1$ e duas letras sucessivas aparecerão uma sobre a outra. Se o salto fosse 20, então $h_i = h_2$ e as duas letras apareceriam verticalmente, mas pulando uma linha; se o salto fosse 30, então $h_i = h_3$, com as letras pulando duas linhas, e assim por diante. Se o salto é igual a 11, então $h_i = h_1$ (de novo h_1, porque 1 é o número inteiro mais próximo) e as duas letras sucessivas aparecem diagonalmente, saltando uma linha para baixo e deslocando uma letra para o lado. Se $d = 21$, então $h_i = h_2$ e as letras aparecem duas linhas abaixo com uma letra deslocada para o lado, e assim por diante.

Em geral, portanto, essas séries tenderão a ser tanto mais compactas na medida em que o índice i, no h, seja um número relativamente pequeno, de modo que os termos que se dispõem verticalmente tenham poucas letras puladas entre eles. Mas isso não precisa ocorrer em todos os casos, já que a compactação geral é uma função de outros fatores – a compactação da outra palavra, a distância entre as palavras, o composto ponderado de outros pares de SAEs para o mesmo conjunto de termos. "Compactação" é uma medida global que inclui esses fatores. Quando é grande o índice i, no h, é pequena a probabilidade de que a configuração seja compacta; e vice-versa. Um método melhor do que tentar definir essa relação inversa com exatidão, para identificar uma configuração individual maximamente compacta dentre muitas outras que se poderiam dizer comparáveis (e onde podem ocorrer estranhas exceções), é medir a compactação de um *conjunto* de comprimentos de linha h, com um i pequeno. Isso irá capturar a tendência das configurações para serem compactas como uma função dos muitos fatores contribuintes. (Este método é análogo a alocar uma determinada quantidade de espaço total, numa certa forma, a cada pessoa num avião e permitir que cada uma delas o preencha com quaisquer formas de objetos que desejar.)

Witztum, Rips e Rosenberg optaram por calcular a compactação μ_{h_i} (o inverso de δ_{h_i}) para as dez primeiras configurações ($i = 1, 2, 3, 4, 5, 6, 7, 8, 9, 10$) que "se agruparam" em volta da compactação máxima absoluta para o primeiro termo do par, reuni-las todas e então somá-las às dez primeiras dessas configurações para o segundo termo do par. Em outras palavras, a medida final de compactação de um par consiste em vinte números de compactação separados. Cada número, em ambos os grupos de dez, é o inverso da distância entre as duas palavras (como definido acima) numa configuração ligeiramente diferente, sendo o primeiro conjunto de dez configurações baseado no primeiro termo do par, e o segundo conjunto baseado no segundo termo do par. Mais formalmente:

$$\sigma(\varepsilon_1 + \varepsilon_2) = \sum_{i=1}^{10} \mu_{h(\varepsilon_1)i}(\varepsilon_1, \varepsilon_2) + \sum_{i=1}^{10} \mu_{h(\varepsilon_2)i}(\varepsilon_1, \varepsilon_2)$$

onde $\mu_{h(\varepsilon_1)i}$ representa o inverso da distância entre ε_1 e ε_2, conforme medido para a *i*-ésima configuração referente a ε_1; e $\mu_{h(\varepsilon_2)i}$ representa o inverso da distância entre ε_1 e ε_2, conforme medido para a *i*-ésima configuração referente a ε_2. E σ é a medida de compactação usada no processo todo para todos os pares nome-data reais e todos os pares de controle (pares nome-data desarmônicos), tanto no Gênesis quanto em todos os textos de controle.

Passo 2: Para cada par de termos do conjunto de dados, crie todos os emparelhamentos possíveis do primeiro e do segundo termos, ambos como SAEs, tendo cada termo mais ou menos dez desses aparecimentos como SAE. (Cada par de termos do conjunto de dados irá, portanto, gerar cerca de 100 emparelhamentos.) Para cada um desses emparelhamentos de SAEs, calcule um "domínio de minimalidade *simultânea*". Este é a porção do texto onde o domínio de minimalidade do primeiro termo se sobrepõe ao domínio de minimalidade do segundo termo:

Aloque a cada par o valor do domínio de minimalidade, como um "peso" para aquele par: ω_1 = peso do par 1; ω_2 = peso do par 2; ... ω_n = peso do par *n*.

Então multiplique a compactação σ de cada emparelhamento de SAEs pelo peso ω daquele emparelhamento (seu domínio de minimalidade simultânea). Some os cerca de cem produtos resultantes, para obter uma única medida (vamos chamá-la de Ω) do grau máximo de compactação para cada par do conjunto de dados:

$$\Omega = \sum \omega\sigma = \omega_1\sigma_1 + \omega_2\sigma_2 + ... + \omega_n\sigma_n$$

onde *n* é o número de emparelhamentos formados por cada par nome-data.

Quanto maior for Ω, tanto mais compacto será o par de termos. Observe que essa medida de compactação para um par individual de termos (nome de uma pessoa/data de sua morte) é em si um agregado, levando em conta e pesando as contribuições de muitas SAEs para a mesma palavra e muitas diferentes configurações de série possíveis para cada palavra. Ela mede uma tendência difusa em todo o texto para criar compactação entre os termos correlatos dos pares; ela não "detecta" uma regra fixa, mecânica, de que cada um desses pares seja "compacto."

D – *Calcule a "distância média" real entre todos os pares correlatos de termos (Nome A com Data A, Nome B com Data B, e assim por diante).*

E – *Compare essa "média" com a "distância média" produzida por obra do acaso.* Uma vez que a medida de compactação para cada par nome-data individual tenha sido determinada, uma medida da compactação geral de todos os pares do conjunto de dados deve ser calculada e confrontada com aquilo que é produzido por obra do acaso. Isso não é feito obtendo-se primeiro uma medida agregada absoluta da compactação de pares correlatos de termos e depois comparando-a com uma medida agregada absoluta da compactação das palavras em geral (como ocorre com a mais simples abordagem conceitual). Em vez disso, obtém-se, em um único passo, uma medida da compactação *relativa*, como segue:

Primeiro, observe que a hipótese básica é que existe algo único a respeito das palavras identificadas no texto em saltos *eqüidistantes*. Por outro lado, não deveria haver nada especial a respeito das palavras identificadas no texto em saltos *aleatórios* — palavras encontradas dessa maneira certamente devem ser fenômenos devidos ao puro acaso. Daí, qualquer termo individual (de um par do conjunto de dados) encontrado como uma SAE (ou, mais precisamente: encontrado como cerca de dez SAEs em saltos mínimos) poderia ser comparado com aquela mesma palavra encontrada não exatamente como uma seqüência de letras eqüidistantes, mas como uma seqüência de letras *não*-eqüidistantes, na qual a distância do salto entre as letras foi "balançada" e aleatorizada — isto é, "perturbada".*

Rips já tinha desenvolvido essa abordagem (uma derivação dos métodos de simulação Monte Carlo) e ela foi implementada no artigo que seria publicado em *Statistical Science*. Para cada nome ou data do conjunto de dados, repetiu-se o processo idêntico de procurar os esperados dez saltos mais mínimos, porém com cada um dos 124 diferentes padrões de saltos não-eqüidistantes entre as letras,

* Isso não exclui a possibilidade de que também possa haver algo especial a respeito das seqüências de letras em saltos ordenados (não-randômicos, determinados por regra) mas, ainda assim, não-eqüidistantes. O método da perturbação desenvolvido por Rips poderia ser igualmente utilizado para testar se as informações também estão codificadas dessa maneira.

mais o salto eqüidistante. Isso produziu um total de 125 medidas de compactação para cada emparelhamento, das quais apenas uma era a SAE "genuína". Essas 125 medidas foram classificadas, e o lugar da SAE genuína foi observado. Calculou-se então a classificação média de um emparelhamento da SAE genuína em todo o conjunto de dados. Se existe algo especial a respeito das SAEs, as medidas de compactação da SAE genuína (no agregado) deveriam se classificar, nessa "competição", em algum lugar significativamente acima da marca do meio.

Chegou-se deste modo às perturbações:

Chamemos as várias seqüências de letras não-eqüidistantes de uma palavra de "suas SAEs perturbadas". Façamos

$$x, y, z \in \{-2, -1, 0, 1, 2\}$$

Isto é, *x*, *y* e *z* podem assumir o valor de qualquer um dos cinco números inteiros entre -2 e 2, incluindo o zero. Considerando todos os possíveis arranjos desses cinco números entre os elementos *x*, *y* e *z* ($[AR]_{5,3} = 5^3 = 125$), um deles, o de nº 63, terá $x = y = z = 0$.

Nº	x	y	z
1	-2	-2	-2
2	-2	-2	-1
3	-2	-2	0
4	-2	-2	1
5	-2	-2	2
6	-2	-1	-2
7	-2	-1	-1
8	-2	-1	0
9	-2	-1	1
10	-2	-1	2
...	...	...	...
63	0	0	0
...	...	...	...
116	2	1	-2
117	2	1	-1
118	2	1	0
119	2	1	1
120	2	1	2
121	2	2	-2
122	2	2	-1
123	2	2	0
124	2	2	1
125	2	2	2

Essas 125 "trincas" $(x, y, z)_1$, $(x, y, z)_2$,... , $(x, y, z)_{124}$, $(x, y, z)_{125}$ serão usadas para criar 125 SAEs perturbadas, usando os valores de *x*, *y* e *z* para alterar os três últimos saltos nas buscas por um termo. (Na verdade, as várias combinações de *x*, *y* e *z* são usadas para afetar diretamente a posição da letra na busca, não o salto; mas o resultado final é uma variação no intervalo.) As posições das três últimas letras são deslocadas ("perturbadas") de -6 até +6 letras a partir da posição que seria a das SAEs genuínas, ao acrescentar-se o valor $x + y + z$ à posição da última letra; o valor $x + y$ à posição da penúltima letra; e o valor *x* à posição da antepenúltima letra.

Por exemplo, vamos assumir que estamos procurando o aparecimento da palavra de seis letras "JOSHUA" [Josué] como uma SAE com salto = 4 (isto é, pulando três letras e "pegando" a quarta). Assumindo que ela começa na posição nº 2 da fileira de texto, teremos de encontrá-la nas posições 2, 6, 10, 14, 18 e 22. Mas, para as 124 SAEs perturbadas remanescentes, só as três primeiras posições são as mesmas; as três últimas posições são deslocadas pelo uso da regra explicada no parágrafo acima.

A única SAE genuína sem qualquer perturbação corresponde à SAE "perturbada" com $(x, y, z) = (0, 0, 0)$. Dos 125 possíveis padrões de perturbação listados na seqüência acima, este padrão é o de número 63. Na tabela abaixo, ele é mostrado em primeiro lugar, seguido de alguns dos 124 padrões remanescentes. É claro que uma SAE "perturbada" aparecerá (se chegar a aparecer) num local do texto diferente daquele onde aparece a SAE genuína. Assim, cada linha do quadro abaixo mapearia diferentes seções do texto que têm as letras de "JOSHUA" em várias distâncias.

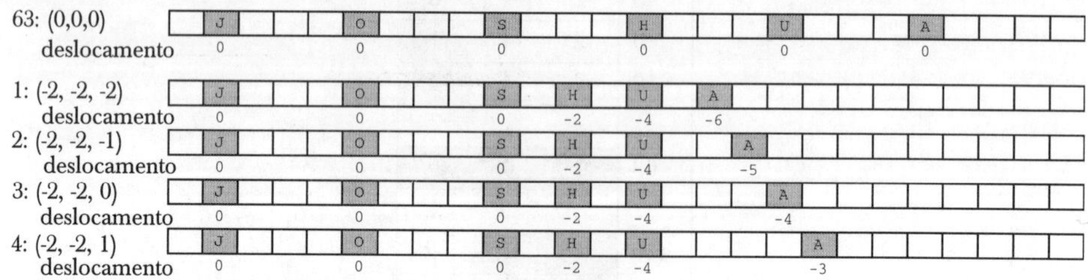

Procedimento idêntico para medir a compactação do par SAE genuíno é agora feito para todos os pares (e emparelhamentos) derivados das 124 SAEs perturbadas, para cada termo do conjunto de dados. A classificação de proximidade para o par genuíno de SAE oferece uma medida de quão compacta ela é no agregado, em comparação com o que se pode esperar por obra do acaso. Sua classificação relativa é então ajustada (normalizada), de modo que a distância máxima seja 1 e a mínima, zero.

F - *Repita o processo em outros textos.*

Falando em termos estritos, o método da "perturbação" para obter uma medida de compactação exerce um "autocontrole" interno precisamente porque não é um simples número, mas uma classificação entre "concorrentes" aleatorizados. De todo modo, realizaram-se controles e verificações adicionais. Os resultados foram esboçados no Capítulo 12. Assim, o mesmo fenômeno, usando o mesmo conjunto de dados, foi procurado em diversos outros textos de tamanho comparável, incluindo o Livro de Isaías, uma parte da tradução hebraica de *Guerra e Paz*, de Tolstoi e (num estudo anterior não publicado como parte do ensaio de *Statistical Science* e usando a primeira lista de rabinos) o texto samaritano do Gênesis. O fenômeno não apareceu em nenhum desses textos de controle, somente no próprio Gênesis. Tampouco apareceu no texto do Gênesis quando suas palavras foram aleatorizadas no texto todo ou dentro dos versículos.

G - *Faça uma análise estatística dos resultados para ver se as médias obtidas mostram uma diferença significativa entre pares de termos correlatos no Gênesis e pares de termos não-correlatos no Gênesis, e pares de termos, correlatos ou não, em algum outro texto.*

A preocupação final era o desenvolvimento de uma medida acurada da significância das descobertas gerais: quão provável era que quaisquer desses resultados pudessem ter acontecido por mera coincidência. Há muitas maneiras de se abordar este e outros problemas de análise estatística. No início de suas pesquisas, Witztum, Rips e outros usaram métodos que foram criticados como inaplicáveis e que produziam probabilidades (valores-*p*) demasiado baixos. Em sua resposta a Bartholomew no *Journal of the Royal Statistical Society*, onde haviam reportado seus resultados iniciais (presumivelmente para o primeiro conjunto de rabinos, embora ali não o digam diretamente), eles ofereceram um $p = 1{,}8 \times 10^{-17}$. Um dos avaliadores do ensaio que acabou sendo publicado em *Statistical Science* sugeriu o elegante método alternativo que viria a ser utilizado. Também esse método usa um procedimento de aleatorização do tipo Monte Carlo que, estritamente falando, é outro tipo de controle interno. Com esse método aplicado ao segundo conjunto de rabinos, foi obtido um $p<0{,}000016$.

O Teste de Significância[2]

O método para se obter um valor de significância – a probabilidade de que os resultados devam-se apenas ao acaso – também serviu como um conjunto de controles adicional, altamente rigoroso. Além de processar o experimento relativo aos emparelhamentos nome-data corretos, os pesquisadores foram solicitados a processar 999.999 experimentos adicionais usando emparelhamentos incorretos. Em outras palavras:

"Nome & data corretos"	
1	1
2	2
3	3
4	4
5	5
6	6
7	7
8	8
...	...

"Par desarmônico nº 1"	
1	32
2	1
3	2
4	3
5	4
6	5
7	6
8	7
...	...

"Par desarmônico nº 2"		...
1	31	...
2	32	...
3	1	...
4	2	...
5	3	...
6	4	...
7	5	...
8	6	...
...	...	...

"Par desarmônico nº 4.389.331"		...
1	22	...
2	16	...
3	7	...
4	10	...
5	3	...
6	31	...
7	15	...
8	4	...
...	...	...

32 nomes e 32 datas podem ser combinados errado de 32! [lê-se "32 fatorial"] diferentes maneiras ("um da coluna A, um da coluna B"). Isso é igual a

$$1 \times 2 \times 3 \times \ldots \times 31 \times 32 = 2{,}6 \times 10^{35}$$

conjuntos diferentes (2,6 seguido de 35 zeros). Desses, 999.999 pares nome-data desarmônicos foram selecionados aleatoriamente.

Com quase um milhão de possibilidades, um certo número (pequeno) desses conjuntos de pseudopares gerariam o que parece ser um resultado significativo quando são testados no Gênesis – meramente por acaso. (Se você inventar um número suficientemente grande de conjuntos de dados, acabará por obter alguns que parecem funcionar – mais ou menos como a conhecida hipótese "um milhão de macacos batendo à máquina sem parar durante um milhão de anos": um deles acabaria por reproduzir, por exemplo, o monólogo de Hamlet diante da caveira.) A maioria desses conjuntos de pseudopares, é claro, se sairia mal; alguns se sairiam razoavelmente bem, e uns poucos pareceriam se sair muito bem – todos eles, por acaso. Uma maneira elegante de verificar a significância do conjunto correto é classificar seus resultados contra as 999.999 combinações erradas. O conjunto correto se classificaria lá pelo meio do milhão, não se saindo nem significativamente melhor nem pior do que a grande maioria. (O processo mental por trás deste método é o cerne do método de simulação Monte Carlo, de von Neumann, para o cálculo das probabilidades. Com efeito, ele não requer um conhecimento profundo dos princípios subjacentes, apenas uma paciência imensa – ou computadores muito velozes. É um método de "força bruta" que tem o potencial de "cortar com trunfo" as análises sofisticadas.)

Mas na verdade, o conjunto correto de pares nome-data classificou-se perto do próprio topo da competição.

O fato de que uma parte tão grande do projeto inclui controles internos sugere fortemente que o efeito alegado por Witztum, Rips e Rosenberg existe realmente dentro daquele conjunto de dados. As preocupações dos críticos, portanto, focalizaram principalmente a questão de se saber se o conjunto de dados é de algum modo desviado ou inadvertidamente pré-selecionado para gerar resultados que se desvaneceriam em outros conjuntos de dados comparáveis; ou se a "métrica" específica – a medida da distância – está regulada para aquele conjunto de dados, e por isso não é aplicável genericamente. O debate sobre essas exatas preocupações está agora esquentando. Um estudo que lhe dá forte apoio é o de Harold Gans, mostrando valores-p comparavelmente robustos quando as datas de nascimento e/ou morte dos indivíduos são substituídas pelos nomes das cidades onde eles nasceram e/ou morreram, para todos os 66 rabinos (tanto da primeira quanto da segunda lista). Com mais força ainda do que um conjunto de dados totalmente novo, esses resultados tendem a confirmar a ausência de um "sintonizar" ou "espiar" na criação da lista de indivíduos.

NOTAS

Capítulo 1: A antiga lenda

1. Introdução ao *Sifra Ditzniut*.
2. Esta lenda mostra evidências de ter sido arquitetada como resultado da conversão ao cristianismo de um certo Rabino Abner, de Burgos, sob influência de um movimento messiânico ocorrido na Espanha. O Ramban exerceu influente oposição a esse movimento e pagou caro por isso. Em vista do perigo mortal associado com o ataque aberto aos judeus convertidos ao cristianismo, especialmente na Espanha, muitas dessas lendas foram arquitetadas de forma dissimulada. Na realidade, Abner chegou a galgar uma alta posição dentro da hierarquia eclesiástica espanhola.
3. Y. Rambsel, *Yeshua, the Hebrew Factor* (Toronto: Frontier Research, 1996).
4. G. Jeffrey, *The Signature of God* (Toronto: Frontier Research, 1996).

Capítulo 3: Rompendo o véu

1. Weissmandl, *Toras Chemed*, p. 12.
2. Citado in Kahn, p. 740.
3. Daniel Michaelson, "Os Códigos da Torah: Lendo com Intervalos Iguais". *B'Or HaTorah*, nº 6 (1987), pp. 7-39. Jerusalém: Shamir.
4. Comunicação pessoal ao autor.

Capítulo 4: Uma matriz descida dos céus

1. *Anchor Bible Dictionary*, Vol. 6, pp. 396 e 408.
2. Talmude babilônico, *Berachoth* 61b.
3. Talmude babilônico, *Avodah Zerah* 18a.
4. Rav Hoshaiah.
5. Talmude babilônico, *Pesachim* 54a.
6. Franz Rosenzweig, "Os Construtores" in *On Jewish Learning*, Nathan Glatzer, org. (1955), p. 78.
7. Zohar II, 204a.
8. Zohar IV, 151b.
9. Talmude babilônico, *Erubin* 21a.
10. *Ibid*. 13b.

11. Com efeito, quando no Livro do Apocalipse das Escrituras cristãs o autor [João] ataca violentamente os "judeus que não são judeus", ele não está criticando a maioria dos judeus do seu tempo, que não aceitaram Jesus de Nazaré como o Messias profetizado (intérpretes modernos assumiram que João o fazia, assim contribuindo para a pecha de anti-semitismo); ele está atacando especificamente os "judeus samaritanos que não são judeus", devido à distorção, babilônica e mágica, que faziam do judaísmo. Não é de surpreender que João passe grande parte de suas Epístolas atacando também os recém-surgidos cristãos gnósticos. Recentes escavações arqueológicas em Israel trouxeram à luz numerosas "sinagogas" samaritanas. O simbolismo usado nessas estruturas aponta para aquilo que tanto cristãos tradicionais quanto judeus considerariam uma pagã "adoração do demônio" – ou seja, tratar as "hostes estelares" (astrológicas) como "deuses" –, que desempenha um importante papel ao lado das tradicionais formas judaicas de adoração. Essa estranha combinação é similar à mistura de simbolismo cristão e animismo africano que compõe o vudu caribenho e a Santeria. Aquelas casas de adoração samaritanas eram também as "sinagogas de Satã" a que João se refere em outro texto, não as sinagogas dos judeus, como infelizmente há muito vem sendo ensinado.
12. Aryeh Kaplan, *Handbook of Jewish Thought* (Brooklyn, NY: Maznaim, 1979), pp. 128-148 *passim.*
13. Os escritos sagrados com variantes nas quebras de palavras não seriam considerados "kosher" [puros], mas sim errados, pois, segundo a tradição, a correta quebra de palavras foi transmitida por Deus a Moisés.
14. Em 1985, os arqueólogos descobriram uma inscrição com 22 linhas, perto da cidade de Sidon, grafada em *scripta continua*, datada da era bíblica. Cinco sextos do texto podem ser facilmente separados em palavras com sentidos únicos ou inequívocos. Mesmo assim, mais de 50% da inscrição permanece ambígua, com inúmeros significados possíveis.

Capítulo 5: O fogo negro do Holocausto

1. Kranzler, *Thy Brother's Blood*, p. 275.
2. Comunicação pessoal ao autor, tanto de parentes do Rabino Weissmandl relatando as próprias narrativas dele, quanto, em primeira mão, de amigos e alunos que estiveram com ele na Europa durante aquele tempo e hoje vivem nos Estados Unidos e na Inglaterra.
3. Comunicação pessoal ao autor.
4. Comunicação pessoal ao autor.
5. Há numerosos relatos desse acontecimento entre os alunos e familiares de Weissmandl. Ver, por exemplo, Fuchs, *The Unheeded Cry*, p. 34.

6. Weissmandl, *Out of the Depths*, pp. 42-43; citado in *ibid.*, p. 228 (disponível apenas em hebraico.)
7. Parte dessas informações podem ser encontradas in Fuchs; tudo o que se conhece foi confirmado pela família e por amigos do Rabino Weissmandl naquela época, que sobreviveram ao Holocausto e hoje vivem nos Estados Unidos e na Inglaterra.
8. Fuchs, p. 214.
9. *Ibid.*, p. 212.

Capítulo 6: O fogo branco do destino

1. Fuchs, p. 19.
2. *Ibid.*
3. Na tradição judaica, Deus tem inúmeros nomes e cada um deles reflete um dos diferentes aspectos de Sua natureza. O mais conhecido desses nomes é o chamado tetragama, o nome de quatro letras transliterado como "Javé" [ou "Jeová"] no português laico e, na literatura erudita, como "YHWH". Outros nomes de interesse especial ao cabalista contêm 12, 42 ou 72 letras. Era obrigatório que esses nomes fossem pronunciados, com rigorosa atenção quanto à acurácia e clareza, em ocasiões solenes e apenas nelas.
4. *Midrash Rabbah* sobre o Eclesiastes.
5. Zohar, *Yitro* 87a e *Mishpatim* 124.
6. Talmude babilônio, *Berachot* 55a.
7.

ה	ל	א	א	ר	י	ו	ר	ו	א
י	כ	ר	ו	א	ה	ת	א	מ	י
ל	א	ל	ד	ב	י	ו	ב	ו	ט
ר	ו	א	ה	נ	י	ב	מ	י	ה
י	ו	כ	ש	ח	ה	נ	י	ב	ו
ו	א	מ	י	ה	ל	א	א	ר	ק
ק	כ	ש	ח	ל	ו	מ	ו	י	ר
י	ה	י	ו	ה	ל	י	ל	א	ר
ר	ק	ב	י	ה	י	ו	ב	ר	ע
א	י	ו	פ	ד	ח	א	מ	ו	י

א	א	ר	ב	ת	י	ש	א	ר	ב
י	מ	ש	ה	ת	א	מ	י	ה	ל
ה	ו	צ	ר	א	ה	ת	א	ו	ם
ו	ה	ת	ה	ת	י	ה	צ	ר	א
ל	ע	כ	ש	ח	ו	ו	ה	ב	ו
ו	ר	ו	מ	ו	ה	ת	י	נ	פ
פ	ח	ר	מ	מ	י	ה	ל	א	ח
מ	י	מ	ה	י	נ	פ	ל	ע	ת
מ	י	ה	ל	א	ר	מ	א	י	ו
י	ה	י	ו	ר	ו	א	י	ה	י

O método do Rabino Weissmandl para escrever a Torah em grades de 10×10, eliminando os espaços.

As primeiras 200 letras do Gênesis são mostradas aqui, começando com בראשיתבראאלהים = B'RAShYTBaRAAeLoHYM = "NoprincípiocriouDeus..." (בראשית ברא אלהים = B'RAShYT BaRA AeLoHYM = "No princípio criou Deus..."). Lembramos que o hebraico é lido da direita para a esquerda.

Como muitos leitores não estão familiarizados com a língua hebraica ou com os vários esquemas eruditos de transliteração das letras hebraicas para as latinas equivalentes, estou usando neste livro um esquema (não padrão) mais ou menos fonético:

- As letras latinas em maiúscula correspondem a uma genuína letra hebraica, todas as quais são consoantes, com exceção de duas letras mudas. Por exemplo, B = ב (a letra *bet*) e R = ר (a letra *reish*).
- As letras mudas no hebraico são א (*alef*) e ע (*ain*), que podem assumir o som de *qualquer* vogal. Muitas palavras podem ser grafadas com elas ou sem elas. (Essas letras são chamadas de *mater lexionis*.)
- Os sons das vogais no hebraico são representados pelas letras latinas em minúsculas. (As vogalizações, como são chamadas, não aparecem de fato nos primitivos textos hebraicos, mas foram transmitidas na tradição oral. Há cerca de dois mil anos, esse conhecimento tradicional foi formalizado como um conjunto de símbolos vogais escritos, consistindo em pontinhos e traços que são adicionados às cópias dos textos que não estão sendo utilizados para adoração.)

Desse modo, a palavra "criou" é escrita em hebraico ברא (lendo da direita para a esquerda), que transliterei como BaRA (lendo da esquerda para a direita). O "a" minúsculo, em BaRA, não aparece no texto. Ele é simplesmente uma vogalização adicionada ao "B", dando-lhe o som aproximado de "ba". O segundo "A", contudo, vem em maiúscula porque o som "a" aparece por si mesmo no texto, como uma das *matres lexioni* (א), e não como uma simples vogalização adicionada a uma consoante.

- Algumas letras individuais do hebraico têm aquilo que no nosso idioma é chamado de grafia composta: ש (a letra *shin*) é pronunciada como "sh" ou "x" (embora em outros momentos seja *sin*, com o "s" pronunciado como no nome "Sara"). Quando surgem letras como essa, com sons compostos, o som "modificador", como no caso de uma vogal, não aparece no texto e é, portanto, escrito em minúsculas.

  Na palavra correspondente a "no princípio", בראשית = B'RAShYT, existe um desses ש, que é transliterado como "Sh".

Este esquema não é perfeito (e é por isso que esquemas diferentes são utilizados pelos eruditos, nos quais, por exemplo, a letra *shin* pode ser substituída por $). Mas em geral, as letras em maiúsculas terão uma correspondência unívoca com as letras do texto hebraico; as letras em minúsculas estarão servindo de "auxiliares", dando ao leitor uma idéia da pronúncia.

Por exemplo, no hebraico moderno existe realmente esta palavra: מיסיפי

= MYSYSYPY = "Mississipi". Mas a penúltima letra também poderia ser um "F" em vez de um "P" = MYSYSYFY (um pontinho no centro dela nos diria que é um "P"). Além disso, o hebraico moderno se empenha em criar grafias que, mesmo sem os pontinhos e os traços, chegam perto de reproduzir os sons pretendidos. Mas, se a Bíblia tivesse escrito sobre o Mississipi, provavelmente o teria soletrado como מססֿפי, que poderíamos ler como MSSFY. Seria quase impossível saber que MSSFY deveria ser pronunciado "mi-si-si-pi", pois também poderia ser "ma-sa-se-fi", "mo-se-su-pi" ou várias outras possibilidades.

8. Para detalhes sobre uma tentativa judaica moderna, científica e, no entanto, totalmente ortodoxa de analisar esse tipo exato de correspondência, ver Gerald Schroeder, *Genesis and the Big Bang*.
9. Idéias similares surgiram nas especulações da Renascença, através da influência de Pico della Mirandola (1463-1494), filósofo florentino e hebraísta gentio. Muitas vezes ele tem sido chamado de neoplatonista, refletindo a rotineira suposição de que suas idéias estivessem baseadas principalmente no gnosticismo da antigüidade grega. Na verdade, a maioria de suas idéias refletem intimamente as dos cabalistas de seu tempo, com os quais fez estudos intensivos. Ele afirmava, porém, que a Cabala tinha na realidade um espírito cristão, enquanto o Talmude seria uma tentativa deliberada de evitar as verdades cristãs que a Cabala refletia. Os judeus também perceberam que o cristianismo refletia o misticismo judeu numa forma distorcida (tal como o percebiam). Assim, conta-se uma lenda do Rabino Akiva, do século II, que foi o único dentre quatro sábios a retornar intato de sua imersão no "jardim" do misticismo. O mesmo não aconteceu com os outros três: um morreu, outro enlouqueceu e o terceiro tornou-se gnóstico ou cristão (segundo uma ou outra versão da lenda).
10. O antropomorfismo é apenas uma metáfora, claro. No entendimento judaico, a natureza de Deus é inefável e perfeitamente "una", como na oração *Shema*: "Ouve, ó Israel, o Eterno é nosso Deus! O Eterno é Único!" Já que Ele não tem "partes", não se pode falar literalmente dEle como "tendo" coisa alguma, inclusive uma mente. Mas em Seu relacionamento conosco, é *como se* Ele as tivesse.
11. Fuchs, p. 22.
12. *Encyclopedia Judaica*, Vol. 2, p. 186.
13. Flannery, pp. 114-115. O livro do Padre Flannery discute, de um modo abrangente, erudito e desapaixonado, a história do anti-semitismo, desde o paganismo aos tempos modernos. É raro ele tratar com indulgência o papel de sua própria Igreja.
14. Fuchs, p. 145.

15. *Ibid.*, p. 147; Weissmandl, pp. 25-27.
16. *Encyclopedia Judaica*, Vol. 12, p. 782.
17. *Ibid.*, p. 778.
18. Flannery, p. 129.
19. Comunicação pessoal ao autor.
20. Fuchs, p. 216.
21. Todos os meses lunares mencionados são meses "sinódicos": o período entre duas conjunções sucessivas de Sol e Lua, vistas a partir da Terra.
22. Uma vez que em sua época esse tipo de informação era considerado "sensível em termos religiosos" (tal como ainda hoje), a explicação de Nechunya sobre os números envolvidos foi somente esboçada. Mas outro cabalista medieval que seguiu de perto os passos de Nechunya – o Rabino Yitzhak deMin Acco – expôs os cálculos com toda precisão.
23. Yisroel Stern, comunicação pessoal ao autor.
24. Lembrança pessoal de Siegmund Forst.
25. É claro que, em Pentecostes, os cristãos não estão celebrando a entrega da Torah e sim a "descida" do Espírito Santo.

Capítulo 7: Do Enigma ao Atbash e de volta

1. *The Origin and Development of the Army Security Agency, 1917-1947*, p. 2.
2. Kahn, p. 613.
3. Contudo, sob pressão do Congresso, a NSA foi recentemente forçada a alterar seus padrões de contratação de pessoal, incluindo fatores outros que não a capacidade pura e simples dos candidatos.
4. Kahn, p. 79.
5. Os estudiosos laicos mais modernos sustentam que o *Zohar*, na verdade, teria sido composto no século XIV pelo Rabino Moses de Leon, que usou um pseudônimo para atribuir seu conteúdo ao Rabino Simon bar Yochai. Um contemporâneo de Leon, o Rabino Yitzhak deMin Acco, assumiu o encargo de investigar a verdadeira autoria do *Zohar* porque já naquela época corriam rumores de uma falsa atribuição. A história da investigação de Acco (apresentada no *Sefer HaYuchasin*) termina logo antes que ele chegue a uma conclusão. Os estudiosos há muito sustentam que a conclusão de deMin Acco é desconhecida, e formaram sua própria opinião com base em fontes muito mais tardias. Mas, em 1976, o Rabino Aryeh Kaplan recebeu uma fotocópia do único manuscrito completo de deMin Acco, *Otzar HaChaim*, que fora localizado na Coleção Judaica Günzberg da Biblioteca Lenin em Moscou. Tinha sido escrito pelo próprio punho de deMin Acco, vinte anos após ele ter completado sua investigação sobre o Rabino de Leon. Acco afirma inequivocamente que o *Zohar* foi escrito pelo Rabino Simon bar Yochai. (A. Kaplan,

"A Cabala e a Idade do Universo", palestra feita na Midwinter Conference da Associação dos Cientistas Judeus Ortodoxos em 19 de fevereiro de 1976; texto com circulação restrita.)

6. Kahn, p. 127.
7. Citado in *ibid.*, p. 128.
8. *Ibid.*, p. 133.
9. *Ibid.*, p. 144.
10. Blaise Vigenère, "Tractatus de Igne et Sale", *Theatricum Chemicum Britannicum*, VI, 1661, p. 3, citado in C. G. Jung, *The Archetypes of the Collective Unconscious* (Princeton, NJ: Princeton University Press, 1968), p. 4.
11. Abraham ben Jechiel Michal HaKohen, *Ve-Shav HaKohen* (Leghorn, 1788).
12. O moderno consenso erudito sustenta que o misticismo judaico surgiu somente durante o período do segundo Templo, junto com as sementes daquilo que se desenvolveria e se tornaria o cristianismo. Mas, uma vez que se entenda como a criptologia é fundamental para o misticismo judaico, pode-se ler, diretamente na própria Bíblia, indicadores de uma origem ainda mais antiga.
13. O matemático grego Apolônio de Perga (hoje parte da Turquia moderna) é mais conhecido por seu *Tratado sobre as Seções Cônicas*, em oito volumes dos quais quatro sobreviveram. Também escreveu sobre a estatística, tema esse que ao longo dos séculos descobriu-se ter uma significação básica ainda mais apreciada, como veremos mais adiante na nossa própria análise. As seções cônicas são um conjunto de curvas que resulta quando se intercepta, em vários ângulos, um cone oco (ou dois cones, colocados ponta com ponta) com um único plano: ou seja, círculos, elipses, parábolas e hipérboles. Esse simples relacionamento entre a geometria tridimensional e as funções algébricas bidimensionais é inesperado e elegante. Exerceu considerável fascínio sobre as mentes matemáticas durante séculos e continua a exercê-lo ainda hoje, especialmente quando estendido ao espaço de dimensões mais altas – e ao espaço-tempo.
14. Hoje vemos uma corrida entre as grandes empresas farmacêuticas para o desenvolvimento dessas drogas específicas.
15. Kahn, p. 204.
16. Haldane, p. 23.
17. *Ibid.*, pp. 99-100.
18. *Ibid.*, p. 102.
19. Kahn, p. 573.
20. Haldane, p.123.
21. Kahn, pp. 392-393.
22. *Ibid.*, pp. 383-384.

23. Paul D. Townsend, "Criptografia quântica e as redes multi-usuário de fibras óticas", *Nature*, nº 385 (1997), pp. 47-49.
24. Richard J. Hughes, "A certeza quântica é fantasmagoricamente certa", *Nature*, nº 385 (1997), pp. 17-18.
25. Hodges, p. 383.
26. Para uma fascinante viagem pelo mundo dessas idéias, ver os livros do físico-matemático Roger Penrose. Também Richard Feynman, em suas palestras sobre computação em meados dos anos 80, dá um extraordinário esboço das idéias de Turing. É amplamente aceito que essas palestras lançaram os alicerces para o desenvolvimento da computação quântica. (R. Reynman, *Feynman Lectures on Computation*; J. G. Hey e R. W. Allen, orgs.; Reading, Mass.: Addison-Wesley, 1996. Ver em especial as pp. 52-93.)
27. Citado in Hodges, p. 63.
28. Citado in *ibid.*, p. 513.
29. Ver John Keegan, "O que os Aliados sabiam: O escândalo 'Ultra' que não houve", *The New York Times*, 25 de novembro de 1996, p. A-15.
30. Arthur R. Butz, *The Hoax of the Twentieth Century: The Case Against the Presumed Extermination of European Jewry* (Newport Beach, Calif.: The Historical Review Press, 1992; publicado originalmente na Inglaterra em 1975).

Capítulo 8: O código da Bíblia emerge

1. Michaelson, pp. 7-39.

Capítulo 9: A arquitetura do jardim

1. Susan Gabar, "Comendo o pão da angústia: Judaísmo e crítica feminista", in *People of the Book: Thirty Scholars Reflect on Their Jewish Identity* (Madison: University of Wisconsin, 1996).
2. Paul Lauter, in *ibid.*
3. Bonnie Zimmerman, in *ibid.*
4. Elaine Marks, in *ibid.*
5. Estamos seguindo a linha de pensamento estabelecida pelos pesquisadores de Israel:

> A abordagem que adotamos nesta pesquisa pode ser ilustrada pelo seguinte exemplo. Suponhamos que temos um texto escrito em algum idioma estrangeiro que não compreendemos. Perguntam-nos se o texto é significativo (naquele idioma estrangeiro) ou insignificativo. Evidentemente é muito difícil decidirmos entre essas possibilidades, uma vez que não compreendemos aquele idioma. [Doron Witztum, Eliyahu Rips e Yoav Rosenberg, "Seqüências Alfabéticas Eqüidistantes no Livro do Gênesis", *Statistical Science*, Vol. 9, nº 3 (1994), pp. 429-438.]

Eles, por sua vez, seguiam os princípios recentemente estabelecidos pelo grande lingüista russo N. D. Andreyev, da Academia de Ciências de Leningrado, que estavam sendo usados no desenvolvimento de técnicas para traduzir ("decodificar") mensagens extraterrestres, caso o projeto radiotelescópico chegasse a recebê-las:

Andreyev [...] propôs recentemente um método que, acredita ele, possibilitará aos homens decifrarem qualquer linguagem. Usando aquilo que chama de análise "estatístico-combinatória", ele mensurou seis diferentes parâmetros em um texto, tais como a distância entre uma palavra e outra numa sentença, para chegar a uma relação semântica entre as palavras. Testando-se esse método nas linguagens humanas, ele investigou o significado dos símbolos verbais. "Os dados são díspares", escreveu ele. "Para várias palavras, seus significados exatos foram obtidos; outras palavras se agrupam em conjuntos claramente delimitados e semanticamente homogêneos, tendo em comum um significado definido [...] Algumas palavras revelam apenas sua classe semântica genérica." [Kahn, p. 953.]

Essa abordagem sugere que o caráter ordenado dos códigos da Bíblia é uma mera conseqüência do fato de ser um "texto de fundo" que carrega uma mensagem, cujo significado exato ainda somos incapazes de decifrar. Contudo, esse não precisa ser o caso. As regras de Andreyev exigem (e portanto "filtram" ou detectam) somente a ordenação estatística. Falando estritamente, não precisa haver mais nada, muito embora essa noção se afaste da nossa experiência cotidiana de significado e linguagem.

6. Michaelson, p. 33.

Capítulo 10: A hélice do tempo

1. Menachem Gerlitz, *The Heavenly City: Retold from the Hebrew by Sheindel Weinbach* (Jerusalém: Feldheim, 1979), p. 210.
2. *Ibid.*, p. 218.
3. Um "salto" igual a 1 implica uma seqüência de letras na superfície, "texto-cifrado", sem *nenhuma* letra interveniente. Uma SAE desse tipo seria uma palavra (ou palavras) do próprio texto, ou senão uma palavra (ou palavras) diferente causada pela quebra da *scripta continua* de uma maneira diferente. Tratar a palavra como uma SAE pode causar confusão – especialmente se ela ocorre com freqüência, tal como "José". Além disso, uma palavra que é encontrada tanto no próprio texto (salto = 1) quanto como SAE com algum salto > 1 teria um salto mínimo = 1 para 100% do texto. Por esse motivo, as análises estatísticas cuidadosas do fenômeno em geral eliminam as SAEs de salto = 1, quer sejam palavras encontradas no texto ou não.
4. Witztum, *HaMaimod HaNosaf*, Cap. 10.

Capítulo 11: As chamas de Amalec

1. *Yisrael Kedoshim*, pp. 94-95. Acrescentei detalhes sobre os ancestrais e a progênie de Amalec para colocar a afirmação num contexto familiar a muitos leitores judeus.
2. Como observado antes, Yoav Rosenberg (do trio de pesquisadores Witztum, Rips e Rosenberg) está completando uma dissertação de doutorado sobre técnicas avançadas de detecção de sinais, exatamente com este tipo de capacidade de reconhecimento de padrões. Talvez isso seja uma coincidência; talvez não. De todo modo, certamente reflete quanto esforço intelectual Israel precisa dedicar à defesa militar.
3. Moshe Katz, *Computorah*, p.153.
4. A última vez, na antigüidade, que a Babilônia atacou a nação de Israel, foi sob a liderança de Nabucodonosor (Nebuchadnezzar). Seu nome original, na grafia e pronúncia apropriadas, é um composto: "Ó Nebu!", ele brada ao deus da Babilônia. "Guarda minhas fronteiras!" (נבו קדרצר = NeBU KaDReTzeR). No Gênesis, uma série com comprimento de linha igual a 29 mostra o único aparecimento 100% mínimo de seu nome em estreita proximidade com a palavra "míssil" (טיל = TYL) e o único aparecimento mínimo do ano do ataque de Sadam Hussein, 5751 (תשנא). A data da destruição do primeiro Templo pelo exército de Nabucodonosor é comemorada no dia 9 de Av. Na mesma série compacta, encontrada por Witztum, que mostra "Sadam" e "em Bagdá" em seus saltos 100% mínimos, também se pode encontrar o aparecimento 100% mínimo da data, "o 9º de Av".

   O capitão dos exércitos de Nabucodonosor, o homem que realmente destruiu Jerusalém e o Templo, proibiu o culto judaico e dirigiu a chacina de seus habitantes e o exílio dos remanescentes, era Nabu*zaradan*: "a semente de Nabu". Sua alcunha na tradição judaica foi tirada da história de José. Ali, o termo "capitão da guarda" (שר הטבחים = SaR HaTaVaChYM) era interpretado como "chefe [lit: *príncipe*] dos carniceiros". (Doron Witztum encontrou a SAE mínima para o nome do criminoso nazista Adolf Eichmann no Gênesis, em estreita proximidade com essa expressão, sugerindo o elo entre os ataques antigos e modernos contra os judeus.)

   Uma série com comprimento de linha igual a 5.785 também mostra a perfeita justaposição dos termos "capitão da guarda"/"chefe dos carniceiros" (שר הטבחים = SaR HaTaVaChYM) e o aparecimento 100% mínimo de "a guarda"/"os carniceiros", com uma letra ח (Ch) em comum (a palavra bíblica em hebraico significa literalmente "administrador", mas tem sido interpretada ao longo dos tempos como "carniceiro":

(JS)

Mas elas também compartilham uma letra de um dos seis únicos aparecimentos de "míssil" (טיל = TYL) no próprio texto, e de um dos dois únicos aparecimentos de "o míssil" (הטיל = HaTYL). Num comprimento de linha igual a 826, o nome do "chefe dos carniceiros" – "Zaradan" (זראדן = ZaRADaN) – surge em seu salto 100% mínimo como uma SAE no Gênesis. (Na forma combinada, como uma única palavra, Nabu + Chadnezzar, Nabu + Chadrezzar e Nabu + Zaradan, não aparecem no Gênesis de modo algum como SAEs. O prefixo comum "Nabu", por outro lado, é onipresente. Somente os distintivos aparecem, conforme notado.) Num comprimento de linha igual a 1.157, o ano do ataque do míssil aparece em seu 100% mínimo (תשנא = 5751).

Finalmente, sobre a compacta justaposição encontrada por Doron Witztum de "Sadam" (צדאם = TzaDAM) e "em Bagdá" (בבגדד = B'BaGDaD), pode-se também encontrar a ocorrência 100% mínima no Gênesis de "o 9º de Av", a data em que Nabuzaradan destruiu o antigo Israel. Sadam, incidentalmente, deu ao comandante de seus exércitos a alcunha de "Nabuzaradan", enquanto mostrava a si mesmo como Nabucodonosor; Sadam é conhecido em Israel como "o carniceiro de Bagdá".

5. Theodore Postol, físico e meu ex-colega no MIT, publicou uma crítica aguda e altamente controversa argumentando que o Patriot nunca foi tão eficaz quanto faziam crer os noticiários.
6. *Kol Israel* (A Voz de Israel), transmissão radiofônica citada in Katz, *Computorah*.
7. Citado in Katz, *Computorah*, p. 201.
8. General Moshe Bar Kochba, *Kfar Chabad*, 6 de fevereiro de 1991, pp. 34-36.
9. Citado in Katz, p. 203.
10. Witztum, pp.182 *passim*.
11. Talmude babilônico, *Pesachim* 94a-b.
12. Zohar, *Vayikra* (Levítico) 31b.
13. Até mesmo o milênio correto é sugerido. A letra "vav" (ו), no nome que contém o terceiro número para o ano, é singularmente *ampliada*. O *Zohar* (sobre o Gênesis, 117a), devotando bastante espaço aos poderes criadores das letras da Torah, faz o seguinte comentário críptico: "E quando o *sexto* milênio

[o corrente], representado pelo 'vav' (ו) final do nome de Deus, estiver para começar, então o 'hei' final do Nome [ה, que foi acrescentado ao nome de Abrão para fazer dele o pai do povo judeu] *será erguido do pó do exílio*" [grifo meu]. É claro que o Holocausto e a derrota dos nazistas pavimentaram a estrada para a fundação da moderna nação de Israel.

Capítulo 12: Os grandes sábios

1. Citado in Susan Orenstein, "Eclosão: De volta para o futuro", *Lifestyles*, Vol.18, nº 17 (verão de 1990), p. 35.
2. Harold Gans, comunicação pessoal ao autor.
3. Witztum, p. 85 *passim.*
4. Bernard Sussman, numa carta à *Bible Review*, fevereiro de 1996. O Sr. Sussman é um estudioso da Bíblia e bibliotecário na Biblioteca do Congresso.
5. Resposta de Witztum, Rips e Rosenberg a D. J. Bartholomew, pp.137-178.
6. "As palavras podem estar relacionadas por significados geográficos, químicos, físicos, médicos e assim por diante. Seria supérfluo tentar alcançar uma definição universal dessa correlação. Para cada tópico em questão, a conexão conceitual entre as palavras é intuitivamente óbvia." Witztum, *The Added Dimension*, p. 58. O livro está disponível apenas em hebraico. Essa passagem foi traduzida por mim. Witztum está preparando um livro no qual detalha em profundidade seus métodos e oferece muitas centenas de belíssimos exemplos.
7. M. Margolioth, org. (Tel-Aviv: Chachik, 1961). Esta informação foi coordenada com dados do chamado "Responsa Database". Os críticos sem familiaridade com o judaísmo se queixaram de que alguns dos nomes mais famosos dessa enciclopédia pareciam ter sido arbitrariamente excluídos do conjunto de dados. Eles não sabiam que isso ocorreu porque os verbetes não são encontrados no "Responsa Database": embora famosos, tais sábios não chegaram a escrever "*Respostas*" (os esclarecimentos de pontos da lei judaica). Contudo, não está genuinamente claro que as regras de seleção tenham sido fixadas de maneira adequada.
8. Essas limitações são explicadas no Apêndice Técnico C. Em resumo, as palavras não poderiam ser mais curtas do que cinco letras porque os controles internos consistiam em perturbações do intervalo entre as letras, da ordem de -2, -1, 0, +1 e +2 letras para cada uma das cinco letras de uma palavra. Não poderiam ser mais longas do que oito letras porque um número muito grande de palavras de oito letras (ou mais longas ainda) simplesmente não aparecem no Gênesis em intervalos eqüidistantes.
9. Na verdade, devido à carga computacional dessa simulação, foi utilizada uma abreviação desse método.

10. Os avaliadores sugeriram o conjunto de dados adicional como uma precaução contra a possibilidade de que os autores tivessem inadvertidamente moldado o primeiro conjunto de dados ao longo de anos de trabalho com ele, de modo a maximizar os resultados. Uma vez que usaram um método diferente (que acabou se mostrando inexato) para chegar a um valor-p com o primeiro conjunto de dados, eles evitaram usar o método sugerido pelos avaliadores no primeiro conjunto de dados até que os resultados do segundo conjunto tivessem sido publicados. Os resultados do primeiro conjunto acabaram se mostrando tão bons ou melhores que os do segundo.

Capítulo 13: São reais? O debate se acende

1. Marty Kaplan, "Talvez a razão não seja suficiente", *The New York Times*, 31 de março de 1997, p. A-15.
2. J. Satinover, respostas a "Autoria divina?", pp.10, 11 e segs.
3. Doron Witztum diz o mesmo em seu livro; isso também foi confirmado por Eliyahu Rips.
4. O Gênesis BHS difere de sua versão Koren como segue (1 diferença em quebra de palavra, 5 substituições, 4 supressões e 13 acréscimos, dando um resultado líquido de +9 no deslocamento da estrutura em todo o texto):

4:13	7:11	8:20	8:20	9:29	13:8	14:17	14:22	19:16	19:20	25:3	26:7	27:31	35:5	35:23	40:10	41:35	45:15	46:9	46:12	46:13	46:14	49:13	LÍQ.
+1	+1	+1	-1	+1	+1	quebra	+1	-1	subst	+1	subst	+1	-1	subst	subst	-1	+1	+1	+1	+1	subst	+1	+9

5. Comunicação pessoal ao autor.
6. Prof. Persi Diaconis, em conversa telefônica com o autor.
7. Edward J. Larson e Larry Witham, "Os cientistas ainda mantêm a fé", *Nature*, nº 386 (1997), pp. 435-436.
8. Mencionado in George P. Hansen, "CSICOP e os céticos: Uma visão geral (1)", artigo inédito.
9. *Ibid*.
10. Os ensaios de Diaconis sobre o tema incluem, "A matemática das embaralhadas perfeitas", *Advances in Applied Mathematics*, nº 4 (1983), pp.175-196; "Embaralhando cartas e parando tempos", *American Mathematical Monthly*, nº 93 (1986), pp.333-348; com David Bayer, "Seguindo a embaralhada rabo-de-andorinha até sua toca", *Annals of Applied Probability*, nº 2 (1992), pp. 294-313; com Jim Fill e Jim Pitman, "Uma análise das embaralhadas, desde as principais até as aleatórias", *Combinatorics, Probability Computing*, nº 1 (1992), pp.135-155; com M. McGrath e Jim Pitman, "Embaralhadas rápidas, ciclos e declínios", *Combinatorica*, nº 15, pp.11-29. Ver também Gina Kolata, "Ao embaralhar

cartas, 7 é o número vencedor", *The New York Times*, 11 de janeiro de 1990, Seção C, pp. 1 e 12.

11. P. Diaconis, "Problemas estatísticos na pesquisa da PES", *Science*, nº 201, pp. 131-136; nº 202, pp. 1145-1146.
12. P. Diaconis e D. Freedman, "A persistência das ilusões cognitivas: Uma réplica a L. J. Cohen", *Behavioral and Brain Science*, nº 4 (1981), pp. 333-334.
13. Diaconis e Engel, pp. 171-174.
14. Diaconis e Mosteller, pp. 853-861.
15. Referindo-se a Diaconis, o Prof. J. Laurie Snell, diretor de *Chance*, escreve:

> O objetivo desta unidade [...] é desmascarar as escandalosamente altas probabilidades que costumam ser reportadas nos noticiários sempre que ocorre um evento surpreendente. Além disso, já que os testes estatísticos de significância se baseiam em calcular quão improvável é certas observações se deverem apenas ao acaso, a discussão das coincidências pode oferecer uma útil moldura de vocabulário e ajudar a aguçar as noções intuitivas. [...] Coincidências e padrões de eventos que são predizíveis — *e em grandes amostras quase garantidos* [grifo meu] – pelas leis da probabilidade parecem ser demasiado implausíveis para serem atribuídos ao mero acaso. Isso produz a tendência de buscar explicações em termos de predestinação, PES, etc. (E-mail http://www.geom.umn.edu/doc.)

16. Diaconis e Mosteller, pp. 853-861.
17. Em "Anúncio de novos testes de SAEs para o Gênesis", via Internet em 17 de abril de 1997, Dror Bar-Natan, Alec Gindis, Aryeh Levitan e Brendan McKay descrevem dois novos métodos para testar novas listas de pares de palavras extraídos da primeira e da segunda lista dos Grandes Sábios. "O segundo método", escrevem eles, "foi sugerido por Persi Diaconis." Tal método é descrito sumariamente no Apêndice Técnico C.
18. Http://www.slate.com/Features/codes/codes.asp.
19. Deavours e Kruh, p. 28.
20. *Ibid.*, pp. 28-30.
21. Kahn, p. 706.
22. *Ibid.*, p. 707.
23. Comunicação particular ao Rabino Moshe Zeldman, da Aish HaTorah, em resposta a uma consulta sobre os Códigos e a integridade do texto Koren da Torah.

Capítulo 14: O sexto milênio

1. William James, *The Principles of Psychology*, Vol. 53. *Great Books of the Western*

World, Robert Maynard Hutchins, org. (Chicago: Encyclopaedia Britannica e University of Chicago Press, 1952), nota, p.vi.

2. Michael E. Kellman, "Um modelo de livre-arbítrio exercido pela mente agindo como observador quântico", trabalho em fase de pré-impressão na Universidade do Oregon, p. 1.
3. Jacques Monod, *Beyond Chance and Necessity*, J. Lewis, org. (Londres: Cornerstone Press, 1974).
4. Jacques Monod, citado in Ilya Prigogine e Isabelle Stengers, *Order Out of Chaos* (Nova York: Bantam Books, 1984) p. 187.
5. Steven Weinberg, *Dreams of a Final Theory: The Search for the Fundamental Laws of Nature* (Nova York: Pantheon, 1992), p. 255; citando seu próprio livro anterior, *The First Three Minutes* (1977).
6. Citado in *ibid*.
7. Gerald Feinberg, citado in Heinz Pagels, *The Cosmic Code* (Nova York: Bantam Books, 1983), p. 187.
8. John Searle, *Minds, Brains and Science* (Cambridge: Harvard University Press, 1984); citado in Kellman, p. 3. William James estruturou o dilema deste modo: "Há [...] razão para negarmos eficácia causal aos nossos sentimentos. Não podemos formar nenhuma imagem positiva do *modus operandi* de uma volição ou outro pensamento que afetam as moléculas cerebrais."
9. Luzzatto, *The Way of God*, p. 81.
10. Na verdade, a idéia de Planck surgiu sob a forma de uma equação que produzia uma certa curva. Essa curva de Planck era mais parecida com a que os físicos mediram na vida real do que com a curva que toda a teoria da física até então predizia que deveria ser encontrada. A equação "caída do céu" de Planck produziu resultados que se mostraram em tão íntimo acordo com as mensurações reais quanto é fisicamente possível detectar. A cada geração desde então, novos experimentos a validaram com precisão cada vez maior.
11. Tem havido um longo debate sobre se esta interpretação da mecânica quântica, em parte devida a Niels Bohr, é precisamente verdadeira. A alternativa mais efetiva afirma que o Universo "como um todo" determina instantaneamente cada um dos acontecimentos constituintes, um modelo em grande parte atribuído a David Bohm. Essa "superdeterminação", contudo, apenas aparenta ser determinista. Ela nada mais faz do que transferir, da parte para o todo, o mistério da causa, uma vez que não há razão suficiente para o todo estar em um estado e não em outro.
12. H. Everett, "A formulação do 'estado relativo' da mecânica quântica", *Review of Modern Physics*, Vol. 29 (1957), p. 454.
13. David Bohm e Basil Hiley, *The Undivided Universe* (Londres: Routledge, 1993).
14. O que é esse "ele"? Os cientistas da física precisam restringir-se a análises que dependem de (e, portanto, a só falar de) itens que têm alguma forma de

existência material, isto é, que são parte do universo físico. Desse modo, surgiram várias "interpretações" da mecânica quântica que tentam identificar esse "ele" com alguma coisa ou coisas *no* universo, ou com o universo como um todo, já que agir de outro modo violaria a premissa (em geral não afirmada) de que não "existe" nada mais. Assim, alguns falam como se o local da "ação" fosse dentro da partícula; outros, como se o local da ação fosse dentro de um conjunto de partículas que compõem um misterioso "todo" coordenado (embora sejam muito separados os seus constituintes); outros falam como se o "todo" fosse uma unidade que abraça tanto ações futuras quanto passadas, e é capaz de alterar as últimas em resposta às primeiras; outros, que o universo inteiro é esse todo, passado e presente, possuindo consciência, vontade e instrumentalidade. Sem percebê-lo, os físicos estão agora, portanto, repetindo as disputas teológicas de eras anteriores, quanto à natureza (e fronteiras) de forças não-físicas. (Ver Jeffrey Satinover, "Interpretações da mecânica quântica e seus análogos teológicos", *Consciousness Research Abstracts, Journal of Consciousness Studies*; anais da conferência "Por uma ciência da consciência 1996", *Physics and Mathematics*, pp. 116-117.)

15. C. H. Bennett et.al., "Teletransportando um estado quântico desconhecido através de canais duais clássicos e EPR", *Physical Review Letters*, Vol. 70 (1993), pp. 1895-1899.
16. Roland Omnés, *The Interpretation of Quantum Mechanics* (Princeton: Princeton University Press, 1994), p.159.
17. Kellman, *op.cit.*, p. 1.
18. David Jones, "Dédalo: Deus joga dados", *Nature*, 9 de janeiro de 1997, p. 122.
19. Citado in Hodges, p. 63.
20. Essa seleção é freqüentemente chamada de "colapso da função onda". Kellman "não acredita que a questão do livre-arbítrio [em relação à mecânica quântica] dependa de controvérsias sobre se há um colapso, na medida em que os postulados da mecânica quântica operante invocados aqui [em seu ensaio, "Um modelo de livre-arbítrio exercido pela mente agindo como observador quântico"] não dependem de nenhuma ortodoxia referente ao colapso, nem necessariamente excluem outras interpretações 'não-ortodoxas'."
21. Nas palavras de Roland Omnés, físico da Universidade de Paris, XI:

> A mecânica quântica cruzou um portal último na história do nosso conhecimento das leis básicas da física, além do qual uma teoria matemática deve reconhecer sua incapacidade essencial de explicar todos os aspectos da realidade. [...] O fato de a mecânica quântica ter alcançado essa fronteira última no campo do conhecimento significa que o que estamos contemplando em seu mais extremo ponto de contato com a realidade é uma testemunha de

seus feitos e não de seus fracassos, como algumas pessoas acreditavam. [Omnés, op. cit., p. 327]

22. Citado in Hodges, p. 63.
23. Haralick e Glazerson, *Torah Codes and Israel Today*. Há um desacordo substancial entre Haralick e outros pesquisadores dos Códigos quanto à metodologia dele. Mas seria justo dizer que ele é um "candidato" qualificado, e com toda certeza, à medida que o fenômeno se tornar mais amplamente conhecido, haverá de aflorar uma ampla gama de opiniões e abordagens.
24. Há um passo intermediário que deixei de fora deste argumento, por razões de brevidade. Trata-se da questão de como flutuações em pequena escala como essas na escala quântica podem ser "ampliadas" para influências de grande escala (do tamanho do cérebro). Grande parte da pesquisa "exata" [*hard*] da consciência está examinando precisamente esse elo entre "microcosmo" e "macrocosmo". Têm sido propostas inúmeras ligações plausíveis, algumas com apoio experimental, mas todas ainda altamente teóricas. Para minha pequena contribuição a essa discussão, ver Jeffrey Satinover, "Um modelo de rede neural das estruturas arquetípicas e da relação entre natureza e nutrição no desenvolvimento cérebro-mente", *Consciousness Research Abstracts, Journal of Consciousness Studies*; anais da conferência "Por uma ciência da consciência 1996", *Physics and Mathematics*, pp. 102-103.
25. Enviado a tcode express.ior.com, 5 de fevereiro de 1997, mensagem a ID 9702052225.AAO3000@ptah.ptah.ee.
26. Luzzatto, pp. 213-235.
27. *Ibid.*, p. 169.
28. "É um fato que Colombo descobriu a América por profecia e não por astronomia. 'Na realização deste empreendimento às Índias', escreveu ele ao rei Fernando e à rainha Isabel em 1502, 'nem a razão, nem a matemática, nem os mapas foram de qualquer ajuda para mim: plenamente exitosas foram as palavras de Isaías 11:10-12'." (Encyclopaedia Britannica, Vol. 6 [1968], p. 111). As palavras de Isaías eram:

"Naquele dia, o Senhor estenderá novamente a sua mão para resgatar o resto de seu povo [...] ajuntará os banidos de Israel e reunirá os dispersos de Judá desde os quatro cantos da terra."

O livro profético favorito de Colombo, no entanto, parece ter sido o Primeiro Livro de Esdras, apócrifo, que data de cerca do século II d.C. Esse livro claramente ecoa – e amplifica – a alusão a Isaías que Colombo enviou a seus reais patronos. Principalmente, conta a história de um judeu na corte de um rei estrangeiro (Dario = Fernando), numa terra para onde seu povo fora exilado (Pérsia = Espanha e Portugal), que recebe como prêmio o direito de tirar seu povo do exílio e reconduzi-lo à pátria. Esse direito ele ganhou porque argumentou que, de todas as coisas do mundo, nada é mais forte que a verdade. Em círculos místicos, tanto judaicos quanto cristãos, essa "verdade" era entendida como a sabedoria secreta oculta dentro das Escrituras. O fato é que Colombo afirmava especificamente ter aprendido a verdade sobre o formato do globo, e deduzido a localização de suas massas de terra firme, a partir da leitura do Livro de Esdras. Colombo parece ter acreditado que uma expulsão final, cataclísmica, do povo judeu, precederia necessariamente toda "reunião dos dispersos de Judá dos quatro cantos da Terra". Relembremos que ele lançou velas apenas meia hora antes do prazo final para que todos os judeus deixassem a Espanha.

29. A. Sanpera e C. Machiavello, "Un saut d'echelle pour les calculateurs", *La Recherche*, novembro de 1996.
30. Escreve Marc J. Feldman, professor e cientista sênior no Departamento de Engenharia Elétrica da Universidade de Rochester:

Mas há também a questão dos efeitos de escala tecnológica. Se um computador de *n* bits é tecnologicamente viável, será viável tecnologicamente um computador de 100*n* bits? Poderia alguém construir um computador a válvulas cem vezes mais capaz que o ENIAC? Eu não sei. Mas certamente um computador quântico, construído com *traps* iônicos ou *spins* NMR, será difícil ou impossível de escalar por 100x. Por outro lado, a tecnologia de circuito integrado provou ser tecnologicamente escalável. Esse poderia parecer o único meio de entrar no regime da Lei de Moore para a computação quântica [a Lei de Moore diz respeito à relação poder/escala na computação]. [Comunicação pessoal ao autor]

31. Este é um processo *"by your bootstraps"** que é necessariamente não-determinista e não *completamente* descritível por qualquer lógica simbólica, segundo a prova aduzida por Gödel. Matemáticos, físicos e neurocientistas começaram a investigar com o máximo cuidado a assombrosa característica da mente — primeiro descrita por místicos e filósofos — de parecer irredutivelmente auto-

* Essa metáfora da autoconsistência, "[erguer-se] pelas presilhas de suas botas", uma rejeição final da concepção mecanicista, é amplamente analisada em *O Tao da Física*, de Fritjof Capra, Editora Cultrix, São Paulo, 1980 [N.T.]

referencial. É isso, acima de tudo, que aponta na direção da mecânica quântica. O Dr. Donald Mender, neuropsiquiatra, escreve: "Conforme indicado pelo Dr. Piet Hut, do Instituto de Estudos Avançados [da Universidade de Princeton], a mente exibe um tipo peculiar de auto-referência, pela qual o conteúdo subordina sua própria estrutura. Entre os constructos físicos, só a mecânica quântica [...] exibe características auto-referentes similares." (*The New York Times*, 5 de maio de 1997, p. A-14.) Do mesmo modo, "As proeminentes interpretações da mecânica quântica, especialmente conforme estas se expressam na tentativa de compreender a consciência [...] dependem de algum tipo de circularidade [...] em sua argumentação (o conhecimento não-computável, por exemplo, pode ser assim caracterizado)." (J. Satinover, "Interpretações da teoria quântica e suas analogias teológicas", *Consciousness Research Abstracts*, Tucson II, 1996, p. 116.)

32. Kellman, p. 16.
33. Vilna Gaon, *Commentary* Mishlei 21:17.

Ilustração final

1. De Doron Witztum; publicado in Michaelson, "Os códigos da Torah". A passagem refere-se a um sinete que indica quem é o verdadeiro pai de uma criança de outro modo considerada ilegítima.

Epílogo: Relato das linhas de frente

1. Michael Drosnin, *The Bible Code* (Nova York: Simon & Schuster, 1997) [*O Código da Bíblia*; Editora Cultrix, São Paulo, 1997].
2. Doron Zeilberger, "Opinião 16: A propósito dos códigos da Bíblia e suas alegadas refutações: A Teoria de Ramsey já provou que a Harmonia (devo dizer Deus?) existe." No website http://www.math.temple.edu/~zeilberg/opinion16.hmtl. Mensagem datada de 3 de junho de 1997.

Apêndice Técnico A: Detalhes da Lua Nova

1. Talmude babilônico, *Sukkah*.
2. Talmude babilônico, *Shabbath* 75a. Os "mágicos", ou "magos", eram especificamente astrólogos persas, cuja abordagem *mágica* (daí o termo) envolvia a adivinhação ("feitiçaria"); eram considerados blasfemos. O conflito entre o judaísmo e as tradições religiosas pagãs das "nações" não era entre naturalismo e sobrenaturalismo, como muitas vezes nos parece hoje. Era, isso sim, um conflito entre duas formas distintas de espiritualidade que, na antiga visão bíblica, nunca podiam ser confundidas. Exemplos claros desse conflito podem ser encontrados (Êxodo) na "batalha" de Moisés com os mágicos da corte egípcia (que, relembremos, conheciam alguns truques próprios); na com-

petição (Gênesis) entre José e os intérpretes oficiais de sonhos da corte; na competição similar entre Daniel e os intérpretes persas (Livro de Daniel).

3. Talmude babilônico, *Rosh HaShanna* 25a.
4. Hugo Mandelbaum, "O problema do *Molad Tohu* [Lua Nova sem forma]", *Proceedings of the Association of Orthodox Jewish Scientists*, III-IV (1976), p. 30. Citado in *Discovery*, Aleynu (R. Ari Kahn, diretor educacional), 1992, p. 136. Jerusalém: Aish HaTorah.
5. Bernstein, loc. cit.
6. O Raban Gamaliel observa: "Eu sei, pela autoridade da casa do pai de meu pai, que a renovação da Lua ocorre depois de não menos que vinte e nove dias e meio, e dois terços de uma hora e setenta e três 'partes' (73/1080) de uma hora" (Talmude babilônico, *Rosh HaShanna* 25a.) Nesse cálculo tradicional, a hora não era dividida nos nossos 3.600 segundos, mas em 1.080 *halakin.*

   Maimônides (o Rambam), em seu livro *Leis para a consagração da Lua Nova,* comenta: "Por esses números, o intervalo entre duas conjunções de Lua e Sol, de acordo com seu movimento médio, é de 29 dias e 12 horas do trigésimo dia, começando com a noite desse dia, e 793 partes da trigésima hora. Esse é o tempo que decorre entre uma conjunção média e a outra, e essa é a duração do mês lunar" (Cap. 6, pp. 2-3).

   Em outras palavras: 793 ÷ 1.080 = 0,734529 horas; 0,734529 ÷ 24 horas por dia = 0,03059 dias; 29 dias + 0,5 dias + 0,03059 dias = 29,53059 dias.
7. "Nós permitimos aquela falta intencionalmente; pois, contra este, um outro resultado [...] produz um excesso que irá equilibrar a falta, de maneira que o resultado final conterá o número correto" (Maimônides, *Leis para a consagração da Lua Nova*, Vol. 11, pp. 5-6).
8. Diz o Rabino Yitzhak, comentando o Êxodo 12:1-2: "Este mês será para vós o primeiro dos meses."
9. *Midrash Rabbenu Bachya*, Gênesis 1. Estou profundamente grato ao Sr. Jack Freedman que me presenteou com os dois volumes do comentário de Bachya.
10. No "Cântico de Débora" (Juízes 5:23), a poeta brada: "Amaldiçoai Meroz [...] lançai maldições contra seus habitantes." A tradição judaica sustenta que Meroz seria uma cidade desconhecida em algum ponto do antigo Israel ou senão um certo corpo celeste [um planeta]. Desconhece-se qual a explicação correta: os comentários cristãos presumem e apresentam apenas a primeira interpretação (Talmude babilônico, *Megillah* 18a). O *Sefer Bris* (Livro da Aliança) observa especificamente em sua ampliação da *Megillah* 18a que: "Se Meroz é uma estrela [planeta], o versículo fala explicitamente de seus 'habitantes'" (citação do Rabino Aryeh Kaplan, palestra na Midwinter Conference da Associação dos Cientistas Judeus Ortodoxos em 19 de fevereiro de 1979; material inédito).

11. M. Green, J. Schwarz e E. Witten, *Superstring Theory*, 2 vols. (Cambridge: Cambridge University Press, 1987).
12. Um bom resumo, embora um tanto técnico, desses cálculos pode ser encontrado em *Physics*, de Halliday, Resnick e Krane, Vol. 2, 4ª ed. ampliada (Nova York: Wiley, 1992), pp.1189-1216.
13. Ver Schroeder, *Genesis and the Big Bang*, para uma visão geral desta descrição. Detalhes adicionais podem ser encontrados em *Ten Luminous Emanations*, do Rabino Isaac Luria.
14. Nachmânides, *Comentário da Torah, Gênesis 1:1*, in Schroeder, p. 65.
15. Luria, op. cit.
16. Schroeder, p. 59.

Apêndice Técnico B: Transformações do espaço e tempo

1. Abalado pela profunda grandeza daquilo que Einstein descobrira, e de algum modo enxergando ainda mais fundo suas implicações do que o próprio Einstein, um de seus ex-professores, Herman Minkowski, escreveu em 1908: "Daqui em diante o espaço, em si mesmo, e o tempo, em si mesmo, estão condenados a se diluir em meras sombras, e somente uma espécie de união dos dois preservará uma realidade independente."
2. Esta estrutura em preto e branco é uma transformação e simplificação ulterior de uma transformação da Espiral de Ulam multicolorida, criada por Jean-François Colonna, © 1996, CNET e École Polytechnique, Paris, França. Começando da origem, siga um caminho quadrado espiralado e numere cada ponto inteiro encontrado (1, 2, 3,...). Mostre o enésimo ponto com a cor falsa f{d(N)}, onde d(N) é número de divisores de N (assim, d(N) = 2 se N for um número primo [incluindo N = 1, para simplificar]) e f(x) é uma função arbitrária (por exemplo, f(x) = x). A primeira imagem importante reveladora da estrutura consiste em pontos da mesma cor. Por exemplo, quando se escolhe f(2) = branco e f(d) = preto, a imagem mostra todos os números primos: a Espiral de Ulam. Então transforme a imagem P1 na imagem P2 usando o seguinte mapeamento formal: 1 z → -z, sendo a imagem plana o Plano Complexo. Um filtro Fourier da imagem P2 proporciona uma estrutura colorida (não mostrada). Uma simples função limiar transforma a imagem colorida nesta imagem (P3). P4 (a seguir) é criada identificando-se as fronteiras e não-fronteiras e remapeando o preto como fronteira e o branco como não-fronteira.
3. S. J. Miller e F. W. Firk, "Symmetries of Higher-Order Spacing Distributions in Number-Theoretic Systems", Yale University, em fase de pré-impressão para ser submetido a *Mathematics and Computation*. Os autores observam: "As distribuições de espaçamento de 1ª, 2ª e 3ª ordens de pares de 5 × 105 primos menos 22 começando em 2 × 108, são consistentes com uma Distribuição de

Poisson de 1ª ordem." Mas só de uma maneira imprecisa! Eu especulo que essas simetrias refletem as simetrias da Espiral de Ulam.

Apêndice Técnico C: O experimento dos "Grandes Sábios"

1. M. Margolioth, org., *Encyclopedia of Great Men in Israel: A Bibliographical Dictionary of Jewish Sages and Scholars from the Ninth to the End of the Eighteenth Century*, Vols. 1-4 (Tel-Aviv: Joshua Chachik, 1961).
2. Para um teste ulterior do método conduzido pelos críticos Dror Bar-Natan, Alec Gindis, Aryeh Levitan e Brendan McKay (mencionado no Capítulo 2), Persi Diaconis sugeriu a seguinte variação do método acima (também concebido por ele): "Para cada par de pessoas (p, p'), compute uma distância $t(p, p')$ calculando a média dos valores definidos $c(w, w')$, onde w está no conjunto p [a primeira palavra] e w' está no conjunto p' [a segunda palavra]. Se não houver tais valores definidos, então $t(p, p')$ é indefinido. Para uma permutação p_i dos nomes das pessoas, defina $T(p_i)$ como a média de todos os p dos valores definidos $t[p, p(p_i)]$. Se não houver tais valores definidos, então $T(p_i)$ é indefinido. O resultado será a posição classificatória de $T(p_i)$ entre todos os $T(p_i)$ definidos para um grande conjunto de permutações randômicas p_i." Mensagem via Internet, datada de 17 de abril de 1997.

BIBLIOGRAFIA

LIVROS

Anônimo: *The Origin and Development of the Army Security Agency, 1917-1947*. Laguna Hills, Calif.: Aegean Park Press, 1978.

Deavors, C. A. e L. Kruh: *Machine Cryptography and Modern Cryptanalysis*. Dedham, Mass.: Artech House, 1985.

Flannery, E. H.: *The Anguish of the Jews: Twenty-three Centuries of Anti-Semitism*. Nova York: Paulist Press, 1985.

Fuchs, A.: *The Unheeded Cry*. Brooklyn, NY: Mesorah Publications, 1986.

Glazerson, M. e R. Haralick: *Torah Codes and Israel Today*. Jerusalém: Lev Eliyahu, 1996.

Haldane, R. A.: *The Hidden World*. Londres: Robert Hale & Company, 1976.

Hodges, A.: *Alan Turing: The Enigma*. Nova York: Simon & Schuster, 1983.

Kahn, D.: *The Codebreakers: The Story of Secret Writing*. Nova York: Macmillan, 1967.

Katz, M.: *B'Otiyoteiha Nitna Torah* ("Foi dada a Torah"). Jerusalém: Tel-Co, 1991.

———: *Computorah: On Hidden Codes in the Torah*. Jerusalém: Achdut, 1996.

Kranzler, D.: *Thy Brother's Blood: The Orthodox Jewish Response During the Holocaust*. Brooklyn, NY: Mesorah Publications, 1987.

Luzzatto, M. C.: *The Way of God*. Jerusalém: Feldheim, 1988.

Nash, S. G., org.: *A History of Scientific Computing*. Nova York: ACM Press, 1990.

Norman, B.: *Secret Warfare: The Battle of Codes and Ciphers*. Newton Abbot, Inglaterra: David & Charles, 1973.

Novick, N. A.: *Fascinating Torah Prophecies Currently Unfolding*. Jerusalém: Netzach Yisrael Publications, 1997. Distribuído por Judaica Press, Nova York.

Schroeder, G.: *Genesis and the Big Bang*. Nova York: Bantam, 1990.

Weissmandl, H. M. D.: *Toras Chemed* ("O Prazer da Torah"). Mount Kisco, NY: Yeshivath Mount Kisco, 1958.

Witztum, D.: *HaMaimod HaNosaf* ("A Dimensão Acrescentada"). Jerusalém: Agudah L'Machkor Torani, 1989.

ARTIGOS

Diaconis, P. e E. Engel: "A Subjective Guide to Objective Chance". *Statistical Science: A Review Journal of the Institute of Mathematical Statistics*, Vol. 1, nº 4 (novembro de 1986), pp. 171-174.

Diaconis, P. e F. Mosteller: "Methods for Studying Coincidences". *Journal of the American Statistical Association*, Vol. 84 (1989), pp. 853-861.

Eidelberg, F. et.al.: "Codes in the Torah: A Discussion". *B'Or HaTorah*, nº 9 (1995); Jerusalém: Shamir.

HaSofer, A. M.: "Codes in the Torah". *B'Or HaTorah*, nº 8E (1990); Jerusalém: Shamir.

Michaelson, D.: "Codes in the Torah". *B'Or HaTorah*, nº 6 (1987), pp. 7-39; Jerusalém: Shamir.

Satinover, J.: "Divine Authorship? Computer Reveals Startling Word Patterns". *Bible Review*, outubro de 1995.

———: Respostas a "Divine Authorship? Computer Reveals Startling Word Patterns" e réplicas. *Bible Review*, fevereiro de 1996.

Witztum, D., E. Rips e Y. Rosenberg: Resposta a "Probability, Statistics and Theology", de D. J. Bartholomew, *Journal of the Royal Statistical Society*, Seção A, 151, Parte 1 (1988), pp. 137-178.

———: "Equidistant Letter Sequences in the Book of Genesis". *Statistical Science: A Review Journal of the Institute of Mathematical Statistics*, Vol. 9, nº 3 (agosto de 1994), pp. 429-438.

PARA APROFUNDAMENTO DO ESTUDO

Aish HaTorah/Discovery Seminars: 805 Kings Highway, Brooklyn, N.Y. 11223; 718-376-2775; E-mail: AishNY@aol.com.

Aish HaTorah, Jerusalém: 1 Rehov Shvut, Post Office Box 14149, Old City, Jerusalem, Israel; 02-894-441.

Na minha opinião, os Seminários "Discovery" da Aish HaTorah são a fonte mais confiável de informações gerais sobre os códigos da Torah. Mas o leitor deve ter em mente que as apresentações sobre os Códigos compreendem apenas uma pequena parte do material oferecido pela Aish HaTorah. O "Discovery" é basicamente um programa educacional que visa demonstrar as bases racionais da crença judaica. No momento, o "Discovery" é o programa de âmbito educacional que tem a maior freqüência e o crescimento mais veloz, além de ser o mais amplamente veiculado na mídia. Seus seminários são freqüentados por celebridades do porte de Kirk Douglas, Elliot Gould e Jason Alexander (*Seinfeld*). Seus programas são apresentados a bem mais de 20.000 pessoas anualmente, no mundo todo. Mais de 65.000 pessoas já os viram desde sua criação.

A Aish HaTorah foi fundada em 1974 pelo Rabino Noah Weinberg. Sua principal ênfase está em proporcionar a todos os judeus, qualquer que seja sua formação e procedência, uma avaliação mais intensa de sua herança cultural, religiosa e social. Não tem como proposta exortar à ortodoxia os judeus não-ortodoxos, nem encorajar à conversão pessoas de outras fés – ou de nenhuma fé. Sua meta é proporcionar, aos judeus de todos os grupos, boas razões para que assumam um compromisso mais intenso com o judaísmo; e oferecer a todas as pessoas de boa vontade, qualquer que seja seu ponto de vista religioso, uma compreensão das razões desse compromisso judaico.

Nos Estados Unidos, o material sobre os códigos da Bíblia é organizado, apresentado e continuamente aprimorado pela Aish HaTorah, em seu programa Discovery. O Rabino Daniel Mechanic, principal palestrante dos seminários Discovery, mantém o mais abrangente arquivo de informações sobre os Códigos em todo o mundo – na verdade, pode-se até dizer que ele próprio é esse arquivo. Todo o material científico é revisado e atualizado, com a maior rapidez possível, por consultores especializados, dentre os quais conta-se Harold Gans, ex-criptologista matemático sênior da Agência de Segurança Nacional, órgão do Departamento de Defesa dos Estados Unidos, que o agraciou com a medalha do Serviço Civil Meritório.

